BLOCKCHAIN REVOLUTION

区块链革命

比特币底层技术如何改变货币、商业和世界

[加] 唐塔普斯科特 [加] 亚力克斯·塔普斯科特◎著
（Don Tapscott） （Alex Tapscott）
凯　尔　孙　铭　周沁园◎译

中信出版集团 | 北京

图书在版编目（CIP）数据

区块链革命：比特币底层技术如何改变货币、商业和世界 /（加）唐・塔普斯科特，（加）亚力克斯・塔普斯科特著；凯尔，孙铭，周沁园译. --北京：中信出版社，2016. 10（2025.12 重印）

书名原文：Blockchain Revolution：How the Technology Behind Bitcoin is Changing Money，Business and the world

ISBN 978-7-5086-6685-3

Ⅰ. ①区… Ⅱ. ①唐… ②亚… ③凯… ④孙… ⑤周… Ⅲ. ①电子货币 - 研究 Ⅳ. ①F830. 46

中国版本图书馆 CIP 数据核字（2016）第 217336 号

区块链革命：比特币底层技术如何改变货币、商业和世界

著　　者：[加] 唐・塔普斯科特　[加] 亚力克斯・塔普斯科特
译　　者：凯　尔　孙　铭　周沁园
策划推广：中信出版社（China CITIC Press）
出版发行：中信出版集团股份有限公司
（北京市朝阳区东三环北路 27 号嘉铭中心　邮编　100020）
（CITIC Publishing Group）
承 印 者：河北鹏润印刷有限公司

开　　本：787mm ×1092mm　1/16　　印　　张：26　　字　　数：380 千字
版　　次：2016 年 11 月第 1 版　　印　　次：2025 年 12 月第 35 次印刷
京权图字：01-2016-6264
书　　号：ISBN 978 - 7 - 5086 - 6685 - 3
定　　价：69. 00 元

感谢安娜·洛普斯（Ana Lopes）和艾米·威斯曼（Amy Welsman）让这本书成为可能，也感谢她们了解到“这一切都是关于区块链的”。

布赖恩·福德

麻省理工学院媒体实验室数字货币计划

这是一本有必要读的书。你将会深刻地理解为何区块链技术正快速成为自互联网诞生以来最重要的新技术。

尤查·本科勒

哈佛大学法学院企业法律研究系讲座教授

区块链是一股强劲的技术浪潮，而这次塔普斯科特父子联手进行探索，再一次站在了时代的前沿——这就如他们在以往的每个新兴的技术浪潮中所做的事情一样。这真是一场难得的经历。

马克·安德森

网景及硅谷安德森·霍洛维茨风险投资公司创始人

区块链是计算机科学史上最基础的发明之一，要理解它的深远意义就要好好阅读《区块链革命》这本书。

史蒂夫·沃兹尼亚克

苹果电脑共同创始人

《区块链革命》是一本具有震撼力的好书！内容深刻！让人耳目一新！此书让我感觉人类又到了一个技术、经济和社会历史被突破的紧要关头。

伊藤穰一

麻省理工学院媒体实验室主管

区块链在信任中发挥的作用正犹如互联网在信息中发挥的作用。就如早期的互联网一样，区块链有潜力革新一切。读一下这本书你就会明白了。

鲍达民

麦肯锡公司董事长兼全球总裁

《区块链革命》的观点研究充分，文字优美，阐述了价值互联网将如何改变我们的生活，是当前变革时代不可或缺的图书。

克劳斯·施瓦布

世界经济论坛创始人和论坛主席

图书市场偶尔会有改变全球话题的书蹦出来，《区块链革命》很可能就是当中的一本！区块链是第四代工业革命的动力之源。作者用通俗易懂的语言向世人解释我们为什么要抓住这个机遇以及如何才能抓住机遇，避免陷入危险境地。

纳塔拉詹·钱德拉塞克兰

塔塔咨询服务公司首席执行官及总经理

这本书很好地说明了区块链在提高透明性及保护隐私权方面的能力。用作者的话说，就是物联网需要一个为万物而设的账本。

丹·舒尔曼

Paypal 公司首席执行官

世上每个思维缜密的人都在试图明白区块链这一革命性的技术及其将如何改变世界的面貌。唐·塔普斯科特团队超前一步，创作出了众人期待的《区块链革命》。

戴夫·麦凯

加拿大皇家银行主席及首席执行官

在这个通往金融世界前沿领域的非凡旅程中，作者阐述了与区块链相关的现象，并有力地说明了为何我们需要进一步了解区块链技术的力量及其潜力。

本杰明·罗斯基

美国纽约州金融服务部前主任、罗斯基集团首席执行官

唐和亚力克斯为那些尝试驾驭这个全新的、有着发展前景的前沿机会的人写下了这本有着决定性意义的指导手册。

史蒂夫·卢克佐

希捷技术主席及首席执行官

难以置信，真的是难以置信！塔普斯科特父子细致入微地解释了区块链在这个中心化程度日渐强化的世界中作为一种具备包容性的模式的意义。这非常厉害！

布赖恩·费瑟斯通豪

奥美公共关系国际集团主席及首席执行官

作者发现了一个意义深远的技术运动并将其与信任这种最深刻的人类需求连接起来。这本书的研究非常细致，行文也引人入胜。每一个认真的商务人士和政策制定者都需要阅读《区块链革命》这本书。

卢英德

百事公司首席执行官

《区块链革命》简洁明了地阐释了区块链技术将来如何深远影响我们处理信任、安全和隐私问题的方式方法。

保罗·波尔曼

联合利华首席执行官

《区块链革命》这本书对这个有潜力重构全球经济的技术所提供的见解对读者来说很有吸引力和鼓舞力。这是一份难能可贵的礼物！这是一本多么好的书！

埃里克·布林约尔松

麻省理工学院教授、《第二个机器时代》的共同作者

如果你是在商界或政府工作，你需要了解这场区块链革命。除了塔普斯科特两父子外，没有人在这个题材上写过一本研究得如此细致、如此引人入胜的书了。

泰勒·文克莱沃斯

格米尼与文克莱沃斯资本联合创始人

《区块链革命》很好地记录并阐释了去中心化的、不依赖于信任关系的金钱所构成的美好新世界。

弗兰克·布朗

泛大西洋资本集团总经理及首席运营官

《区块链革命》预告了一波即将来临的技术进步的浪潮——这股浪潮才刚开始。

比尔·麦克德莫特

企业资源管理软件方案提供商 SAP SE 首席执行官

世界上很少有唐·塔普斯科特这样能够促使我们环顾四周的领导者。他和他的儿子亚力克斯通过《区块链革命》教育了我们、挑战了我们，并向我们展示出一种对未来进行思考的全新方式。

赫尔南多·德·索托

秘鲁自由和民主学院经济学家及主席

这是一部杰出的作品。它优雅地展示出了区块链技术应对当前世界所面临的迫切挑战的潜力。

吉姆·布雷耶

布雷耶资本首席执行官

《区块链革命》就如数字货币世界的一本地图集，巧妙地解释了当前的形势，同时为我们通向一个更公平、更高效及更四通八达的全球金融系统指出了一条前进的道路。

埃里克·施皮格尔

西门子美国分公司主席及首席执行官

过去要花一代人的时间才能实现的技术变革，现在就像在眨眼之间就发生了，而没有人能比塔普斯科特父子更好地讲述这个故事了。

布莱思·马斯特斯

数字资产控股首席执行官

如果有什么需要启蒙的题材，那就是区块链了。塔普斯科特父子一起深入地实现了这个题材的启蒙，并在这个过程中向所有人展示出了这个题材的兴奋点、潜力及重要性。

蒂姆·德雷珀

德雷珀事务所、德丰杰创始人

这是一本有着奥威尔的《1984》那样的预见性及伊隆·马斯克那样的眼界的书。你要读一下，否则就会被淘汰了。

杰里·布里托

比特币政策智库 Coin Center 董事长

《区块链革命》是通往这个能改变世界的技术的不可缺少及决定性的指南。

弗兰克·德索萨

高知特科技首席执行官

信任的中心点将要扩散开来了！这本书详细叙述了一个去中心化的信任系统的革命性潜力。

佩里安·博林

数字贸易商会创始人及主席

区块链技术有潜力实现产业、金融及政府的变革，任何对未来的财富及人类社会有兴趣的人都应该读一下这本书。

雷·莱恩

巨点投资管理合伙人、凯鹏华盈荣誉合伙人

当划时代的技术改变我们所处的世界时，我们真的很幸运有唐·塔普斯科特这样的（现在还有他的儿子亚力克斯）精于描绘蓝图的人来为我们解释未来的方向。

亚历克·罗斯

《未来产业》作者

作者深入浅出地解构了区块链的潜力和可能面临的障碍。《区块链革命》让读者有机会对未来的世界先睹为快。

道格拉斯·洛西克夫

《现在的冲击》与《对谷歌公共汽车投掷石块》的作者

比特币的底层技术会如何释放出一个为分布式繁荣而设的数字经济的真正潜力？这本书给出了一个不可缺少的、及时的分析。

詹姆斯·里卡兹

《货币战争》及《金钱之死》的作者

《区块链革命》将历史、技术和社会学的元素精妙地结合起来，涵盖了区块链协议的所有角度。区块链协议在以后可能会被证明能与印刷术的发明的重要性相提并论。

丹·庞蒂弗拉克特

《目标效应》作者、研科公司（TELUS）首席战略家

《区块链革命》是为下一个数字时代而书写的一份有启发性的、极其重要的纲领。

安德烈亚斯·安东诺普洛斯

《掌握比特币》的作者

这是一本在这个互联网后最令人兴奋的新技术的话题上研究得最好、最细致及最有洞察力的书。它有着无与伦比的清晰程度、令人惊讶的广度及深入见解。

沃尔特·艾萨克森

《乔布斯传》作者

互联网最缺乏的元素就是“信用协议”，以便确定每项交易是被核准且真实有效的，而区块链技术可能为解决此问题提供基础。区块链确实具有重大变革性，而《区块链革命》用浅显易懂的语言阐述了区块链具有变革性的原因。

克莱顿·克里斯坦森

《创新者的窘境》作者

塔普斯科特父子撰写的《区块链革命》客观真实，并非耸人听闻，该书告诉人们在下一波由技术驱动的大变革中该如何滋润地生存下来。

目录

第二篇 转 型

第三章
重塑金融服务形象：从赚钱机器变成致富平台

第四章
重新设计公司的架构：核心与边缘

第五章
新商业模式：在区块链上寻找新机会

Blockchain Revolution

新版前言

重大想法

在刚开始撰写《区块链革命》的时候，我们将加密货币的底层技术——区块链定义为“价值互联网”，这是一个不错的开端。过去40多年，我们使用的互联网是“信息互联网”，它极大地增强了企业和个人的信息流动效率，但它并没有变革我们的商业运作流程。因为互联网的设计目标是在人与人之间传输信息，而非价值。当我们给某个人发送文档、照片或音频资料时，我们发送的实际上是原始信息的副本。这样的信息是重复的、不可靠的，而且极易损坏。任何人都可以复制、改变这些信息，并将其发送给另一个人。在大多数情况下，对这些信息进行复制和分享都是合法的、有益的。

与此相反，在商业交易的过程中，我们并不能以电子邮件的方式将货币发送给另一个人，这不仅是因为私自复制货币是非法的，而且我们不能确保收款人的真实身份。与身份相关的信息应当具备稀缺性、永久性及不可篡改性。因此，我们一直借助强大的中介机构来建立信任及维护信息的正确性。银行、政府及大型的技术公司负责确认我们的身份，让我们能够进行资产的转移；它们负责对交易进行清算和结算，并维护相关的记录。不过，这些中介机构具有较大的局限性。它们的运作过程很不透明，而且容易受到黑客、作恶的内部雇员的破坏，这样的问题越来越严重。我们需要有所改变。

区块链解决了密码学家所说的“双重支付”问题。这样，我们首次实现了一个原生的数字化价值交换媒介，并能够利用它以点对点、安全、隐私的方式来管理、存储及转移任何资产（货币、音乐、投票，甚至是弦乐器）。这样，信任关系不再需要中介机构来建立，而可以通过密码学、协作及精巧的软件代码来实现。我们差点儿就将《区块链革命》这本书的书名定为《信任协议》了。

现在看来，《区块链革命》是个更清晰的书名，它已成为畅销书，其市场反响让我们备受鼓舞。诸如《金融时报》《福布斯》《财富》《哈佛商业评论》《新闻周刊》《时事纵观》《泰晤士报》《华尔街日报》以及路透社等权威媒体都对本书进行了广泛的报道。此外，《纽约书评》及美国公共广播公司的电视节目也对本书进行了专门的讨论。

本书已走向世界，它已被翻译成 15 国的语言，在 5 个亚洲语言区成为畅销书。唐·塔普斯科特的第二次 TED 演讲（也是 TED 的首次区块链主题演讲）吸引了超过 300 万的观众。在 2017 年的旧金山 TEDx 演讲中，亚力克斯·塔普斯科特谈到了区块链及金融服务的话题，而这也成了此领域中观众最多的演讲。

2016 年 6 月首次出版此书时，市面上比较好的区块链书籍寥寥无几，而本书正是其中之一。现在，市场上已经出现了几本重要的新书，如保罗·维格纳（Paul Vigna）和迈克尔·凯西（Michael Casey）合著的《区块链：赋能万物的事实机器》（*The Truth Machine*）、克里斯·伯尼斯克（Chris Burniske）和杰克·塔塔尔（Jack Tatar）合著的《加密资产》（*Cryptoassets*），以及普里马韦里·德菲利皮（Primavera De Filippi）和亚伦·赖特（Aaron Wright）合著的《区块链与法律》（*Blockchain and the Law*）。

《区块链革命》这本书继续维持着区块链领域畅销书的地位。本书所提出的一些重要想法，得到了积极的反馈意见。下面列举其中的一些。

> 第一，本书强调了身份的重要性，并预见了“数字封建时代”的终结。当人们说他们在“上网”的时候，我们认为他们是被互联网上的“地主”（大型技术公司）剥削和利用了，因为他们要将自己的数据拱手相让。这本书提出的“自我主权的身份机制”概念，主张要将我们的个人数据存储在虚拟的黑盒子里进行保管，这可谓是这个时代最重要的基础概念之一。通过区块链技术来实现虚拟的人格，有望让我们恢复对自己的身份、数据及其他权利的控制权。我们不能再以被剥削的方式使用互联网了。
>
> 第二，我们尝试解构中本聪当年的想法，并梳理出他在区块链中整合的

七个设计原则。本书的第二章是技术性的，主要受众是技术专家及业务工程师。我们将这七个设计原则分为七个主要的领域，即第三章的金融服务业、第四章的公司架构、第五章的商业模式创新、第六章的物联网、第七章的经济包容性、第八章的政府与民主体系，以及第九章的创业产业，并主张区块链能为分布式的经济体系创造出七种新型的基础框架。

第三，我们将金融服务业称为“简单问题复杂化”的典型案例，作为一个过分复杂的体系，它提供的实际上是八个基本的功能。这样的分类方法对产业的高管及监管者来说，是很有用的。大家可以仔细看看第三章提及的“八个核心功能”。在理论上说，建立在区块链之上的智能合约（分布式应用程序）能够承担这八个功能，并取代相关的传统中介机构的角色。当然，倘若传统中介机构能够积极拥抱区块链技术，也就能够变革其商业模式，从而提高竞争力。

第四，诺贝尔经济学奖得主、经济学家罗纳德·哈里·科斯（Ronald H. Coase）提出的企业理论，在分析区块链技术对公司架构带来的冲击问题上，显然是十分有用的。在公开市场上进行搜索、协作、签约及建立信任，会产生相关的交易成本，而在本书中，我们解释了区块链技术如何极大地降低这些交易成本。这样的效率提升，最终会创造出更多的去中心化模式，从而为生产新产品、提供新服务、创造新财富等目标服务。我们描述的这种“区块链商业模式”已展示出一定的合理性，自从本书首次印刷后，已经出现了不少相关的新型案例。去中心化商业模式与网络效应有紧密的关联，当节点数量增加时，网络规模也会增加。这在一定程度上解释了加密数字资产的飞速发展。

第五，区块链可以帮助我们解决所谓“繁荣谬论”，即发达国家的经济不断增长，但中产阶层及大多数人的福祉增长停滞不前。为解决此问题，社会惯用的解决方案是通过税收来重新分配财富。但我们解释了区块链能如何帮助我们预先分配财富，即让数十亿的人加入全球经济当中。例如，我们可以通过不可篡改的产权记录来保护财产权；通过共享、开放、分布式的平台来创造真正的共享经济；利用低成本的移动支付系统来让四处漂泊的人节省汇款费用；此外，还能为企业家赋能。

第六，在不久的将来，大部分的交易会是在物与物之间进行，而不再是在人与人之间。通过配置传感器、摄像头、麦克风、全球定位芯片、陀螺仪等设备，我们可以为基础设施赋予智能的元素，它们能够根据带宽、存储空间或其他资源的可用性来进行动态的配置，从而降低服务中断的概率。在这个过程中，区块链是相当重要的。物联网需要依赖一个万物账本来追踪每一个节点，以确保其安全性和可靠性，记录其产出及消费的资源，并安排及支付与其维护或替换需求相关的事项。无论是哪个产业，都有不少潜在的应用案例。

第七，我们对区块链在政务、民主及文化领域应用的研究受到了很多关注。自从看到特朗普就任美国总统及其带来的舆论争议后，我们的看法更显得有预见性了。各处的活跃公民及负责的公务员都在探索区块链如何重构政府职能、保护出版自由、恢复民主机构的合法性，以及找到在互联网上展开公共话语活动的共同点。这项技术不仅能帮助记者粉碎所谓“假新闻”的指责，还能帮助歌曲、艺术品文化资产的创作者获得更公平的回报。

第八，我们最初并没有打算用一个章节来讨论领导机制及治理的问题，不过幸好后来我们这么做了。这个领域充满了各种正式和非正式的领导者，如初创企业、区块链联盟、监管机构里的高管，以及另外一些很有洞见和才能的人，他们都极具说服力和影响力。区块链技术目前取得的成功，是与各界人士的努力分不开的，他们将障碍转变为机遇。鉴于区块链治理机制的重要性，世界经济论坛让我们写一份与治理相关的特别报告，并基于这份报告启动了一些重要的项目。

我们还联合发起了“区块链研究所”（Blockchain Research Institute，BRI）。它是一个分布式账本技术的智库组织，主要任务是调查区块链的应用案例、变革性的思想领导能力以及相关的实施挑战。这个价值数百万美元的计划包括十个垂直产业里的 75 个项目，以及公共和私营领域里的一些高管人员。在这个新的前言中，也引用了很多这些项目领袖的观点。

“区块链研究所”的成员包括大公司、政府、非营利组织以及初创企业社区的参与者。我们的创始会员有 IBM（国际商业机器公司）、埃森哲、凯捷管理顾问公司、SAP（思爱普）公司、纳斯达克、加拿大帝国商业银行、百事可乐公司、自由环球公司、腾讯、富士通、联邦快递、汤森路透、英国森特理克公共事业公司，以及几个国家的政府。这个机构的总编克里斯汀·桑德伯格（Kirsten Sandberg）恰好也是《区块链革命》英文版的编辑。

时隔两年，很多事情都发生了变化。为此，我们将最新的研究成果放到这个新版的前言及编后记当中。这些新的材料源自我们正在进行的研究、产业里的投资以及世界范围内的演讲活动。我们希望您能提出宝贵的意见（www. blockchainresearchinstitute. org/contact – us）。

加密数字资产及金融服务业的新革命

在 2016 年 5 月《区块链革命》首印之时，整个加密数字资产市场的市值是 90 亿美元，其中以太坊的市值是 10 亿美元，仅次于比特币。这些都是早期的市值，倘若加密货币市场是一个上市公司，它仅能勉强进入标准普尔 500 指数排行榜[1]。但仅仅两年之后，加密数字资产市场的市值就增加到 4200 亿美元了[2]。

加密数字资产价值的爆发性增长，吸引了开发者、企业家、非政府机构、媒体、政府、各国央行、投资人及监管者的注意。这也将此前仅为技术爱好者熟知的数字资产及其底层的区块链技术推向了主流的视野。热衷者对此欢呼雀跃，诺贝尔奖得主却表示怀疑，而守旧的亿万富翁也难以理解[3]。股神巴菲特旗下的伯克希尔–哈撒韦公司的查理·芒格（Charlie Munger）甚至将比特币称为“有害的毒药”[4]（难道还有其他种类的毒药?）。

在 2017 年年底，加密数字资产的市值超过了 5000 亿美元，而以太坊的创始人维塔利克·布特因（Vitalik Buterin）意识到了其中的失调之处。他发布了一篇 Twitter 文章，称“这是我们应得的吗?”[5]“我们有多少没有账户的人?”[6]“存储在智能合约里的价值，有多少是有实际意义的?”[7]他指出，这样的活跃度具有积极意义，但它或许不足以支撑如此大的市值。他进一步说道，“它的价值肯定不会是 0，而且在某些场所，它能够发挥显著的价值。但这并不足以表明如此大的市值具有合理性”。[8]

我们应注意到，市场有很大的泡沫。在某些加密数字资产成功的同时，也有很多失败了，而诈骗者也为这个领域带来了极坏的影响。据路透社报道，“仿效 Facebook 和 Google 的做法，Twitter 公司会开始禁止加密货币广告，以避免为潜在的诈骗做广告，或带来大规模的投资者损失”。[9] 还有，这个产业必然面临一些重大的挑战。例如，这项技术如何实现可扩展性？传统的参与者会如何应对？政府和监管者会有什么举动？我们有理由认为，这个产业急需可靠的监管机制，以达到保护投资者及阻挡欺诈者的目的，至少也要让欺诈者对其罪行负责。还有，若要继续投资及搭建这项技术，市场参与者需要了解相关的规则。另外，不恰当的监管机制（即便是用心良好的）也可能带来意料之外的后果，从而扼杀创新活动。在某些国家，不同的监管机构之间存在相互重叠的规则，让监管信息更不明朗。监管者的工作并不简单。在瑞士及新加坡这样的辖区，已经出现了一些地点，让相关的公司能够进驻，从而为当地的经济带来积极的影响。据非正式统计，在瑞士的楚格区及苏黎世周边的“加密技术谷”（Crypto Valley）里，过去几年间已经创造了3000个相关的工作职位，而“加密技术谷协会”（Crypto Valley Association）已有超过600名会员。这些辖区的规模较小，灵活性较高，因而能够在这个新产业占有一席之地，但它们在世界范围里还是属于少数。就目前而言，监管清晰度的缺失已经带来了不确定性。

这些都是重要的问题，以至于我们专门在本书的第十章《克服困难：实施过程中的10个挑战》来进行讨论。即便到了现在，我们还是将其视为实施过程中有待克服的挑战。如果我们先抛开这个领域中的泡沫、狂热（还有恐惧、不确定性、质疑），就能够看出其背后的进展具有深远的意义。自比特币之后，已有一系列的努力投入一项全新的技术当中，它旨在为互联网创造首个原生的数字化价值交换媒介。这就是区块链的实质，其效用取决于我们的想象力。一些发明者已经想象出一系列的全新资产类型，我们认为至少可分为七个类别：

加密货币（比特币、Zcash、门罗币、达世币）

协议代币（以太币、ICON、Aion、Cosmos、NEO）

功能型代币（Golem、BAT、Spank）

证券类代币（cryptoequities、cryptobonds）

自然资产代币

加密收藏品（加密猫、Rare Pepe）

加密法定数字货币及稳定币（美联储币提议、新加坡金融管理局的Ubin项目、MakerDAO）

我们正见证人类历史上最大规模的财富转型潮流，它是从基于纸张逻辑的模拟型（analog assets）资产转变为数字型资产。虽然2650亿美元确实是很大的数目，但以世界范围内的资产（股票、债权、抵押贷款、煤炭资源、土地资源及水资源）来看，加密资产技术能创造的财富类型远远不止于此。

这会是一场泡沫吗？或许是吧。以太坊的联合创始人、Consensys公司的首席执行官约瑟夫·卢宾（Joseph Lubin）说道："在我们这个产业中，可以看到一轮接一轮的泡沫，每一轮的高点都会更高，而低点也会抬升。我认为这完全是合理的。就像当年人们声称互联网泡沫的兴起及其破灭是具有毁灭性的，但我会将其称为有创造性的毁灭过程。"[10] 这样的泡沫破灭过程或许会让那些寻求赚快钱的人利益受损，但它能够将那些可持续的商业模式与不可持续的商业模式区分开来，并淘汰低效的模式。或许更重要的是，人才不断投入这个新型的经济当中，而当年互联网时代的热度也让海量的资金投入新型技术基础设施当中。

不过，区块链与互联网有两个重要的区别。首先，互联网是一个免费的公共设施，它是由不同的利益相关者搭建的，其中不少都是缺乏经济激励因素的志愿者。现在，互联网已经发展成为一个价值万亿美元的公共设施，而其早期的建造者显然希望从其成功中分一杯羹，但这可能是一种奢望。而区块链能够为那些建造成功的、可扩展的、被广泛采用的技术的发明者提供巨大的经济回报，这是通过其底层加密数字资产的升值实现的。

作为互联网的第二个纪元，区块链的创建者和早期采用者能够直接参与其成长过程，并获得相应的回报。在这样的激励因素驱动下，出现了不少相互竞争、相互重叠、相互补充的区块链平台。

其次，区块链对金融服务业、供应链等领域带来的冲击，远大于其对媒体、出版这样的信息产业带来的冲击。而相应地，其在前者中产生的价值也会远高于后者。我们能明显地觉察到人们对这项技术的热情，就如俗话说的，有时候我们需要一点非理性的繁荣才能建造未来。

1. 加密货币

在《区块链革命》首印之时，比特币的市值大约是70亿美元，现在已经翻了22倍多。比特币是加密货币世界的主力。作为一个价值数千亿美元的价值存储手段，比特币存在于世界上最稳健的计算机网络之上，它完全是自主运作的；它是一个安全的支付系统，让每日数十亿美元价值的链上交易成为可能；它是生机勃勃的加密数字资产世界的储备货币，当人们需要套现的时候，它能够作为最终的结算层。而且，它还是满嘴理论的分析师最喜欢讨论的对象。比特币价格的急速上涨，让投资者更觉得有参与的理由，因为其市值规模已让其成为一个不可忽略的资产类别。还有，随着规模的扩大，其实际用途也在不断增加。随着2018年闪电网络及其他可扩展性解决方案的发布，比特币或许能够实现其最热切的支持者的期望，并取代对传统金融中介机构的需求（参见第三章）。

我们可以思考一下最近那些大型银行的口风是如何改变的。当《区块链革命》印刷之时，大部分的银行很巧妙地声称支持区块链技术应用的潜力，而忽略比特币及其他加密货币的作用。“比特币是不好的东西，不过区块链是好东西”已经成为一句口头禅。2017 年年底，摩根大通的首席执行官杰米·戴蒙（Jamie Dimon）将比特币称为一场骗局（后来他又改变了主意）。现在，形势已经发生了变化。2018 年 2 月，高盛投资的 Circle 公司收购了 Poloniex 这家世界最大的加密货币交易所，表明其在加密数字资产世界里看到了风险和机遇。在其 2017 年的年度报告里，摩根大通复述了美国银行的想法，承认加密货币可能对其业务带来冲击：“金融机构及其非银行业竞争对手面临风险，即其支付业务及其他服务可能会被无须中介机构的技术（如加密货币）颠覆。”[11]

比特币对文化和经济的影响是非常巨大的。它对世界会继续产生深远的影响。最近，对隐私权的重视，为加密数字资产的货币用例引入了新的参与者。例如，Zcash 和其他“隐私币”是在比特币的设计原则上构造的，但增加了隐私功能。[12]而这不仅是密码朋克或其他互联网社区的领域：摩根大通在其 Quorum 区块链系统里整合了 Zcash 的核心匿名技术（零知识证明），来为一系列的资产类别及业务功能的用途服务；[13]并花费时间、精力和资产探索这项技术的前沿应用，而其首席执行官却在贬低这项技术。这表明该银行的技术专家比其管理层更了解区块链的应用潜力（至少到目前来看是如此）。作为另一个引人注目的参与者 Metronome，它可以被“输入和输出到不同的链之间”，而其初始发行活动在比特币、以太坊、以太坊经典、量子链网络上展开。[14]在下面的“平台”段落中，我们可以看到，在这个领域里，互操作性是一个很大的挑战和机遇。Zcash 和 Metronome 加入了达世币、门罗币等的市场竞争当中，以寻求一席之地。这项技术作为货币的用途，仅仅是一个开端，可以思考一下以太坊的例子。

2. 平台

对普通人而言，以太坊和比特币好像是同一种东西，都是互联网上的某种可以当现金使用的加密货币。但事实并非如此。比特币发挥的确实是电子现金的用途，但以太坊是一项平台型的技术，其设计目标就是要支持去中心化应用程序（DApps），密码学家尼克·绍博（Nick Szabo）将这种程序称为“一个以分布式的、几乎无须信任的形式运行在区块链上的应用程序”。[15]去中心化应用程序的核心是智能合约，这是一种模仿商业协议逻辑的软件。因为它们是去中心化的、在区块链上运行的，它们对中介机构（如银行、经纪人、律师、法庭、托管代理人、公司等）的需求降到了最低，同时还照样能确保协议的执行。

在我们写本书时，以太坊的潜力基本上还停留在理论阶段。在我们的首份草稿交付给编辑时，它才运行了数周时间。不过到了今天，以太坊的原生代币（以太币）的市值已经达到了700亿美元。更重要的是，以太坊已经成为初始代币发行活动（ICO）的主要平台，在其中一个项目可以从全球的投资者和支持者社区中直接融资数百万美元。到了今天，已经有数十个新型的分布式应用程序在以太坊网络上发起。大约有30亿美元的资金是通过以太坊的ERC－20协议在其平台上筹集的，这让以太坊成为数字经济的投资银行雏形。据估计，有70%的去中心化应用程序是在以太坊区块链上运行的，其网络效应之强大让其他项目难以比拟。以太坊还吸引了微软、摩根大通、英国石油公司等大型企业，它们在2017年联合发起了企业以太坊联盟。

一些分布式应用程序已经有不少的进展，而其他的则陷入了困境。这也在意料之中。毕竟，就如一些伟大的初创企业在改变世界的同时，无数的初创企业却走向了失败甚至是被人遗忘。不过，像以太坊这样的平台，其发展并不取决于某个具体的分布式应用程序的成功，因为它提供的是平台服务，只要越来越多的此类程序是在其平台上搭建的，那么其平台代币的需求就会增长。打个比方，如果以太坊是城市路网，而去中心化应用程序是汽车，那么以太币就是汽油。在以太坊网络中，我们需要支付以太币从而运行智能合约，才能使用去中心化应用程序。不过，以太坊一定会成为下一代的去中心化应用程序的底层平台吗？在未来的这个价值互联网中，以太坊是会成为其核心协议，还是有可能被其他事物取代？有人预测，随着以太坊的参与者及投入其中的资本不断增加，以太坊很有可能会取代比特币。[16]很多人正尝试解决以太坊的性能问题，其中包括Casper项目、分片（Sharding）以及切换到股权证明机制。

其他的一些新兴平台则有可能与以太坊形成挑战或互补关系。如中国的NEO、韩国的ICON以及其他地区一些专注于DApp的平台已经兴起。Aion这样的平台设计时就已经考虑到大规模的企业应用，这是一个空间广阔而参与者稀缺的市场。还有一些仍未发布的项目，如Polkadot和Cosmos，人们预期它们或许会吸引更多的关注。这类项目致力于突破可扩展性和互操作性的瓶颈，并将所有的区块链整合为一个庞大的无缝区块链网络。并非所有的协议都能够成功，只有那些能够解决第十章提到的障碍的项目，才会成为下一代互联网的基础。

3. 功能型代币（应用代币）

在第三章，我们提到了Augur项目，这是一个旨在利用群体智慧去创造各种市场的预测市场程序。对我们而言，Augur描绘了区块链技术的潜在能力。它也是首批在区块链上进行众筹活动而获取资金的项目。我们当初将这种方式称为“区块链IPO”，不过这个概念并没有得到广泛应用，相反，人们用初始代币发行来形容这种现象。到了2016年，通过此方式筹集的资金达到了1.65亿美元，但仍不足以吸引主流世界的关注。到了2017年，该数值至少有30亿美元，甚至可能达到了70亿美元。约瑟夫·卢宾相信这种新型的筹款机制是“一种民主化的进程，它让项目能通过全球发行的证券类代币，或是利用能够为用户提供会员资格、使用服务、获取稀缺资源的功能型代币，将其预先售卖出去，从而获得项目发展所需的资金”。[17]

Augur的原生代币代表的并非股权，而是一个用户访问网络所需的代币，本质上就是一个可编程的区块链资产，能够在分布式应用程序中发挥作用。在2018年出现的大部分初始代币发行活动都是所谓“功能型代币”，不过其中的很多可能也是证券类代币。我们来看一下Golem的例子。目前，亚马逊和苹果公司这些数字化巨头都在运营中心化的云服务，而Golem旨在成为一个去中心化的云平台，并利用数十亿日常设备的运算能力去完成计算任务。其模式若要能够吸引参与者，就需要有相应的激励机制。因此，2017年Golem发行了一个功能型代币，让用户用作其平台内购买服务的支付方式。如果Golem的模式可行，它可能会颠覆我们熟知的云计算模式。

另一个例子是Sweetbridge项目，它首创了“折扣代币”的概念，即只要用户在Sweetbridge钱包中持有相应的代币，就能每月获取商品和服务的折扣。每月的折扣额度是由网络的收入及用户在钱包中持有的折扣代币数量决定的。其创始人斯科特·纳尔逊（Scott Nelson）称，这意味着随着使用该网络的用户量的增加，折扣代币的价值有可能上升。“折扣代币改变了商业的规则，它不再是由股东的价值驱动，而是由用户的价值驱动，即让用户成为商业的核心关注点。”[18] 还有很多项目试图为各种产业创造出所谓由加密经济学模式驱动的功能型代币。

功能型代币一般不是独立的区块链，而是在以太坊、ICON 及 EOS 这样的平台上搭建。需要注意的是，功能型代币和底层平台代币有时很难区分。毕竟所有的协议代币都有实用性，就像以太币可以用在以太坊网络上支付交易费用那样。现在的一些协议只有单一的应用功能，而未来它们可能会有更多的功能。IPFS 这个分布式的文件分享系统在 2017 年夏天完成了其初始代币发行活动，不过这是一个开放的网络，因此开发者最终可以在其平台上搭建各种应用程序。如果不考虑例外情况，我们相信大多数功能型代币会是基于应用存在的，而且会在以太坊那样的网络上运行。

4. 证券类代币

加密数字资产市场的 2650 亿美元规模相对于其他类型的资产来说可谓九牛一毛。例如，全球股权市场的规模超过 100 万亿美元。不过，加密货币底层的区块链技术能够广泛用于世界上的任何资产。未来十年，我们将能看到现在的加密数字资产不再一枝独秀，因为各种证券（特别是非实体的证券，如股票和债券）会迁移到区块链上，并逐渐占领市场。毕竟，当买家和卖家可以在去中心化的交易所上以点对点的形式即时（T+0）执行股票交易时，谁还会想用需要T+3时间并涉及一系列中介机构的传统方式呢？为何所有的股票、债券、分红、期货、远期合约、掉期合约、期权等金融资产不能迁移到区块链上，并以纯粹的数字化形式存储下来呢？例如，某种区块链上的“股权代币”象征的不再只是链外的某类资产，而是一种原生的数字资产，它可以实现无须托管机构、清算所、经纪人、交易所和银行参与的点对点交易。

初始代币发行活动已经颠覆了风投资本的模式，华尔街可能是其下一个目标。为此，富达（Fidelity）和惠灵顿（Wellington）等大型资产管理机构已经做了相应的准备，以应对这场变革。

为迎合这场历史性的转型，像 Polymath、Overstock 的 tZero、Jibrel Network（使用 ERC-20 技术发行证券类代币的平台）以及加拿大证券交易所这样的项目和机构正搭建相关的技术基础设施。不过，这个产业也在等待相应的监管机制。就如普里马韦里·德菲利皮（Primavera De Filippi）说的那样，技术与规则制定之间的隔阂带来了所谓的“监管真空”或“治理缺口”，这让传统的裁决及规则制定机制变得不稳定，让公众难以理解哪些行为是被允许的，而哪些是被禁止的。[19]证券类代币可以通过定义“它不是什么”来缩小这样的分歧。它们不是加密货币、协议或功能型代币，而是区块链上原生的“数字化的不记名资产”（证券）。我们预期初始代币发行活动的衍生方式“证券类代币发行”（STO）将会在风投资本及更广泛的金融服务业流行起来。

这场从模拟型价值到数字化价值的迁移，将会改变我们熟知的市场及中介机构的角色。

5. 自然资产代币及商品代币

水、煤炭及空气这样的自然资产在经济中起着基础性的作用，它们对维系地球上的生命也是必不可少的。但是，除了某些处于萌芽阶段的碳排放交易模式外，这些资产大部分都与市场机制绝缘。这导致了这些资产的过度开发及滥用，其后果却由全社会承担，经济学家将此称为“负外部效应”。社会学家加瑞特·哈丁（Garrett Hardin）将此称为“公地悲剧”，即由于缺乏相应的体系去治理某种共享资源的使用或消费，这种资源被消耗殆尽。《区块链：赋能万物的事实机器》的作者之一迈克尔·凯西使用加瑞特·哈丁的研究成果作为起点，去探索区块链在解决这种治理问题上的作用。他写道，“随着区块链技术的兴起及其带来的加密货币、加密代币及其他数字资产的出现，我们或许会通往一种可编程货币的模式，它可以实现一个更为自动化的内部治理系统，用于管理共同的资源”。确实，仿照技术协议、应用及证券的代币化方式，我们也可以将现实世界的实物资产代币化。“代币经济最大的愿景是，它可能会解决‘公地悲剧’问题。”迈克尔·凯西写道。[20]

企业家正在将这个概念应用到已有规模市场的传统商品当中，如黄金、石油、天然气等。确实，我们可以将证券类代币的原理应用到这类实物商品上。区块链初创企业 Nuco 向 TMX 集团（多伦多证券交易所的所有者）展示的成果，表明了在区块链上复制石油期货合约的业务逻辑是可行的。虽然人们还是需要在合约到期后获取实物资产的控制权，但我们可以简化这些资产的清算和结算交易机制。在很多方面，我们可以通过由黄金背书的代币作为波动性更小、流动性更高的交换媒介。例如，皇家铸币局（Royal Mint）与芝加哥商品交易所合作，创建了 Royal Mint Gold，它是一种由皇家铸币局金库里存放的实物黄金背书的数字黄金代币。[21]

我们确实有机会提高现有市场的效率，简化其流程。不过，就如其他技术的发展过程展示的那样，更大的机会在于新的、此前难以实现的应用案例中。目前的碳排放交易机制创造了一个市场，为公司的良好行为提供奖励，让它们通过降低碳排放量来赚取积分。同样的逻辑应该也能应用到个人身上。现在，缺乏相应的标准，以及市场的高度碎片化及地域化，阻碍了这个市场的进一步发展。

区块链可以让人们的动机与共同的目标（如降低碳排放量）连成一线，从而改变上述现状。[22]像加拿大的 CarbonX、美国的 Veridium 正通过将碳变成可互换、可流动的代币，来解决这个市场的问题。通过降低碳排放量，个人可以赚取碳积分并用于换取实际的价值。与加密货币、功能型代币或证券类代币相比，自然资产代币是一个很小的市场，相关的提议大部分都是理论性的，而且存在政府政策及监管规定这样的真实挑战，单靠区块链是无法解决的。不过，这个未被开发的市场存在广泛的发展空间，而且我们有迫切的社会、经济及环境方面的理由去进行探索。这种资产迟早会成为规模最大的加密数字资产类别之一。

6. 加密收藏品

2017 年 12 月，加密货币世界出现了对“加密猫”（CtyptoKitty）的狂热。加密猫是一种独特的、可交易的虚拟宠物，人们可以购买它，进行抚养甚至育种活动。在 2018 年 1 月，加密猫的用户数量已经超过 23.5 万人，产生的交易规模高达 5200 万美元。加密猫迅速成为以太坊网络上最流行的去中心化应用程序之一，它占用的以太坊网络资源非常大，以致该网络一度出现了拥堵。这一方面表明了受欢迎的去中心化应用程序拥有强大的网络效应，另一方面也揭示了现阶段底层平台的局限性。有一只加密猫甚至标出了 10 万美元的天价。这种现象还进入了我们的生活圈子，因为一位密友告诉我们，他和女朋友正考虑将他们的加密猫进行育种，以获得下一代的加密猫，从而让他们的关系上一个台阶。这像是一种更奇特、更新潮的领养宠物方式。就如埃隆·马斯克（Elon Musk）将跑车送到了太空，并称“这种傻乎乎又有趣的事情是很重要的，它让人们能够与前沿科技互动”。[23]加密猫就是这样的例子之一。

目前有两种加密收藏品的类型。第一种是像加密猫、虚拟交易卡（如 Rare

Pepe）以及游戏中的独特资产等原生数字资产，它在现实生活中没有对应物。艺术家正将加密经济学应用到虚拟艺术品中。艺术品价值很大程度上来源于其稀缺性。不过信息互联网让我们能够无限制地免费复制图片和音乐，让其价值接近于零，也难以追踪原版。区块链可以将创意作品与一个独特的、稀有的代币关联起来。斯科特·雷伯恩（Scott Reyburn）最近在《纽约时报》里写道：“加密货币会是艺术品市场的下一个重大变革吗?”他调查了一系列专注于虚拟世界的艺术家。[24]这些机会很吸引人。随着艺术品及其他形式的表达作品走向数字化，虚拟艺术品、收藏品及其他独特资产的价值可能会迎来大爆发。第二种加密收藏品代表了某种现实物品的所有权。比特币最终的流通总量会是2100万个，而与此相反，每一只加密猫都是唯一的，这就像罗斯科（Rothko)、毕加索、莫奈、波洛克等人的作品那样。在第九章，我们会提及一个名为Artlery的公司，它使用名为CLIO的加密货币，并用现实世界中的实物艺术品进行背书。Dana. nyc等公司也加入了这个行业。[25]虚拟艺术品是一个正在增长的市场，而现有的艺术品市场规模也很巨大。2016年，美术品及古董市场的总销售额达到了450亿美元。[26]这个市场因其不透明性一直备受抨击，现在它可能会从区块链带来的透明性中获益。加密数字资产技术可以给艺术品加上一个数字指纹，从而让我们可以对其进行追踪及验证。

7. 加密法定货币及稳定币

2017年，委内瑞拉宣布将发行一种被称为“石油币”的新型数字货币，它是由该国庞大的石油储备背书的。不过，加密货币社区给予的反应却是目瞪口呆和愤怒。为何这个放任恶性通货膨胀的政府，会利用这种人们认为可信的、安全的、不可篡改的技术?根据分析师的说法，这个项目的可信性有三个疑点：一是没有证据表明石油币真的会有相应的石油提供背书；二是它尚未公开相应的技术资料（包括在什么区块链上运行)；三是它的控制者对该国货币的恶性贬值负有责任。[27]

该国政府无视批评的声音，将项目继续下去，并筹集了7. 35亿美元。当然，这个数据是由其官员提供的，但并没有其他证据支撑。在石油币的新闻发布后，有报道称伊朗和俄罗斯的立法者也在考虑发行自己的加密货币。这些国家都有一些共同的特征，即有很多的石油资源，并正遭受制裁。可见，它们是基于现实的考量。

我们为何提这个问题？因为它揭示了某些政府可能会通过加密货币来绕开国际法、条约和制裁手段，进一步让其本来就已经脆弱的经济变得更不稳定。布鲁金斯学会的文章认为石油币会对其他正当的加密货币带来损害，并破坏国际制裁手段。[28]

更重要的是，它说明政府确实可以发行法定的加密货币。在第十一章，我们设想了一种由政府背书的加密货币，不过在当时还没有实际的成果。确实，英国央行、加拿大央行、美联储等权威机构在这方面的进展非常缓慢，甚至还有一点倒退。它们应该重新考虑这一事项。

加密法定货币或许不会像比特币那样完全去中心化和抵制审查。不过，如果能够妥善实施，它们可以通过实时结算技术让市场更高效，通过降低准入门槛提升普惠程度，为机构增加透明度，并通过改善响应能力来让央行的政策更有效。我们可以看一下 Bitt 这家公司在加勒比海地区的项目，它正与该类地区的金融领导者合作，创造有利于经济发展的数字美元标准。其首席执行官加布里埃尔·阿贝（Gabriel Abed）解释道："这就是加勒比海地区需要的东西，它目前缺乏跨境支付系统。这个项目的目标是使用由 Bitt 等公司开发的、遵循数字美元标准的智能合约和数字美元，在两个央行之间转移资金。"[29]这是有经济和社会方面的考量因素的。阿贝说道："因为不存在地区间的结算系统，汇款费用非常昂贵。有 40% 的加勒比海地区的人无法使用银行服务，而商户使用信用卡收款则需要向外国的银行支付 3% 的费用。"为该地区而设的数字美元标准可以帮助减轻这些问题。

另一个好处是价格稳定。在历史上，交易媒介通常不像比特币那样具有巨大的波动性。法定加密货币可以帮助解决这个问题。虽然加密货币的铁杆支持者会反对这个想法，不过这并不重要。我们还是相信比特币（或同类的东西）会继续成为法定货币的有益补充。

还有一种加密货币属于"稳定数字货币"（Stablecoins）的范畴，它旨在持续地维持同样的市场价值，而具体的手段可以是锚定某种底层资产（如法定货币或黄金）的价值，或通过改变供应量的方式来调节价值，还可以是两种手段混合使用。这类方案大部分都是由私营公司发明的，而就目前而言，Tether（USDT）是其中规模最大的方案，其创造者称 Tether 的价值是由与其数量对应的美元储备支撑的，不过有分析对这种主张进行质疑。[30]市场上还出现了一些诸如 MakerDao、

BitCNY、basecoin（由 Andreesen Horowitz 等其他著名风投资本背书）这样的稳定货币方案。倘若我们假设现存的加密货币（如比特币）会继续存在较高的波动性，以及各国政府不会发行自己的数字法定货币，则稳定数字货币的用途是很广泛的。至少在现在看来，上面的两个假设都是成立的，所以稳定数字货币会继续成为一个有趣的创新领域。不过，对此的质疑还是存在的。Tether 这样的稳定数字货币仍存在发行中心化的风险。为使用这类稳定数字货币，人们必须信任扮演货币发行方角色的单一实体机构。阿贝问道："这比依赖美联储更科学吗？"[31]

不过，我们还是认为政府最终会进入这个市场，而未来世界的储备货币将可能是加密法定货币（如数字美元等）以及去中心化的加密货币（如比特币）的混合体。像加勒比海地区的"数字美元"这类地区性混合方案也有可能成功，至于委内瑞拉的"石油币"，目前还看不到有成功的希望。

许可型网络

在我们提交最终书稿的时候，有一些研究围绕着第四次工业革命以及为特定产业（如工业物联网）设计的区块链概念展开。

瑞波（Ripple）是目前市值最高的三种加密资产之一，作为一种对机构友好的数字货币及比特币替代方案，瑞波致力于取代 SWIFT 等全球支付网络的角色。瑞波的架构依赖于少数可信的节点而非矿工，来为网络运作提供保障，这使其业务处理能力更强，但同时也使其更为中心化。有批评的声音指出，这样的设计会使它更容易遭受攻击，并且容易带来人为的滥用及损害行为。即便这样，瑞波在让大型银行及潜在的企业用户使用其产品和服务（或许还有其网络的原生代币 XRP——瑞波币）的问题上还是很成功的。

Linux 基金会因其围绕开源项目建立的生态系统而闻名，它研究分布式账本技术已有一段时间了。在得知该领域一些领导者的意见后，其执行董事吉姆·泽姆林（Jim Zemlin）认为 Linux 应该发起一个区块链项目。

2015 年 12 月，Linux 基金会发起了超级账本（HyperLedger）项目，这个协作项目致力于"开发企业级的开源分布式账本框架"，以让开发者"专注于搭建可靠的产业应用、平台及硬件系统，并让其支持商业交易的需求"。[32]该项目拥有"技术及组织治理架构，以及 30 名创始公司成员"，其中包括 IBM、富士通、美国证券托管结算公司、埃森哲咨询公司等知名机构。[33]对软件开发过程的开放、透明治理机制以及知识产权追踪及保障的管理而言，Linux 基金会是一个良好的后盾。

本书探索了比特币及以太坊等公有链的例子，两者都是目前最重要的平台。它们是开放的，这意味着任何人都可以在无须许可的情况下，执行交易、验证交易数据，参与生产区块的竞争，并开发分布式应用程序，而对其代码基础的变更则要建立在共识的基础上。不认可特定升级方案（如比特币的区块大小提升）的用户可以选择不采用这个版本，这样就可能让区块链出现分叉现象。比特币及以太坊都出现过分叉的现象。超级账本引领了“联盟”模式的概念，它让上述的升级操作的治理过程正式化，并让产业专家共同制定相关标准。

与比特币及以太坊不同，超级账本专注于许可型区块链网络的开发，它让经过验证的、非匿名的节点可以在账本上发布交易并验证其他人的交易。这样的网络通常会将数据读取的权限保留在由许可的节点组成的网络内，不过网络也可以让更大范围的受众读取该数据。通过额外的设计，这类网络还能够进一步控制读写的权限，这样它能够使用基于“大多数超级节点投票”的共识机制，而无须像比特币、以太坊等加密货币那样使用消耗运算资源较多的工作量证明（PoW）方案。这样的网络所实现的交易处理能力要比工作量证明模式的区块链高很多。就那些为金融产业及工业物联网产业而设的分布式账本应用而言，其中的大部分都倾向于使用这类模式。而对教育证书认证、碳排放观测、法定货币管理等公共服务领域的特定应用而言，上述模式可能也很有价值。

超级账本并非唯一试图搭建许可型区块链平台并去除对原生代币或加密资产的依赖（至少目前是这样）的项目。由计算机科学家雷蒙·贝尔德（Leemon Baird）开发的Hashgraph方案并不需要由矿工去验证交易，也不会将交易以区块的形式来组织，而是使用“有向无环图”（directed acyclic graphs）技术去持续将交易以时序先后组织起来。理论上说，这意味着它能够实现更快的交易速度，这对很多企业而言是很重要的。据彭博社报道，Hashgraph正与20多家企业以及美国境内的一些信用社合作。[34]这些新型的系统能否成功还有待观察，不过Hashgraph的进展还是不错的。

一些批评意见认为，许可型区块链与20世纪90年代中期的局域网相似，而这类局域网随着公开的互联网更为稳健、安全及随处可用的发展过程中，逐渐在历史舞台消失了。不过这次，区块链技术能够支撑个人资产及价值的交易和管理，这意味着它会有更多的公共和私有的形式。

超级账本是 Linux 基金会主导的项目中增长速度最快的一个，已经有多个产业的 200 多家公司参与其中，并支持了五个区块链框架及四个工具及模块的开发。[35]超级账本的成员构成也具有全球性，其中 39% 来自亚太地区（25% 来自中国），20% 来自欧洲、中东及非洲地区，41% 来自北美地区。

现在，已经有数百个活跃的试验项目及概念验证项目在使用超级账本的技术。2018 年，我们会在上述的项目中看到很多走向生产部署阶段。像农业、金融、医疗保健、房地产、能源及钻石等产业，将会出现一些对其价值链带来颠覆的区块链应用。沃尔玛正为供应链管理测试区块链技术，具体来说，它正使用超级账本的 Fabric 技术来追踪中国境内的猪肉及其在美国的生产流程。[36]2017 年 5 月，丹麦船运公司马士基宣布已完成其首个区块链实验，其使用的也是超级账本的 Fabric 技术。这个试验项目致力于简化全球范围内价值数万亿美元的产品的运输流程。德意志交易所集团挑选了三个使用案例在超级账本 Fabric 项目上展开实验，这与其跨境抵押品转移、交易后处理这些核心业务有关，其中包括基于区块链的证券款券结算、资产服务及（商业银行）货币供应应用，从而为支付、结算及资产服务业务提供支持。最后，索尼国际教育公司使用超级账本的 Fabric 技术开发了一个区块链原型项目，以实现下一代的证书平台。目前，这个原型项目已实现了其所需的功能。在第三阶段，索尼国际教育公司计划使用这个解决方案去管理全球数学挑战计划里的 25 万名参与者的教育数据。

超级账本将机构和开发者社区联系在了一起，来为区块链应用开发基础软件框架。这带来了更高效的协作、更多共享的代码和更少的重复工作。任何探索区块链解决方案的企业和机构都需要认真考虑这个项目。

区块链上的身份机制

在身份管理的话题上，我们似乎谈到了点子上。在第一章，我们提及了强化个体的权利以建立自己的身份并控制自己的数据，其重要性远非文字篇幅所能概括。这是一种关于自我主权及可分割的数字身份的想法，它既不是被任何中心化机构管理的，也不会被这些机构撤销。它可以在世界范围内的任何场景（无论是线上还是线下）实施。它建立于旨在量化我们行为的公民科学家运动之上，希望通过 Fitbit 等公司提供的技术来记录我们的身体活动，以及通过互联网浏览器或移动应用端软件来记录我们的虚拟空间活动，以了解我们的健康、习惯及自身信息。[37]当人们开始意识到自己数据的重要性并加以掌控，将其用在更有益的事项上时，这将会是一个积极的变化。当人们开始对其数据有足够的关注并开始控制及恰当使用这些数据时，它会带来积极的影响。

我们在开发一个分布式的自我主权身份系统的问题上尤为迫切。我们需要将身份（社会、文化及心理概念）及命名空间里的身份标识（如 IP 地址、退役证书等）区分开来，后者在参与及管理大型中心化系统（如谷歌邮件、退伍军人福利管理）时会发挥作用。[38] 我们在一生中会积累很多类似的身份标识，比如社会保障号码这样的标识的生命周期会比雇员身份证件的更长。一些身份标识是与生俱来的（如生物识别标识），另一些是自己选择的（如密码），还有一些是分配来的（如居民身份证）。

严格来说，上述这些都并不属于我们的身份。我们的身份，应该是由自己的活动积累起来的，并在自己认为合适的时候透露给其他人。这种理想的状态，要建立在开发者莫西·马琳斯巴克（Moxie Marlinspike）所说的自主权利上。“在社会活动所需的‘注册’机制出现之前，人类身份本来就是由自主权利定义的。”[39] 身份并不应该在出生时被赋予，而是应该被出生这个事实赋予。直到现在，我们还无法主张这种权利。

从另一个方面来看，身份标识仅仅是个人身份的一部分。在身份标识领域，存在五个问题，这是区块链领域的一些身份项目试图解决的。我们从其中最大的问题开始分析。在分配身份标识之前，大多数相关机构都会要求先提供一个经政府验证的出生证明码作为身份标识的基础。不过，获取出生证明实际上并非一件容易的事。据联合国儿童基金会的说法，“世界范围内五岁以下的儿童中，有1/4的出生事件没有被记录下来”。[40] 倘若无法获取出生证明，可能会带来毁灭性后果：这些儿童可能会在受教育及获取医疗保障等问题上遇到困难。更严重的是，这些儿童可能会在达到法定年龄之前被强迫结婚、劳动或加入军队。[41] 这是否与儿童在世界人口贩卖活动中持续成为第二大受害者群体角色（2012—2014 年占比 25% ~30%，仅次于妇女[42]）的现状有关？即便成年后，他们也可能无法继承财产、参与投票、得到工作或护照，更不用说银行账户。[43] 世界银行预计全球有 15 亿人缺乏法定的身份标识。[44] 叙利亚难民危机很好地说明了由国家支撑的身份机制存在的问题。[45] 我们需要采取手段改变这个现状。

考虑到提供可信的身份机制的重要性，联合国已将其纳入了可持续发展计划（16.9）：所有参与国应在 2030 年前为每一个人提供法定身份。[46] 世界银行身份发展计划致力于实现此目标，让更多的人参与全球经济。[47]而印度在这方面已经有了显著的进展，其已登记了99%的成年人。[48]在一份关于点对点市场的报告中，“区块链研究所”特别提到了印度的这个进展的经济意义。这个计划始于2009年Aadhaar法案，其授权印度唯一标识管理局（UIDAI）为每一位居民分配被称为“Aadhaar”（印度语中表示“基础”）的12位数身份标识。[49]此项目负责登记身份的工作人员会在社会上收集人口及生物识别数据，并将其上传到一个数据库里。通过这个数据库，身份ID信息就可以在任何地方实时检验。2016年4月，印度国家支付公司公布了其统一支付接口，可以接受Aadhaar身份作为支付业务所需的验证机制。任何持有Aadhaar身份的人可以用其来执行交易、点对点业务以及领取政府福利。这个计划发挥了作用：2017年11月，印度唯一标识管理局认为“Aadhaar系统里的数据是安全可靠的，而印度唯一标识管理局也没有出现过数据泄露或被入侵等情形”。[50]

不过上面这种结论下得太快了。在2018年1月初，位于印度贾朗达尔市的《论坛报》的一名记者拉希纳·凯拉（Rachna Khaira）收到了一个匿名信息，称可以将10亿多个Aadhaar身份背后的信息给她任意查阅，她只需支付500卢比。通过输入一个12位的号码，她就可以看到与其相关的个人信息，如照片、姓名、地址、电话号码及电子邮件等。只要再支付300卢比，她就能以别人的名义创建出一张看上去很正规的Aadhaar身份证件。很显然，这个系统被黑客入侵了，10亿多人的记录泄露了。

很明显，无论是从管理还是从理性的层面去看，政府主导的身份管理系统都存在很大的问题。为何我们需要政府盖章证明我们的身份呢？我们应该建立自己的身份标识，并像约瑟夫·卢宾说的那样，依靠自己的努力获取经济机遇。[51]如果你们觉得这是一个疯狂的或是不明智的想法，请让我们来解释现存的身份识别机制的四个主要问题。

第一，它是以系统为导向的，依赖于对系统的控制，容易遭受被取消、伪造和盗窃的风险。系统的管理员可以冻结我们的访问权、更改访问和使用的条款，删除我们的学生身份、医保标识及土地所有权。

第二，我们为每一个标识创造及关联的个人数据（如生物识别信息、大学成绩单、医疗历史等），都属于中心化系统的管理员所有并被其掌控。在我们毫不知情的情况下，这些管理员可能会将这些数据交给不值得信任的商家，或者出售给第三方。这样的系统极不透明。如果我们想转移到别的大学甚至是国家，就需要自己负责将这些数据从一个系统转移到下一个系统（以打印的方式），有时还需要支付相应的费用。而且，与此相关的规则通常是复杂的、善变的。记住，我们的此类数据会越来越多。

第三，这种以身份标识为导向的系统，对用户而言并不友好。个人或为其服务的政府或非政府组织代表需要重复执行烦琐的登记流程，才能获取各种身份标识，这样就不得不花更多的精力去维护很多套身份号码、用户名、密码、个人问题及答案等信息。这是一套极不科学的体系。它还会确认我们是否为机器人，并会拒绝机器人获取身份的机会；倘若这些机器人需要消耗电力，就无法自动去购买了。

第四，倘若黑客入侵这些中心化的系统并盗取我们的身份标识及数据，那么我们承担的后果和责任是最严重的，但在这些数据被第三方使用的时候，我们却没有得到任何补偿。美国最大的医疗保险公司 Anthem 的系统被入侵后，引发了极大的轰动。后来，这家公司同意为其在 2015 年被入侵导致约 7900 万人的个人信息泄露的事件，以 1.15 亿美元为代价达成和解协议。律师称这是迄今为止因数据泄露而支付的代价最高的和解协议。[52]然后，2017 年 10 月，这家公司的关联机构存在的问题，又导致了一次数据泄露事件，18000 万名用户的医疗记录相关信息暴露出来。[53]这真是不可原谅的。

这样的管理方式根本称不上“身份管理”，而是混乱。我们的身份应该能反映我们对身份标识的选择和管理，但目前这些身份标识却给我们的身份带来严重的负面影响。如果我们没有身份标识，就有低人一等的感觉；但我们有身份标识的时候，却又胆战心惊——觉得参与社会活动就得遭受个人信息被侵犯的风险，又或者认为隐私权根本就是奢望。更严重的是，这样的身份标识已成为用心不良的权力机构操纵我们的工具。其中显然没有赢家，随着这个世界积累的数据的增多，身份标识管理面临的问题会越来越严重。

为了更好地建立我们的身份，我们需要设立一个新的模式，它的控制和维护权需要分散在其服务的人群中，这样所有人的利益都是一致的。这相当于一个身份共同体，其应明确地赋予用户权利去管理各自的数据、访问及授权别人访问数据以及从自己的数据中获取经济收益，并让用户参与数据保存和使用的规则制定过程当中。[54]它必须独立于任何公司、政府或第三方，这样就不会受到机构高管或政治势力的影响。在逐步替代这些机构的作用之前，这个身份共同体也需要与这些机构合作。这套系统必须长期运作（哪怕其用户已经逝世），并保障用户的“被遗忘权”，这就意味着需要将数据的相关权利与数据本身分离开来，这样其权利人就可以选择删除数据。而且，为了增强这套系统的包容性，它必须支持低科技的移动终端及低成本的争议解决方案，这样才能做到对用户友好。

这就是区块链能发挥作用的地方了。在本书第二章，我们提及了相关的技术及理论基础的发展情况，如公钥基础设施的部署、将身份识别以及验证层从交易层中分离出来。不过，我们更关注隐私设计的原则，而这就是“identity coin”的反面。我们提到了使用 Pretty Good Privacy 方案带来的挑战，并解释了它为何没有被广泛采用。我们还添加了祖科·威克斯－奥赫恩（Zooko Wilcox-O'Hearn）及其在 Zerocoin 电子货币公司的同事做的一些积极的研究成果。他们发起了 Zcash 项目，这是一个公有链系统，让用户能够隐藏交易相关的身份信息和数额，这与比特币形成了鲜明的对比。Zcash 是使用了零知识证明技术的一种实施方案，即“零知识下简明的非交互知识论证”（zk-SNARK），这样其参与者就可以对交易进行验证并打包成区块，而无须（也无法）知悉相关的细节信息。维塔利克·布特因告诉《财富》：“我认为 zk－SNARK 技术是非常重要的，它能改变游戏的规则……这是密码学领域最被低估的技术。”[55]我们也同意这一点，这确实是隐私领域的一项重要创新成果。

让我们回到与身份相关的技术。在 CoinDesk 网站上，资深开发者克里斯托弗·艾伦（Christopher Allen）写了一篇关于“通往自我主权的身份机制”的技术概览，谈及了互联网地址编码分配机构（IANA）到互联网名称与数字地址分配机构（ICANN）的发展，从微软联合护照到太阳微电子自由联盟的转变，再到面向用户但由登记处控制的 OpenID 系统。[56]随着区块链技术的发展，已经出现了一些身份管理项目，它们主要关注个人数据的记录、存储及访问需求。在第二章，我们关注了麻省理工学院媒体实验室的一个大项目 Enigma 及其对同态加密及安全多方计算技术的使用，这两种技术对最小化数据供应及算法透明这两个身份管理原则都是很重要的：数据用户只会获取其进行计算所需的数据，又无须观察这些数据的细节，而数据的主人可以查看这个处理过程中用到的算法。麻省理工学院人类动力小组的 OpenPDS/SA（数据存储/安全答案）平台让我们可以组织各种个人数据流，让人们可以查询这些数据并得到答案，但又不会暴露敏感细节。[57]

现在，区块链用户可以通过如 Civic、ShoCard、uPort 等初创企业来获取身份标识。我们统计过，这样的企业最少有 20 家。[58]举例来说，uPort 身份标识机制的核心是一个 20 位的十六进制字符串，它在系统中是唯一的、持久的，而且是至关重要的：它是代理合约（proxy contract）这种特殊类型的智能合约的地址，而这种合约就是在区块链上执行身份管理相关的复杂指令所需的专用代码。代理合约能让用户以数字化的方式对某项交易、动作或主张进行签名和验证；让用户管理加密货币或其他代币化的资产，与以太坊区块链上的其他智能合约互动，链接到用户在链外存储的数据（如存储在 IPFS 星际文件系统里的）；还能为其他人赋予临时权限，让他们选择性地读或写特定的数据文件，以换取相应的价值。

uPort 系统也可以为无人驾驶汽车、3D 打印机、虚拟实体（如 IBM 的 Watson 人工智能系统）以及“区块链研究所”等实体提供服务。在用户友好性及安全性的问题上，uPort 提供了一个手机上的 App 软件，用于保存用户的密码学密钥。而另一个被称为“控制人合约”（controller contract）的智能合约则将上述密钥与代理合约分离开来，它包含恢复身份所需的业务逻辑：如果该设备被盗或遗失，用户可以在无须更换代理合约标识及其相关联的资产的情况下，也能更换私钥。[59]这是一个很好的方案。

这些初创企业中不少成员都在参与“去中心化身份基金会”（Decentralized Identity Foundation）这个联盟，其成员包括超级账本、R3、Sovrin，还有埃森哲、微软和 IBM 这类老牌机构。去中心化身份基金会旨在将“去中心化身份、区块链 ID 标识、无须信任却又随处可用的数据存储”与我们上文提到的“身份共同体”模式结合在一起。[60]其工作组正关注三个大领域，即标识及发现机制、数据的存储及计算以及见证和声誉，并探索开发相关的用例及标准。[61]而费比安·沃赫尔斯特勒（Fabian Vogelsteller）的“以太坊请求－事项 725”（代号 ERC-725）是一个为自我主权身份而指定的接口标准（他之前为代币发行所创的 ERC-20 代币标准也属于此类接口标准），它能够将身份信息通过智能合约存放（就如 uPort 做的那样）。[62]如果这个身份接口标准能够达到 ERC-20 代币标准那样的影响力，我们就有望进一步实现新型的身份管理系统，这对区块链革命及权力的重新平衡至关重要。

这个转型需要时间。我们预期存放了个人数据的各类组织至少会采取两个动作来重拾用户的信心。第一个动作涉及数据的治理，很多大公司和政府部门对其实物资产都有很强大的治理机制。不过，根据 2015 年由麻省理工学院举办的国际信息质量会议的程序委员会主任伊丽莎白·皮尔斯（Elizabeth M. Pierce）教授的说法，“在大部分公司里，信息资产通常是治理得最差的、被理解得最肤浅的、最得不到合理利用的关键资产。这是因为信息的收集和数字化越来越容易，它对产品和服务的重要性不断提升，但它很难被定价，生命周期越来越短，而相关的安全和隐私风险问题也在增加，在大部分公司里，它还会带来显著的开销”。[63]

皮尔斯教授主张强健的数据治理，我们对此表示赞同。她将此定义为“定制相应的决策权及责任框架，以鼓励对数据的合理使用行为”。她提出了数据治理和数据管理的重要区别：“治理是关于谁输入数据、谁进行决策及其具体方式的过程；而管理则是制定并实施决策的过程。”[64]

第二个动作则涉及中止当前收集和存储客户数据的习惯，并在将文件和记录返还给客户后销毁这些庞大的数据库，又或者将这些数据转移到分布式存储系统（如 IPFS）上并将控制权转移给客户。

可以思考一下大卫·贾弗雷（David A. Jaffray）教授对病人信息的处理计划。他是大学医疗网络（University Health Network）技术与创新部门的执行副总裁以及 Techna 医疗科技发展研究所的主任。他一直在参与多伦多地区的大学医疗网络机构“病人通道”的实施。这个通道让病人可以完整地访问自己的医疗数据，包括测试结果、医学影像、病例报告、针对报告、医保提供商的亲身调查或电话对话笔记、健康管理计划、转诊意见以及出院总结等。病人可以在自己认为合适的时候公布相应的数据。对病人和医疗服务提供商而言，这样的结果是很积极的，贾弗雷教授很希望将这场实验推进到下一个阶段，让病人对自己的医疗数据有完全的所有权。

他正与 IBM 及超级账本合作设计基于区块链的实验计划。因为对他而言，这代表对病人数据思考方式的重大改变，即将所有权归还到病人自己手中。在保护用户隐私及安全性的问题上，这个计划移除了涉及跨辖区的不同机构（研究型医院、保险商、药房、测试站及实验室、药品供应商、制药公司、国立卫生研究院）之间产生的各种成本高的复杂规则、监管条例以及合约。贾弗雷教授称，这能够同时解决数据可迁移性的问题，为病人带来真正的便利，并让病人有机会组建与医疗健康相关的利益社区（成员拥有及治理的“医疗合作社”）。通过这些合作社，成员可以共同协作，让机构限时访问它们收集的某种疾病的数据，从而商议更优惠的特殊药品价格。

贾弗雷教授之所以对此如此感兴趣，是因为区块链能实现一个法律框架，大范围收集用户的许可意见。在区块链上，病人不仅能从代码层面验证其签订的分享数据的合约，还能细化追踪它们的行为。通过这两项能力，病人可以生成史无前例的显性数据，并在特定的条款下将这些显性数据及基因数据捐赠（或授权）给医疗科学领域。我们将这样的生物数据流称为人类个体因子（human menome）。人类基因组研究一直是很成功的，不过倘若能在基因类型和显性特征（身高、体重、健康、疾病、体力）间找出映射关系，这将会改变我们对饮食、锻炼、职业、环境的理解，甚至还可能重构医疗体系。试想一下，你未来或许能够享受量身定制的医疗保健服务，而其成本的一部分将会由你的人类个体因子数据的经济价值承担。

"生存所需的成本远远高出做一次基因测试的费用，"贾弗雷教授说道，"我们需要找到一种方式，让个人及其继承人更好地利用这些毕生积累的显性数据。"[65]可以思考一下"永生的"汉丽埃塔·莱克斯（Henrietta Lacks）的例子（海拉细胞系的主人，死于宫颈癌，其癌细胞被长期用于科学研究）。假使当初她有能力控制其基因和显性特征数据，她就能够决定是否允许将她的细胞进行批量体外培养，也能够让这些数据给她的子孙后代带来益处。如果这能够实现，这将是一种能让我们改变对疾病认知的方式，并将其视为一种资产，而非负担。

目前，对海量的近乎免费的数据进行访问及数据分析的能力，可以说是一种能够带来竞争优势的核心能力。不过，随着个人开始有机会取回对自己数据的控制权并创建出数据的化身身份（可以将其称为davatar），就能够将这些数据集存放在一个分布式的、对信任依赖程度极低的系统里，以帮助个人管理自己的数据并实现经济价值。这将会取代大公司的投资者所仰仗的大数据分析能力，并将被大众视为"有害资产"的数据从公司的资产负债表上移走，将其变为个人从出生开始就享有的基本资产。此外，它将会重构数据分析的业务模式，并奖励那些能为个人提供数据中介服务的公司。以前，那些中心化的大体量"数据资本家"搜罗、囤积和出租我们的数据，却没有尽到保护这些数据的义务。未来，我们将有望看到这些"数据资本家"退出历史舞台。

近年来，人们越来越担心所谓"思想入侵"现象，这是由历史学家及《人类简史》作者尤瓦尔提出的概念。在 2016 年美国总统大选结果出来后，从剑桥分析公司的“心理剖绘”以及据传的俄罗斯操纵社交媒体行为对这场大选的影响中，人们开始意识到“思想入侵”概念并非空穴来风。[66]他写道：“神权的合法性是由宗教神话支撑的，而人类社会权力的合法性则是来自人文主义的意识形态。高科技行业的精英及硅谷的预言家正创造出一个全新的普世故事，它将会为算法及大数据权力的合法性提供支撑。”[67]剑桥分析公司因其大数据分析业务获得了广告业研究基金会授予的 2017 年大卫奥美奖。[68]尤瓦尔·赫拉利将这种世界观称为“数据神教”，认为其追随者“将整个宇宙看作数据流，将生物体看作生物化学算法，并相信人类的天命就是要创造出包罗万象的数据处理系统并与之融为一体”。[69]倘若数据、生物和思想真的融为一体，我们就可能会承担失去自由意志的风险。

另一些人认为对人类个体因子数据被入侵的恐惧是毫无依据的。“要想对人类的所有代谢功能及脑部活动进行精确、完整的映射，简直是做梦，”达特茅斯学院（Dartmouth College）跨学科合作研究所的理论物理学家、教授及主任马塞洛·戈里瑟（Marcelo Gleiser）如是说，“技术能做的事情始终是有限的。每一台机器都有其精度范围，倘若超出它的范围，它就无能为力了。若要监测 850 亿个神经元及流经数万亿个突触的神经递质流动活动，即便我以科幻迷的眼光去看，也是难以置信的。”[70]

在这个问题上，我们宁可过于谨慎，也要强力支持通过区块链技术及身份共同体机制来实现“自我主权”身份及对全部个人数据的所有权。

智能合约开始发展

智能合约的使用是本书的一个重点话题。毕竟，合约是我们的身份、经济和社会的基础，因此每一个章节都会突出相应的用例。在第二章，我们解释了智能合约的概念及其工作方式。就如传统合约，智能合约也包括执行共同认可的规则以在特定条件下处理资产所需的动因（回报和惩罚）。不过，智能合约有时可以调用算法和传感器来判断约定的条件是否已经达到，并自动执行对加密数字资产的处置流程。

“智能合约之父”尼克·绍博给出了一个生动的例子来解释智能合约的概念。试想一下，有一个传统的自动售货机并将其看成智能合约，而一个很简单的商业关系的条款被编程到该机器里：倘若该机器里有价格合适的某种饮料，买家就可以选择该饮料并往机器里塞入对应价格的硬币，然后机器会验证塞入的硬币的数量，把饮料推到拿货口，并给买家找回相应的零钱。[71]如果从这个角度看，智能合约在公元一世纪时就出现了，那时候希腊数学家希罗（Hero of Alexandria）发明了一种方式，让崇拜者能得到其所支付价格对应的圣水的量。[72]今天，单在美国就有将近 700 万台自动售货机。[73]我们已经被智能合约包围了。

那么，它们一定有法律效力了？或许吧，不过目前还没有明确的答案。在美国普通法系下，各方可以明示或暗示一项协议，而无须起草或签订纸质的合约，也能够让条款具有法律效力。根据法律学者普里马韦里·德菲利皮和亚伦·赖特（Aaron Wright）的说法，“由智能合约记录的协议在美国法律体系下很可能会被视为是有效力的。各方可以用机器代码记录各自的意愿，这和用纸记录是一样的。如果他们设立一个定期执行的义务条款，智能合约甚至可以实现自动执行的计划”。[74]不过，只有时间以及世界范围内的法院才能就智能合约的效力给出确切的答案。[75]

在第四章，我们探索了智能合约如何改变科斯理论里的公司架构的交易成本，缩减核心必需的雇员数量并扩展边缘的劳务者数量。而核心雇员将会以聘任制的形式承担组织所需的灵活工作任务；边缘的劳务者将会承担容易细化的常规工作，这些工作的完成度也很容易被验证。这样的转型将要求高管去做一些从未做过的事情。尼克·绍博说道：“这是最有价值的一步，但传统的科学管理方式难以意识到它的意义，更别谈执行它了。”他指的就是重构公司的合约关系。我们能看到为何初创企业在这方面有优势。传统的公司很少会以“需要完成的工作”来定义其合约策略。

通过智能合约，我们可以战略性地将技术应用到更多种类的合约上，而不仅是“要么接受，要么拉倒”的合约。我们可以在相距甚远的各个法律辖区协调物质资源及不同背景的人力资源。我们可以将加密货币用作一个全球支付系统。在每一个阶段，我们都可以降低成本，最小化对第三方平台的依赖，提高生产力、安全性和隐私性。[76]尼克·绍博指出了 Uber（优步）的可扩展性：“Uber 通过算法协商及验证的劳务任务来代替雇佣关系。因为现在很多人将劳动力花费在雇佣关系而非市场即兴需求关系上，Uber 及其在其他物流产业的继任者可能将比亚马逊等大公司的影响力更大。”[77]

不过，如果用户的数据安全得不到保障，这样的可扩展性就会带来问题。

2016 年，黑客非法访问了 5700 万个 Uber 账户相关的个人信息，但该公司直到 2017 年 11 月才将这次泄露事件公布出来，而且也没有通知受影响的账户持有者。[78]

如果我们利用区块链技术并结合定价算法、全球定位系统等机制，就有可能实现无人驾驶、无须 Uber 担当中介的打车服务（我们在第六章将此称为 SUber）。作为一个“万物账本”，区块链可以运行每一个物件的智能合约——质保条款、溯源追踪、注册、保险、检验证书甚至是满足汽车排放量监管规定的操作软件。这些合约可以控制物件的运作流程。在这种模式下，如果一个机器、无人驾驶汽车或者是重型设备无法通过安全检测，或者其责任险过期了，那么机器就无法启动。

在第五章，我们谈到了一种没有管理层及雇员的分布式自治企业概念。它是一种在分布式的计算机网络的安全共识协议（即区块链）上运行的去中心化应用程序（智能合约的集合）。它并非存在于某个远程的计算机或中心化服务器上，即便我们不信任这个分布式网络上的计算机主人，这些应用程序也能可靠地运行。[79]

在本书首印后不久，我们见证了首个此类企业的诞生（被称为 DAO，即分布式自治组织），其从全球数万名投资者中筹得了破纪录的 1.6 亿美元资金。与其他初创企业不同，DAO 没有传统意义上的管理层。它是由 Slock. it 这家小型的区块链开发公司创建的，其内置了一个带有投票权的代币合约。DAO 的股东（人类）可以通过审查由一小群股东组成的委员会整理的提议并投票，以决定 DAO 如何分配其资金。

我们来思考一下上面这个例子。它没有组织的费用、没有管理层与股东之间的信息不对称现象，因为它根本就没有管理层。它也不存在传统公司的道德风险，即管理层可能会损害股东的利益（如承担过高风险）的方式来谋求个人利益。

就如任何公司一样，DAO 可以投资到新的业务并雇用说客或律师去代表其利益并进行推广。通过智能合约，DAO 可以做传统公司能做的大部分事情，除了一个重大的差别：在区块链上，其代理人无法改动或绕过协议、任务声明、公司价值，也无法在脱离大范围的股东辩论及共识的情况下行事。这是很惊人的特点。

不过，DAO 项目合约代码存在的问题，让其最终走向失败。一个黑客发现了这个项目在使用以太坊图灵完备特性时，对递归功能的使用存在漏洞。这个漏洞并没有出现在比特币的脚本语言上。

根据尼克·绍博的说法，“以太坊的攻击面相较于比特币大很多，因为其使用了图灵完备的智能合约语言，以及高层次编程语言所带来的相对丰富的应用程序”。不过，DAO 的昙花一现还是表明自治的实体能够以点对点的方式筹得巨额资金，而无须传统中介机构的参与。根据普里马韦里·德菲利皮和亚伦·赖特，“自从以太坊平台发布后，已经有成千上万的智能合约部署上去了”。[80]

即便如此，各家公司还是以谨慎的态度进行探索。它们正在受控的环境中寻找试点工程并进行实验。在第六章，我们指出了一些适合进行实验的新型业务模式。例如，Slock. it 与 Montion Werk 合作，在德国创造了一个点对点的 Share & Charge 服务。电动汽车的持有者可以通过基于以太坊的智能合约互相分享其充电桩，并将全部信息上传，这样 Montion Werk 就可以在紧急事件中做出快速调整和反应。[81]用户可以下载一个 Share & Charge 应用程序，来处理区块链驱动的充电桩及相关的计费财务工作。[82]这个系统是由一种数字化的欧元来辅助交易结算的。[83]最后，它是运行在一个公有链上，因此它是透明且开放的。任何人都可以通过智能合约直接与其互动。

在第七章，我们谈到了使用智能合约来提高人道主义援助活动的可追责性，并为企业家创造公平竞争的环境。例如，西门子公司正与 Slock. it 合作，设立一个基于区块链的去中心化自治组织，它可以让人们就某项具有社会意义的项目投票。联合国儿童基金会正进行一个多重签名的智能合约实验，以让其资产的转移更透明，提高其可追踪性，这与传统的国际交易处理方式形成了鲜明的对比。[84]

知识网络将会很重要。鉴于我们并没有数百年相关的经验及大量完善的法律模版，创造智能合约比撰写传统合约困难得多。根据 Good Robot 的创始人阿伦·梅杰（Alan Majer），“Solidity 这种智能合约编程语言看上去很简单，实际上用起来是非常复杂的。用户必须了解其反模式（anti-patterns）的特性，它是一种可以通用的软件设计参数，但可能会导致代码以非计划规定的方式执行”。[85]合格的智能合约开发者是稀缺的，在世界范围内可能只有 500 名。[86]尼克·绍博建议组织应该雇用具有计算机科学背景的律师，或具有法律背景的软件工程师。各高校、法学院和继续教育计划应该开发相应的课程及训练计划，以满足这个领域的需求。

资产链：当区块链碰上供应链与采购流程

我们经常会被问道："区块链的下一个杀手级应用是什么?"这显然就是全球供应链，它是一个涉及全球经济2/3规模的产业。我们消费的一切，都是供应链里的产品。在每一天，通过支撑全球商业的供应链，世界范围内的资产会被提取出来，得以设计、组装、运输及售卖。虽然各项技术正持续颠覆传统的产业，但上述的商品运输流程很久没有被重构了。

本书中，我们认为区块链有能力将传统的供应链模式去中心化，并将其与人工智能、积层制造技术以及持续发展的物联网技术结合，来创造新的价值网络，以满足不断增长的机器及人类的需求。

当我们在构思"区块链研究所"的时候，我们开始寻找这个领域里的聪明人和实践家。在英国班夫镇举办的2016年TED峰会上，本书作者遇见了贝蒂·娜华宝（Bettina Warburg）和汤姆·塞雷斯（Tom Serres)。贝蒂是一个非常聪明的人，她的演讲有300万次阅读量。她引用了诺贝尔经济学奖得主道格拉斯·诺斯（Douglass North）在制度经济学领域的成果，并将区块链描述为一种新型的技术型机构，认为其有望变革经济的运作模式并改变我们交换价值的方式。

这就让我们开始思考区块链可能产生的史无前例的数据量及其价值，它将能让我们有机会研究大规模的经济系统。显然，这些系统中的一个主要部分，即管理了我们大部分贸易活动的全球供应链将面临变革。

我们决定与贝蒂、汤姆及其公司Animal Ventures合作，开展这项研究。相关的结果是令人惊讶的。[87]在其中一场对话中，他们认为区块链将会支持供应链的自治、分布式管理机制，这让我想出了"资产链"这个词。

对任何需要与资产打交道的人来说，他们的研究都是极其重要且有吸引力的，因为每一种资产都涉及供应链。他们设想的这些新型供应链将是自治的、分布式的。而且，这种供应链将是具有认知能力的，因为它们会将其学习成果作为提高系统效率和响应度的机会。具有认知能力的供应链会需要一个"网络状态"功能，为人们提供单一的全局"事实"，并借此作为贝蒂和汤姆所说的"机器式信任"的基础。[88]

这就是我提出的"资产链"的价值。这是一种新的思维方式，为机器自主参与供应链及其所服务的市场提供了一个框架。它让我们有望解锁机器的自主交易能力，而无须让人类中介参与。

这种想法发现了一些应用了加密经济学及区块链来实现此转型的项目。来看一下 Sweetbridge 的例子，它让任何企业都可以执行下面的四项操作，这在没有区块链的情况下是无法实现的：向供应商付款，更快速度收到货款，并将库存和应收账款占用的资金降到零；与其他机构分享未充分利用的供应链资产，从而创造新的收入来源；在没有信用审查或贷款申请的情况下，以它们的资产获得零利率贷款；激励供应链专家，让其协助优化供应链，并以销量增加、成本降低等结果为标准，来支付其提供的服务。

Sweetbridge 协议还能替代供应链里对信用证、贸易融资及流动资金的需求。以下是其工作原理。Sweetbridge 使用智能合约会根据某项资产的抵押价值来生成一种加密货币，它的价值是稳定的，且会锚定用户选择的法定货币的价值。这个协议的行为就像一个公司向自己发放贷款，而在还款的时候则必须偿还当初所借入的同样的加密货币。Sweetbridge 协议将任何资产的价值转换成对应的现金价值，这样一家公司可以将这种价值像现金那样记录到资产负债表里，或当作现金与其他公司展开贸易，并在需要法定货币的时候将其转换为真正的现金。

Sweetbridge 也是上面讨论过的折扣型代币的创造者，这是一种能够为政府基础设施、供应链资产等领域的发展提供资金来源的新想法。这些服务的用户可以购买和使用这些折扣型代币并与其他用户交易。据斯科特·纳尔逊，“你购买和锁定的越多，网络的规模就越大，你享受的折扣就越多”。实际上，用户会由于“帮助网络扩张及使用产品和服务得到奖励”。[89]这会鼓励用户对某个网络的忠诚度。

这个平台也提供了一个结算流程，可以消除供应链里的对手方风险。因为各参与方都能够在几分钟内从区块链上转移资产，因此这个流程不需要银行或信用卡网络来提供支付服务。在贷款还清之前，各方也无须委托中介机构持有抵押的资产。为了确保网络里的流动性，Sweetbridge 组建了一个项目联盟，其成员已经开始协作，以建造一个可以探索更快的、成本更低的、更安全的产品上市方式，然后重新配置自己的流程以满足相应的需求。因此，这样的供应链是具有认知能力的。

贝蒂和汤姆也解释了领导者应该做什么，才能让自己的组织应对这场不可避免的去中心化趋势。首先，应该习惯“透明度”的要求，它是公司社会责任的必要组成部分，也是竞争优势的来源。他们认为，去中心化经济的赢家将是那些“将供应链的透明度往最准确的网络状态推进的”。其次是培养人才，除了能够对智能合约编程的律师－开发者外，还应该有像达·芬奇这样的艺术家—工程师（他将其设计与人性结合在一起了）。最后是围绕共同的目标组建联盟，其中之一应是“资产链”的共同治理，以及对相关标准及最佳实践的探索及开发。[90]现在是时候开始了。

区块链与高管

在过去100年间，学者和商业领袖塑造了现代的管理学实践。在构造层级化的、孤立的、以水平或垂直的方式整合公司这个问题上，管理层人员的主要的理论、宗旨和行为总体上说效果是不错的。到了现在，情况开始发生变化了。

在第三章和第四章，我们讨论了区块链会如何带来深刻的改变，这不仅包括在公司性质的问题上，还包括公司会如何获取资金及管理，如何创造价值，如何执行基本的功能（如营销和会计）等。在某些例子里，算法将会完全取代管理层。

因为区块链改变了公司的深层结构和架构，它将会改变我们的管理模式及高管的角色。在某些情况下，垂直的整合方式或许是合理的，但整体网络的架构将会进一步优化，以满足创造产品、服务及为利益相关方带来价值的需求。

麻省理工学院斯隆商学院的客座讲师欧文·沃拉达斯凯－伯杰（Irving Wladawsky-Berger）教授说道，“在炒作和实际应用之间找到平衡点，是一家公司高管团队的重要责任”。[91]因此，高管应该准备做什么？“管理人员必须决定其公司是否应该尽早采用区块链技术并进行实践，还是等该技术成熟后再来投入，但要冒着落后于对此更积极的竞争者的风险？”[92]

首席执行官

伯杰将区块链称为“一个交易互联网，它记录了自其诞生起的每一笔交易，是一个安全的记录系统”。他建议首席执行官“找出最佳的方法，以最能让人理解的方式，与其他人沟通清楚为何每一家公司都应该拥抱区块链技术”。商业策略不仅成为一种证明你自己及你的组织“已经理解”的方式，还是一种将你的品牌与未来相关联的方法。这就要求持续地在不同的沟通场合（媒体采访、全球会议、信息科技及金融分析师会议、网站文章及大量客户交往活动）讲述你的区块链故事。[93]首席执行官需要为此设定基调。

伯杰警告，互联网的新纪元并不代表可以为所欲为的“狂野西部”。有些领导者的所作所为，比如认为“规则并不适用于我们”，即在讨论经济原则的时候声称“这是为了吸引研究而非获取收入”，或认为文明社会里的行为准则不再适用（如认为性骚扰是合理的）。他向领导者强调：“不管组织架构如何改变，这些规则还是会适用的。”[94]

由于大部分的区块链计划都处于早期阶段，首席执行官需要管理好自己的预期，确保从其展开的实验及参与的联盟中学习相关经验，这样他们就能够预测区块链的未来走向，及这项技术将如何影响他们的业务。

首席信息官和首席技术官

作为组织的首席信息官和首席技术官，他们要持续确保其组织在正确的时候引入合适的技术。第四次工业革命不仅集中在区块链技术上，还在机器学习、机器人技术、物联网甚至是生物技术上。[95]这样，对组织的首席信息官和首席技术官而言，他们不仅需要实施商业策略，还需要构想商业策略并在其中应用一系列的技术。首席信息官和首席技术官需要扮演远见者及良好的沟通者的角色，帮助其他高管理解这些技术的潜在影响，并通过分享相关的用户案例及建议开展试验项目来推动这些技术的应用。

他们也需要在企业中引领创新活动。就如一名曾得奖的首席信息官和首席技术官奥利弗·布斯曼（Oliver Bussmann）所说，“区块链技术对企业的外部流程及内部的架构都有深远的影响——总体来说是将业务逻辑和流程从企业的各个孤岛中转移到共享的区块链及更广泛的生态系统”。[96]

为了让组织应对这样的转型，首席信息官和首席技术官可以开始在组织内部及生态网络内培养必需的技能、人才、关系。目前，市场上有能力的区块链开发者、智能合约和区块链整合方面的专家都非常紧缺。参加区块链的集会及相关的联盟，可以对这方面有所帮助，从而建立联系。

他们还需要关注量子计算方面的进展，它使用量子比特（qubits）而非传统的比特来计算极其困难的数学问题的技术，其速度比现有的计算机快得多。我们在第十章讨论了量子计算带来的挑战。后来，我们意识到这样的挑战可能比我们预计的来得更快。滑铁卢大学量子计算学院的专家说，在 2026 年，达到商用级别的量子计算机有 1/7 的机会进入市场。这就是说，剩下的时间不到十年了。"那种'现象级'的高性能量子计算机的到来，将会打破我们当前部署的公钥密码学技术，弱化非对称密码学技术，从而对我们基础设施及系统的网络安全防护系统带来冲击。"滑铁卢大学的米歇尔·莫斯卡（Michele Mosca）的团队如是说，"考虑到区块链技术极度依赖于公钥密码学，我们不能假设区块链对量子计算带来的这种严重威胁是免疫的。"[97]首席信息官和首席技术官需要确保他们主导的任何区块链方案都是对量子计算机的攻击免疫的。

首席人力资源官：寻找人才的更佳方式

当人力资源这个领域被正确对待的时候，它可以是一项战略性的资产，而不是成本中心。

随着公司开始使用派遣制员工并在传统的组织边界之外运作，人力资源的作用越来越具有挑战性。或许，最迫在眉睫的担忧是多样性的问题。就如很多人看到的那样，区块链这场运动是由男性主导的（不过这个产业里的很多优秀的技术人员是女性）。与其他劳动力领域相比，技术行业里的有色人种的代表程度比其他人种低 16% ~18%，而在计算相关的职位里，女性只占 25%。[98]"在硅谷，每一个人都在抱怨性别歧视，或许在区块链生态系统里，情况会更严重。"香港 VeriFi 公司的主席、互联网名称与数字地址分配机构前副主席及"互联网社会"组织受托人黄平达（Pindar Wong）说道，"这是非常不健康的。我们没有得到足够的多样性观点。回顾一下控制论的第一原则阿什比'必要的多样性'定律，就明白我们需要多样性的观点，这可以是来自男性、女性、同性恋、异性恋、老人、年轻人，还有其他你认为应该有的观点。"[99]当解决问题时碰到僵局，我们需要提出一个关键问题，即"这个房间或网上有足够的多样性意见吗?"黄平达说，这样做的目标，是维持必要的多样性，以避免思维错误。"通过获取足够广泛的意见并予以公平对待，你才能避免思维错误。"[100]

如果人力资源的专家学会如何利用区块链技术来寻找正确的人才、商议其合约、执行相关条款并协调其工作，那么在大范围内寻找多样性人才的过程可以比传统的雇佣和聘用模式更为高效、有利。玻璃珠咨询公司的创始人安迪·斯宾塞（Andy Spence）预期区块链对人力资源功能的转型问题上会带来三个冲击波。第一，区块链会解决雇佣的基本问题，这是指通过查询候选人的"身份黑盒子"来完成身份管理及资格证书验证工作，以及根据所输出的工作成果或花费的工作时间来实时支付报酬。第二，区块链会在更广阔的人才生态系统提供利益，并降低全职雇员的数量。第三，他预期“技术会以自主运作并招揽工人和服务的方式，将工作项目外包出去执行”。[101]

安迪·斯宾塞建议首席人力资源官以需要外包的任务数量而非需要填补的工作岗位来思考问题，并拥抱组合型职业、经验证的职业档案以及数字证书。他认为：“人力资源人员可以成为新技术的先锋——不仅是区块链，还有人工智能、机器人技术、物联网等，这些技术会消灭一些工作并创造出新的工作。”最终，人力资源专家需要重新思考其职能，因为当前的人力资源工作里的薪酬管理、公司学习与发展、雇佣、绩效及福利管理等任务，都可能不再被公司需要了。他们应该专注于为有自我组织的团队提供支持，量化及预测团队绩效，并保障人才系统的运行，让其保持高效、公平及包容性。[102]

首席市场官：更好地与顾客互动

由于在这场变革中，公司将无法继续通过追踪及记录顾客的在线活动数据来分析顾客行为，因此市场和销售人员也将需要从顾客的“身份黑盒子”中查询信息。一些顾客或许会允许商家访问其数据，来交换一些免费的产品或服务；其他的顾客将会向商家收取费用，来出售数据的许可权。不过，分析结果的质量将会提高，因为商家将会以更精准的方式来找到目标客户。而区块链的特性将会避免富国银行那种对顾客权利损害的行为。

还有另一个好处就是，终结中介机构费用及机构偏见。“营销不息”（Never Stop Marketing）的首席执行官杰里米·艾普斯坦（Jeremy Epstein）认为智能合约会提高搜索引擎优化的表现并改善协商价格的成效。广告商将会准确了解他们的广告预算带来的具体效果。“我们将有机会知道注意力资源的费用及获取每个顾客的成本，”他写道，“随着我们转向基于区块链的身份管理系统，我们将会见证‘为注意力支付费用’的模式。”[103]艾普斯坦描述了 Brave Software 的方法：它设计了一种“基本注意力代币”（BAT），并发布了一个免费的网页浏览器，它能够阻挡广告和网站记录插件。艾普斯坦解释道：“这个代币能让广告商为个人的注意力支付费用。通过 Brave 和基本注意力代币，我们将能够为终端的注意力直接提供补偿，而不是像以前那样将 73% 的广告收入贡献给 Facebook 及 Google 等公司。”[104]这样，零售商和厂商将不再需要承担存储及保护顾客数据所产生的费用。

首席法律顾问：律师在代码开发中扮演的新角色

罗纳德·哈里·科斯和其继任者认为，公司的本质是在短期合约的协商和执行成本过高的情况下，通过创造长期合约来提供解决方案的机构。区块链能够帮助短期和长期合约的达成。通过智能合约，公司可以自动化执行条款，并使用所谓“预言机”（oracles）来引用外部数据域，如商品价格金额外汇汇率。它们可以触发提醒并确保支付的完成。

因为智能合约有自我执行的能力，公司并不会轻易签订这样的合约。律师和其他经理需要理解如何审计法律模板，并确保合约的软件支持各方同意的条款。此外，在创造新型的、未经证明的密码学工具来保护智能合约安全性之前，需要将其交由同行审计及外部测试渠道进行检验。IOTA 就出现了这样的问题：它并没有将其新型的 Curl 哈希函数公布给社区检验。[105] IOTA 是一个区块链协议，基于缠绕（Tangle，或有向无环图，其目标与 Hashgraph 技术一样都旨在颠覆物联网产业）的概念开发，其哈希函数被团队称为“Curl”。[106]美国波士顿的 Commonwealth Crypto 及麻省理工学院数字货币计划组织的密码学家都发现了 Curl 的安全问题，并认为 IOTA 团队对此问题的回应令人担心。[107]所以，人们应该谨记使用经妥善测试的方法来创建和运行智能合约，并确保你的雇员有能力审计某个初始代币发行活动背后的新型区块链或分布式应用程序的代码。

律师也需要紧跟涉及区块链、智能合约、初始代币发行以及专利的案例。特别是在涉及不同的辖区以及高度监管、充斥着专利的领域（如医疗保健、金融市场、制药行业、医疗用品等）时，更需要多加关注。首席法律顾问将需要了解这个领域的专利策略。Polsinelli PC 的律师及股东托马斯·M. 艾萨克森（Thomas M. Isaacson）说，区块链领域的创新家会为应用申请专利，以期从中获利，或是阻止其他人使用某项发明，或是让协作者能够使用这项发明。不过，获取专利的门槛是很高的。艾萨克森写道：“区块链应用专利必须满足三个条件，即可行性、新颖性及非显而易见性。而显而易见性这个问题并不简单。一项基于区块链技术的有用处的流程是否可授予专利，目前尚不清楚。法院并不倾向于将现有的商业流程放到通用计算机上实施的行为。如果某项主张的范围更狭窄、更专注，那么它获得许可的机会更大。”[108]

对高管而言更公平的合约

2017 年，一系列备受瞩目的丑闻进入公众视野：有关机构对三星电子副主席李在镕提起受贿诉讼；Uber 被指控在非法运营的地区使用所谓的 Greyball 软件来避开监管者；Equifax 出现的本可避免的入侵事件，导致 1.45 亿条记录被盗，而美国证监会亚特兰大地区办公室称，这家公司的高管被指控在新闻出来之前抛售了公司的股票，有内幕交易嫌疑；神户制钢公司及三菱材料伪造了出售给客户的产品的各项数据；富国银行承认其又开设了 140 万个假账号（之前已经公布了 210 万个），并向 57 万名顾客收取了其并不需要的汽车保险费用，导致一些顾客在汽车贷款上违约了。[109]每年我们都能发现不少公司的高管没有诚实行事，更别谈鼓励他们的员工这么做了。

通过智能合约的执行机制，企业的所有者可以让其高管承担责任，让他们必须遵守承诺。公司可以对结果的关系及参数编程，这样每一个人都会更理解每一方的责任，并判断其他人是否履行该责任。通过多重签名的智能合约，股东甚至可以在涉及高风险投资等高风险管理决定时进行投票。

在区块链上，高管不再需要每年“发誓”其账本是有序可靠的。不管高管是否同意，他们账本的有序性会每隔十分钟得以强化。因此也不再需要公共的审计机构。区块链能够降低人为错误的概率，并防止会计工作上的欺诈。股东和监管机构将能在任何时候检查账本的真实性。投资者可以基于相关的事实来创造自己的可信性评价排行榜，这样就不再需要那些主观的评级机构了。最后，股东可以为高管传达真实结果的行为给予回报。

新纪元的治理和领导

治理区块链革命

这场区块链革命的走势将会如何？就如我们在书中所说，未来很难预测，它是一个需要实现的目标。我们认为，就如互联网的首个纪元一样，这个区块链纪元也不应该被国家、国有机构或公司来治理。

监管机构也会有相关的角色。互联网的首个纪元刚开始是没有监管的，不过到了今天，在不同的国家都有相关的法律，来管理垃圾邮件、隐私保护乃至所谓的网络中立性问题。而区块链纪元，将会要求有更大程度的政府参与，因为它涉及资产（而不仅是信息），这显然是与公众利益相关的话题。

不过，我们如何将信息互联网视为一种全球资源来治理的经验，可以用到这个新资源的治理上。相较于依赖政府的做法，区块链应主要通过我们定义的“全球治理网络”支撑的自下而上、多方利益协作模式来实现自治。其中的“全球治理网络”概念源于我们此前重金投入的项目，此项目旨在调查为解决全球问题而设计的多方利益协作网络。我们在第十一章对此有所描述。[110]

此后，我们对这个问题展开了进一步的研究。我们在加拿大安大略慕斯科卡湖的家族湖滨小屋举办了一场聚会，邀请了区块链生态系统的关键参与者到场。这场聚会的成果就是《慕斯科卡湖小组区块链治理宣言》。[111]我们还受世界经济论坛的委托，写了一份白皮书。[112]“区块链研究所”的成员对此进行了探索，并整理出了一些有用的材料。

我们得出了一些重要的结论，供希望区块链技术落地的人参考。信息互联网是由基本相同的网络组成的，而区块链并不是这样。它在基础平台或协议的层面是各自为政的。因此，区块链这个价值互联网需要在三个层面进行治理。

第一，每一个平台都要负责自身的治理，以发展生态系统、标准和用例，确保这项技术得以妥善推广。过去两年，这个领域出现了一些重要的进展。例如，比特币社区为解决可扩展性问题，出现了“分叉”及实施不同的解决方案（如飞速发展的闪电网络技术）的尝试。以太坊则通过共识机制进行了危机管理，并规划了权益证明机制的实施计划。超级账本则强调标准制定工作的紧急性和适当性。

第二，在应用层面，已经有各种联盟相继成立，其中，类似联邦快递及百事可乐这样的公司会与产业合作伙伴甚至竞争对手合作，以开发相关标准和通用的应用。而在平台技术方面，像以太坊企业联盟一类的合作关系已经出现。该联盟的目标是为使用以太坊技术的公司打造应用层的标准。

第三，在整体的生态系统层面，像“区块链研究所”这样的联盟正在开展研究及普及知识，而像全球区块链商业理事会或数字贸易商会这样的倡议组织也相继出现。

我们可以将“全球解决方案网络”框架应用到这三个层面之上。[113]我们认为这个领域的利益相关者需要通过标准制定网络来找到一致之处；通过网络化的机构来集合不同利益相关者的意见，来决定发展任务；通过倡议网络尊重成员的利益及局限性；通过监察网络来确保没有一方作恶；通过政策网络参与政策辩论及协调监管工作；通过知识网络了解最新的信息；通过送达网络来保持大规模协作所需的激励机制。

这是重要的工作。不管是这项技术的提供商还是用户，都应该加以关注。不仅要思考你的机构的需求，还要考虑区块链革命的推进过程中碰到的整体挑战及困难（包括技术挑战与不合适的法律规定）。

区块链孵化中心

硅谷是商业模式的数字创新、融资、孵化及转型的推动力量，也是风投资本和创业活动的中心，诞生了脸书、苹果、网飞和谷歌等大公司。不过在区块链时代，初始代币发行和证券类代币发行等活动正在颠覆风投资本的模式，而传统巨头的领导者开始有跟不上节奏的意味了。

此外，到底单一的全球区块链中心是否可行，目前尚不清楚。作为一种技术，区块链本来就是去中心化的。早期的区块链协议是通过具有创造性的开拓者的跨境协作活动发展起来的，主要发生在硅谷以外的地区。在这个过程中，区块链创新活动的各个中心在全球开花结果。

如果硅谷不能成为区块链的中心，那么会是哪呢？“区块链研究组织”的希拉里·卡特（Hilary Carter）和吉尔·朗德尔（Jill Rundle）认为，并非所有的区块链中心都势均力敌，不过领先的国家级生态系统具有以下共同点。[114]

孵化器与创业

现在出现了一些专门为区块链创新活动提供支持的环境。在加拿大多伦多，MaRS、OneEleven 和瑞尔森大学 DMZ 这样的孵化器相继成立，让区块链创业活动蓬勃发展。这样的地区比那些缺乏孵化器的环境更有竞争力。

公司领导层

区块链创新中心经常会从与商业社区的密切联系中获益。倘若某个地区的公司有着好奇心文化并将自己定位为创新者角色，那么这个地区的区块链活动很容易兴旺发达。

教育机构

伟大的计算机科学学院可以引领伟大的区块链创新生态系统。麻省理工学院、新加坡国立大学、苏黎世联邦理工学院、斯坦福大学、密德萨斯大学、多伦多大学、滑铁卢大学、约克大学在这方面都做得不错。而加州大学伯克利分校的

“伯克利区块链”项目或许能弥补硅谷在这方面的不足。

投资环境

天使投资、风险投资及强大的金融服务产业对这样的创新活动必须有风险容忍度。通过初始代币发行活动，企业家将区块链作为分布式融资机制，来克服传统融资模式的障碍（这样的障碍让很多初创项目难以起步）。不过，必须先解决监管的问题。

政府支持

亲自成为这项技术的示范用户，是政府能做的最重要的事情之一。得到政府支持的社区行动可以直接为创新活动提供资金。在中国杭州和广州，政府已在区块链的开发当中投入了数十亿元。加拿大的“超星系团”计划已经往带有区块链元素的项目投入了10亿美元。按人均数量来算，以色列产出了最多的“独角兽”（估值超过10亿美元）企业。

监管环境

就如我们解释的，政府可能会帮助创新或阻碍创新。初始代币发行活动是一种新型的融资方式，对其过度监管或不监管都不是合适的选项。白俄罗斯和乌克兰这样对此完全没有限制的国家显然会碰到很大的问题。不过，有人认为多国考虑的禁止比特币、初始代币发行、证券类代币发行及加密货币交易所的思路会对未来数十年的创新带来影响。在监管的领域还有其他的问题，税收就是其中一项。

人才社区

在任何辖区，受良好教育的人群都是创新的重要因素。如何促进一个国家的人才流入并减少流出？包括特朗普的政策在内的各种因素，让加拿大开始在这方面有所好转。2017年11月，多伦多市市长约翰·托里（John Tory）向“区块链研究所”表示，希望将多伦多变成全球技术的领导者，确保该城市从其他国家吸引人才，并劝说在美国居住的加拿大人返回家园。

处于领先地位的十个国家和地区

区块链革命的领头羊目前还在空缺当中。不管哪个国家和地区胜出，它都会在未来数十年里从创新经济中获益。下面是其中一些比较活跃的国家和地区，以英文字母顺序排列如下。[115]

澳大利亚

区块链创新活动在澳大利亚及新西兰地区正蓬勃发展。那里的区块链协作社区及倡议组织的数量正迅速增加，其中包括澳大利亚区块链协会、澳大利亚数字货币贸易协会。ChronoBank 这样的创新应用程序在市场定位方面已领先其他竞争者。最近，澳大利亚停止对使用比特币转账和交易的行为收税，而澳大利亚证券交易所破天荒地宣布经过了两年的测试后，开始采用区块链技术。

加拿大

可以说，加拿大有全球最大的区块链生态系统。维塔利克·布特因从滑铁卢大学退学并创造了以太坊。世界上一些最大的孵化器在多伦多设立了总部。这里有五家热衷于创新的银行，一直在思考重构金融产业。世界上的一些具有潜力的区块链初创企业，如 Nuco/Aion、Paycase、Tendermint、Cosmos 和 Decentral 都在多伦多扎根。Vanbex、Axiom Zen 和 Frontier Foundry 选择在温哥华。而得益于其清凉的气候和丰富的能源供应，魁北克已成为加密货币挖矿业务的理想区域。区块链在加拿大的国家级政府的层面得到了不少的支持，而加拿大央行也是一个相关的创新机构。我们认为通过“区块链研究所”，多伦多已成为区块链领域里思想领导的全球中心。

中　国

中国与区块链及数字货币的关系可谓极其复杂。中国可以投入大量的资源来实施被视为有益的技术，或是控制其认为可能会带来潜在威胁的技术。政府开展了大量的监管行动，包括禁止初始代币发行活动、加密货币交易所及比特币挖矿等，对相关的初创企业活动带来了一定影响。同时，中国又支持区块链创新的其他方面，并对基于区块链的法定货币及其他能够推动经济增长的创新活动留下空间。

迪拜（阿联酋）

区块链创新家维内·古普塔（Vinay Gupta）带领的迪拜区块链战略是在 2016 年发起的，它旨在探索一系列的技术创新，找到能够提供简单及安全的交易方式的技术，从而提高迪拜的运作效率。迪拜王储希望能够在 2020 年之前将所有的政府文件登记到区块链上。作为通往亚洲和非洲的大门，在对供应链、运输业及政府服务上，迪拜的潜在影响是不容忽视的。

爱沙尼亚

这个波罗的海小国在区块链转型的运动中展示出了惊人的力量。爱沙尼亚将大部分的政府服务（包括身份登记）数字化。爱沙尼亚的数据并非中心化存储，因此不太可能出现大型的入侵事件；其底层的区块链能够证明其合法性，使医疗、教育、金融及政府信息能够跨多个平台进行验证，甚至能让急救人员在到达现场之前调取患者的医疗记录并通知医院准备接收。通过为远程的电子居民（e-resident）设计的智能合约执行能力，爱沙尼亚正将本地政府的服务送达电子居民计划的成员。

新加坡

最近，新加坡被视为第三大初始代币发行活动市场（仅次于美国和瑞士）及亚洲相关活动的中心。[116]与迪拜类似，新加坡正推行自己的“智能国家”计划，创造出相关的政策和基础设施以推进新技术在医疗保健、金融科技、交易、无人驾驶汽车及公共交通领域的应用。

瑞典（斯德哥尔摩及“节点极”）

2016 年，瑞典的一个项目提议将区块链技术应用到瑞典土地登记工作上，并认为其能够将土地交易的完成时间从以往的 4 个月缩短到几天。斯德哥尔摩的数字化技术在欧洲的城市中是领先的，仅次于伦敦这个金融技术的领头者。瑞典的北方气候也吸引了比特币挖矿社区将其设备搬移过来。瑞典北部的直辖市将自己称为“节点极”（The Node Pole，模仿“北极”）。

瑞士（苏黎世和楚格州）

瑞士是世界上去中心化程度最高的政治体系之一，这也是人们认为去中心化账本系统在这里有用武之地的缘故。楚格州的外号是“加密技术谷”（Crypto Valley），这可能是因为瑞士的金融信息隐私保护传统及其较低的公司税，吸引了比特币资产管理机构、经纪商、加密货币交易所，让它成为数字货币产业的中心。随着产业参与者的增多，楚格州开始积极使用这项技术。市政机构的出纳员现在用比特币来支付公共事业账单，而比特币交易所 Bitcoin Suisse 也促进了6. 35 亿美元规模的初始代币发行活动。“加密技术谷协会”对政策、监管发展、初创企业、投资等方面的工作组都提供了支持。

英国（伦敦）

英国的区块链初创企业活动规模仅次于美国，占据16. 7%，其金融科技领域充满生机且极具竞争力。年度举办的伦敦区块链周最近专注于政府活动的话题。考虑到英国身份盗窃案频发，政府已将新型的身份管理模式列入优先级。2016年，英国央行行长马克·卡尼（Mark Carney）在伦敦市长官邸发表讲话，也表达了在金融服务领域优先发展区块链应用的意愿。

美国（纽约市及硅谷）

美国是区块链技术开发产业最大的市场，聚集了这个领域40%的初创企业，这并不出人意料。不过，美国在互联网方面的领先优势正慢慢被规模更小但监管相对宽松的辖区挑战。至于在硅谷里成长起来的传统巨头，特别是那些拥抱了区块链技术的创新家和风投资本家（如马克·安德森和Twitter的杰克·多尔西），将可能继续占有主导优势。

我们在上面列出的几个国家正展现出在这个产业的真正的领导能力。它们目前都能处理好监管及治理方面的不确定性，让其在区块链实践活动展示出竞争优势。在区块链这个互联网的第二纪元，似乎不会有类似硅谷这样的地方出现。如果区块链能协助经济价值在地理区域上的分配，且合理的监管机制能带来新型的经济秩序，那么这项技术的去中心化步伐或许能带来全球范围的多个繁荣中心。

任何国家若要在这个新纪元成为领导者，就必须为成功的七个条件提供支持。可以考虑创建数字经济方面的国家任务工作组，由备受推崇的非政府领袖主导，吸纳商界、政府及民间团体的有识之士参与。还可以考虑用半年的时间进行全国范围内的广泛对话，与关键的意见领袖及整个社会进行互动。我们需要设立一个行动计划，让每一个人都能做出贡献。

领导者能做什么

过去两年最激动人心的进展是新一代的领导者的出现，他们将引领这场区块链革命：我们在30多个国家遇见的企业家；大公司里具有创新力的首席执行官，如联邦快递的弗雷德·史密斯（Fred Smith）、汤森路透的吉姆·史密斯（Jim Smith）、Centrica的康逸宁（Iain Conn）；希望探索自己在这场技术变革中扮演的角色的首席财务官、首席信息官以及首席法律顾问；大公司各个部门的专业人士和经理。我们也被央行官员、政府监管及政策制定者启发，他们试图在区块链带来的创新、增长和机会以及其治理金融市场的责任之间找到平衡点。新闻记者、学者及权威人士开始一改以往的批评态度，对此技术给予更有启发性的关注。我们还注意到新一代的“加密技术原住民”，他们的成长过程伴随着这项技术的发展。现在，他们不仅投身到这项技术中，还试图在其中开展其职业生涯。

这是刺激又危险的时代。如果你是一个商业领袖，我们希望你会使用《区块链革命》作为你的指南。不过我们也意识到游戏的规则也在改变，你还可以参考其他的资料。你可以在谷歌上订阅“区块链”“比特币”等词汇的趋势自动提醒。还可以在 a16z. com 网站上参考 Andreessen Horowitz 在持续更新的“Crypto Canon”[117]。还可以阅读《区块链：赋能万物的事实机器》等书籍。还可以关注相关的社交媒体信息。寻找你的公司里早就对此技术有兴趣或正在使用加密货币的人。与你的高管或信息技术部门讨论这项技术的潜在影响。还可以尝试购买一点比特币，然后用来购买东西，以了解其工作原理（现在已经有数十万商户接受比特币支付）。[118]寻找附近的区块链初创企业，到现场看看其运作，并与创始人交流。邀请一名专家与你的团队交流。最重要的是，现在就要开始行动。这是让你重新想象你的价值创造方式的机会。如果你不这么做，你的竞争对手也会这么做。

请仔细阅读本书，加入这场区块链革命吧！

推荐序一

区块链革命：从《失控》说起

《失控：全人类的最终命运和结局》是著名作家凯文·凯利写于20世纪90年代初，关于自然万物、人类社会和科学技术如何进化的著作。彼时，互联网标准协议在经过近三十年的实验和争议后，刚刚被确定为网络通信协议（TCP/IP）分层结构。但凯文·凯利在那时候就几乎预言到了今天互联网世界所发生的一切：移动互联网、云计算、大数据等等。

微信之父张小龙对《失控》推崇备至。想必《失控》这本书对他创造微信产生过巨大影响。该书在出版十几年后突然在中国红火，一是因为张小龙的推荐；二是在当今重读这本书，不仅可以帮助我们理清互联网世界的发展历程，还仍然可以指引我们认清互联网世界的未来趋势。

甚至我们也可以从《失控》中看到他对区块链技术出现的预言。《失控》这本书的主题词基本可以概括为三句话九个字：分布式、去中心、自组织。这是他总结的独具特色的生物学进化论的中心逻辑框架。生物学进化论是相对于工业革命的机械学进化论而言的。大家都知道，工业革命的特色之一就是强调结构、标准和控制。而凯文·凯利的观点从书名《失控》就能一目了然：从控制到失控；从边缘到中心；从他治到自治。

在《失控》这本书中，凯文·凯利专门解释了分布式网络的特性：没有强制性的中心控制；次级单位具有自治的性质；次级单位之间彼此高度连接；点对点间的影响通过网络形成了非线性因果关系。我们从中可以领会到的就是弱控制、分中心、自治机制、网络架构和耦合连接等等与工业社会完全不同的信息社会时代的新型的社会结构、商业模式、人际关系。这其实就是区块链技术的全部精要！区块链正是基于分布式系统集成多项成熟技术而成的。区块链的点对点价值传输、分布式数据库、分布式账本、智能合约和可编程数字货币就是凯文·凯利在《失控》一书中探讨的分布式网络在工程技术层面的具体实现。

区块链革命的逻辑起点就在于此！因为只有分布式网络在工程技术层面能够得以实现，凯文·凯利所倡导的基于生物逻辑，生于信息社会的分布式、去中心、自组织的新进化论才能产生类似摩尔定律那样的指数级影响力。

利用为本书写推荐序的机会，先睹为快，学到很多新东西，得到很多新启发。我认为区块链要对现实世界产生革命性影响，有几个问题必须澄清：

（一）区块链的核心是分布式而不是去中心。根据凯文·凯利的定义，分布式系统“没有强制性的中心控制”，这里的意思明显说的是分布式系统弱化了中心控制，而不是消灭了中心控制。区块链是弱中心化的、分中心化的。在凯文·凯利的眼里，去中心是一个过程而不是一个结果，一个新的具有更高效率和更低成本的新生事物，必定会将陈旧僵化的旧中心取而代之！这才是进化论者眼里的人间正道！进一步而言，公平与效率这两者永远是对立统一的矛盾体，区块链也许能够使得公平和效率更加接近最优平衡，但至少目前的技术仍然看不到消弭这两者间隙的可能性。区块链希望在分布式账本上依靠去中心的共识算法来保持数据的高度一致性，这就无法照顾到效率。这个公平与效率的宿命，基本上在区块链上还是没能完全打破。

（二）区块链是分布式账本，但分布式账本不一定是区块链。人类社会有史以来的任何具有革命性的发明创造，基本都是由具有强烈价值观的人搞出来的。没有强烈的价值观的驱使，人们就不可能会去颠覆旧世界。毋庸讳言，区块链技术确实是由一群具有强烈无政府主义价值观的技术极客们创造出来的。人类社会几千年来无政府主义者的任何尝试都以失败告终，这一次，技术极客们希望利用区块链技术，在网络空间、虚拟社会里建立一个去中心化的自治社区。比特币区块链作为一个小范围的实验，在过去七年的时间里证明了分布式网络确实有不少值得借鉴的技术优势。金融机构试图对比特币区块链去伪存真，隐恶扬善。于是，它们对像比特币区块链那样的公共区块链进行了一番改造，去掉了原生数字货币、允许多中心机构的多节点的弱控制、改进了共识算法并加入了更强的隐私保护加密算法。为了强调与去中心化的公共区块链的区别，这个改造过的区块链，被刻意命名为分布式账本，而不再称为区块链了。

（三）区块链在工程技术层面还不够成熟，离金融行业大面积应用还需要数年时间。区块链上一直有两拨人，在不同的方向做着不同的事。一拨人专注于挖矿、炒币甚至发行自己的数字货币筹资，业界俗称“币圈”；另一拨人专注于区块链技术的研发、应用，甚至从区块链底层协议编程开始做起，业界俗称“链圈”。区块链技术目前的成熟程度，对于“币圈”来说，已经足够满足他们的需求，因此他们对区块链技术的进一步发展并不关心。但是对于积极探讨区块链在各行各业应用的“链圈”来说，区块链技术目前还存在不少技术瓶颈，妨碍了各行各业的区块链＋。比如现有共识算法如果不优化，按照比特币区块链每秒七笔交易的速度，金融交易层面就无法使用区块链技术；比如公共区块链账户余额是向全网公开的，而银行必不能接受客户账户余额向全网公开的做法，这就需要新的隐私保护算法，而这方面的加密算法还没有一个达到生产级别应用的水平；再比如区块链的可编程性是各国央行发行数字货币的最大吸引力，也是金融行业对区块链技术的最大期许。但 TheDAO 事件①提醒我们，应该有一个能对智能合约进行事先检验的科学方法，但这方面最先进的技术如形式化验证，目前还处于理论研究阶段。看热闹可以，入戏太深就容易从先驱变成先烈！

（四）“代码即法律”只是乌托邦理想，智能合约也只是帮助执行双方约定的计算机程序而已。智能合约既不是人工智能，也不是法律合同，只是帮助执行双方约定条件的一段计算机程序。确实，一旦把双方约定写入智能合约，计算机程序在技术上可以保证做到不可反悔、不可篡改及按照约定自动执行，但代码即法律就像网络完全自治一样，基本不可能见容于现实社会。缔结、编制智能合约的依据可能大部分还是要来源于现实世界的法律体制，比如产权的登记和确认；网络世界里发生的纠纷，最终还会需要一个第三方独立机构来提供最后的司法仲裁和救济；区块链的可编程性确实可能带来价值交换的点对点化和金融交易的自动化、智能化，但这只是对法律体系和金融体系从技术上带来了革新机会，而不是改朝换代般的革命。

（五）比数字货币范围更大、价值更大的是数字资产。数字资产是指在区块

---

① 北京时间 2016 年 6 月 17 日，黑客利用 TheDAO（区块链业界最大的众筹项目）编写的智能合约中的重大缺陷展开网络攻击，造成 300 多万以太币资产被分离出 TheDAO 资产池（被攻击前拥有 1 亿美元左右资产）的财产损失事件。

链上登记、发行、交易的资产；它往往以数字代币（token）的方式记录在分布式账本上，coin 是它的货币单位；我们知道英语中表示货币的单词有三个：currency、money、coin，currency 更多的是央行眼里的货币，当我们谈到利率、汇率和流动性时，我们指的是"currency"；当金融机构谈到资金时，我们谈的是"money"；未来，当我们谈到数字资产时，我们谈的是"coin"，"coin"在链圈的眼里，实际上就是数字资产代币。人类社会正在进行一场数字化大迁徙，我们正在网络世界、虚拟空间里建立一个数字化新世界，这个新世界可能蕴藏着比物理世界、现实社会更大的财富宝藏。互联网、区块链、增强现实技术（AR）、虚拟现实技术（VR）、人工智能（AI）等各种各样的新技术都是人类驶向数字世界的帆船。我们一定要争做数字世界的新移民，千万不要做了物理世界的旧遗民！值得提醒的是：大家不要拘泥于数字货币这个小圈子，而要投身于区块链在各行各业的应用研究中。有大视野才有大事业！

《区块链革命》，是我目前见到的对区块链技术介绍、剖析和定位得最精准的一本书。其大局观颇具胸襟，于细微处洞若观火。开卷，可以扩人眼界、指人方向；掩卷，可以令人遐想、引人深思！

万向区块链实验室很高兴再一次与中信出版集团合作，组织翻译出版这部代表区块链行业最高水平的著作，以飨读者，以利行业。期待与大家共同推动中国的区块链事业朝着正确的方向前进！

肖　风

中国万向控股有限公司副董事长

2016 年 9 月 1 日

区块链已成为金融科技的底层技术

金融 = 制度 + 技术 + 信息。

在互联网时代，在金融技术发展日新月异的时代，在金融边缘创新不断向中心地带侵蚀并不断融入其中的新金融时代，在传统金融不断信息化、网络化、数字化时代，金融已经远远突破了资金融通的传统内涵，金融技术已经将金融信息与金融科技高度融合，技术成为驱动金融发展的底层力量，成为一个大趋势。在互联网时代，驱动金融发展的金融科技已经由移动互联网、大数据、云计算等应用层面，进一步转向了区块链等底层技术创新。区块链已经成为金融科技的底层技术。

我的朋友肖风博士，以极大的努力推动着区块链技术在金融领域的应用，以极高的诚意促进着区块链领域知识普及与研究交流，以种子基金形式投资了很多国内外领先的区块链金融企业。我从他身上和他投资的企业，不断看到他在这个领域的全面进步与执着探索。他牵头创建的中国分布式总账基础协议联盟（ChinaLedger）将在中国区块链领域起到里程碑式的基础性作用。他是区块链金融的布道者、研究者、投资者和实践者。

借《区块链革命》一书出版之际，我谈一点我读书之后的认识，作为对此书作者的一种敬意。

一、区块链技术的内涵与实质

区块链（Blockchain）是一个由不同节点共同参与的分布式数据库系统，是开放式的账簿系统（ledger）；它是由一串按照密码学方法产生的数据块或数据包组成的，即区块（block），对每一个区块数据信息都自动加盖时间戳，从而计算出一个数据加密数值，即哈希值（hash）。每一个区块都包含上一个区块的哈希值，从创始区块（genesis block）开始链接（chain）到当前区域，从而形成区块链。

区块链技术的实质是在信息不对称的情况下，无须相互担保信任或第三方（所谓的“中心”）核发信用证书，采用基于互联网大数据的加密算法创设的节点普遍通过即为成立的节点信任机制。任何机构和个人都可以作为节点参与创设信任机制，而且创设的区块必须在全网公示，任何节点参与人都看得见。节点越多，要求的算力就越强，只有超过51%的节点都通过，才能确立一个新区块成立，即获得认可；同时，要想篡改或造假，也需要掌控超过51%的节点，才可以修改。理论上，当区块链的节点达到足够数量时，这种大众广泛参与的信任创设机制，就可以无须“中心”授权即可形成信任、达成和约、确立交易、自动公示、共同监督。

市场经济活动中存在众多信息中介和信用中介，原因就在于信息不对称导致交易双方无法建立有效的信用机制（“拜占庭将军问题”）。区块链技术为解决这一问题提供全新的思路。移动互联网、大数据、云计算是区块链技术的基础设施，算法信任是关键机制，加密算法是技术基础。比特币的创始人中本聪对区块链技术应用做出了奠基性的贡献。

二、区块链技术将广泛应用于金融领域

金融领域是区块链技术的重要应用领域。区块链技术将是互联网金融乃至整个金融业的关键底层基础设施（底层物质技术基础）。区块链技术可以低成本地解决金融活动的信任难题，并且将金融信任由双边互信或建立中央信任机制演化为多边共信、社会共信，以“共信力”寻求解决“公信力”问题的途径。由于区块链技术的加密算法特性，未来金融业会发展进入算法金融时代。

比特币是区块链技术应用的一个典型案例，虽然它不能当作法定货币，但是却为数字货币时代的到来和区块链技术广泛应用于解决金融、经济和社会问题，提供了底层技术基础。国内外金融界正在探索这一未来金融底层技术的技术制高点，发达经济体的大金融机构创设的国际银行区块链联盟组织（R3）在加紧研究区块链技术的金融应用，德勤（Deloitte）已经将这种技术应用于企业审计，纳斯达克市场尝试利用区块链技术发行证券。中国的金融界也在关注这一趋势，北京已经组建多个区块链技术联盟，成立区块链技术金融应用的金融科技公司，专门设立互联网金融安全产业园，集中推进金融科技产业发展。

作为新金融的底层技术架构，它具有很强的战略意义。继互联网之后，区块链技术再次重塑全球金融业的基础框架，加速金融创新与产品迭代速度，极大提高金融运行效率，重塑信用传递交换机制。在未来金融科技探索上，中国金融业应该加强研究、开发、实践和应用，积极组建国际区块链联盟，加强区块链金融国际交流合作，参与创立区块链技术标准，推动金融科技的顶层设计，争取国际金融战略制高点，提升我国金融核心竞争力，让金融更好为实体经济服务。

三、互联网金融将进入“区块链 +”时代

区块链作为金融科技的底层技术架构，必然在很多方面重塑金融业态，无论是传统金融服务，还是个人网贷（P2P）、众筹等互联网金融创新，抑或在强化金融监管、防范金融风险、打击非法集资等领域，区块链技术都有非常广阔的应用前景，互联网金融正在进入“区块链 +”时代。

（一）区块链 + 支付（国际结算）。支付是金融市场最重要的基础设施，区块链技术最先革新的领域就是支付清算。以瑞波实验室（Ripple）为例，尽管它还有需要完善和改进之处，但是它是目前一个相对成熟的区块链支付服务。它是一种基于互联网的开源支付协议，可以实现去中心化支付与清算功能。在 Ripple 系统里，所有的货币均可自由兑换，不仅包括各国的法币，而且包括虚拟货币。Ripple 系统里的货币兑换和交易的效率更高、速度更快，且交易费用几乎为零，交易确认在几秒钟内完成，没有异地和跨行费用。现有的国际货币兑换模式主要通过加入环球银行金融电信协会（SWFIT）的银行间清算和结算，而 Ripple 是一个开源的点对点网络，构建了一套完全不同的账户体系。它实质上是一个可共享的开源数据库，可以快速、廉价并安全地将资金转账到任何人或任何机构在 Ripple 系统中的账户，没有任何人或任何机构能控制 Ripple 网络。这是分布式的账簿体系，实际上体现了区块链技术的核心思想，未来有广阔的发展前景。

（二）区块链 + 征信。征信市场是一个巨大的蓝海市场。传统征信市场面临信息孤岛的障碍，如何共享数据成分发掘数据蕴藏的价值，传统技术架构难以解决这个问题。区块链技术，为征信难题提供了一种全新的思路。首先，提高征信的公信力，全网征信信息无法被篡改。其次，显著降低征信成本，提供多维度的精准大数据。最后，区块链技术有可能打破数据孤岛的难题，数据主体通过某种交易机制，通过区块链交换数据信息。实现这种高效的征信模式，还有业务场景、风险管理、行业标准、安全合规等一系列问题要解决。

（三）区块链 + 交易所。交易所是集中交易某种有形或者无形的市场，区块链技术将在各式各样的产权交易所得到广泛应用。区块链的去中心化、开放性、共享性、匿名性、不可篡改性等特征，可以显著提升登记、发行、交易、转让、交割清算效率，也可以保障信息安全与个人隐私。纳斯达克市场和澳大利亚证券交易所在区块链技术应用上走在了前列。2015 年末，纳斯达克——全球最大的证券交易所之一，首次使用了区块链技术交易平台，完成和记录私人证券交易。澳大利亚证券交易所利用区块链技术与银行账户连接，买卖股票后资金可以迅速到账。现在的应用还只是在证券发行和资金清算环节，未来区块链技术在各种产权交易中必然会发挥更大的作用，甚至成为很多领域的主要交易系统。

（四）区块链 + 数字货币。区块链技术最早应用于比特币，很多人投资比特币、交易比特币，也有商业活动、经营场所接受比特币支付。但是，比特币天然不是法定货币，比特币为法定货币（含纸币）进入电子货币后的数字货币时代，奠定了技术基础和应用示范。中国人民银行已经开展数字货币研究，很多国家中央银行也积极研究数字货币。法定数字货币的应用，必须建立在全网信息记录、信用实时计算、全民网上诚信、底层技术安全、货币法定授权、算法不可破解等技术基础上。数字货币会提升全民的自我信用管理水平，提升共享经济水平，提升金融服务实体经济的水平，也将促进互联网金融的健康规范发展。

当前区块链技术仍然处于蓬勃发展的初级阶段，在鼓励支持区块链技术创新的同时，我们更要防范潜在的金融风险，避免其成为非法金融活动的来源，引导其走向良性健康、规范合法的轨道上。特别是吸取网贷行业的经验教训，避免监管真空，高度警惕打着“区块链技术”旗号从事非法集资、金融诈骗等非法金融活动的现象，守住不发生区域性金融风险的底线。

区块链技术作为未来金融业的底层技术，已经得到了各国央行和金融机构的广泛认同，正在研究通过区块链技术深化金融改革、提升金融供给、促进金融创新、增强金融信用、防范金融风险，相信区块链技术这一金融底层技术，将在金融领域乃至经济、社会领域，得到广泛的应用。

是为序。

霍学文

北京市金融工作局党组书记、局长

2016 年 9 月 1 日

致谢

这本书源自两个不同的头脑及人生轨迹的碰撞。唐·塔普斯科特一直在加拿大多伦多大学罗特曼管理学院带领一个名为全球解决方案网络的项目。这个项目当时在调查用于解决全球问题和治理机制的新型网络化模式。他研究了互联网是如何被一个由多个利益相关方组成的生态系统所治理的，然后开始对数字货币及其治理机制产生了兴趣。同时，亚力克斯是加拿大投资银行集团的一名管理人员。他在2013年注意到了比特币及区块链公司早期的持续增长的热度，并开始带领他的公司朝着这个领域发展。在2014年早期，在一场两父子去蒙特朗布朗的滑雪旅程中，我们在餐桌上展开了对这个题材进行协作的头脑风暴，而亚力克斯同意了带领一个在数字货币治理方面的研究项目，最终体现在了他的一篇题为“一种比特币的治理网络”的白皮书中。随着我们对这个题材研究的日渐深入，我们越来越意识到这可能是下一个能带来剧变的事物。

与此同时，我们的演讲者管理机构Leigh Bureau经纪人韦斯·内夫（Wes Neff），与唐有业务往来的企鹅出版集团的Portfolio出版社的阿德里安·扎克海姆（Adrian Zackheim）一起，开始鼓励唐构思一本新书的题材。这个出版社的经典出版物有《维基经济学》以及《宏观维基经济学》。当亚力克斯的论文开始在这个领域被视为前沿思想的时候，唐让亚力克斯成为他的共同作者。另外还要感谢阿德里安给出了一个我们无法拒绝的提议，而这本书从来没有经历过一个竞卖的环节（通常情况下是要经过这个环节的）。

之后，我们就做出了一个在事后看来很聪明的选择。我们找到了所知道的最好的图书编辑柯尔丝滕·桑德伯格（Kirsten Sandberg），她之前在哈佛商学院出版社工作过。我们让她对我们的成书清样进行编辑。她的工作令人十分满意，鉴于我们的合作可谓是毫不费力的，因此我们让她成为这本书的研究团队的一名全职成员。柯尔丝滕跟随着我们参与了超过 100 场采访，并在我们试图理解所面临的众多问题时进行实时协作，然后一起构想将这些非凡的发展成果解释给非技术听众的简洁陈述内容。她帮助我们将这些故事带到了眼前。在这个意义上，她是我们这本书的一位共同作者，若没有她的参与，这本书也无法面世（至少也不会以目前的这个极其详尽的版本面世）。我们对这样的贡献，以及对在这个过程中出现的灵感碰撞及有趣的小插曲，表示衷心的感谢。

我们也衷心感谢下面的人，他们慷慨地向我们分享了他们的时间和见解，如果没有他们这本书也不可能完成。下面的名单以英文字母为序：

杰里米・阿莱尔	Jeremy Allaire	跨境支付公司 Circle 创始人、主席、首席执行官
马克・安德森	Marc Andreessen	著名风投机构 Andreessen Horowitz 的联合创始人
加文・安德烈森	Gavin Andresen	比特币基金会首席科学家
迪诺・马克・安格里蒂斯	Dino Mark Angaritis	基于区块链的全球各种有价资产交易平台智能钱包公司（SmartWallet）的首席执行官
安德烈亚斯・安东诺普洛斯	Andreas Antonopoulos	《掌握比特币》作者
费德里科・阿思特	Federico Ast	大众司法系统网站 CrowdJury
苏珊・阿西	Susan Athey	斯坦福商学院技术经济教授
亚当・巴克	Adam Back	区块链公司 Blockstream 联合创始人及董事长
比尔・巴希特	Bill Barhydt	去中心化汇兑公司 Abra 首席执行官
克里斯托弗・巴维兹	Christopher Bavitz	哈佛法学院网络法律诊所总经理
杰夫・比蒂	Geoff Beattie	风投机构 Relay Ventures 主席
史蒂夫・博勒加德	Steve Beauregard	比特币支付网关 GoCoin 首席执行官和创始人
马里亚诺・贝林基	Mariano Belinky	投资机构 Santander InnoVentures 管理合伙人
尤查・本科勒	Yochai Benkler	哈佛法学院企业法律研究系讲座教授
杰克・本森	Jake Benson	数字货币税务处理软件公司 LibraTax 的首席执行官和创始人
蒂姆・伯纳斯－李	Tim Berners-Lee	万维网发明者
道格・布莱克	Doug Black	加拿大政府参议院的参议员
佩里安・博林	Perianne Boring	数字贸易商会（Chamber of Digital Commerce）创始人及主席
戴维・布雷	David Bray	2015 艾森豪研究项目研究员及哈佛大学驻企高管
杰里・布里托	Jerry Brito	比特币政策智库 Coin Center 执行董事

保罗·布罗迪	Paul Brody	安永会计师事务所技术组美洲战略领导者（之前任职于IBM的物联网部门）
理查德·甘道·布朗	Richard G. Brown	国际银行区块链联盟R3 CEV首席技术官（曾任IBM产业创新及商业发展部门的前执行架构师）
维塔利克·布特因	Vitalik Buterin	以太坊创始人
帕特里克·伯恩	Patrick Byrne	在线零售商Overstock首席执行官
布鲁斯·卡恩	Bruce Cahan	斯坦福大学工程学院访问学者、斯坦福可持续银行业计划成员
詹姆斯·卡莱尔	James Carlyle	R3 CEV银行联盟首席工程师及总经理
尼古拉斯·卡里	Nicolas Cary	区块链公司Blockchain Ltd. 联合创始人
托尼·莱恩·卡瑟利	Toni Lane Casserly	比特币媒体网站CoinTelegraph首席执行官
克里斯琴·卡塔利尼	Christian Catalini	麻省理工大学斯隆管理学院助理教授
安·卡沃基安	Ann Cavoukian	瑞尔森大学隐私和大数据学院执行主任
文特·瑟夫	Vint Cerf	互联网的共同创始人，Google首席互联网传道者
陈斌	Ben Chan	比特币安全平台BitGO高级软件工程师
罗宾·蔡斯	Robin Chase	Zipcar（服务聚合公司）联合创始人及前任首席执行官
法迪·查哈迪	Fadi Chehadi	互联网名称与数字地址分配机构（ICANN）首席执行官
康斯坦丝·蔡	Constance Choi	咨询机构Seven Advisory负责人
约翰·H. 克利平格	John H. Clippinger	ID3（创新与数据驱动设计研究所）首席执行官，麻省理工学院媒体实验室研究科学家
布拉姆·科恩	Bram Cohen	分布式文件分享软件BitTorrent创始人
埃米·科特斯	Amy Cortese	媒体《投资本土化》（Locavest）创始人、记者
肯尼迪·考维尔	J. F. Courville	加拿大皇家银行财富管理部门首席运营官
帕特里克·迪根	Patrick Deegan	身份识别初创公司个人黑盒子（Personal Black-Box）首席技术官
普里马韦里·德菲利皮	Primavera De Filippi	法国国家科学研究中心（CNRS）终生研究员及哈佛法学院伯克曼互联网与社会中心高级助理
赫尔南多·德·索托	Hernando de Soto	秘鲁自由民主学院经济学家及主席
佩罗内蒂·德佩涅	Peronet Despeignes	预测市场平台Augur特殊运作业务
雅各·迪内尔特	Jacob Dienelt	itBit交易所及公证通区块链架构师及首席财务官
乔尔·迪茨	Joel Dietz	区块链公司Swarm Corp
海伦·迪斯尼	Helen Disney	比特币基金会前任成员
亚当·德雷珀	Adam Draper	风投机构Boost VC首席执行官及创始人

蒂莫西·库克·德雷珀	Timothy Cook Draper	风投资本家及德丰杰（DFJ）创始人
安德鲁·达德利	Andrew Dudley	监测网络地球观察创始人及首席执行官
约书亚·费尔菲尔德	Joshua Fairfield	华盛顿与李大学（Washington and Lee University）法学教授
格兰特·丰多	Grant Fondo	高赢律师事务所（Goodwin Procter LLP）隐私与数据安全业务、证券诉讼与白领辩护组合伙人
布赖恩·福德	Brian Forde	白宫前高级顾问；麻省理工学院媒体实验室数字货币计划主任
迈克·高尔特	Mike Gault	安全技术公司 Guardtime 的首席执行官
乔治·吉尔德	George Gilder	吉尔德科技基金（Gilder Technology Fund）创始人及合伙人
杰夫·戈登	Geoff Gordon	加拿大比特币服务公司 Vogogo 首席执行官
维纳伊·古普塔	Vinay Gupta	以太坊（Ethereum）发布协调员
詹姆斯·哈泽德	James Hazard	法务自动化公司 Common Accord 创始人
伊摩琴·希普	Imogen Heap	获得格莱美奖的音乐家及作曲家
迈克·赫恩	Mike Hearn	Googel 前工程师，创建了比特币公司 Vinumeris 及去中心化众包灯塔项目
奥斯汀·希尔	Austin Hill	区块链公司 Blockstream 联合创始人及首席推广者
托马斯·亨德里克·伊尔韦斯	Toomas Hendrik Ilves	爱沙尼亚总统
伊藤穰一	Joichi Ito	麻省理工学院媒体实验室主任
埃里克·詹宁斯	Eric Jennings	物联网公司 Filament 联合创始人及首席执行官
伊莎贝拉·卡明斯卡	Izabella Kaminska	《金融时报》的金融记者
保罗·肯普－罗伯逊	Paul Kemp-Robertson	营销机构 Contagious Communications 联合创始人及编辑主任
安德鲁·基斯	Andrew Keys	以太坊生态圈区块链公司共识系统®公司
伊丝·金	Joyce Kim	恒星发展基金会执行董事
彼得·柯尔比	Peter Kirby	公证通（Factom）首席执行官及联合创始人
乔伊·克鲁格	Joey Krug	预测市场平台 Augur 核心开发者
哈洛克·库林	Haluk Kulin	个人黑盒子首席执行官
克里斯·拉森	Chris Larsen	瑞波实验室（Ripple Labs）首席执行官
本杰明·罗斯基	Benjamin Lawsky	纽约州金融服务部前主任，罗斯基集团首席执行官
李启威	Charlie Lee	莱特币（Litecoin）前任工程主管、创始人及首席技术官
马修·莱博维茨	Matthew Leibowitz	投资机构 Plaza Ventures 合伙人

文尼・林厄姆	Vinny Lingham	礼品卡公司 Gyft 首席执行官
利亚诺斯	Juan Llanos	数字资产管理公司 Bitreserve. org 战略伙伴及首席透明官
约瑟夫・卢宾	Joseph Lubin	以太坊生态圈区块链公司 Consensus Systems 首席执行官
亚当・鲁德温	Adam Ludwin	区块链技术公司 Chain. com 的创始人
克里斯汀・伦德奎斯特	Christian Lundkvist	任职于基于以太坊的三式记账法初创公司Balance3
戴夫・麦凯	Dave McKay	加拿大皇家银行主席及首席执行官
扬娜・麦克马纳斯	Janna McManus	比特币矿机公司 BitFury 全球公关总监
米基・麦克马纳斯	Mickey McManus	玛雅研究所
杰西・麦克沃特斯	Jesse McWaters	世界经济论坛的金融创新专家
布莱思・马斯特斯	Blythe Masters	数字资产控股（Digital Asset Holdings）首席执行官
阿利斯泰尔・米切尔	Alistair Mitchell	投资机构 Generation Ventures 管理合伙人
卡洛斯・莫雷拉	Carlos Moreira	密码学安全公司 WISeKey 的创始人、主席及首席执行官
汤姆・莫宁尼	Tom Mornini	会计行业初创公司 Subledger 创始人及客户需求专家
伊桑・纳德尔曼	Ethan Nadelmann	药物政策联盟（Drug Policy Alliance）执行董事
亚当・南吉	Adam Nanjee	技术公司 MaRS 金融技术集群负责人
丹尼尔・奈斯	Daniel Neis	支付业务公司 KOINA 首席执行官及联合创始人
凯利・奥尔森	Kelly Olson	英特尔公司新业务行动
史蒂夫・奥莫亨德罗	Steve Omohundro	智库机构 Self-Aware Systems 主席
吉姆・奥兰多	Jim Orlando	加拿大安大略省雇员退休金计划（OMERS Ventures）总经理
劳伦斯・奥尔西尼	Lawrence Orsini	能源服务公司罗山能源（LO3 Energy）联合创始人及负责人
保罗・帕奇菲科	Paul Pacifico	艺术工作者联盟首席执行官
乔斯・帕格里尔	Jose Pagliery	美国有线电视新闻网络财经网记者
斯蒂芬・佩尔	Stephen Pair	比特币支付公司 BitPay Inc. 联合创始人及首席执行官
维克拉姆・潘迪特	Vikram Pandit	花旗银行前首席执行官，任职于投资机构 Portland Square Capital，比特币交易所 Coinbase 的投资者
杰克・彼得森	Jack Peterson	预测市场平台 Augur 核心开发者
埃里克・皮斯奇尼	Eric Piscini	德勤银行业与技术主管
考西克・拉戈帕尔	Kausik Rajgopal	麦肯锡的硅谷办公室负责人

苏雷什·拉马穆尔蒂	Suresh Ramamurthi	堪萨斯州的一家小型银行 CBW Bank 的主席及首席技术官
珊妮·雷	Sunny Ray	印度比特币公司 Unocoin. com 首席执行官
卡特琳娜·林迪	Caterina Rindi	区块链公司 Swarm Corp 社区管理员
爱德华多·罗布尔斯·埃尔薇拉	Eduardo Robles Elvira	投票系统公司 Agora Voting 首席技术官
纪昂·罗德里格斯	Keonne Rodriguez	区块链技术公司 Blockchain 的产品主导人员
马修·罗斯扎克	Matthew Roszak	投资机构 Tally Capital 创始人及首席执行官
科林·鲁尔	Colin Rule	电子商务解决方案 Modria. com 主席及首席执行官
马可·桑托利	Marco Santori	美国律师事务所 Pillsbury Winthrop Shaw Pittman LLP 法律顾问
弗兰克·斯维尔	Frank Schuil	瑞典比特币交易平台 Safello 首席执行官
巴里·西尔伯特	Barry Silbert	数字货币集团创始人及首席执行官
托马斯·史帕斯	Thomas Spaas	比利时比特币协会主管
巴拉吉·斯里尼瓦桑	Balaji Srinivasan	区块链硬件公司 21 的首席执行官、著名风投机构 Andreessen Horowitz 合伙人
林恩·圣·阿穆尔	Lynn St. Amour	互联网协会（Internet Society）前任主席
布雷特·斯塔普尔	Brett Stapper	猎鹰全球资本创始人及首席执行官
伊丽莎白·斯塔克	Elizabeth Stark	耶鲁法学院访问学者
尤塔·斯坦纳	Jutta Steiner	以太坊/软件公司 Provenance
梅拉妮·斯旺	Melanie Swan	区块链研究学院创始人
尼克·绍博	Nick Szabo	乔治华盛顿大学法学院
阿什莉·泰勒	Ashley Taylor	以太坊生态圈区块链公司 Conensys Systems
西蒙·泰勒	Simon Taylor	巴克莱银行企业合作关系副总裁
戴维·汤姆森	David Thomson	艺术家网络 Artlery 创始人
米歇尔·廷斯利	Michelle Tinsley	英特尔公司移动及支付安全部门主管
彼得·托德	Peter Todd	比特币公司 CoinKite 里“专门负责唱反调的人”
贾森·蒂拉	Jason Tyra	区块链媒体网站 CoinDesk
瓦列里·瓦维洛夫	Valery Vavilov	BitFury 首席执行官
安·路易斯·韦霍韦茨	Ann Louise Vehovec	加拿大皇家银行金融集团战略项目高级副总裁
罗杰·维尔	Roger Ver	“比特币先驱”，硬件公司 Memorydealers KK 创始人
埃克斯利·维尔塔宁	Akseli Virtanen	罗宾汉资产管理公司对冲基金经理
埃里克·沃里斯	Erik Voorhees	数字货币兑换服务商 ShapeShift 首席执行官及创始人
乔·温伯格	Joe Weinberg	支付机构 Paycase 联合创始人及首席执行官

德里克·怀特	Derek White	巴克莱银行首席设计及数字官
特德·怀特黑德	Ted Whitehead	宏利资产管理公司高级常务董事
苏可·威尔科特斯 – 奥赫恩	Zooko Wilcox-O'Hearn	软件公司 Least Authority Enterprises 首席执行官
卡罗琳·威尔金斯	Carolyn Wilkins	加拿大央行高级副总裁
罗伯特·威尔金斯	Robert Wilkins	商业工具公司 myVBO 首席执行官
卡梅伦·文克莱沃斯	Cameron Winklevoss	文克莱沃斯资本创始人
泰勒·文克莱沃斯	Tyler Winklevoss	文克莱沃斯资本创始人
黄平达	Pindar Wong	互联网先锋、安全方案提供商 VeriFi 主席
加布里埃尔·吴	Gabriel Woo	加拿大皇家银行金融集团创新业务副总裁
加文·伍德	Gavin Wood	以太坊基金会首席技术官
亚伦·赖特	Aaron Wright	美国叶史瓦大学卡多佐法学院教授
乔纳森·齐特林	Jonathan Zittrain	美国哈佛大学法学院

同时，要衷心感谢那些投入了精力帮助我们的人。全球解决方案网络项目的安东尼·威廉斯（Anthony Williams）和琼·比格姆（Joan Bigham）与亚力克斯在最初的数字货币治理论文上进行了紧密的合作。前思科高管琼·麦卡拉（Joan McCalla）为物联网及政府和治理这些章节进行了深入的研究。我们也得到了很多来自家庭成员的帮助。IT 高管鲍勃·塔普斯科特（Bob Tapscott）花费了很多时间去下载和了解比特币的完整区块链数据，给我们带来了在一些技术问题上的第一手见解。技术企业家比尔·塔普斯科特（Bill Tapscott）提出了基于区块链的个人碳信用额度的革命性构思，而技术高管妮基·塔普斯科特（Niki Tapscott）和她的丈夫、金融分析师詹姆斯·利奥（James Leo）在这个过程中一直都是非常好的参谋角色。塔普斯科特集团的凯瑟琳·麦克莱伦（Katherine MacLellan）处理了一些围绕智能合约的严肃问题（她恰好是一位律师），并管理了采访的过程。菲尔·柯尼耶尔（Phil Courneyeur）每天都在寻找丰富的材料，而戴维·蒂科尔提供了直至目前为止有关数字时代所处的状态的深入见解。演讲者管理机构 Leigh Bureau 的韦斯·内夫和比尔·利（Bill Leigh）帮助我们起草了这本书的构思（这已经是第几本书啦，朋友们?）。就如过去的 20 年间一样，乔迪·史蒂文斯（Jody Stevens）完美无瑕地执行了与整个项目相关的管理工作，这包括处理数据库、财政工作、文档管理、校对及生产过程——这些任务对她而言是一项全职工作。需要注意的是，她在塔普斯科特集团里还有另外的一些全职工作。

特别感谢区块链公司智能钱包公司的首席执行官迪诺·马克·安格里蒂斯、

以太坊开发工作室 Consensus Systems 的首席执行官约瑟夫·卢宾以及正在快速成长中的安全公司 WISeKey 的卡洛斯·莫雷拉，他们每一个人都花了不少的时间与我们进行头脑风暴并交换想法。他们都是才华横溢的，也乐意帮助我们。现在我们可以见证他们在这个领域中的事业的成功，这对我们而言是一种享受。另外，我们也非常感谢企鹅兰登书屋的伟大团队，它是由我们的编辑耶西·马士洛（Jesse Maeshiro）带领的，而阿德里安·扎克海姆负责监督工作。

最重要的是，我们衷心地感谢我们的妻子，唐的妻子安娜·洛普斯和亚力克斯的妻子艾米·威斯曼容忍了我们在大半年间对完成这个任务的执着。有这样完美的生活伙伴，我们两人都感到非常幸运。

这本书的写作过程对我们两人来说都是一段充满快乐的经历，可以这么说，我们享受其中的每时每刻。就如某个名人曾经说过的那样，“如果两个人在什么问题上都有着相同的看法，那么其中一个人就没必要存在了”。我们每天都对对方的观点提出挑战，以测试我们的信念和假设，而这本书恰恰是有关这段健康和有活力的协作关系的明证。注意，当两个人共享这么多的 DNA（遗传物质脱氧核糖核酸）特征及有着 30 年共同探索世界的历史，进行协作似乎就是毫不费力的了。我们希望你能够意识到这段协作关系所产生的成果的重要性，并能对你有所帮助。

唐·塔普斯科特和亚力克斯·塔普斯科特写于 2016 年 1 月

Blockchain Revolution

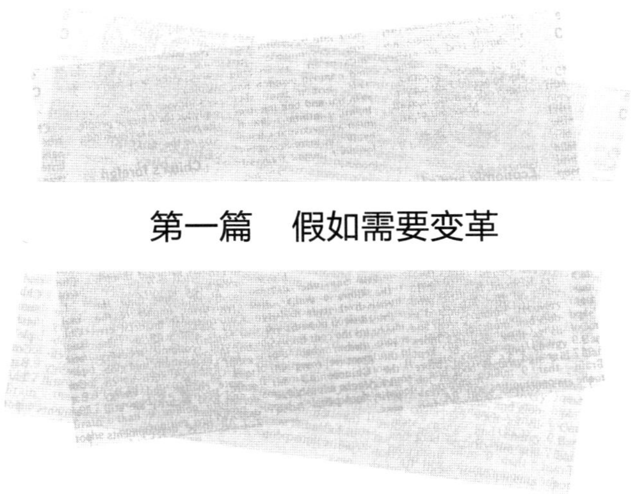

第一篇　假如需要变革

第一章　可信的协议

就如历史上反复出现过的场景那样，技术的小精灵似乎又一次从瓶子中被释放出来了。一个（或一群）身份和动机都无人知晓的人，在历史中的一个不确定的时刻里召唤了这只小精灵。现在，如果我们能很好地利用它，这只小精灵或许能为我们所用，带来另一场变革，并有可能革新经济格局和人类社会各种事务的旧秩序。

让我们来解释一下吧。

互联网前40年的发展历史给我们带来了电子邮件、万维网、网络公司、社交媒体、移动网络、大数据、云计算以及物联网的早期生态。它极大地降低了搜索、协作和交换信息的成本。它降低了以下领域的准入门槛：新媒体、娱乐业、新式的零售业、新式的工作组织架构以及前所未有的数字化商业模式。通过传感器技术，互联网将智能整合到我们的钱包、衣物、汽车、建筑、城市甚至是我们的身体上。互联网已经完全渗透了我们所处的环境，在不久的将来，我们就不需要像今天这样“登录”到互联网上，而是会通过无处不在的（互联网）技术去运营我们的业务及管理我们的生活（持续的在线生活）。

可以这么说，互联网让很多积极的改变成为可能——对那些有着接入互联网条件的人而言更是如此。不过，对商业和经济活动来说，互联网还是存在着很大限制的。《纽约客》在1993年刊登过漫画家彼得·施泰纳的一幅漫画，上面写着“在互联网上，没有人知道你是一条狗”。估计在今天，这句话还是非常贴切的。

在互联网上，若没有第三方机构——如银行或政府提供的校验信息，我们依然无法在彼此间确认对方的身份，也无法在彼此间建立经济往来活动所需的信任关系。问题就出在这里——这些中间机构恰恰利用了我们对中介的需求，为了商业目的和国家安全等理由去收集我们的数据和侵犯我们的隐私。互联网技术改善了信息交换的效率，但即使是这样，这些中间机构所产生的额外成本依然让全球范围内 25 亿的人群难以负担各种金融服务。互联网曾经给很多人带来了一个期望——建立一个由点对点协议驱动的新世界，但其带来的经济和政治效益已经被证明是不对称的，权力和财富还是流向那些已经有权力和财富的人，即使他们已经没有再积极地努力做出贡献。资本赚取新财富的速度，比大多数人都快。

相对于技术对隐私带来的侵害，它创造的繁荣程度并不能让人感到满意。不过，在这个数字化的时代，无论是好的还是坏的事物，技术已经处于一切事物的中心了。技术让人类更尊重和维护彼此的权利；同样地，技术让人类能够有更多的新方式去侵害彼此的权利。在线通信以及在线商业的爆发式增长，让黑客们有更多的机会进行网络上的犯罪活动。摩尔定律预测了运算能力每年的翻倍式增长，而这也让诈骗活动和盗窃活动的活跃程度翻倍了，这个现象可用“摩尔的不法之徒定律”[1]来描述。至于垃圾信息传播者、身份盗窃者、在网上“钓鱼”的罪犯、间谍、僵尸网络入侵者（被植入恶意软件的机器组成的网络）、黑客、网络恶霸及数据敲诈者（那些用勒索软件去控制他人数据以牟利的人），这些人给互联网带来的影响也非常大。以上提到的仅仅是冰山一角。

寻找可信的协议

早在 1981 年，一些发明家们就曾经尝试用密码学去解决互联网的隐私性、安全性和包容性的问题。由于第三方机构的存在，无论这些发明家们如何尝试重新设计互联网的基础流程，还是无法完全解决这些问题。在互联网上，用信用卡进行支付是不安全的——这是因为用户需要向第三方透露很多个人数据。另外，对小额支付而言，这个过程也会产生不菲的手续费。

后来，一个名为戴维·查姆（David Chaum）的天才数学家在 1993 年提出了

eCash 系统，这是一个数字化支付系统——“在技术上这是一个完美的产品，让在互联网上安全地、匿名地进行支付成为可能……在互联网上，用它来进行一些价值极低的交易是非常合适的。”[2]它是如此完美，以至于当时的微软和网景公司甚至有意将其作为一个功能整合到 Windows 95 和 Mosaic 浏览器中。[3]不过，当时的在线购物客们并不关心网络上的隐私和安全问题。戴维·查姆的荷兰公司 DigiCash 最终在 1998 年走向破产。

在那段时间里，戴维·查姆的一个同事尼克·绍博写了一篇题为“上帝协议”的简短论文，这题目是模仿诺贝尔奖得主利昂·莱德曼所创的词语“上帝粒子”，象征了希格斯玻色子在现代物理学中的重要性。尼克·绍博在这篇文章中设想了一种无所不能、可以取代所有中间机构的技术协议，即让“上帝”在一切的交易中扮演可信的第三方。其设想如下：“所有的参与方都会将其信息和价值输入到上帝的手中，上帝会可靠地决定执行的结果，并将结果输出到参与方的手中。在这个过程中，一切涉及隐私的信息都归上帝所有，没有参与方能窥视与自己无关的信息。”[4]他的想法是很大胆的——在互联网上开展业务确实是要依靠“信仰的飞跃”。由于现有的互联网基础设施并不能提供必要的安全性，中间人在各种事务中就变得尤为重要了——它就如神一般的存在。

自此，十年过去了。到了 2008 年，全球金融市场出现了大规模的灾难。凑巧的是，一个（或一群）名为中本聪（Satoshi Nakamoto）的人在这时发布了一种点对点的现金系统及其基础协议，这就是后来被称为“比特币”的加密货币。加密货币（数字货币）与传统的法币有所不同，因为它们不是由国家所创建的，也不是由国家所控制的。这个协议以分布式计算技术为基础设定了一系列的规则——这让在脱离可信第三方中介的情况下，数十亿的设备能够在彼此之间安全地交换信息。这个看似平凡无奇的举动引发了一系列的连锁反应，它使以计算机为核心设备的世界感到兴奋、害怕，同时，也释放了这个世界的想象空间。它的影响扩展到了全球范围内的商业、政府、隐私保护提倡者、社会发展活动家、媒体理论家和记者等领域和群体——这还仅仅是冰山一角。

“他们的反应是这样的，‘天啊，就是这个了。这就是我们一直在等待的重大突破’，”首个互联网浏览器的创始人、同时也是比特币与区块链相关的风险投资活动的重磅投资者马克·安德森如是说，“‘他把一切的问题都解决了。不管这人是谁，他应该获得诺贝尔奖——他就是个天才’。这就是互联网上一直被需要却又一直没有实现的分布式可信网络。”[5]

今天，世界各地的有识之士正在思考——尝试理解这个仅通过智能代码就能让普通人去架设信任桥梁的协议及其潜在影响。这在以前是从来没有发生过的——在两个或多个参与方之间直接进行可信的交易，而这些交易会通过大规模协作进行校验，并由集体的利己动机驱动，而不是像以前那样由商业化的大公司去驱动。

它或许不是万能的，不过作为一个能让我们进行交易的、可信赖的全球平台，我们并不能低估其影响力。现在，我们将它称为可信的协议。

这个协议是数量正在不断增长的全球分布式账本（被称为区块链）的基础，其中比特币是规模最大的一个。虽然这项技术是很复杂的，且“区块链”这个词也不是广为人知，但其主要的构思是很简单的。区块链让我们可以直接、安全地将钱发送给你，中间无须经过银行、信用卡公司或像PayPal（贝宝）这样的支付公司。

这已不仅是信息互联网了，这还是价值互联网和货币互联网。它也是让每个人去获取事实真相的平台，至少对它所存储的架构化信息来说是这样的。在底层，它是一个开源代码：任何人可以免费下载、运行和使用它，以开发用于管理在线交易的新工具。因此，它可能释放出无数的新应用和新潜能。在将来，那些目前还没有实现的潜能将有可能改变一切。

这个世界账本是如何运作的?

大银行和一些政府正在将区块链作为分布式账本实施，以改变信息存储和交易发生的方式。它们的目标是值得称赞的——高速度、低成本、安全性、更少的错误以及移除中心点攻击和故障的可能性。这些模式并不一定内建有用于支付的加密货币。

不过，最重要的、影响力最大的区块链是建立在中本聪的比特币模式之上。

下面是它们的工作方式。

比特币或其他加密货币并不是存储在某个地方的文件里的，它以交易的形式存储在一个名为区块链的总账或表格中，这个区块链会利用大范围的点对点网络资源去校验和批准每一笔交易。区块链是分布式的：它运行在由全球志愿者提供的计算机上；黑客们并不能通过入侵某个中心化的数据库去破坏这个系统。区块链是公开的：任何人都能在任何时候查看区块链上的信息，因为它是在网络上存在的，而不是存在于像传统系统那样负责审计、保管记录的中心化机构中。最后，区块链是加密的：它使用了高强度的公钥、私钥加密算法（这有点像保险箱使用的两把钥匙）去维护虚拟世界的安全性。你不需要担心塔吉特百货、家得宝（美国家居连锁店）或美国联邦政府系统里的脆弱的防火墙，也不需要担心摩根士丹利职员可能发生的盗窃行为对系统的影响。

在比特币网络中，每十分钟内，就如网络中的心跳节奏一样，比特币网络在这个周期内发生的交易将会被确认、清算，并存储在一个首尾相连的区块结构上，这样就构成了一个链条。每一个区块都得对此前区块的事实进行确认。这个架构能够为价值交换活动加盖永久性的时间戳，让任何人都不能篡改这个账本。如果你想盗窃一个比特币，你就必须在众目睽睽之下改写在区块链上的这个比特币的全部历史记录，而这基本上是不可能的。因此，区块链就是一个分布式账本，它代表着一个网络上的共识——每一笔历史交易的来龙去脉都记录得清清楚楚。相对于世界范围的信息互联网来说，区块链就是世界范围的价值账本。它是一个分布式账本，任何人都能下载这个账本，并在自己的电脑上运行。

一些学者认为，复式记账法的发明让资本主义和民族国家得以走向繁华。通过定制相应的程序，这个为经济交易而设的新型数字账本几乎可用于记录一切对人类而言有价值和重要的事物：出生证和死亡证、婚姻证书、契约和所有权凭证、教育学位、金融账户、医学流程、保险偿付、投票、食物溯源以及其他能用代码去编写和表达的事物。

这个新型的平台能用于大部分数字记录的实时对账（对事实进行确认）。事实上，在不久的将来，现实世界的数十亿智能设备将能够进行重要信息的感知、响应、通讯和共享数据——从保护我们的环境，到管理我们的健康信息，它们几乎是无所不能的。一个用于连接一切事物的物联网，需要依赖一个能记录一切事物的账本（万物账本）。商业、贸易和经济需要一个数字化的新未来。

所以，为什么你应该关注？我们相信事实能让我们实现自由，分布式的信任则会给各行各业的人们带来深远的影响。作为一个音乐爱好者，或许你想用艺术品作为谋生的手段；作为一个顾客，或许你想知道眼前的汉堡肉来自何方；作为一个移民人士，或许你已经对汇款到家乡所涉及的高昂费用忍无可忍了；作为一个来自沙特阿拉伯的妇女，或许你想印一本时装杂志；作为一名救援人员，或许你需要确定某块土地的主人，这样你才能在地震后帮助他们重建家园；作为一个公民，或许你已经难以忍受政治领袖缺乏透明度和问责度；作为一名社交媒体的用户，或许你觉得你产生的所有数据对你来说应该是有价值的，而且你的隐私权是不可忽视的。即使是在本书行文之际，创新家也正为这些方面的需求创建基于区块链的应用程序。这仅仅是一个开始。

区块链的理性繁荣

毫无疑问地，区块链对每一个机构来说都有着深远的影响，这也是很多聪明的、有影响力的人都对此技术感到兴奋的原因之一。本·罗斯基（Ben Lawsky）还辞去了他在纽约金融服务局的负责人职位，专门创建了一个关于这个领域的顾问公司。他告诉我们："在五到十年内，金融系统或将面临重大变革，而我想参与到这个改变当中。"[6]布莱思·马斯特斯在她20多岁的时候就成了摩根大通的董事总经理，现在，她也成立了一个专注于区块链技术的初创企业，期望促进产业的转型。《彭博市场》的2015年10月刊将她放在封面并配上"这一切都与区块链有关"的标题。另外，《经济学人》2015年10月刊的封面文章《信任的机器》如是说——"比特币背后的技术有可能改变经济运行的方式"。[7]对《经济学人》来说，区块链技术是"一个如实记录事实的大型链条"。世界各地的银行纷纷组织一流的团队去调查这其中可能存在的机会，这些团队里面还有不少杰出的技术人员。银行家们喜欢安全性、零摩擦及即时交易的概念，但他们中的一些人在开放性、去中心化及新式货币的概念面前退缩了。金融服务产业已经重新打造并私有化了区块链技术，将其称为分布式账本技术，以期将比特币的优点（安全性、速度、成本方面）与一个需要银行或金融机构授权的完全封闭系统结合起来。对它们而言，区块链是一个比它们现有方案更可靠的数据库，区块链是一种让关键利益相关者（买家、卖家、托管人及监管者）保持共享及不可擦除记录的数据库，它能够降低成本、降低结算风险及消除故障中心点。

针对区块链方面初创企业的投资额正在增加，这有点像 20 世纪 90 年代的互联网公司的投资热潮那样。现在，风投资本展现出来的热情让 90 年代的互联网公司投资者也相形见绌。从 2014 年到 2015 年，就有超过 10 亿美元的风投资本涌入到区块链生态系统中，其增长速度差不多每年翻一倍。[8] “我们很有信心，”马克·安德森在《华盛顿邮报》对其进行的一篇采访报道中指出，“在 20 年后，我们就会像讨论今天的互联网那样去讨论区块链技术。”[9]

监管者们对这个领域的关注也很快地提上了他们的议事日程，他们纷纷成立各种专项工作组，以探索这个领域是否有可行的立法方案。俄罗斯政府已经禁止使用比特币了，而阿根廷这样的民主化政府亦是如此（一些人认为，鉴于货币危机在阿根廷频繁发生，该国政府简单地禁止比特币的行为并不明智）。而在西方，一些更为谨慎的政府正投入大量的精力和资源，试图去理解这项技术能如何改变央行的角色和货币的本质，而其对政府的运作以及民主本质的改变亦在考量当中。加拿大央行高级副总裁卡罗琳·威尔金斯认为，各地银行行长们应该考虑将整个国家的货币系统转移到以区块链技术为基础的系统之上。英国央行首席经济学家安德鲁·霍尔丹（Andrew Haldane）编写了一份建立英国的数字货币的提议。[10]

这是一个热闹的时期——确切地说，这里面也有不少机会主义者、投机者甚至是罪犯参与进来了。大多数人对数字货币的初始印象是来自于 Mt. Gox 比特币交易所的破产事件或罗斯·威廉·乌尔布里希（Ross William Ulbricht）的定罪——后者是在线黑市“丝绸之路”网站的创始人，该网站在被美国联邦调查局查封前一直在协助非法药品、儿童色情和武器的交易，其支付系统就是利用了比特币的区块链。比特币的价格一直在剧烈地波动，而比特币的集中程度也是非常高的。一份在 2013 年进行的调查报告表明过半数的比特币集中在 937 人手上，不过今天这个数据一直在变化。[11]

那么，这样一个曾经与色情和庞氏骗局相关联的技术，如何能给各行各业带来有用的东西呢？首先，除非你是一个交易者，否则你要关注的并不应该是比特币这个依然有投机性的资产。这本书介绍的事物是比资产更有意义的，是关于其底层技术平台的用途与潜力。

这并不是说比特币或加密货币是不重要的，虽然有些人正极力将它们的项目与过去的这些涉及丑闻的事情保持距离。这些货币对区块链革命是非常重要的，这在点对点的价值交换（特别是金钱）中处于头等地位。

在数字化时代达成信任

在商业领域中，信任是对另一方遵循“诚信四原则”去处理事务的期望。这四条原则是：诚实、考虑对方利益、承担责任及透明性。[12]

诚实并不只是一个道德上的问题，现在，它已经是一个经济问题了。若要在雇员、合作伙伴、顾客、股东以及公众之间建立信任关系，组织就必须诚实、准确、完整地将信息与各方交流。组织不应该通过忽略某种事实的方式撒谎，或通过增加事情的复杂程度以达到混淆细节的目的。

在商业领域，**考虑对方利益**通常是指交易方会诚心诚意地进行价值的交换或让渡，而信任关系需要建立在对各方利益、需求及感受的考虑上，需要在彼此间心存善意。

承担责任意味着对利益相关方做出明确的承诺，并严格恪守该承诺。个人和机构必须展示出他们有信守承诺并承担违约责任的决心，若他们自己能提供相关的证明，或第三方机构的专家能负责对其履约能力进行验证，那就更好了。个人和机构不应该逃避或推卸自身的责任。

透明性意味着以公开透明的方式运作。若外界有“他们在隐藏什么事情”的想法时，这就表明该组织运作的透明度不高，最终可能会失去外界的信任。当然了，各公司的商业秘密和其他专利信息应当受到保护，但当涉及一些与顾客、股东、雇员和其他利益相关方时，还是有必要建立一个积极的、开放的沟通渠道，才能获取对方的信任。通俗点说，公司应当开诚布公，才能在未来走向成功。

在商界或其他机构中，一场前所未有的信任危机似乎已经出现了。公共关系公司埃德尔曼的《全球信任度调查》指出，在机构（特别是公司）中的信任度已经倒退到2008年经济危机时的低潮。埃德尔曼的调查指出，即使是过去被视为固若金汤的技术性产业（目前还是最受信任的商业领域），在全球的多数国家中也出现了信任程度的倒退，这样的情况以前并没有出现过。在全球范围内，公司高管和政府官员们继续被评为最不值得信任的信息来源，其可信任程度远落后于学者或产业专家。[13]类似的还有盖洛普民意测试中心在2015年进行的一份调查报告，表明在美国人对机构的信任程度的对比中，商业机构处于15类被调查机构的倒数第2名，仅有不足20%的受访者表明他们对商业机构有相当或足够的信任。在这个排行榜中，美国的国会是最后一名。[14]

在区块链出现之前，商业领域的信任关系通常要依赖于正直、诚信的个人、中介机构或其他组织才能建立起来。我们通常对自己的交易对手了解不足，更不用说考察它们是否诚实可靠了。正因为如此，在网上交易中，我们逐渐地对第三方形成了依赖性，让它们负责给陌生人提供担保，并由它们负责维护与网上交易相关的交易记录、执行商业逻辑和交易逻辑。这些强大的中介机构——银行、政府、PayPal、维萨（Visa）、Uber、苹果、Google及其他数字化的巨头占据了其中一大块的价值。

在区块链这个新兴的领域中，信任关系的建立是基于网络甚至是网络上的某些对象。密码学安全公司WISeKey的卡洛斯·莫雷拉称，新型技术的出现实质上是分配信任的元素，这样的信任甚至能分配给实物。“如果有这样的一个物体，不论它是一个传感器、通讯塔、灯泡还是心脏监测仪，只要它的工作状况不能被信任，或没有付相关的服务费，它发出的请求就会自动被其他物体拒绝。”[15]账本自身就是信任关系的根本依据。[16]

需要说明的是，这里的“信任”是与买卖商品和服务、信息的可信性及保护相关的信任，而非在所有商业事务中的信用。不过，在本书中你会读到一个搭载可信信息的全球账本如何将正直性植入到我们的机构中，并创造一个更安全、更可信的世界。股东和民众将会期望所有上市公司和由纳税人养活的机构至少将它们的金库放到区块链上运行。这样的话，通过增加了的透明度，投资者们将能看到某个公司的CEO是否应得到巨额的奖金，而选民们将可以看到他们选出来的代表们是否能妥善处理财政款项。由区块链驱动的智能合约将会要求对手方遵守他们的承诺。

互联网的回归

互联网的早期就如年少时的天行者卢克（《星球大战》中的一个角色）一样，人们相信即使是来自艰苦的沙漠星球的儿童都能推翻一个邪恶的帝国，并通过建立一个互联网公司去开创新的文明体系。那显然是很幼稚的，不过很多人（包括现在的公司）希望互联网展现出像万维网那样的影响，能够逆转某些产业领域的既定格局。在这个格局中，少数人掌握多数的权力，外来的人很难往这个权力架构上攀登，更莫谈推倒它了。与传统的中心化的旧媒体不一样的是，新式媒体是以分布式、中立的形式存在的，每个人都可以成为一个积极的参与者，而不仅仅是被动的接受者。互联网上的低成本、大范围的点对点通信手段能弱化来自阶级的影响，有机会让发展中国家的民众融入全球经济中。在这种模式下，某个人的价值和声誉来源于其做出的贡献，而不是他的身份或社会地位。如果你在印度努力工作，加上你本身是很聪明的话，这些长处都会给你塑造良好的声誉。世界将会变得更扁平化，更符合能者居之的理想，更灵活及更有流动性。更重要的是，技术将能够造福于所有人，而不只是为了少数人的财富增长服务。

以上提到的这些构想，其中的一部分已经实现了。维基百科、Linux开源操作系统或银河动物园（Galaxy Zoo）天文学星系图像分类项目都是大规模协作的例子。外包行业和联网的商业模式让发展中国家的民众能够更好地参与到全球经济中。今天，20亿的人在进行平等的协作。我们都能享受获取资讯的新方式，这是前所未有的。

不过，帝国们进行了反击，这似乎是一个越来越明显的迹象了。集中在商界和政界的力量根据自己的需要，改写了互联网最初的民主架构的理想。

现在，大型机构已经控制并建立了这种新型的生产和社交工具，这包括其底层基础设施；其巨量的、增长中的数据集；其正日渐用于商业和日常管理的算法；其海量的应用程序（App）；以及日渐呈现出来的惊人能力，机器学习及自动驾驶汽车等。从美国硅谷到华尔街，到上海，再到首尔，新式的贵族们利用其既有优势，滥用这种前所未有的非凡的技术（这本应让人们成为高度活跃的经济主体），从而攫取了惊人的财富，并巩固其对经济和社会的力量及影响。

早期的数字化先行者们曾警示过将会发生的一些令人担忧的阴暗面，而现状与他们曾经发出的警示已经相差无几了。[17]在大多数发达国家里，尽管其国内生产总值有所增长，但就业机会的增长速度一直不尽如人意。这个世界的财富一直在增长，而社会不公平的程度也随之增加。强大的技术公司已经不再重视过去的那种开放、分布式、平等和带来机会的网络，而是将重心转移到了线上的封闭式系统或专有的、只读的应用程序，这与其他事情一起，就将对话的渠道切断了。企业的力量已经将这些美好的点对点、民主化和开放的技术作为无节制获取利益的手段。

这样的结果是，经济的力量变得更锐利、更集中及根深蒂固。互联网原本的构想是将数据更广泛地、更民主地分发出去，但现在大多数的数据已经被少数的实体收集、利用起来，而且这些实体还利用这些数据去控制和积累更多的权力，这对大众来说并不是一件好事。如果你积累了足够的知识及随之而来的权力，你就可以通过产出更多的专有知识去巩固你的地位。无论如何，特权的重要性已经击败了贡献和实效——不管这些特权是怎么来的。

还有，强大的“数字巨无霸”，如亚马逊、苹果和Facebook，曾几何时它们也是互联网的初创企业，现在正在私有的数据池里收集民众和机构产生的数据，并没有将它共享到网络上。当它们为顾客创造并带来很大价值的同时，也使得数据成为一种新型的资产，甚至比以前的资产都更有价值。这种趋势也侵害了我们传统的个人隐私和自主权的价值观。

各国的政府使用互联网去改善运作和服务的效率，不过它们也在部署各种技术去监视甚至是控制民众。在很多民主国家，政府使用信息与通信技术去监视公民、改变公众意见、推动其狭隘利益、破坏权利和自由，最终目的是保留权力。

当然，实际的情况也不完全符合某些人提出的“万维网已死”的观点。万维网对数字世界的未来是极端重要的，我们所有人应当行动起来捍卫其发展。另一方面，在如万维网联盟这样的机构里，它们的成员也在积极抗争，以让互联网变得更公开、中立及不断进化。

现在，区块链技术提供了一些全新的可能性，甚至有机会改变上述趋势。这个真正的点对点运作的平台，让我们在本书里讨论的很多令人兴奋的事情成为可能。我们可以掌控自己的身份和个人数据。我们可以进行交易，在无须强大的中介机构充当金钱和信息的仲裁者的情况下创造和交换价值。数十亿被排除在经济体系外的人很快有望加入全球经济体系。我们可以保护自己的隐私，并使用自己的信息谋求自身利益。我们可以保证新事物的创造者能够得到来自他们知识产权的补偿。我们或许不需要通过重新分配财富的方式去解决日益恶化的社会不平等问题，而是通过在一开始就改变财富分配和创造的方式去实现。这样，来自世界各地的人，无论他们是农民还是音乐家，都可以更全面地、更优先地享有他们所创造的财富。这似乎是有无限的想象空间。

若要打个比方的话，比起上帝来说，这更像是《星球大战》里的尤达大师的角色。不过，这个新式的协议，让一个急需可信协作关系的世界看到了曙光，这已经是很了不起的事情了。

你的个人化身及身份的黑盒子

在历史进程中，每一种新式的媒体都让人们跨越了时间、空间甚至是躯体的局限性。这样的能力最终让我们重新审视存在主义者们对身份的观点：我们是谁？作为人类，意味着什么？我们如何能对自身进行概念化？就如马歇尔·麦克卢汉（Marshall McLuhan）观察到的结果那样，媒介最终会逐渐成为信使。人们塑造媒体，并被媒体反过来塑造自身。我们的大脑、机构和社会都在适应这个趋势。

“今天你需要一个授权机构给你提供一个身份认证工具，如银行卡、飞行常客卡或信用卡。”[18] WISeKey 的卡洛斯·莫雷拉说。在出生时，你的父母会给你起名字，而在政府注册的产科医生或助产士会给你接生并记录你的脚印、重量和身高，双方对时间、日期和出生地进行确认并在出生证明上签字。现在，他们可以在区块链上登记这个证书，并将其与出生公告和大学基金关联起来。你的朋友和亲戚可以将比特币发送到你的账户上，以资助你的高等教育。这样，你的数据流就开始运行了。

在互联网的早期，汤姆·彼得斯（Tom Peters）写道，“你就是你自己的项目”。[19]他的意思是，工作和职位已经不再是定义我们的唯一要素。现在若要找一句类似的话，那就是“你就是你自己的数据”。不过这其中的问题正如卡洛斯·莫雷拉说的那样，“现在，身份是你的，但你的身份在世界中的活动所产生的数据却是由他人所掌管的”。[20]在大多数的公司和机构眼中，你就是一堆数据——这些数据来自你在互联网上的活动踪迹。它们收集你的数据并将其变为一个“虚拟的你”，并通过这个虚拟的身份给你提供很多难以想象的便利。[21]不过，这样的便利是要付出代价的，那就是隐私权。我并不赞同那种“隐私权已经没希望了，别执着了”的思想。[22]隐私权是自由社会的基石。

“人们将身份看得太简单了。”[23]安全专家安德烈亚斯·安东诺普洛斯如是说。我们用“身份”这词去描述自我、这个自我在世界中的映射以及这个自我或其映射所带来的属性。这些信息或许会来源于自然界、国家或私营机构。我们或许会有一个或多个角色，及随之带来的一系列指标。想象一下你的上一份工作——你角色的变换是由于工作需要做出的改变，还是由于你的职位的变化?

想象一下，如果这个“虚拟的你”能真正地被你掌管，那么世界会变成怎样？这是你的个人化身，它“生活”在你的身份所构成的黑盒子里，你可以从你的数据流中获得经济利益，当有人申请对你的数据进行访问时，你可以决定向对方公开特定的数据。你的驾驶执照为什么要包含除了“你已经通过驾驶考试并且有能力开车”以外的信息呢？想象一下，如果有一个互联网的新时代，你的个人化身能够管理和保护你的黑盒子里面的内容。这个可靠的软件仆人会根据具体的情况向对方公布必需的细节或金额，同时妥善地处理在网络活动中所产生的各种遗留信息，以保护你的隐私权。

这听上去可能像《黑客帝国》或《阿凡达》这类电影里描绘的科幻故事。

不过，今天的区块链技术让它有机会成为现实。以太坊生态圈区块链公司共识系统（Consensus Systems）的首席执行官约瑟夫·卢宾将这个概念称为在区块链上的“永久数字 ID 和角色”。“在与大学的朋友互动的过程中，我展示出来的自己与我在芝加哥联邦储备银行演讲时是不一样的，”他说，“在这个在线数字经济里，我会在拥有不同身份的平台展示出我各方面的特质，并与这个世界进行互动。”约瑟夫·卢宾希望拥有一个“典型的身份”——这个版本的他会缴税、申请贷款及购买保险。“我或许会有一个业务上的身份以及一个家庭里的身份，以与我的‘典型的身份’相关的事务隔绝开来。我或许会有一个游戏玩家的身份，这个身份我是不希望与我的业务身份联系在一起的。我甚至可能会有一个暗网上的身份，永远不会跟其他的身份联系在一起。”[24]

你的黑盒子可能会包含以下的一些信息：政府颁发的身份 ID、社保号码、医疗信息、服务账号、金融账号、文凭、执业证书、出生证明、其他证书以及一些你并不希望公布但想要产生经济价值的个人信息，如性取向或身体状况等，这些都可以用于民意调查或研究性学习。你可以根据特定的目的，在某个特定的时间段将这些数据公布给特定的机构。你可以将你身份属性的一个子集发送给你的眼科医生，以及一个不同的子集发送给你希望进行投资的对冲基金里。你的化身可以替你回答“是与否”的问题，而不需要公布你的实际身份，这些问题可能包括：“你的年龄是 21 岁还是 21 岁以上？你在过去三年内每年收入超过 10 万美元吗？你的身高重量指数在正常范围内吗？”[25]

在现实世界中，你的声誉是本地化的，你的本地商店的店主、你的雇主以及在一个宴会上碰到的朋友都对你有特定的看法。在数字经济里，你的化身中不同身份的声誉是“便携”的。这样的便携性将会把世界各地的人们带入数字经济里。在非洲，拥有一个数字钱包和化身的人将可以建立自己的声誉，而这样的声誉往往是在如贷款创业这样的事情上是必需的。“看，这些人都认识我并为我担保。在财政能力上我是可以被信任的。我是全球数字经济的一个自治的公民。”

身份只是其中的小部分。其他部分是一个身份云，这个身份云是由那些松散或紧密地与你的身份联系起来的信息组成的。如果我们尝试将这些信息记录到区块链这个不可篡改的账本上，我们就无法理解社交互动的精髓，也会失去“遗忘”这份礼物。人们永远都不应该由自己状态最差的那个时候定义。

走向繁华的目标

这个可信的协议驱动了数十个项目，在这本书中你将会了解到它们的故事。繁荣首先是关于一个人的生存标准。若要实现繁荣，人们必须有手段、工具及机会去创造物质财富及在经济上兴旺发达。不过对我们来说它包括了更多——人的安全性、安全的环境、健康、教育、环境的可持续性、改变和控制自身命运及参与到经济和社会中的机会。为了实现繁荣，一个人至少需要能够接触到一些基本形式的金融服务以存储和创造更多的价值，另外还要有通信及交易工具以接入到全球经济当中，最后是土地所有权及其他合法持有资产的安全性、保护及执行措施。[26]这些以及更多的特性就是区块链所展示出来的潜力。这些故事能让你感受到一种未来——为每一个人带来繁荣，而不只是给富人和强权者带来更多的金钱和权力；你甚至能感受到一个我们能拥有自己的数据并保护隐私权和个人安全的世界；那是一个开放的世界，每一个人都可以为我们的技术基础设施贡献力量，而不是由被围墙包围起来的大公司给我们提供私有的应用程序；那是一个当前的数十亿被排挤在主流经济秩序之外的人能够参与到全球经济并分享其成果的世界。下面，我们就来给你描绘一下这个世界。

创建一个真正的点对点共享经济

当专家们讨论“共享经济”的例子时，通常会谈到 Airbnb（爱彼迎）、Uber、Lyft（打车应用“来福车”）、TaskRibbit（劳务平台“跑腿兔”）以及其他的一些平台。这是一个很好的概念——体系中的每一个参与者创造并分享价值，不过这些商业模式其实跟“共享”的关系不是太大。事实上，这些商业模式之所以走向成功，恰恰是因为它们并不进行共享——它们是聚合的模式，这是一个聚合经济。Airbnb 这个市值 250 亿美元的硅谷宠儿专门将空闲的房间资源聚合起来。其他的一些业务模式通过它们的中心化、私有的平台将闲置的汽车、设备以及杂务工人聚合起来，并将这些资源转卖出去。在这个过程中，它们为了商业目的收集数据。这些公司在十年前并没有出现的原因是当时并没有技术上的先决条件，如无处不在的智能手机、完整的GPS功能以及复杂的支付系统。现在，通过区块链技术，就有了彻底改造这些产业的技术条件了。今天的巨型“颠覆者”快要被颠覆了。

想象一下如果不使用中心化的平台，而是用去分布式技术实现的bAirbnb（区块链版本的Airbnb），这样实质上就会是一个由其成员共有的协作组织。当有潜在的租客希望租一个房间时，这个bAirbnb软件就会在区块链上搜索所有的房源，并将符合租客要求的房源过滤后显示出来。由于这个网络会在区块链上存储交易的记录，这样一个好评就会提高房源提供者的声誉度并塑造他们的身份。这样，就不需要由一个中介机构去负责这个事情了。以太坊区块链的创始人维塔利克·布特因称：“大多数技术都是趋向于将自动化的技术应用在边缘的地方去做一些烦琐的任务，而区块链是在中心实现自动化的。区块链不会让出租车司机失业，而是会让Uber失业并让出租车司机直接为顾客服务。”[27]

以高速、包容的目标重构金融体系

金融服务产业是全球经济发展的动力，但它现在已经存在着不少问题了。其中的一个问题是，这可能是世界上中心化程度最高的一个产业，而且技术变革在其中的进展非常缓慢。由银行等机构组成的旧式金融秩序像一座座城堡一样，不遗余力地维护垄断的体系并给颠覆性的创新设下障碍。这个金融体系同时也是运行在已经过时的技术上，而且是被可以追溯到19世纪的监管规则所治理的。它里面充满了相互矛盾的事情，发展状态也不平衡，使得其有时运行得很缓慢，经常出现安全性问题，其运作过程对很多利益相关者来说也是非常不透明的。

分布式账本技术可以将很多金融服务从旧式机构的束缚中解脱出来，培育出竞争对手及创新成果，这对终端用户来说是很有好处的。虽然很多人已经能连接上互联网了，但是数十亿人还是被排除在主流的经济体系之外，这其中的原因很简单，金融机构并不将银行业务这样的服务提供给他们，是因为他们对银行来说是一类无法营利及高风险的顾客。通过区块链技术，这些人不仅能被连接起来，更重要的是能被包容到金融活动里面，能够进行购买、借贷及出售等活动，因此也有了一个创造繁华生活的机会。

现有的机构可以将利用区块链技术进行自身的转型——如果它们能找到一个领导者去做的话。这项技术有希望为这个产业带来变革，让其发展得更好——从银行到证券交易所，从保险公司到会计师事务所、经纪商、小微贷款提供商、信用卡网络、房地产经纪以及金融产业的其他机构。当每一个人都共享同样的分布式账本时，交易结算可以即时完成，而不需要等待几天，每个人都可以看到执行结果。数十亿人将会受益于这项技术，这样的转型将会解放世界各地的企业家，为他们的事业提供动力。

在全球范围内保护经济权利

财产权与我们的资本主义民主制度有着不可分割的联系——杰斐逊在《独立宣言》的初稿中将生命、自由和对财产权的追求列入了人类不可剥夺的权利中，而不是后续版本中改写成的“对幸福的追求”。[28]这些有雄心壮志的原则为我们今天在发达世界里享有的现代经济和社会秩序奠定了基础，但直到今天世界上很多人还没法享受到这些权利。这个世界虽然在生命权和自由权的保护问题上有了一些进步，但世界上的大部分财产持有者的房产或土地可能会被腐败的政府官员肆意地剥夺——这个过程只需按下中心化的政府产权数据库里的一个软件按钮即可实现。如果没有财产所有权的证明方式，土地所有者不能得到贷款、申请建筑许可证或出售该财产，而且这些财产随时可以被剥夺。这都是通往繁荣的障碍。

著名的秘鲁经济学家、自由民主学院主席及世界领先的经济学者赫尔南多·德·索托表示，世界上多达 50 亿的人口并不能完全地参与到全球化所创造的价值中，因为他们对土地的所有权得不到保证。他认为区块链能够改变这个现状。“区块链的中心思想是商品的所有权可以被交易——不管它们是金融、实体或智力资产。其目标不仅仅是记录这个地块，还记录所涉及的所有权，这样权利的所有人就不能被侵犯了。”[29]统一的财产权有可能为全球正义、经济增长、繁荣及和平的新议程奠定基础。在这个新的范式里，权利的保护并不是通过枪械来实现的——而是通过技术。“区块链是为一个由现实（而不是虚幻）事物所支配的世界而设的。我认为那是很有意义的。”[30]赫尔南多·德·索托说道。这是一项去中心化的技术，其中没有中心化的机构去控制它，每一个人都知道其中发生的事情，它里面的记录会被永久保存起来。

终结汇款的高费用

每一份评估加密货币相关收益的报告、文章或书籍都讨论过在汇款业务上的应用，这是有正当理由的。在进入发展中世界的资金流中，最多的一部分并不是来自外国援助或国外直接投资，而是其身处海外的国民给他们的贫穷母国寄回去的汇款。这个过程需要时间、耐心，有时还需要每星期跑到同样的电汇办事处的勇气（可能坐落在治安不良的地区），每次都要填写同样的文件及支付同样的7%的费用。其实，有更好的途径能够解决这个问题。

去中心化汇兑公司Abra（后文统称“Abra”）和其他的一些公司正在使用区块链来搭建一个支付网络。Abra的目标是让其每个用户都成为一个出纳员，资金从离开一个国家和到达另一个国家的整个过程只需要几个小时，在以前这是需要一个星期的；在费用方面，这种方案只需要2%而不是以前的7%甚至更高的费用。Abra希望它的支付网络的节点能够超过世界上所有的实体ATM（自动提款机）数量的总和。西联汇款花了150年的时间才在世界范围内达到了50万名代理人，而Abra将会在第一年拥有同样数量的出纳员。

消除对外援助中官僚主义和腐败

区块链能解决外国援助项目上的问题吗？2010年的海地地震是有史以来最致命的自然灾害之一，约有10万~30万人遇难。海地政府后来被证明是一个累赘——国际社会向红十字会捐献了超过5亿美元的资金，而一份事后的调查报告表明，这些资金有不少是被滥用的，还有一部分甚至直接消失了。

区块链可以在外国援助分发的过程中移除不必要的中间人的角色。其次，区块链作为一个不可篡改的资金流向管理账本，让机构具有更多的可追责性。你可以在智能手机上跟踪你给红十字会捐赠的每一笔钱（从其起点到终端受益的人）；也可以将资金放在托管账号上，在红十字会完成每一个标志性任务后释放相应数额的资金。

让价值的创造者先受益

在第一代互联网上，很多知识产权的所有人并没有得到适当的补偿。第一个例子是音乐家和作曲家与唱片公司签约了，而这些唱片公司并没有想象到互联网对这个产业带来的冲击。它们并没有拥抱这个数字时代，也没有重新构造其商业模式，逐渐地就将控制权让给了有创新性的在线内容分发商。

我们来看一下主流唱片公司对在 1999 年创立的点对点音乐文件分享平台 Napster 的反应。音乐产业里面的在位者们联手起诉这个新企业、其创始人及其 18000 位用户，在 2001 年 7 月彻底瓦解了这个平台。Napster 的一部相关纪录片的导演亚历克斯· 温特对《卫报》说，“在大规模的文化转型的事情上，我并不喜欢黑白分明的想法，而在 Napster 这事上，在‘我可以分享我购买的一切东西’的立场和‘即使你只分享你已经购买的文件，你也是一名罪犯’的观点之间存在着不少的灰色地带”。[31]

我们同意这个观点。与顾客共同创造价值通常是一个更可持续的商业模式，而不是去起诉他们。这个事件给音乐产业带来了不少的关注，揭露出其过时的营销实践、内容分发的低效率以及被一些人认为是“反音乐家”的政策。

从那时起，情况并没有发生太大的变化，直到现在。我们可以看到英国创作歌手伊摩琴·希普、大提琴家佐伊·基廷（Zoë Keating）及区块链开发者、企业家在引领实现区块链上的新型音乐生态系统。这项技术有可能颠覆每一个与文化相关的产业，而它所带来的希望是创作者可以根据自己创造的价值得到补偿。

重构作为资本主义引擎的公司架构

为身份、信任、声誉和交易管理而设的全球性的点对点平台的兴起，让我们终于有机会重建公司的深层架构，这个机构会为创新、共享价值的创建甚至是为大多数人享有的繁荣而服务，而不是只为少数的有钱人服务。这并不意味着我们要建造一个收入或影响力较小的小型机构，相反，我们说的是建造 21 世纪的公司，其中的一些可能是大型的财富创造者，在它们各自的市场都可能会很强大。

我们确实认为企业将会更像网络，而不是工业时代的垂直化层级机构。这样的话，就有机会更民主地分发（而不是重新分发）财富。

我们也会带你预览一下智能合约、新型自主经济代理媒介及被称为分布式自主企业的神奇世界，在其中智能化的软件会对很多方面的资源和权限进行管理和控制，甚至取代公司。智能合约让基于新型商业模式或应用区块链技术改造的现存商业模式基础上的开放式网络化企业成为可能。

让物体活动起来并让它们工作

技术专家和科幻作家们长期期盼着由联网的传感器构成的无缝全球网络可以捕捉世界上的每一场事件、行动和产生的改变。区块链技术可以让事物进行协作，进行能源、事件、金钱这些价值单位的交换，并根据共享的需求和供应信息去重新配置供应链和生产流程。我们可以为智能设备添加元数据，并为它们编程，使得它们能够根据其他物件的元数据进行相互识别，并根据预先定义好的情况展开行动或做出反应，这个过程无须担心由错误或篡改带来的风险。

随着物理世界的复苏，从在澳大利亚内陆需要电力耕作的小型农民，到世界各地能参与到一个分布式的区块链能源网络的房产所有者，每一个人都有机会走向繁荣。

培育区块链企业家

企业家精神对一个蒸蒸日上的经济体系和一个繁荣的社会是至关重要的。互联网原本应该解放企业家，为他们提供大公司才有的工具和能力，而无须担心随之而来的陈旧文化、僵化的流程及固定的负担。不过，互联网公司及其创造出来的亿万富翁的耀目成就掩盖了一个令人不安的事实：在过去的 30 年间，很多发达经济体中的企业家精神以及新企业的尝试一直在衰退。[32]在发展中经济体里，互联网并没有为那些受死气沉沉的政府官僚主义影响的准企业家们降低门槛。互联网也没有改变数十亿人无法获取金融服务的现状——而这些服务对创业者来说是必需的。当然了，并不是每一个人都有成为企业家的使命，不过即使是对那些想获取一份体面工资的普通人来说，这些金融服务和工具的缺失及政府的繁文缛节使得实现这一点也不容易。

这是一个复杂的问题，不过区块链可以在很多重要的方面实现更高的全球繁荣的程度。对那些生活在发展中世界的普通人来说，若他们希望有一个可靠的价值储存方式及与他们所在社区之外的人做生意的话，现在他们只需要有一个联网的设备就可以了。接入到全球经济中，意味着更容易获得新的信用、资金、供应商、合作伙伴和投资机会的来源。哪怕你的才能或资源价值再小，也能通过区块链实现经济价值。

实现为人民所有并为人民服务的政府

你也要准备好政府及治理领域的大变革。区块链技术已经能够革新政府运行的方式，并使其变得更高效、成本更低。它也为民主制度自身的改变创造出新的机会——政府如何能够更开放、摆脱说客的控制及以正直的价值观念行事。从投票、获取社会服务、解决社会的一些大难题及让选出来的代表对其竞选诺言负责等事项，我们可以领略区块链技术在如何改变作为公民及参与到政治活动的现状所发挥的重要作用。

新平台的前景与隐患

若这个“裸露”的城市里有600万人[33]，那么这项技术实现其潜力的道路上就有600万个障碍。另外，也有人对此技术持负面态度。一些人称这项技术还没到大规模使用的程度；一些人称这项技术很难使用，而杀手级的应用还在萌芽阶段。其他的一些观点还批评了达成网络共识所需的巨额能耗——当数以千计甚至数以百万计互相连接的区块链每天在处理数十亿的交易时，会是什么情况？到时候网络中会有足够的激励机制让人们参与进来并长期遵守规则吗？他们会不会尝试攫取网络的控制权？区块链技术会导致大量的失业吗？

这些问题应该由领导者和治理者而不是由技术来回答。互联网的第一个纪元得以蓬勃发展，是因为它的核心利益相关方——政府、民间社会组织、开发者和像你我一样的普通人的视野及共同利益。在本书中，我们将会进一步讨论这个新的分布式范式的领导者将需要如何参与进来，并释放一系列的经济及制度上的创新力量，以确保这项技术能实现其潜力。我们邀请你成为其中的一位领导者。

这本书源自加拿大多伦多大学罗特曼管理学院的一个400万美元的全球解决方案网络（Global Solutions Networks）项目，它的资金主要是由大型的技术公司及洛克菲勒基金会、史考尔基金会、美国国务院及加拿大工业部（一个致力于寻求解决全球问题和治理方案的新机构）提供的。我们都参与到了这个项目当中。唐·塔普斯科特创建了这个项目；亚力克斯领导了加密货币方面的项目。在2014年，我们发起了一个研究区块链革命及其对商业和社会影响的一年期项目，并将其成果归纳到这本书中。在这个项目里，我们深入思考了这个新平台能带来的好处及其风险。

如果商业机构、政府和民间团体创新家能够正确实现这项技术，我们就能舍弃一个主要由不断降低的搜索、协调、数据收集和决策制定的成本所驱动的互联网——根本目的是监视、中介互联网上的信息和交易并实现经济利益，升级到一个由不断降低的交易、监管、执行社会和商业协议的成本所驱动的互联网，其根本目的是保护所有交易及价值创造、分发过程的正直性、安全性和隐私性。这是策略上的180度大转弯。这样的结果可以是一个真正具有分布性的、包容性的、授权性的机构所构成的经济体系——最终就是合理的。通过对我们在网络上可以做到的事情、如何去做、谁能参与这些问题做出根本性的改变，这个新平台甚至能够移除应对令人烦恼的社会和经济挑战所需的技术性先决条件。

如果我们不能正确地处理这项技术，区块链这个拥有前景的技术将会受到限制甚至被摧毁。在更差的情况下，它还可能成为强大的机构用于巩固其财富的工具，或者当这个平台受到黑客攻击时，则可能会成为某种新的监视型社会所用的平台。与此紧密相关的技术有分布式软件、密码学、自主运作的代理人甚至是人工智能，这些技术都有可能失去控制并反过来对付人类。

这项技术被延迟、拖延或无法充分利用的可能性是有的。区块链及加密货币，特别是比特币，其影响力已经很大了，但我们并不会预测这项技术到底会不会成功，也不会预测它走向成功需要的时间有多长。[34]预测总是一件有风险的事。就如技术理论家戴维·蒂科尔所说：“我们中的很多人在预测互联网所带来的影响时实在做得很差。ISIS 那样类型的不良现象也是被我们忽略的事情之一，而一些极度乐观的预测最后被证明是错误的。”他说，“如果区块链像互联网那样巨型和普遍，我们对其优点和缺点的预测水平可能也会跟当初预测互联网的时候一样差”。[35]

我们不再预测区块链的未来，而是积极拥抱区块链的未来。我们认为它应该成功，因为它可以帮助我们实现一个繁荣的纪元。我们相信经济运行的最佳状态是它为每一个人运行，而这个新的平台是包容的引擎。它极大地降低了像汇款这样的资金传递活动的成本，并极大地降低了拥有一个银行账号、获得信用记录和投资的门槛。而且，它提倡企业家精神及积极参与到全球贸易中，催生了分布式资本主义而不是一个将资源和资本重新分发的资本主义。

每一个人应该停止与之抗争，并采取正确的步骤参与进来。我们应该利用区块链这项技术为大多数人谋福祉，而不只是为了少数人的眼前利益。

今天，我们都对这个新一代的互联网的潜力感到兴奋无比。我们对正在出现的大量创新成果及其实现繁荣和更美好世界的潜力充满了热情。这本书是我们告诉你该如何对这个下一代的潮流产生兴趣及进行理解，并采取行动以确保其潜力能实现。

因此，坐下来并继续读下去吧。我们正处于人类历史的关键节点中。

第二章　引导未来：区块链经济七大设计原则

加拿大瑞尔森大学隐私与大数据研究所执行理事安·卡沃基安认为："自由是建立在隐私之上的。我第一次认识到这一点是在30年前，那时我刚开始参加在德国的各种会议。在隐私及数据保护方面，德国在全世界都处于领先地位，这绝非偶然。德国人民曾饱受希特勒第三帝国摧残，他们曾被彻底剥夺自由，而这一切都是从丧失隐私权开始的。在悲剧结束后，德国人民表示，'决不能再重蹈覆辙'。"[1]

这么看来，第一代用于保护用户隐私的去中心化点对点计算平台之一Enigma（英格码）的命名就显得颇具讽刺意味了（或非常贴切）。这名字与"二战"时期德国工程师亚瑟·谢尔比乌斯（Arthur Scherbius）创建的一种用来转录加密信息的机器的名字是一样的。谢尔比乌斯创建英格码机本来是用于商业用途的：这一设备能够让全球各公司及时安全地传递交易机密、股票消息及其他内部信息。在几年内，德国的军队生产出了一个军用版本的英格码机，从而借助无线电将加密信息广播给军队。战时的纳粹党人曾利用英格码来传播战略计划、详细目标信息以及进攻时间。当时的英格码机就是施加痛苦与压迫的工具。

我们当代的英格码则是推动自由与繁荣的工具。全新的英格码由麻省理工学院媒体实验室的盖·斯金德（Guy Zyskind）和奥兹·内森（Oz Nathan）创建，它不仅体现了区块链公共账本的优点，即其透明性——它"为诚实行为提供强大的激励机制"，还融入了"同态加密"及"安全多方计算"技术。[2]简单地说，"英格码会提取你的信息（任何信息），然后打散它们并为其加密，形成零散数据，之后再随机分布到网络节点上。它不在一个地方保存完整数据，”安·卡沃基安表示，“英格码利用区块链技术来嵌入数据，并追踪所有的数据片段。”[3]你可以将数据与第三方共享，而第三方在无须解密的情况下也能将这些数据用于计算。[4]如果这个新的英格码网络能够奏效，那么它将改变我们处理网上身份的方法。设想一下现在你自己有一个储存了你个人信息的黑盒子，只有你能控制并访问里面的数据。

不管这听起来有多酷炫，鉴于以下几个原因，我们在前沿的加密技术上还是要步步为营。首先，它需要建立一个由参与者组成的大型网络。其次，区块链公司 Blockstream 的奥斯汀·希尔说过，“密码学是一个你永远不希望使用最新、最先进技术的领域，因为之前每次出现一种大家都觉得安全的新算法，四五年后就会有一些聪明的科学家站出来说这算法有问题，然后整个机制都会被推翻。所以通常情况下，我们会选择保守但已经被确认过的、持久有效的算法。这种东西需要后期很长时间去验证，而比特币的设计就考虑到了这一点”。[5]

尽管如此，这个概念还是值得认真研究的，因为它在隐私、安全及可持续性方面，具有深刻启示。“英格码正在提供它声称能够确保隐私的技术，”安·卡沃基安说道，“这是一个很大胆的主张，不过这样的东西在这个联网、互联的世界确实有着日渐提升的需求。”[6]

在研究过程中，我们接触到了一些基于区块链的项目，它们的开发者对基本的人类权利的维护有着类似的愿望——不仅是保护隐私和安全的权利，还有财产权、在法律下被视为人的权利以及参与到政府、文化和经济事务中的权利。你可以想象一下，无论我们居住在哪里、出生在哪里，都有一种技术能够保留我们及家庭的选择权、在世界上表达出这种选择的权利以及控制我们自己命运的权利。如果有了这样的技术，我们将可以创造什么样的新型工具、工作机会、新型商业模式和服务？我们应该如何看待这些机会？得益于中本聪的发明，这答案就在我们面前。

七大设计原则

我们相信下一个新纪元将会由中本聪的愿景所启发，围绕一系列的隐含原则所设计，并由那些充满激情而又富有才华的社区领导者实现。

中本聪的伟大构思仅限于货币方面，而不是要创造第二代互联网这样的更高目标，他并没有提到重塑公司、改变我们的机构或者改善文明程度等事宜。不过，中本聪的这一见解，还是体现了其令人惊叹的简易思维、独创能力以及对人类的深刻洞察力。那些读过 2008 年论文的人，会越来越清楚地意识到，数字经济新时代即将来临。计算与通信技术的融合推动了第一代数字经济的出现，而计算机工程、数学、密码学及行为经济学的结合或许能推动第二代数字经济。

民谣歌手戈登·莱特富特（Gordon Lishtfoot）在他的歌中浅唱道："如果你能读懂我的心，那你一定能读懂我的爱。"自 2011 年来中本聪就一直处于与外界隔离的状态（尽管这个名字会时不时出现在网络社区讨论板块），不过我们认为，他独创的这套信任协议，为机构及经济的重新组建提供了参考原则。

每个与我们谈论过的人，都迫切地想要分享他们关于区块链技术的见解。我们根据每一场对话、每一份白皮书以及每一个论坛帖子展示出了一系列的主题，而我们将这些主题提炼成设计原则——在区块链上创建软件、服务、商业模式、市场、机构甚至是政府事务方面的原则。虽然中本聪并没有具体提到过这些原则，但它们一直暗含在他发布的技术平台上，我们其视为塑造数字经济及恢复信任的新纪元所需遵守的原则。

如果你刚刚接触区块链领域，我们希望这些原则有助于你理解区块链革命的基本原理。即使你是一个坚定的比特币区块链的怀疑者，在你以后的企业家、投资者、工程师或艺术家的生涯中，如果你需要与志趣相同的人进行创意协作，如果你是各种资产的所有者或投资者，如果你是一个希望重新构想你在这个区块链经济的早期所扮演角色的管理者，那么，这些原则对你来说都有一定的参考价值。

网络化诚信

原则：信任源自内在，而非外在。诚信被编码到流程的每一环节中，它是分布式的，而不依赖于任何一个成员。参与者之间能够直接进行价值交换并可以期望另一方以诚信的方式行事。也就是说，诚信价值观——包括言行上的诚实、考虑对方利益、对自己的决定与行为负责及决策与行动的公开透明等——会以编码形式体现在决定权、激励制度以及运作过程中，这样个人或机构就必须以诚信的方式行事，否则就可能会耗费更多的时间、金钱、能量和声誉。

有待解决的问题：在互联网上，人们一直无法直接进行金钱交换，这纯粹是因为金钱本质上和其他信息产品或知识产权是不一样的。你可以把同一张自拍照传给所有朋友，但是你付给另一个人的一美元不能再付给你的朋友了。钱必须从你的账户离开并转入你朋友的账户，它不可以同时存在于两个账户中，更不应该在多个账户中了。所以，就有可能出现这种风险，即在两个地方使用了同一个单位的数字货币，并让其中一笔像空头支票那样被退回来。这种就是双重支付的问题。这对那些想重复支付同一笔钱的诈骗分子来说是一件好事。但对那笔无效款项的接受者来说就是一件坏事了，而且还会对你的在线声誉度带来不良影响。在传统情况下，在进行在线支付时，我们会借助第三方中央数据库对每一笔交易进行清算，从而解决双重支付问题，比如通过汇款服务（如西联汇款）、商业银行（如花旗银行）、政府机构（如澳洲联邦银行）、信用卡公司（如 Visa），或者在线支付平台（如 PayPal）等等。在世界上某些地区，结算可能要花好几天甚至是好几周才能完成。

突破性进展：中本聪利用现有分布式点对点网络及一些聪明的密码学技术创建了一套共识机制，从而用与可信的第三方相当（或更好）的效果解决多重支付的问题。在比特币区块链上，网络会为所有者花费某个币时涉及的第一个交易盖上时间戳，然后拒绝后来重复花费这个币的交易，这样就消灭了多重签名的问题。网络上运行比特币全节点的参与者叫作矿工，他们负责采集近期交易，以数据块的形式进行结算，并且每十分钟重复执行这一过程。每一个区块必须引用前面一个区块的某些数据才能视为合法。此外，协议还提供了磁盘空间回收渠道，这样所有节点都可以高效地存储完整的区块链了。最后一点，区块链是开放式的，任何人都能见证交易的进行。没有人可以隐藏一个交易，因此追踪比特币比追踪现金还要容易。

中本聪不仅希望去除中央银行的中介角色，也希望去除有关事实记录的含糊及互相冲突的解读方式。让代码来解释一切吧，让网络通过共识算法就所发生的事实达成共识并用密码学在区块链上进行记录。达成共识的机制是至关重要的。以太坊区块链的先驱者维塔利克·布特因在博客中提到："共识是一个社会过程，即使在缺乏算法帮助的情况下，人类也非常擅长于处理共识问题。"他解释称，如果一个系统的规模超出了人们的计算能力，那么他们就会寻找软件代理人的帮助。在点对点网络中，共识算法分配了对网络状态进行更新的权利，即就所发生的真相进行投票的权利。算法会把这些权利分派给一群构成经济组织的平等对象，这群人在这个体系中有着利益关系。据布特因所言，这个经济组织的一个重要特点是它是以可靠的方式进行分布的：任何个体或联盟都不能控制大部分的权利，即使他们有动机和手段去这么做。[7]

为了达成共识，比特币网络采用了"工作量证明"机制。这听起来有点复杂，但这个想法其实很简单。鉴于我们不能依靠矿工的身份来选择创建下一区块的人，那我们就设置一个非常难（比如它需要耗费大量工作）但是很容易被验证（比如其他所有人都可以快速查阅答案）的谜题。参与者都同意第一个解决问题的人可以创建下一个区块，于是矿工必须通过投入资源（如计算机硬件和电力）并找到正确哈希值（有点像一段文字或数据文件的独特指纹）的途径来解决这个难题。他们找到的每一个区块都对应着一定数量的比特币作为奖励。这个谜题是以数学的原理设计的，确保了任何人都没有快速解决的捷径。因此，当网络其他人看到答案时，每个人都会相信这个答案得来不易。此外，根据迪诺·马克·安格里蒂斯所述，这个谜题的过程已经进行到"每秒执行500000万亿次哈希运算"的规模。矿工们"都在寻找符合这一要求的哈希值，据统计，这个值每十分钟就会出现一次。这就是个泊松分布过程，有时候只要一分钟，有时候要一小时，不过平均是十分钟一次。"迪诺·马克·安格里蒂斯解释了其运作方式："矿工把网络中所有待处理交易收集起来，然后通过加密摘要函数来运行数据。这个加密摘要函数又叫安全哈希算法（SHA－256），一般输出32字节的哈希值。如果这个哈希值低于某特定目标（这个目标由网络设定且每隔2016个区块调整一次），那么就说明矿工已经找到了答案，并'破解'了该区块。但不幸的是，对矿工而言，找到正确的哈希值非常困难。如果哈希值错误，那矿工就得稍微调整输入的数据，然后再次尝试。而每次尝试都会得出一个和之前截然不同的哈希值。他们不得不反复试验，直到找到正确答案为止。截至2015年11月，哈希值尝试的次数平均达到3.5亿兆次。这个工作量非常大！”[8]

你可能听说过其他共识机制。第一版以太坊区块链Frontier也采用了工作量证明算法，不过以太坊1.1版的开发人员想改用“权益证明机制”。权益证明机制要求矿工购入并保留某种形式的价值储存手段（比如点点币、未来币NXT之类的区块链原生代币）。他们不必花费能源去投票。而其他区块链，比如瑞波以及恒星币，它们则要依靠社会网络来实现共识，并且它们会建议新的参与者（比如，新节点）给出一份独一无二的节点列表，这份列表至少包含100个它们所信任的节点，对事务的状态进行投票。这类证明机制会有所偏倚：新来的人需要具备社交治理和声誉才能参与其中。还有一种是“活动证明机制”，它是工作量证明与权益证明的结合体，在区块被正式承认前，一个随机数量的矿工必须利用加密密钥对一个区块进行签名。[9]而“容量证明机制”就是要求矿工配置超大硬盘空间来进行挖矿。还有一个相似概念，即“存储量证明”，这种机制需要矿工在一个分布式云平台分配并共享磁盘空间。

存储空间是有一定影响的。区块链上的数据和互联网上的数据有很大不同。在互联网中，大部分信息具有延展性并快速流动，而该信息的确切发布日期和时间对过去或将来的信息而言并不重要。而在区块链上，从比特币的产出开始，其在网络中的动向就被盖上戳记。要验证一个比特币，不光要引用其自身的记录，还要参考整个区块链的历史。因此，区块链也必须以完整的方式进行保存。

挖矿过程非常重要，这包括了将交易集合到一个区块里、投入一些资源、解决问题、达成共识及保存完整账本的副本——甚至有人把比特币区块链当成类似互联网那样需要有公众支持的公共设施。安永会计师事务所的保罗·布罗迪认为我们应该把所有电器的处理能力都投入到区块链维护中，他说：“如果你的割草机或洗碗机有一个中央处理器，然后这个中央处理器的处理能力可能是实际所需的一千倍，这样的话为什么不用它来挖矿？这并不是为了赚钱，而是用来维护你在区块链上的权益。”[10]除了共识机制，区块链还能通过智能代码来保障诚信，而不是靠人类自己去选择做正确的事。

对区块链经济的影响：我们不用再依靠大公司和机构来验证人们的身份，为他们的声誉进行担保了，取而代之的是我们可以信任网络了。我们有了一个平台，在这个平台中，无论另一方如何运作，都能保证信任，这一点是前所未有的。

对大多数社会、政治以及经济活动来说，其影响是惊人的。信任不仅关乎婚丧嫁娶、投票选举、钱财支付，对那些追求可信记录和交易保障的人来说，它也很重要。比如这个东西的所有权归谁？这是什么东西的知识产权？谁是从医学院毕业的？耐克、苹果设备还有婴幼儿配方奶粉是谁生产的？这些钻石从哪儿来？信任是数字经济的必要条件，而一个安全可靠的广泛合作平台，或许能够推动新型社会与组织的出现。

分布式权力

原则：系统通过一个点对点网络来分配电力，而不再进行单点控制。任何参与者都无法关闭系统。如果某个体或团体的电源被切断了，系统也还是能够运行。如果有超过一半的网络节点试图控制整个网络，那么每个人都可以看到事情的发生。

有待解决的问题：在第一代互联网中，任何拥有庞大用户基础（可能是员工、市民、消费者或者其他组织）的大型机构，都没怎么考虑过社会契约的问题。中心化的力量一次又一次证明了他们对用户的忽视，他们随意存储并分析用户数据，在用户不知情的情况下把数据提交给相关部门以满足其要求，还未经过用户同意就大范围改变条款。

突破性进展：比特币区块链运作所花费的过高能源成本可能会超出它所带来的财务效益。中本聪采用的工作量证明机制需要用户进行大量运算（这非常耗电）来维护网络运作，从而铸造新币。密码专家亚当·巴克开发了哈希现金（Hash cash）解决方案来减少垃圾邮件以及拒绝服务攻击，而中本聪也从这一解决方案中获得了灵感。亚当·巴克的算法需要发件人发送邮件时提供工作量证明，实际上就给邮件盖上了“特殊递件”的戳记来显示这份信件对发送者的重要性——“这份信件非常重要，我花了所有精力来传送给你。”这样一来，发送垃圾邮件、恶意软件以及勒索软件的成本就会增加。

任何人都可以免费下载比特币协议，并且保留一份区块链副本。它利用了一种名为 bootstrapping（自展开）的技术，通过一些简单的指令触发程序的其他部分从而把程序上传到志愿者的电脑或移动设备上。它就如 BitTorrent 一样是完全分布在一个由志愿者组成的网络上的。它是一个建立在世界范围内成千上万台电脑之上的知识产权的共享数据库。

当然，它确实能使网络免遭干预，不过这一点有利也有弊。在区块链上，再也不可能像富兰克林·罗斯福执政时期发布 6012 号行政命令那样，随意冻结资产。当时的 6012 号行政命令要求市民要么把所有“金币、金条、黄金凭证”都转交给政府，要么就等着罚款坐牢。[11]美国乔治梅森大学的乔希·费尔菲尔德直白地说：“以后想对付中间人也没办法了。”[12]区块链无处不在，志愿者会保持区块链副本更新，并将多余的计算机处理器的性能用于挖矿，从而实现区块链的维护。区块链中不会有后门交易，每一个交易动作都会在全网广播以供后续校验和验证。整个过程都不会涉及中心化的第三方，也不会在一个中心化服务器中存储任何数据。

中本聪也通过将账本中新区块的创建过程与比特币发行连接起来的方式，将铸币权分发出去，从而将铸币权放到了对等网络中的每一个节点中。无论是哪个矿工，只要是第一个解出难题并提交工作量证明的，就可以收到一些新的比特币作为奖励。这里面没有美联储、中央银行或财政部来控制货币的供给。此外，每个比特币都能直接连接到创世块并追踪到所有后续交易。

这样就不再需要中介机构了。区块链的功能运作是一场完美的大规模协作，它使你能够控制你的数据、你的财产以及你的参与度。它的分布式计算能力同时让分布式的、集合的人类能力成为可能。

区块链经济所带来的影响：或许这种平台能够为财富创造提供一种新型分布式模式，也或许这类点对点协作能够缓解人类最棘手的社会问题。或许我们应该通过将真正的权力移交给公民的方式解决现在机构中的信任危机甚至是合法性问题，从而为他们带来真正走向繁荣和参与到社会的机会，而不是像现在这样通过公关方面的手段去解决。

把价值作为激励

原则：系统把所有利益相关者的奖励都结合到一起。比特币或者其他有价代币都是这个系统的一部分，也与声誉度是相关的。中本聪编写了这一软件，用来奖励那些参与其工作的人，而它是属于那些持有并使用其代币的人，这样他们都会认真维护这个软件。这有点像终极版本的电子宠物，区块链就是一个全球分布式的储备金。[13]

有待解决的问题：在第一代互联网中，企业权力集中、规模庞大、制度复杂，而且运行不透明，这使得它们从授予其权利的网络中获取了大量不成正比的价值。大型银行对金融系统的利用已经让其几乎到了崩溃的极限，因为“那些为高管和信贷服务人员而设的激励架构必然会鼓励短视及过分忽视风险的行为”。约瑟夫·斯蒂格利茨说道。这也包括了“专挑美国最穷的人下手”，他把这个问题总结为：“如果你为人们提供一个不良的奖励机制，那么他们也会做不良的事，而他们是以大家应该预期到的方式行事的。”[14]

大型网络公司利用一些零售、搜索或社交媒体方面的免费服务，来换取用户信息。根据安永的调查，近三分之二的调查对象（经理）表示，他们收集消费者信息是用来推动业务发展的，而近80%的经理称，这样的数据挖掘增加了他们的收入。但是一旦这些公司遭到黑客攻击，消费者也就跟着遭殃——信用卡和银行账户信息被窃取，他们不得不处理一大堆烂摊子。因此也难怪在同一调查中，近半数消费者表示，在接下来五年他们会逐渐切断这些公司对他们数据的访问渠道，还有超过半数消费者表示，比起前五年，他们现在提供的数据已经越来越少，比如他们删掉了自己在社交媒体上的信息。[15]

突破性进展：中本聪希望参与者能够在符合自身利益的原则下行事。他明白博弈论，他知道，没有守护者的网络很容易遭到女巫攻击（Sybil attacks），这种情况下，节点会伪造出多重身份、稀释权利并且让声誉的价值贬值。[16]如果你不知道自己到底是在和三个参与方还是和一个挂着三个身份的参与方进行交易，那么点对点网络的正直性及其节点的声誉就没有很大的价值了。因此，中本聪编写了源代码，这样一来无论人们如何自谋私利，也无论他们的身份是什么，其行为都会给整个系统带去好处，而且反之还能为他们累积声誉度。这一共识机制要求的资源投入及其比特币奖励机制，能够激励参与者做正确的事，让他们变得可靠——因为从某种程度上说，他们的行为是可以预测的。这样女巫攻击在经济上也就不可行了。

中本聪写道："按照惯例，区块上的第一笔交易是一个特殊交易，它会创建一种由区块创建者所持的新币。这样就为节点支持网络的行为增添了激励机制。"[17]比特币是一种鼓励矿工参与到区块创建中并将新区块同前一区块相连的激励机制。那些率先完成区块创建的人能够得到一定数量的比特币。在中本聪的协议中，他用比特币来慷慨地奖励早期采用者：刚开始的四年，矿工成功开采一个区块能收到50个比特币。之后每隔四年，每个区块的奖励就减半到25个，12.5个，以此类推。因为现在他们也持有比特币了，所以他们就有动力去保障平台在长期内成功，购入顶尖装备来挖矿并更高效地花费能量从而维护账本。比特币不仅是对参与挖矿和交易的一种激励机制，也是对平台所有权的一种体现。分布式用户账户是加密网络基础架构的最基本元素，一个人在持有并使用比特币的同时也在资助区块链的发展。

中本聪选择那些有计算机运算资源的人作为其经济组织。如果矿工想参与奖励系统，就需要投入网络外部的资源——也就是电力。偶尔也会有不同矿工挖到两个高度相当并且同样有效的区块，这样其他矿工就必须选择他们希望在哪个有效区块之上构建新区块。他们一般会选择他们认为赢面较大的区块来构建，而不是在两个区块之上构建，否则他们就得分散算力去处理几个分叉链条，而这种方法会损失价值。参与者会选最长的链条作为区块链的权威状态，因为区块链越长就代表所投入的工作量越大。相比之下，以太坊在未来希望选择"代币持有人"作为经济组织，而瑞波币和恒星币则选择社交网络作为经济组织。

关于这些共识机制的矛盾点是，一个人通过为自身的利益行事，就能为点对点网络提供服务，这反过来会影响个人作为经济组织成员中的声誉。在区块链技术之前，人们很难利用到他们网络声誉的价值，这不仅仅是因为女巫攻击会让电脑中进驻多个角色。身份具有多面性，它是瞬态的，并且存在微妙差异。很少有人能够看到其所有面，更别说是发现微妙之处和捕捉全过程了。针对不同情况，我们不得不生成文件等相关证明，来证实我们身份的一些细节。“没有证明文件”的人，就不能进入其社交圈寻求合作。在类似 Stellar 的区块链上，这是个不错的开始，它创建一种永久的数字存在证明并建立其名誉，这种名誉的便携性超出了一个人所在的地理社区。

价值储存方面的另一项突破就是被编码到软件中的货币政策。尼克·绍博写道：“人类至今使用过的所有货币都或多或少的存在安全问题。这种不安全体现在各方面，比如伪造、盗取等，但是最恶劣的，可能就是通货膨胀了。”[18]中本聪采取逐步发行 2100 万比特币来限制供应，从而防止通胀。由于区块中能挖到的比特币每四年就会减半，而且目前的挖矿率是每小时 6 个区块，所以大概要到 2140 年这 2100 万个比特币才会全部投入流通。因此在这个系统中是不会引发恶性通货膨胀或货币贬值这类情况的。

货币不是唯一可以在区块链上交易的资产。“我们才刚开始探讨潜在的领域，” Blockstream 的奥斯汀·希尔说，“如果以可以利用网络并向世界展示的应用程序和协议为标准，我们仍处于 1994 年的时候。‘这是你能做的事情，它们完全是突破性的’。”[19]奥斯汀·希尔希望看到不同的金融工具，包括资产证明真伪鉴定到财产证明所有权等等。他还表示，希望比特币运用到 Metaverse（一个虚拟世界）中，用比特币换 Kongbucks，然后雇佣伊罗·普托塔格尼斯特——小说的主人公，黑客、武士兼比萨饼快递员——来帮你黑到一些数据。[20]或者你可以亲自进入 OASIS（一个充斥着各种虚拟乌托邦的世界），在这个世界你真的能找到复活节彩蛋，赢得哈里得的财产，将 OASIS 的虚拟定位权授权给 Google，并且购买一辆无人驾驶车导航到多伦多。[21]

当然，还有物联网，通过物联网我们注册设备并为其设置身份（英特尔已经在做这件事情），然后借助比特币而不是各种法定货币来协调支付。奥斯汀·希尔说：“你可以规定所有你想做的新业务，让其在网络中实现相互操作，并且可以使用网络的基础架构，而无须自己建造一个新的区块链。”[22]

和法定货币不同，每个比特币都可分割到八位小数。在一笔交易中，随着时间的推移，用户可以合并、拆分价值，也就是说一个输入项可以在多个时间内，输出多个项，这比执行一系列交易要高效得多。用户可以设置智能合约来计量服务的使用量，并定期进行小额支付。

对区块链经济的影响：第一代互联网错过了这一切。现在的平台中，人们，甚至是物品，都拥有适当的资金奖励，以鼓励大家参与到有效合作中去创造一切。可以设想一下：一个线上讨论小组中的参与者，能够因此有动力去提高他的名誉，其中一部分原因是若有不良行为会让他们付出经济上的代价；太阳能板的点对点网络中，房主能够收到区块链实时补偿，因为他们生产了可持续能源；在开源软件项目中，贡献合格代码的人，开发者社区会为他们提供补偿。这些其实不难实现。[23]

安全性

原则：网络中嵌入的安全措施是不会出现单点故障的，它们不仅保证机密性，而且保证所有活动的真实性以及不可抵赖性。任何想要参与其中的人都必须使用加密技术（无法选择不使用），如果有人做出鲁莽的行为，那么其后果也只由当事人本人承担。

有待解决的问题：黑客攻击、身份窃取、诈骗、网络欺凌、网络钓鱼、垃圾邮件、恶意软件以及勒索软件——这些都会破坏社会个体的安全。第一代互联网既没有体现透明性，也没有减少违规行为，它并没有加强对个人、机构以及经济活动的安全保护。普通互联网用户一般只能依靠薄弱的密码环节来保护邮件和网上的账户，因为服务提供商或雇主并没有给出更好的保护措施。比如最典型的金融中介机构：它们的特长是金融创新而非研究安全技术。根据身份盗窃资源中心表示，中本聪发布白皮书的那一年，纽约梅隆银行、美国国家金融服务公司（Countrywide）、通用电气金融等金融企业资料外泄事件中出现的身份盗窃报道，占同年同类报道的50%以上。[24]截至2014年，在金融领域中这一数据已经减至5.5%，但是在医疗保健领域，资料外泄报道增加到全年总数的42%。美国IBM总结出了资料外泄的平均代价是380万美元，这意味着过去两年资料外泄带来的总损失至少达到了15亿美元。[25]每起个人医疗身份诈骗所带来的损失平均接近13500美元，而这类违法事件还在增加。消费者不知道接下来被入侵的会是他们生活中的哪一个方面。[26]如果接下来数字革命涉及各方之间直接进行金钱交易，那么就必须保证通信不会遭受黑客入侵。

突破性进展：中本聪要求参与方使用公钥基础设施（PKI）来搭建安全平台。公钥基础设施是非对称加密算法的一种高级形式——用户拥有两个功能不同的密钥：一个用来加密，另一个用来解密，因此它们是非对称的。比特币区块链是目前全世界公钥基础设施最大的平民化应用，仅次于美国国防部公共访问系统。[27]

非对称加密起源于20世纪70年代，[28]并于20世纪90年代因电子邮件免费加密软件获得了关注。例如Pretty Good Privacy（PGP，一款加密软件），PGP非常安全，但是使用起来也非常麻烦，因为网络中的每个人都需要使用它，你必须时刻留心自己的两把密钥以及每个人的公钥。它没有重置密码这一功能，如果你忘记了密码，你就得全部重来。根据Virtru公司介绍，“加密邮件的数量正在增加，然而只有50%的邮件是在传输过程中加密，而端对端加密的邮件仍旧很少”。[29]也有人不采用加密和解密操作，而是采用数字证书（无须加密和解密技术的情况下提供保护信息的代码）去实现这个需求。不过，用户要使用个人证书就必须进行申请（还有付年费），而大多数常见的邮箱服务，比如谷歌、Outlook还有雅虎，它们是不支持这一功能的。

安德烈亚斯·安东诺普洛斯说：“过去的方法都失败了，因为他们缺少奖励机制，而且人们从不把隐私当作维护系统安全的动力。”[30]比特币区块链几乎解决了所有问题，它为公钥基础设施在所有涉及价值的交易中的广泛采用提供了奖励，这一点不仅反映在比特币的使用上，而且还体现在共享式比特币协议中。我们不需要担心脆弱的防火墙、盗窃的员工或保险金黑客。如果我们都使用比特币，并且我们能够安全地存储并交换比特币，那么同样的，我们也能在区块链中，安全地交换数字资产和高度机密的信息。

这是它的工作方式。数字货币并不是存储在一个文件里的。它是被一个密码学的哈希值所对应的交易所代表的。用户持有可以控制他们自己财产的密码学钥匙，并在相互之间直接交易。这样的安全性也让用户需要确保自己私钥的隐私性。

安全标准是很重要的。比特币区块链在SHA－256上运行，这是一种非常有名的算法，由美国国家标准与技术研究院发布，被认定为美国联邦信息处理标准。为了找到区块的正确答案，需要反复进行这类数学运算——这样计算设备需要消耗大量电力，来解决难题并挣取新的比特币。其他算法消耗的能源就相对较少，比如权益证明机制。

本章开头奥斯汀·希尔说过，不要采用最新、最好的算法。奥斯汀·希尔目前正同 Blockstream 的密码学专家亚当·巴克共事，对那些没有采用工作量证明算法的加密货币，奥斯汀·希尔流露出了担忧，他表示："我不认为权益证明能够奏效。对我而言，那种系统就是让富人更富，而手持代币就能决定共识。工作量证明则是以物理学为基础的系统，我比较喜欢这个算法，因为这个系统和黄金采用了相似的系统。"[31]

最后，最长的链一般也是最安全的链。中本聪区块链的安全主要得益于其相对成熟性以及其建立的比特币用户与矿工基础上。入侵这种区块链，需要投入比攻击短链更多的计算力。奥斯汀·希尔说："不论什么时候，只要有新网络搭建起新的链，那就会有一群人把自己隐藏的计算能力、所有电脑和中央处理器都从比特币挖矿中撤出，目标直指这些新网络，从而操控它们，实质上也就是攻击这些网络。"[32]

对区块链经济的影响：在数字时代，技术安全很显然是社会个人安全的前提条件。如今字节可以在我们的防火墙和钱包间传播，而小偷可以从世界另一端盗取我们的钱包，甚至是劫走我们的车。由于我们每个人都越来越依靠数字工具与数字平台，这种威胁也在我们不知情的情况下渐渐出现。比特币区块链的设计更加安全，也更透明，我们可以借此来进行价值交易，并保护我们的数据。

隐私

原则：人们应当控制他们自己的数据。他们可以自主决定哪些身份信息、在什么时候、以何种方式、透露多少给其他人。尊重别人的隐私权和与尊重别人的意思是有区别的。这两点我们都需要做到。中本聪去除了人们信任他人的需要，也就去除了沟通交流中对他人真正身份了解的需要。安·卡沃基安说："我已经和多位工程师还有电脑科学家沟通过了，他们每一个人都告诉我——'当然了，我们可以把隐私嵌入到数据架构和程序设计中’我们当然可以这样做了。”[33]

有待解决的问题：隐私是人类的基本权利，也是自由社会的根基。在互联网时代过去的25年时间里，公共和私有领域的中央数据库，已经采集到了个人和机构所有种类的机密信息——有些连他们本人都不知道。各地的人都很担心公司会通过数字世界，采集他们的信息来制造我们所说的“网络克隆”。甚至一些政府也在建设监视国家，比如最近美国国家安全局就通过互联网进行了不正当监视，这是过分使用其监视权的表现。这种行为对隐私构成了两次冒犯，其一是在我们不知情的情况下，或未经我们同意，就擅自收集并使用我们的资料；其二是未能保护好这些具有吸引力的信息不受黑客盗取。“这不是零和博弈，不是非此即彼的选择，也无关输赢，你可以对一样东西感兴趣，也可以对另一样东西感兴趣。但是这对我来说已经过时了，而且根本达不到预期目标，”安·卡沃基安说，“我们用一种正和模式取代了它，从本质上说，这种模式能够让你拥有隐私，并且填补空白信息。”[34]

突破性进展：中本聪没有为网络层设置身份认证要求，这意味着在下载并使用区块链软件的时候，所有人都不需要提供姓名、电子邮箱地址或其他个人数据。区块链无须了解每个人的身份（而且中本聪也不需要获取他们的信息来出售其他产品，他的开源软件将意见领导营销的手段发挥到了极致）。全球银行间金融电讯协会（SWIFT）的运行模式是——如果你用现金付款，SWIFT一般不会要求身份验证——但是我们认为许多SWIFT办公室还是有监视的渠道，而且金融机构要加入并使用SWIFT的话，就必须符合反洗钱以及客户识别规定的要求。

此外，身份识别及验证层同交易层是分离的，也就是说，对于比特币从甲方地址转移到乙方地址这个过程，甲方会进行广播，而交易过程中不会提及任何人的身份。之后网络会证实甲方的确控制这批比特币，而且甲方已经批准这笔交易，之后再把甲方的信息标为“未使用交易输出项”，并与乙方地址关联起来。只有在乙方要使用这一笔比特币时，网络才会确认现在这些比特币由乙方控制。

我们可以将其和信用卡使用做个比较，信用卡的模式是以身份为绝对中心，所以每次数据库资料外泄，就有几百万人的地址和手机号被盗。最近一些数据外泄事件中涉及的记录数目如下：T-Mobile，1500万条记录；摩根大通，7600万；

蓝十字与蓝盾协会，8000 万；易趣，1.45 亿；联邦人事管理局，3700 万；家得宝（美国家居连锁店），5600 万；塔吉特公司，7000 万；索尼，7700 万；还有一些小型资料泄露事件，包括航空公司、大学、天然气和电力公司，还有医院设施公司，这些都是我们最宝贵的基础设施资产。[35]

而在区块链上，参与者可以选择保持一定程度的匿名性，这样他们就不需要附加其他与身份相关的具体信息，或在中央数据库中录入这些细节。这一点有多重要，我们就不再强调了。区块链上不会放置对别人有吸引力的大量个人数据。通过区块链协议，我们可以选择某项交易或某个环境中，我们能接受的隐私级别。这能帮助我们更好地管理身份信息，并维护我们同世界的交流。

身份识别初创公司“个人黑盒子”（Personal Blackbox）的目标就是帮助大型企业转变其消费者数据关系。个人黑盒子首席市场官哈洛克·库林告诉我们：“像联合利华或保诚集团这样的公司正在联系我们，希望采用我们的平台。它们对建立更好的数据关系很感兴趣，并且非常想减轻现在担负的数据责任。显然它们已经意识到了，数据逐渐成为公司内部的有毒资产。”[36]这个平台可以让客户访问匿名数据——就像临床试验中，药剂师只知道与患者健康相关的信息一样——而不用承担任何数据安全风险。一些消费者可能用比特币或公司提供的其他好处而将自己的信息让别人观看。在后台，个人黑盒子平台采用的是公钥基础设施，因此只有消费者能够通过私钥访问到他们的数据。甚至连个人黑盒子自己都无法访问到客户数据。

区块链的平台可以提供相对灵活的选择和匿名证明的形式。奥斯汀·希尔把它比作互联网，他说：“一个 TCP/IP（传输控制/网络通信协定）地址并不能视为一个公共 ID（身份）。网络层本身并不了解。任何人都能加入互联网，获得 IP 地址，并且自由地在全世界范围内收发数据包。在社会中，我们已经发现了这样层次的匿名性质所带来的巨大好处……比特币的运行方式就和这个差不多。网络本身不会强制要求身份认证。这对社会和正确的网络设计来说都是好事。”[37]

因此，虽然区块链是公共的——任何人在任何时候都可以进行浏览，因为它就存在于网络上，而无须由中心机构进行交易审计、数据记录——但是用户身份是匿名的。这也就意味着，如果你想知道特定的公钥持有者是谁，你就不得不对数据进行大量三角定位。发送人可以只提供收件人需要了解的元数据。而且，任何人都可以拥有多个公钥/密钥集，就像他们可以拥有多个设备和网络接入点以及各种不同化名的电子邮箱地址一样。

也就是说，类似时代华纳这种负责分配 IP 地址的互联网服务提供商，确实会保留身份与账户的关联记录。同样的，如果你从比特币交易所 Coinbase 这类授权在线交易所中获得比特币钱包，那么这个交易所就必须按照客户识别和反洗钱要求进行严格评估。举个例子，这是 Coinbase 的隐私政策："我们会收集你们电脑、手机或其他设备传来的信息。这些信息必须包括你的 IP 地址、设备信息（包含但不局限于标识符）、设备名称及型号、操作系统、位置、移动网络信息以及标准网络日志信息（比如浏览器种类、进出我们站点的渠道和访问我们网站的页面）。"[38]所以，政府能够传讯互联网服务提供商，并交换这类用户信息，但是他们无法对区块链进行传讯。

还有一点很重要——只要所有利益相关者同意，我们就可以让任意交易、应用程序或者业务模式做到更透明。我们会在各种情况下，见识到完全透明化后所展现出的新性能。公司对消费者、投资者，或者生意伙伴说真话，其实就是在建立信任。[39]而这就是个人隐私的体现，是组织、机构和公职官员工作透明的体现。

对区块链经济的影响：当然，区块链阻止了"监控社会"的蜂拥出现。现在，我们来思考一下每个人所面临的企业大数据问题。如果企业拥有你全部信息将意味着什么？我们进入全球互联网时代已经 20 多年了，现在企业能够了解到我们个人生活最隐秘的细节——而这还只是刚刚开始，很快我们的个人健康和健身数据、日常来往、家居生活等所有你想得到的事，都将被人窥探到。很多人还没有意识到自己每天在网上签订"浮士德契约"。消费者通过简单地使用网页，就授权了这些网页的所有者将数字的零散信息汇聚成详细的路线图，从而让它们可以用于商业用途。

除非我们转变到新的范式，否则这不是科幻小说，我们无法预见未来是否会有数亿个体的数亿个替身在数据中心谈笑风生。通过区块链技术，你可以拥有你的个人身份，就像你在《第二人生》虚拟世界里一样。那个虚拟的你会保护你的个人信息，只有在社会或经济交往中得到你同意的前提下才会透露部分所需信息，并确保只要你的数据给别人带去了价值就能收到一定的补偿。这是从大数据到私人数据的转变，可以将这称为“小数据”。

权利保护

原则：所有权公开透明且可执行。个人自由是可以被承认和尊重的。我们坚持这一不证自明的真理——所有人具有与生俱来不可剥夺的权利，这些权利应该也能够受到保护。

有待解决的问题：第一代数字经济主要致力于寻找方法来更有效地行使这些权利。互联网成了新形式的艺术、新闻和娱乐的媒介，供人们进行诗歌、歌曲、故事、照片、音频、视频等版权的创造。我们也能够把现实领域所采用的统一商法典应用到网络上，让其执行在现实世界已经有的功能，目标是消除针对某一物品的交涉及合约创建步骤，不管这个物品价格有多低（比如一支牙膏）。可是即便如此，我们也不得不依靠一个中介来管理交易，而这些中介有权否认交易，推迟交易，并且把这笔钱存在自己账户上（银行人员把这笔款项叫作“浮款”），或先执行交易但一段时间后就回撤交易。他们预料到了作弊者所占的比例，并接受了一定数量的作弊者的存在确实是无法避免的现状。

效率确实大幅提升了，可合法权益却遭到了侵害，这不仅包括隐私权和安全权，还包括名誉权以及平等参与权。人们可以匿名地对我们进行审查、污蔑与妨碍，而他们自己却只要承担很小一部分风险与损失。电影制作者主要依靠企业联合赞助、视频平台点播、后期 DVD 销售以及有线电视播放权等来赚取收入。但是他们发现，几十年前发行的影片收入变得越来越少。因为粉丝把电影的电子档都上传到了网上，这样大家就能免费下载。

突破性进展：铸币所需的工作量证明还要求交易附上时间戳，这样一来，就只有第一个使用代币的人能够进行清算与结算。这意味着区块链——同公钥基础设施相结合——不仅能防止二次使用，还能够证实流通中每一货币的所有权，而且每一笔交易都不可改变、不可撤回。换言之，在区块链中，我们不能用不是我们的东西进行交易，无论是不动产、知识产权，还是人格权利。此外，如果未经授权，我们也不能以机构代理角色，代表他人进行交易，包括律师或公司经理等。

“个人黑盒子”公司的哈洛克·库林说：“人类社会交流几千年来，每次我们剥夺人们的参与权，他们都能回来并破坏这个系统。我们认为，即使是在数字世界，盗窃他们的自主同意权也是不可持续的。”[40]区块链作为涵盖一切的账本，通过存在证明这样的工具能够充当一个公共登记中心，这就是一个站点，用来在区块链创造并注册契约、产权、收据、许可等对象的加密摘要。“存在证明”不会保存任何源文件副本，文件的哈希值是在用户机器上进行运算，而不是在“存在证明”站点内，因此确保了内容的机密性。即使一个中心化的权力机构关闭了“存在证明”，这些证明还在区块链上。[41]这样，区块链提供了证明所有权及在无须审查的情况下保留记录的方法。

在互联网上，我们不能真的执行合约权利或者对其实施进行监督。所以，针对涉及多项权利并有多方参与的复杂交易，就由智能合约——包含特殊目的的一组代码——来执行区块链上复杂的指令。“软件与法律描述的十字路口是基础，而智能合约就是踏上这条道路的第一步，”自我感知系统（Self-Aware Systems）的智囊团主席史蒂夫·奥莫亨德罗说，“当如何将法律代码数字化的原则变得更容易理解后，那么我认为各个国家都将开始这一工作……每个辖区都能明确地实现法律代码化、数字化，而且法律间会有翻译程序……去除所有法律摩擦问题将会是一个巨大的经济效益。”[42]

智能合约会通过某种途径为另一方提供使用权，就像作曲家把完成了的音乐作品发给唱片公司一样。合约代码会包含期限、版税以及终止合约的相关条款。发行公司要在规定期限内将版税转到作曲家的比特币账户中。例如，如果作曲家的账户连续30天收到的款项都小于四分之一个比特币，那么所有权利就会自动转移回作曲人手里，发行方则无法再获得作曲家登记在区块链上的作品。这一智能合约的执行，需要作曲家和发行方（以及或许是发行公司的财务和法律团队代表）用它们手中的私钥进行签署。

此外，智能合约还能为资产所有者提供一个渠道，从而在区块链上集合资源、成立公司，其间公司条款都会被编为合约代码，清楚地记录并执行所有者的权利。相关机构的聘用合约会规定管理人的决定权，即通过编码来规定在没有所有权许可的前提下，他们能利用公司资源做什么以及不能做什么。

对于保障合约合规性这一点来说（包括社会契约），智能合约提供了一种史无前例的方法。“如果你能通过一种特殊的控制结构来进行一场大型交易，那么你在任何时期都可以预测出其结果，”安德烈亚斯·安东诺普洛斯说，“如果我有一笔交易完全通过了验证，并且这笔交易的多方签名账户中涵盖了多个签名，那么我就可以预测这笔交易是否能通过网络验证。如果通过了，那么这一交易的金额就可以被领取且不可回撤。所有中心化权力机构或第三方都不可以撤销这一交易，也没有人能绕过网络共识。这在法律和金融领域都是一个新概念。比特币系统为一个合约的执行结果提供了很高程度的确定性。”[43]

这个合约无法被扣押、中止或者重新转到不同的比特币地址。无论发送地址是哪里，无论采用何种媒介，你只需要把签署过的交易传输到任何比特币网络节点中就可以了。安德烈亚斯·安东诺普洛斯说：“就算人们关掉互联网，我仍旧可以通过短波无线电以摩斯代码的形式传输交易。政府机关可能会审查我的通信记录，但我可以在 Skype 上用一系列表情符号传输交易。只要另一端的人能够解码交易，并记录到区块链上，那我就能让‘智能合约’生效。也就是说，我们把一些法律意义上很难担保的东西，转变成了可以进行验证并且具有数学确定性的东西。”[44]

在考虑实物产权以及知识产权时，BitPay 执行总裁斯蒂芬·佩尔表示：“所有权只是政府或某一机构颁发的一种认证，即承认你确实拥有某物，而且他们会捍卫你的所有权。它就是由任意权威机构签署的一纸合约，用来保障你的权利的。机构会根据你的身份进行签署，而你拿到合约后，所有权就被记录在册，之后你有权将其转交给其他人了。这个过程简单明了。”[45]根据诺贝尔经济学奖得主埃莉诺·奥斯特罗姆的金字塔形权利关系（按强弱顺序排列）来看，共享资源社区也可以考虑采用这种权利分布。在最底层，是授权用户，他们可能只能访问并提取资源；然后是申请人，他们也有这些权利，但他们还能排除他人访问这些权利；经营者除了上述两个权利，还具有管理权；而所有者享有的权利则更多，能够访问、使用、排除他人、管理和出售这些资源（如转让权）。[46]

下面再来考虑隐私权和宣传权，个人黑盒子公司的哈洛克·库林说：“我们的模型就是针对市场权利的。”他们公司采用区块链技术来代表并执行个人权利，从而再从他们个人数据中提取价值。“区块链给我们带来了一大群人，他们因任务和技术聚集到一起，创造各种途径，让企业利用到这些独特的数据库，而不是保护它们的数据孤岛。”[47]简单地说，人们自己创造的数据，比那些公司追踪到的数据还要好，而且在感情色彩上，比起公司，消费者更容易与品牌站一起并影响他们身边的人。

对区块链经济的影响：作为一种经济设计原则，权利的执行始于对这一权利的阐明。在经营管理学领域，全体共治是一个非常有趣（也具有争议性）的行动方案——组织成员会先规定需要完成的工作，再分配权利及职责，然后分头行动，各司其职。[48]那么公司里谁来决定并安排这一系列活动呢？这个问题的答案会编写到智能合约中，然后存放在区块链上，这样整个目标决定、执行过程、奖励机制就能够在达成共识的同时，实现完全透明化。

当然，这不仅仅是技术问题。它远远超出实体资产、知识产权或个人黑盒子公司为卡戴珊家族将形象权的模块添加到其隐私保护工具的范畴。我们需要增强对权利的了解，需要形成对权利管理系统的最新认识。一些初创公司正在努力开发一套权利仪表板（一览表），从而反映人们的公民参与度，其中一个度量指标是投票，而其他的指标还有投入技能、声誉、时间以及比特币，或者提供实体产权、知识产权的免费访问权等。让我们拭目以待吧。

包容性

原则：经济发展的最佳状态就是它能兼顾到所有人。也就是说，要降低对参与者设定的门槛，要为资本主义分布式发展创建平台，而不仅仅是重新分配式的资本主义。

有待解决的问题：第一代互联网为人类创造了诸多奇迹。但正如我们发现的，其实世界绝大多数人仍无法使用一些技术，也无法访问金融系统及享受到经济机会。还有，那种声称要让这一新型通信媒介惠及所有人的承诺也只是空头支票。没错，它确实帮助发达国家的公司在新兴经济体创建了数百万个就业岗位，也确实为企业家创业降低了门槛，而且还为弱势群体提供了机遇与基本信息。

但这些还远远不够。如今还有20亿人[49]没有开设银行账户，在发达国家，由于社会不平等现象持续出现，繁荣程度也在下降。在发展中国家，手机常常是人们唯一买得起的通信工具。大多数金融机构都有移动支付程序，这种程序将摄像头和二维码结合在一起。但是，支撑这些中介所涉及的费用使小额付款变得不切实际。最低账户余额、最低支付金额或者使用这一系统的交易手续费等，对处于金字塔底端的消费者来说依旧负担不起。其基础设施成本使得小额付款以及小额账户的设想就此幻灭。

突破性进展：中本聪设计的系统在互联网堆栈顶层运行，但是如果有需要的话，它也可以脱离互联网运行。中本聪设想的是，某个人会通过他所谓的“简化的支付验证”（SPV）模式同区块链进行交互——在手机上也能运行该模式来调动区块链。现在任何人拿着翻盖手机，就可以以生产者或消费者的身份参与到经济或市场中。区块链技术的使用不需要提供银行账户、公民证明、出生证、家庭住址、稳定的当地货币之类的信息。区块链技术将大幅降低汇款等资金传输的成本，并降低银行开户、信用获取以及投资的门槛。而且，区块链还会支持人们创业并参与到全球贸易中。

这是中本聪的部分设想。他知道发展中国家人民的状况还要糟糕。某些出现问题的国家，需要资金来维系运作，于是就简单地印刷更多货币，然后从生产成本和货币面值中赚取差价——也就是硬币铸造税。货币供应量增加其价值就降低。如果当地经济真的崩溃了——就像阿根廷和乌拉圭，以及最近的塞浦路斯还有希腊——这些机构可能就会冻结那些无法提供“贿赂”的人的银行资产。考虑到这种可能性，有钱人会把资产存放到更值得信任的地区，或兑换成更加稳定的货币。

而穷人就没法这样，他们拥有的任何资产都会变得毫无价值。官员可以大肆从外国援助中攫取利益，用繁文缛节封锁本国边界，阻止任何希望帮助他们的人民的尝试。这些人民中，有需要食物和药品的妇女儿童，有饱受战争摧残的难民，也有忍受常年干旱或其他自然灾害的灾民。

澳大利亚小额支付服务商mHITs（Mobile Handset Initiated Transactions的简称，即移动终端发起的交易）发行了一项新服务BitMoby——它可以让100多个国家的消费者，通过短信给 mHITs 发送一定量的比特币，从而完成手机充值。[50]比特币核心开发者加文·安德烈森说：“你不会看到每一笔交易，你只会看到你所关心的交易。你也不用花钱去相信别人，你只要相信他们会通过网络传递给你想要的信息就可以了。”[51]

奥斯汀·希尔认为：“在新兴世界，财产记录是与贫困相关的一个大问题，挖掘区块链在财产记录方面的潜能非常重要。现在没有一个可靠的实体来管理土地所有权。如果能让人们由衷地说出他们拥有哪片土地，并让他们用这片地做抵押，从而改善全家的生活状况，这将会是一个非常棒的用例。”[52]

从技术层面考虑，加文·安德烈森参考了互联网带宽的尼尔森定律，即高端用户带宽每年会增加 50%，而普通群众带宽则会滞后两到三年。带宽落后于电脑处理能力，后者每年能增加 60% 左右（根据摩尔定律）。因此根据尼尔森所言，带宽是主要控制因素。[53]大多数设计——包括界面、网站、数字产品、服务、组织等等——都需要适应大众所需的技术，从而发挥网络效应。因此，包容性就意味着技术覆盖要全面，不仅要惠及处于科学前沿的高端用户，还要惠及世界边远地区穷困人民，考虑到他们科技发展较慢及偶尔还会出现断电等情况。

对区块链经济的影响：在本书后半部分，我们会回答与繁荣相悖的问题——第一代互联网为西方国家带去了繁荣，但是大多数人的生活却并没有提高，这说明互联网还存在很多问题。繁荣的基础是包容，而区块链能够帮助其实现。我们需要明白，包容包含了方方面面，它意味着社会霸权、经济霸权、种族霸权的终结，也意味着健康歧视、性别歧视、性别鉴定的终结。一个人居住的地方、他是否在监狱中过了一晚及一个人如何投票，这些事情都可能给一个人带来访问某些资源的障碍，它也意味着要消除这些障碍，并移除那些无形的障碍及无数的变量。

设计未来

和安·卡沃基安的对话激励了我们，我们要继续完成德国“绝不重蹈覆辙”的抱负。还记得德国联邦总统约阿希姆·高克在希特勒政权的受难者纪念日当天的发言，他说："我们的道德义务不能单单靠纪念来完成。我们要永远记住纪念日给我们下达的任务。这个任务要求我们保护人类，维护人权。"[54]他的话是在暗指德国人民在宣誓"绝不重蹈覆辙"后，叙利亚、伊朗、达尔富尔、斯雷布雷尼察、卢旺达和柬埔寨地区发生的种族屠杀？

我们相信区块链技术是保护人类，维护每一个人的权利的重要手段，也是沟通真理、传播繁荣的重要手段。它也是拒绝社会中那些可能会以无法想象的方式生长的阴暗面的手段（就像这个网络拒绝虚假的交易一样）。

这的确是非常大胆的言辞，不过至于是非对错，还得读者自行审视。

从更狭隘且更实际的角度来看，这七大原则能够成为设计下一代的高效能及有创新精神的公司、组织及机构的指南。如果我们的设计能够融入诚信、力量、价值、隐私、安全、权利保护以及包容性等元素，那么我们的经济和社会机构就能重建信任。下面，我们就来看看这些问题该如何深入，对你而言又该做些什么。

Blockchain Revolution

第二篇　转　型

第三章　重塑金融服务形象：从赚钱机器变成致富平台

全球金融系统每天要转移数万亿美元，为数百万人服务，并为总值超过 100 万亿美元的全球经济提供支持。[1]这是全球最具影响力的行业，是全球资本主义的根基，其领导者被称为“宇宙的主宰者”。然而，在近距离了解这一行业后，你就会发现它是一个由不平衡的发展及匪夷所思的矛盾所构成的复杂机器。首先，这个巨型的机器已经很久没有进行过更新了，新出现的技术一直被匆匆忙忙地添加到日渐老化的基础设施中。你可以想象一下这样的场景，就是银行一边提供网上银行服务，一边继续提供纸质支票，然后还运行着 20 世纪 70 年代发明的大型计算机。如果有消费者要刷信用卡购买星巴克大杯拿铁咖啡，那么这笔钱至少要经过 5 家不同的中介才能最终汇到星巴克的银行账户。交易清算只要几秒时间，但是之后的结算要好几天才能完成。

像苹果和通用电气这样的大型跨国公司，就不得不在世界各地维护所在地的本地货币银行账户，从而推动业务运营。[2]这些公司需要在其位于不同国家的分支机构间转移资金时，一家分支机构的经理会从该公司的银行账户电汇到另一家分支机构的账户。这些转账过程过于复杂，而且要花很多天甚至是几周来结算。在结算期间，两家子公司都无法动用这笔钱来维持运营或进行投资，而中介机构则可从这笔流动资金中赚取利息。花旗银行前首席执行官维克拉姆·潘迪特说：“技术的出现实质上是将纸面的运作过程转换成半自动化的、半电子化的过程，但是整个逻辑还是以纸质文件为基础的。”[3]

其他怪异的矛盾点无处不在：交易者在世界各证券交易所进行证券买卖只需几纳秒时间，他们的交易清算能够立即完成，但是结算却需要整整三天时间。政府发行市政债券的时候至少要使用十类不同代理——包括顾问、律师、保险公司、银行家还有其他相关人员。[4]洛杉矶的一个临时工在某货币市场花5%的费用换到了现金工资，之后攥着这些钱走到便利店，并将钱电汇给远在危地马拉的家人，而这个过程又要涉及固定的费用、汇率及其他隐藏的成本。而家庭成员分完这些钱后会发现，每人分到手的钱根本不够资格在银行开户或办信用卡，他们就是那些每天生活费不到两美元的22亿人口之一。[5]他们要支付的金额太小，对如借记卡和信用卡这样的传统支付手段来说也是非常小的，而这些支付系统中涉及的最低费用也使得所谓的微支付不可能完成。根据近期哈佛商学院一项研究显示，银行根本不把为这类人提供服务看成是一个有利可图的事情。[6]所以，无论是从规模还是覆盖范围来看，这个金钱的机器并不能实现真正的全球化。

由于许多大型财政机构的不透明以及监管责任的划分，使货币政策制定者和金融市场监管者缺乏对所有实情的了解。2008年全球金融危机就是一个例子。过度杠杆政策、缺乏透明性，还有扭曲的奖励机制所带来的自我满足感蒙蔽了众人的双眼，而当他们意识到问题的时候，一切都晚了。赫尔南多·德·索托沉思道："如果你没有相关的数字和地点，你如何能让从警察体系到货币系统在内的任何事情良好地运行？"[7]而监管部门还在使用为工业时代而设的规章制度来管理这台机器。在纽约州，其货币转移相关法律可以追溯到美国内战时期，当时的钱财主要通过马匹和马车来运输。

这是一种"转基因"金融，它充满了荒谬的矛盾、不协调的环节、不稳定及高危因素。比如，明明全世界有超过一半的人拥有智能手机，为什么西联汇款还要在全球设定50万个代理点？[8]埃里克·沃里斯是早期比特币先锋，他常犀利地批评银行系统，他说："运一个铁砧到中国都要比用银行系统转账到中国快，这真是疯了！钱已经数字化了，你用电汇转账的时候，就不该慢得像在运个盛满钱的菜盘子！"[9]

那么，为什么效率会这么低呢？发明了"生产率悖论"这一术语的经济学家保罗·戴维认为，在现有基础设施中嵌入新技术这种现象，"在过去技术范式转变的历史过程中也常常出现”。[10]比如，制造商花了40年时间才从蒸汽动力转变过来，接受了商业电气化，而在他们最终完全采用电气系统前，蒸汽和电气系统常常同时开工。但是在金融系统中，问题就复杂了，因为目前两个技术间还没有出现彻底过渡——现在还有大量遗留技术，有些已经有上百年历史，但是到现在都没有完全尽其所能。

这是为什么呢？其中部分原因为金融是一种垄断性行业。诺贝尔经济学奖得主约瑟夫·斯蒂格利茨曾在一篇评论金融危机的文章中提到："银行想尽一切办法要提高交易费用。"他认为，就算是零售层面，基本商品和服务的支付"只应该收取1美分的一小部分费用"。"但是你看看他们收了多少？他们要收取成交价的1%－3%甚至更多。有了监管部门和社会的许可，再仗着本身的资本和绝对的规模优势，不同国家的银行都用尽一切办法抽取金融活动中的价值，尤其是在美国，银行业已经赚取了数十亿美元利润。"[11]从历史角度看，大型的中心化中介机构遇到了无数的机遇。除了传统银行（如美国银行），还有信用卡公司（如Visa）、证券交易所（如纽交所）、票据交换所（如芝加哥商业交易所）、电汇/汇款服务商（如西联汇款）、保险公司（如劳埃德保险公司）、证券律师事务所（如美国世达）、中央银行（如美联储）、资产管理公司（如美国黑石集团）、会计师事务所（如德勤）、咨询公司（如埃森哲咨询公司）和大宗商品交易商（如维多石油集团）之类都借势而起，壮大了中介机构的队伍。金融系统的齿轮（指强大的中介机构，他们既有资本又有影响力，通常会实施垄断经济）虽然维持着系统的运作，但是也减缓了其速率，增加了其成本，为自己谋取了大量好处。由于其所拥有的垄断地位，现有机构缺乏动力改善产品、提高效率、优化消费者体验或者去迎合下一代需求的动力。

全球第二古老行业的新面貌

"转基因"金融时代的日子快到头了，因为区块链技术承诺会给未来十年带去翻天覆地的变化，并为那些有能力抓住这个机会的人提供广阔的空间。今天的全球金融产业充满了各种问题：它是过时落后的，是基于数十年前的技术搭建的，这些技术与我们快速进化的数字世界格格不入，使得其运作经常很缓慢和不可靠；它是不包容的，让数十亿的人无法使用基本的金融服务；它是中心化的，让其有数据泄露、其他攻击或完全失败的风险；它是垄断性的，维护现状并扼杀创新。随着创新家和企业家在这个强大的平台上寻求创造价值的新方法，区块链技术承诺解决这些及更多的问题。

下面列出了六个原因，来解释为什么说区块链技术将深刻地变革金融界，打破金融垄断局面，为个体和机构提供真正的选择权，选择他们创造及管理价值的办法。这一点，全世界的业界参与者都应该重视起来。

鉴证

在金融服务领域，信任协议有着双重含义。互不了解、互不信任的双方，能够达成买卖，这种情况有史以来第一次出现。验证身份、建立信任再也不是金融中介的特权。如果有需要的话，区块链也可以帮助建立信任——根据交易记录、声誉得分（基于总评价得出）以及其他社会经济因素，来验证任意对手方的身份及实力。

成本

在区块链上，网络能够同时兼顾点对点价值转移的清算与结算，并且它会持续工作，所以能够保证账本及时更新。首先，根据西班牙桑坦德银行的数据，如果银行利用这样的技术，预计在不改变基础运营模式的情况下可以减少 200 亿美元的后台成本。不过实际的数字肯定是更高的。[12]成本锐减后，银行就能为服务匮乏地区的个体和企业提供更多获取金融服务、市场及资本的机会。任何人在任何地方，打开智能手机，连上互联网，就能进入到全球金融系统的主干道中。

速度

如今，汇款需要 3 ~ 7 天的结算时间，股票交易需要 2 ~ 3 天的结算时间，而银行贷款交易的结算平均要 23 天。[13]SWIFT 网络每天要处理全球上万家金融机构近 1500 万笔支付订单，然后要花好几天去进行清算和结算。[14]每年在美国处理数万亿美元的自动清算所（ACH）系统也面临同样的情况。不过，比特币网络平均只要 10 分钟时间就能完成该段时间内所发生交易的清算与结算。而其他的一些区块链网络速度还可以做得更快，诸如比特币闪电网络（Bitcoin Lightning Network）这样的新型创新尝试致力于提高比特币区块链的性能，同时将结算和清算的时间降低到 1 秒之内。[15]旧金山支付公司瑞波实验室首席执行官克里斯·拉森表示："在往来银行业务中，发送者在一个网络，接受者在另一个网络，这期间不得不经过多个账本、多个中介、多个跳跃点，中间的环节真有可能出问题。各种资本需求的规定就是为了应对这个情况。"[16]确实，改用即时且无摩擦的价值转移方式，可以释放原来在传输过程中被锁定的资金，不过这一点对那些靠流动资金活力的机构来说就是坏消息了。

风险管理

区块链技术能够降低好几种形式的金融风险。第一种是结算风险，这种风险会让你的交易因为结算过程中出现的一点小故障而被退回。第二种是交易对手方风险，这种风险是指你的对手方在交易结算前违约。最严重的一种风险就是系统风险，它是整个系统中所有未解决的交易对手方风险的总和。维克拉姆·潘迪特把这种风险叫 Herstatt 风险（取名于一个无法偿还其债务然后因此倒闭的德国银行），他说："金融危机中的其中一个风险是，当我与某人进行交易时，我如何知道在另一端他们真的会进行结算？"据维克拉姆·潘迪特表示，区块链上的即时结算能够完全排除这种风险。会计人员任何时候都能及时查看到公司内部运营情况，查看哪些交易正在进行以及网络如何进行记录。交易的不可撤销以及财务报告的即时审核可以消除部分"机构风险"——这种风险是指繁复的书面记录及过久的拖延能让肆无忌惮的管理人员趁机掩盖一些不道德行为。

价值创新

比特币区块链的设计目标是用于比特币的转移而非其他金融资产的处理。但是，这项技术采用开源形式，并且欢迎人们进行各种实验。有的创新家正在开发独立的区块链，将它命名为"竞争币"，用来创建除了比特币支付之外其他用途。而有的人想要利用比特币区块链的规模和流动性，在侧链上创造“派生”币，这种币可以标上“颜色”来代表任何资产或者债务、（实体或数字的）公司股票或债券、汽油、金条、汽车、汽车付款、应收或应付账款，当然还有货币。侧链是与比特币有着不同特性和功能的区块链，它利用了比特币现成的网络和硬件基础设施，而在安全特性上不会受到影响。侧链通过双向锚定机制与区块链进行相互操作，双向锚定机制是一种在无须涉及第三方交易所的情况下，将资产在区块链内、外进行转移的密码学技术。也有人仍旧在尝试去除货币或代币的元素，在私有区块链上搭建交易平台。金融机构已经开始用区块链技术，进行资产、债务的记录、交换及交易了，最终可能会用这一技术取代传统交易所和中心化的市场，颠覆我们现在对价值的定义和交换方式。

开源

金融服务领域是由遗留系统所构成的技术堆栈，这样的堆栈的高度几乎有20公里那么高（比喻），现在已经摇摇欲坠了。在这个体系中，改变是一件非常困难的事情，因为每一次改进都必须向后实现兼容性。而区块链作为开源技术，在网络共识的基础上，它能够不断进行革新、反复迭代、完善自身。

这些优点——可鉴证性、减少成本、加快速度、降低风险、创新价值、适应性强——不仅有潜力去转变支付方式，而且也能改变证券行业、投资银行业、会计与审计、风险资本、固定收入以及信用评级机构。

八个核心功能：金融服务领域将如何实现变革

下面是我们认为能够进行突破的八个核心功能，这些在表3－1中也被归纳出来了。

价值验证

如今我们一般依靠强大的中介机构在金融交易中建立信任并验证身份。要获得银行账户和贷款这种基本金融服务，最终还得靠这些中介的仲裁。区块链可以减少甚至彻底取消某些交易中对这些机构的信任依赖。这项技术也将让节点创建出可供认证、稳健且有着密码学确保安全的身份，并且在需要信任的时候建立信任。

价值转移

每天金融机构都要在全世界范围内转移金钱，并且确保不会出现双重支付的情形：大到数十亿美元的公司间资金转移、资产购置或公司收购，小到 iTunes 上购买的 99 美分的歌曲。区块链可以成为任何形式的价值转移的通用标准，范围包括货币、股票、债券及产权等，也可以用大批量、小批量、近距离及远距离、已知及未知的对手方等形式进行交易。因此，区块链对价值转移的意义就像标准化货柜对商品运输的意义一样：这可以极大地减少成本、提高速度、降低摩擦及促进经济增长和繁荣。

价值存储

金融机构是机构、政府和老百姓存放价值的仓库。对普通人来说，会把价值储存在银行保险箱、定期或活期储蓄账户。对大型机构来说，它们需要现成的流动性，并确保它们的现金等价物能够得到一定的小额回报，也就是所谓的“无风险投资”，比如货币市场资金或国库券。个人不用再把银行作为存放价值的首选或者将其作为定期、活期账户的提供方。而机构则会有一个更加有效的机制来购入并持有无风险的金融资产。

价值贷款

从住房抵押贷款到国库券，可以说金融机构推动了信用工具的发行，比如信用卡、抵押贷款、公司债券、市政债券、政府债券以及资产担保证券。这些贷款业务带动了大量辅助产业的崛起，比如信用检查、信用评分以及信用评级。对个人来说，是信用评分；对机构来说，是信用评级——从垃圾级别到投资级别。在区块链上，任何人都能直接进行传统债务证书的发行、交易及结算，这样可以减少摩擦、降低风险、提高速度及增加透明度。消费者也能从同行那里获得贷款。

这对世界各地的无银行账户人口及企业家来说尤其重要。

价值交换

金钱维持着世界的运转，每天市场要完成全球数万亿美元的金融资产交换。交易是为投资、套保及套利等目的而进行的资产和金融工具的买卖行为，其范围包括清算、结算、贮存等交易后处理等环节。区块链能够节省所有交易的结算时间，从几天、几周的周期，缩短到几分、几秒。这种速度和效率为无银行账户人员和未能得到充分金融服务的人员提供参与到财富创造中的机会。

融资与投资

对资产、公司或新企业的投资，为个人带来了获取回报的机会，这些回报会以资本升值、分红、利息、租金或一些组合形式出现。有产业就有市场：在每一个发展阶段，这都能将投资者同企业所有人还有创业人员匹配起来——从天使投资人到上市公司等。筹资一般需要中间人的参与——比如投资银行家、风投资本家、律师之类。区块链能够实现新形式的点对点融资，并能够提高红利与息票的记录与支付效率，使这些环节更透明、更安全。

价值保险及风险管理

风险管理（保险是其中的一个子集）的目标是保护个体和公司免遭不确定的损失或灾难。更广泛地讲，金融市场的风险管理还推动了一系列衍生产品和其他金融工具的出现，以对冲一些无法预测或无法控制的情况所带来的风险。根据最新计算，所有未偿付的场外交易衍生品的名义总价达600万亿美元。区块链支持去中心化保险模式，使衍生品在风险管理中的使用更加透明。使用基于个人的社会与经济资本、行为及其他因素为基础的名誉系统，能够使保险公司算出更明确的精算风险，从而在充分了解的前提下做出决定。

价值核算

会计核算是对经济实体金融信息的测量、处理与沟通。这个价值数十亿美元的产业由四大会计事务所掌控着，它们分别是德勤、普华永道、安永以及毕马威。传统会计实践将无法适应现代金融的复杂程度及操作速率。采用区块链分布式账本技术的核算方式，将使审计与财务申报更及时，而且还能增强其透明度。此外，它还将完善审查功能，从而大大增进监管部门审查公司内部财务行为的能力。

表 3－1　八个核心功能：金融服务领域将如何实现变革

功能	区块链影响	利益相关人
1. 价值验证	可供验证的稳健身份、通过加密保证安全	评级机构、消费者数据分析市场
2. 价值转移——进行资产支付与购买	大小金额的价值转移都不需要通过中介，这样可以大大减少成本，提高支付速度	零售银行业、批发银行业、支付卡网络、转账服务、远程通信、监管部门
3. 价值存储——货币、商品、金融资产都能储存价值。保险箱、定期或活期储蓄账户。货币市场资金或财务票据	支付机制同可依赖的安全存储平台，减少对传统金融服务的需求，定期及活期储蓄账户会变成过去式	零售银行业、支付平台、经纪人、投资银行业、资产管理、远程通信、监管部门
4. 价值贷款——信用卡、抵押贷款、公司债券、市政债券、政府债券、资产支持证券以及其他信用形式	债务可以在区块链上发行、交易与结算，以提高效率，减少摩擦，改善系统风险。消费者可以利用声誉从别人那里获得贷款，这对全世界没有银行账户的人以及创业者来说都非常重要	批发、商业及零售银行，公共财政（即政府财务），小额贷款，众筹，监管部门，信用评级机构，信用评分软件公司

续表

功能	区块链影响	利益相关人
5. 价值交换——投资、套保交易及套利交易。匹配顺序、清算交易、抵押品管理以及估价、结算与保管	区块链把所有交易结算时间从几天、几周，变为几分几秒。这种速度和效率还将为没有银行账户的人及未能得到充分金融服务的人，提供参与到财富创造中去的机会	投资及批发银行业，外汇交易员，对冲基金、退休基金、零售经纪人，票据交换所，股票、期权、商品交易所——商品经纪人、中央银行、监管部门
6. 对资产、企业及创业进行融资与投资——资本增值、分红、利息、租金或一些组合	点对点融资、企业行为记录的新模型，比如通过智能合约自动支付分红。所有权注册，来自动索取租金以及其他形式收益	投资银行业、风险投资、法律法规，审计、产权管理、证券交易，众筹、监管部门
7. 价值保险及风险管理——保护资产、房产、生命、健康、营业财产以及商务实践衍生品	借助声誉系统，保险公司将更好地评估保险精算风险，创建去中心化保险市场，并生成更透明的衍生品	保险、风险管理、批发银行业、股票经纪人、票据交换所、监管部门
8. 价值核算与审计——一种新的公司管理	分布式账本将实现实时审计及财务报告，加快其反馈速度，提高透明度，从而大大改善监管部门审查公司内部财务行为的能力	审计、资产管理、股东监督、监管部门

从证券交易所到区块交易所

当 Blockstream 的奥斯汀·希尔谈及金融产业对区块链技术的兴趣时，他表示："华尔街已经醒来了。"[17]比如布莱思·马斯特斯，她是华尔街最具影响力的女性之一，她开创了衍生品产品市场，并将摩根大通商品交易发展成世界巨头。经过一次短期休整后，她以首席执行官的身份加入了纽约初创公司数字资产控股公司。这一决定震惊了很多人。她认为区块链会改变她的业务领域，就像互联网改变了其他产业一样，她说："我会严肃地对待区块链技术，就像20世纪90年代人们对待互联网那样。这是件大事，它将改变金融世界运作方式。"[18]

布莱思·马斯特斯之前忽略了很多比特币在早期的故事，这些故事要么就是说比特币被贩毒分子和赌徒利用，要么就是说比特币被致力于创建世界新秩序的自由主义者称赞。这一情况在2014年底出现了变化。布莱思·马斯特斯告诉我们："有一瞬间我突然明白了什么，然后就开始觉得这一技术对世界的潜在影响或许是积极的。分布式账本技术中的加密程序很有意思，它可能会影响到支付方式，而其基层数据库技术本身则有可能带来更广泛的影响。"[19]据布莱思·马斯特斯所言，区块链或能通过"让多方使用相同的信息，而不用反复进行信息复制与对账"来提高效率，减少成本。她认为，作为一个共享的、分布式的及复制式的交易记录，区块链是"最佳数据源"。[20]

"要知道金融服务领域的基础设施，已经有几十年没有更新过了。前端已经进化过，但是后端还没有。"她说，"这一直是技术投资界的一场军备竞赛，它的目标就是加快交易执行，所以我们可以在几纳秒内就测量出竞争优势。可是讽刺的是，交易后的基础设施则完全没有进化。它还是要花好多天，有时还要花好几周来处理交易后进程，包括金融交易的实际结算与记录。"[21]

对区块链技术如此狂热的不止布莱思·马斯特斯一个人。纳斯达克首席执行官鲍勃·格雷菲尔德（Bob Greifeld）说："我一直坚信，区块链技术能够为金融服务领域的基础设施建设带来根本变化。"[22]鲍勃·格雷菲尔德正在通过一个名为纳斯达克Linq的平台将区块链分布式账本技术融入纳斯达克私人股权平台。所有证券交易所都是中心化的市场，而为其带来冲击的时机已经成熟。在2016年1月1日，纳斯达克Linq完成了其首次区块链上的交易。Blockstream的奥斯汀·希尔表示，世界上最大的资产管理机构中的一家公司已经招募了比他们公司还要多的人来投入到其区块链创新工作当中。奥斯汀·希尔的公司共筹得7500万美元并聘用了超过20人。"这些人都明确表示，他们知道如何利用这一技术来改变业务运作的模式。"[23]纽约证券交易所、高盛、西班牙桑坦德银行、德勤、加拿大皇家银行、巴克莱银行、瑞银集团以及几乎所有的全球主要金融机构都表达了类似的兴趣。在2015年，整个华尔街对区块链的观点都是积极正面的：在一项调查中，94%的回应认为，区块链技术对金融界有着重要影响。[24]

尽管还有其他应用分散了华尔街的注意力，但是对各地金融高管来说，他们的兴趣主要还是全程使用区块链技术安全地处理任何交易，这能够极大地降低成本、提高速度及效率，以及降低业务风险。马斯特斯说："一笔交易的整个生命周期包括其交易执行、双方之间多次交易的净额结算、交易双方信息及所定条款的核对等，可以在交易提交的层面就发生，这比在主流金融市场里所处的阶段要早得多。"[25]用鲍勃·格雷菲尔德的话来说就是："我们目前要花三天时间（T+3）来结算。何不把结算时间改到5~10分钟？"[26]

华尔街的交易是有风险的，而这项技术能够从物质上减少交易对手方风险以及结算风险，从而降低系统中的系统性风险。世界经济论坛上的金融创新领导人杰西·麦克沃特斯（Jesse McWaters）告诉我们："最令人激动的就是分布式账本技术的可追踪性，它能帮助我们加强系统的稳定性。"他相信，"这些新的措施，将使监管部门职能的执行更加方便"。[27]这就是区块链的公共性——透明性、可搜查性，此外，区块链技术的自动结算功能及其不可篡改的时间戳，都能够让监管者了解到事件的变化，甚至还能设置警报以防错过任何细节。

浮士德的区块链契约

银行很少能和透明度联系在一起。大多数金融市场参与者的竞争优势，来自信息的不对称以及比对手方更多的专业知识。但是，比特币区块链所创建的是一种完全透明的系统。对银行来说，这就意味着开诚布公。那么，我们该如何让银行的封闭政策与这样的一个开放平台实现协调呢？

Blockstream的奥斯汀·希尔将这称为华尔街的"浮士德契约"，即一个困难的取舍。[28]"人们也希望交易可以在几分钟内就完成清算，而不是等上三天。他们也想立刻知道这是确定完成的以及属实的，"奥斯汀·希尔说，"但相对应的是，区块链上所有交易都是公开的，这一点让华尔街一些人士感到恐慌。"而解决方案就是在所谓的"许可型"（也被称为私有链）区块链上进行机密交易。比特币区块链完全是“非许可型的”，也就是说任何人都可以访问并实现互动，而“许可型”区块链则要求用户拥有一定的权限，比如要求拥有特定的执照才能在该特定的区块链上运作。奥斯汀·希尔开发了一种技术，可以只让几个利益相关人看到交易的各个部分，同时还能确保其完整性和真实性。

在初步观察下，私有区块链及许可型区块链看上去有一些明显的优势。其中之一是它的成员可以简单地在有需要的时候改变区块链的规则。鉴于在这类模式下交易只需由成员自己进行校验，这样就无须那些耗费大量电力的矿工参与。还有，因为所有的参与方都是可以被信任的，因此不太可能发生51%攻击。由于在大多数情况下节点都是由大型金融机构提供的，因此可以信任所有节点连接的稳定性。还有，它让监管者更容易进行监管。不过，这些优势也带来了弱点。由于规则的改变更容易了，这使得其成员更容易轻视这些规则。私有区块链同时缺乏让技术能快速扩展的网络效应。刻意通过创造新规则的方式来限制特定的自由可能会抑制中立性。最后，由于没有开放的价值创新，这项技术的发展更可能出现停滞并使其容易遭受攻击。[29]这并非说私有区块链不能得以发展，但金融服务的利益相关方还是必须认真考虑这些方面的担忧。

瑞波实验室（Ripple Labs）已经吸引了银行界大量的关注，并且正在开发其他更聪明的方法来解决这些问题。其首席执行官克里斯·拉森说：“瑞波实验室的目标是做批发银行业务，我们所采用的是一种共识方法而不是工作量证明系统。”这也就说明，任何矿工及匿名节点都不能进行交易的校验。[30] Chain 公司则有一套自己的战略。区块链技术公司 Chain 从维萨、纳斯达克、花旗集团、第一资本投资集团、金融软件 Fiserv 公司以及法国 Orange 电信公司处共筹得 3000 万美元。它计划开发企业级区块链解决方案，首要目标就是金融服务领域，在这一领域它们已经同纳斯达克达成了一项协议。区块链技术公司 Chain 首席执行官亚当·鲁德温认为，“未来所有资产都将是在各种各样的区块链上运行的不记名票据”，但它不会变成华尔街习惯了的孤立世界，“因为每个人都会在相同的规格下搭建应用”。[31]或许华尔街会想夺走这一技术，但是这一技术所带来的创新价值并不是他们所能掌控或预测的。

布莱思·马斯特斯也看到了“许可型”区块链的优点。对她而言，需要拥有访问权的，只有少数交易方、销售商、其他对手方以及监管人员。这些被选中的人将会被授予访问权。布莱思·马斯特斯认为，“许可型账本能够为受监管的金融机构减少一些风险，比如和未知方进行交易或者依赖于未知服务供应商（如交易处理商），这些做法从监管角度来说是不被接受的”。[32]这种许可型区块链或“私有链”对符合那些在比特币及其相关事项上十分谨慎的传统金融机构会有吸引力。

尽管布莱思·马斯特斯是一家初创公司的首席执行官，但是她的强烈兴趣反映了这个领域内传统金融参与者的更广泛介入。这种对新技术的拥抱越来越反映出一种对科技初创公司也能对高端金融业带来冲击的担忧。对德勤的埃里克·皮斯奇尼来说，“对技术突如其来的兴趣并不是所有人都预料到会发生的”。[33]这种热情像传染病一样，正在扩散到世界上规模最大、资历最老的金融机构中。

如今有数十家金融机构在挖掘区块链技术的机遇，而巴克莱银行就是其中之一。其首席设计师兼首席数字官德里克·怀特表示，“像区块链这样的技术将会重塑我们的产业”。德里克·怀特正在建立一个开放的创新平台，从而让银行能够与产业内的建设者和思想家互动。他说：“我们非常乐意成为塑造者。不过我们也乐意与技术的塑造者及诠释者联系。”[34]巴克莱银行削减了几万个传统岗位，然后把资金加倍投入到了这一技术的研究当中，其中最令人瞩目的一项举措，就是发布了巴克莱加速器（Barclays Accelerator）。根据德里克·怀特所言，“我们的队伍中，30%的公司是区块链或比特币相关公司。区块链是世界从封闭系统转变到开放系统的最重要表现，它将为未来金融服务及其他众多产业带去巨大的影响”。[35]银行居然在讨论公开系统——我的天哪！

金融公共事业

在2015年秋天，全球九大银行——巴克莱银行、摩根大通、瑞士信贷、高盛集团、道富银行、瑞银集团、苏格兰皇家银行、西班牙对外银行以及澳洲联邦银行宣布了一项计划，决定共同研究区块链技术通用标准。之后又有21家机构加入，每隔几个月又有一批新的成员加入。[36]不过这其中还是存在一些问题，例如银行真的会做出行动吗？毕竟，加入这个组织只需要 250000 美元，不过国际银行区块联盟 R3 的成立明显标志着产业向前迈出了一大步。迈克·赫恩于 11 月加入，他所在的团队还有 IBM 银行创新项目的前执行架构师理查德·甘道·布朗，以及巴克莱银行前首席工程师詹姆斯·卡莱尔，他目前是 R3 的首席工程师。[37]

在 2015 年 12 月，Linux 基金会与一些大型及一流的公司合作伙伴发起了另一个区块链组织，被称为超级账本计划（Hyper Ledger）。这并非是 R3 的竞争对手；相反，超级账本项目将 R3 视为其创始成员，其他的创始成员还有埃森哲咨询公司、思科、CLS、德国证券交易所、数字资产控股、美国证券托管结算公司、富士通集团、IC3、IBM、英特尔、摩根大通、伦敦证券交易所集团、三菱 UFJ 金融集团、道富银行、SWIFT、VMware 和富国银行。[38]这展示出了产业对这个技术的重视程度，但也展示出它们对拥抱比特币这样的完全开放、去中心化区块链的抗拒程度。与 R3 不同的是，超级账本项目是一个让社区开发“商业区块链”的开源项目。这确实是值得赞赏的，而且也可能会运作得很好。不过要明白一点：这是一个旨在建造限制性技术（如限制网络中节点数量或要求访问权限）的开源项目。与 R3 的做法类似，设立标准是超级账本其中一个优先处理的事情。该组织的创始成员埃森哲咨询公司的戴维·特里特称，“这个任务的关键是设立可以被产业的参与者使用的标准和共享平台”。

区块链技术还引发了一系列更广泛的公开探讨，包括政府在金融服务领域的监管角色问题。“公共事业”的角色带有天然的垄断性，并由国家高度监管。但因为区块链技术或可减少风险、增加透明度并提高反应速度，有一些产业参与者认为技术本身像一个监管机构那样运作。[39]如果监管部门能够看到银行及市场网络内部的运作情况，那么我们就可以简化甚至去除一些法律法规，对吧？这其实是个很微妙的话题。从一方面看，鉴于极快的创新步伐，监管者将不得不重新考虑他们的监督角色。从另一方面看，过往历史表明政府的缺位经常会让银行做出不诚实的事情。

大型银行是否能够绕开比特币部署区块链并将分布式账本技术的一些元素挑选出来融合到现有的商业模式中，从而掌控主导权呢？有很多迹象表明银行确实朝着这个方向进发，R3 只是其中一个标志。在 2015 年 11 月 19 日，高盛集团批准了一项专利，即“利用分布式点对点加密技术来完成金融市场证券结算”，这一技术采用的是一种叫作 SETLcoin（结算币）的专有代币。[40]银行将一个原本是送给世界的开源礼物用来申请技术专利，其中的讽刺意味你和我都不应该忘记。也许这就是安德烈亚斯·安东诺普洛斯所害怕的——他曾警告称比特币会从“朋克摇滚转变为轻柔爵士”。[41]或者说，银行将要参与到很多不同类别的机构所提供的一流产品和服务的竞争当中，而这些机构的领导者对银行所代表的一切都持反面意见。

未来的金融公共设施要么变成一处四面环墙、修剪整齐的花园，由有权有势的利益相关者所组成的团体控制；要么就变成一个广阔的有机生态系统，在这一系统中，只要有阳光，人们的经济财富就会有丰收。这场辩论还在继续，不过如果我们能从第一代互联网的经验中获得什么经验，那就是开源系统要比封闭系统容易扩张。

银行应用软件：零售银行业务中谁才是赢家

“资本界的谷歌”——这就是杰里米·阿莱尔现在正在创建的，也就是“一家消费者金融公司，为消费者提供存款、寄款和收款产品，这些也是零售银行的基础公共设施”。[42]他认为对任何有上网设备的人来说，这都是一个强大、即时及免费的服务。而他的区块链公司世可国际金融（Circle）就是这一领域规模最大、资本最雄厚的企业之一。

随便你把 Circle 叫成什么，只要别说它是比特币公司。杰里米·阿莱尔说：“亚马逊不是 HTTP（超文本传输协议）公司，谷歌不是 SMTP（简单邮件传输协议）公司。Circle 也不是比特币公司。我们把比特币视为在经济和社会中使用的下一代互联网基础协议。”[43]

杰里米·阿莱尔将金融服务视为最后一个堡垒，认为这或许是技术的彻底变革所能获得的最大一个收获。“如果你观察一下零售银行业，它一般有三到四个职能。其一是提供价值储藏场所，其二是提供支付设施，此外他们还提供信贷并且提供一个能够储藏财富及产生潜在收益的场所。”[44]他的设想是：“在三到五年内，人们可以下载一款应用软件，然后通过数字化方式来储藏他们需要的任何形式的价值（美元、欧元、日元、人民币及数字货币等）。人们还能即时或近乎即时地完成支付，既能体现全球互操作性，又能确保安全，而且绝不出现隐私泄露问题。最重要的一点，它将会是免费的。”[45]就像互联网改变了信息服务，区块链也将改变金融服务并带来无法想象的各种新能力。

据杰里米·阿莱尔所言，区块链技术的好处包括即时结算、全球可操作性、高安全性以及几乎是免费的交易，无论是个人还是企业都能从中获益。他的计划是让这些服务都能免费提供？世界的银行家们将这称为异端邪说。当然，高盛和中国风投机构 IDG 投资 5000 万美元可不是为了打造一个非营利或公益公司![46]“如果我们成功建起一家全球特许经营企业，享有几千万用户，这样我们就处于用户交易行为的中心位置，就像是坐在一些很有价值的资产上了。”杰里米·阿莱尔希望 Circle 能拥有“提供其他金融产品的底层能力”。尽管他没有具体提及，但是对其公司而言，数百万客户的金融数据会比他们的金融资产还要值钱。“我们想重新塑造顾客体验及其与金钱之间的关系，并在他们的钱如何被使用及如何能获得资金回报等问题上给予他们选择权。”[47]旧范式的领导者们，你们要注意了。

类似 Circle 这样的公司并不会受遗留问题及文化的影响，他们全新的策略可以是一个巨大优势。以前许多伟大的创新者都是完完全全的局外人，比如 Netflix 不是 Blockbuster（DVD 租赁公司）发明的，iTunes 不是 Tower Records（唱片公司）开发的，亚马逊也不是 Barnes & Noble（书店）创建的，你应该明白这个道理了。

Bitpay 首席执行官斯蒂芬·佩尔是业界的先行者，他认为新加入的参与者具有一个特有优势。他说：“在区块链上发行股票、债券以及货币这样的可兑换资产，构建必要的基础架构以扩大其规模，并且实现其商业化——这并不需要你有银行从业者的经历。对你而言，你不需要任何传统的基础设施或者机构来创建出如今的华尔街……你不但可以在区块链上发行这些资产，而且还能创建一套能瞬时完成基本交易的系统。在这一交易中，我可能拥有苹果公司的股票，想从你那里买些东西，然后你想要美元。通过这个平台，我可以提交一个单一的原子化交易（要么交易项目全部完成，要么就全部都不执行），然后使用我的苹果股票给你发送美元。”[48]

真的有那么简单吗？重建金融服务是一场硬仗，但是和万维网前期的电子商务战役还是有区别的。对杰里米·阿莱尔来说，他这样的公司要想扩大规模，就必须加速人类史上最大的一次价值转移，将数万亿美元从数百家传统银行账户转移到数百万 Circle 钱包中。这一点并不容易。虽然银行对区块链技术充满热情，但是它们也已经厌倦了这些公司，认为区块链企业就是“高风险”商户。也许，它们这种不情愿是来自对加快自身灭亡的恐惧。在新旧世界的更替中，中介机构如雨后春笋般崛地而起。加拿大比特币服务公司 Vogogo 已经同 Coinbase、Kraken、Bitpay、Bitstamp 及其他公司合作开设银行账户，在符合合规性需求的同时让消费者通过传统支付方式把钱转移到比特币钱包。[49]好吧，这有点讽刺意味。虽然亚马逊轻松超越了现有零售企业，但新范式的领导者也不得不处理好与旧范式的领导者的关系。

或许我们需要一位有着硅谷那样乐于实验精神的银行家，而苏雷什·拉马穆尔蒂正符合这个特征。这位出生于印度的 Google 前高管及软件工程师在收购堪萨斯州的 Wier 地区（人口只有 650 人）的 CBW 银行时，让很多人都感到惊讶。对他来说，这家小型地区银行就是一个实验室，用于测试区块链协议及基于比特币的汇款通道在跨境汇款中的作用。他认为，如果潜在的区块链企业家并不了解金融服务的微妙差异，那么这些人一定会失败。他说：“他们在为大楼上画窗口，让它看起来既美观又好看，但是你无法从外面评估问题。你需要咨询这栋大楼内某个熟悉管道结构的人。”[50]在过去五年里，苏雷什·拉马穆尔蒂一直担任该银行的首席执行官、首席信息官、首席合规官、出纳、门卫及“水管工”。他现在了解银行业的内部运作了。

许多华尔街老兵并不认为这是一场新旧范式的战役。布莱思·马斯特斯认为“对银行来说这种技术改善华尔街效率和运作水平的机会，与这种技术为新参与者提供的颠覆机会是一样多的”。[51]我们不得不感叹，技术的浪潮正在推动一场彻底的变革。为什么三大电视台没有发明 YouTube，为什么三大汽车制造商没有开发 Uber，为什么三大连锁酒店没有推出 Airbnb，这就是原因所在。财富 1000 高管层在追求新的发展道路时，新手们已经在速度、敏捷度以及产品上超越了他们。不管谁是第一，这场势不可当的技术变革，与难以撼动的金融服务（世界上最根深蒂固的产业）之间的摩擦一定会逐渐升级。

商业界的“谷歌翻译”：会计核算及公司管理的新框架

Subledger 是会计行业的一家初创公司，其首席执行官汤姆·莫宁尼说：“会计就像蘑菇——它们长在阴暗处，靠粪便提供营养。”[52]会计学被称为金融学的语言，除了专业人士，常人很难弄懂。如果每一笔交易都能在一个共享的全球分布式账本上进行，那我们还用得着公共会计师帮我们翻译这些内容吗?

现代会计行业源于 15 世纪的一位意大利人卢卡·帕吉奥里的好奇之心。他看似很简单的发明就是复式记账法，即在每一笔交易都会给交易双方带来影响，每一方必须要在资产负债表（记录公司资产和负债的账本）上各自记录一笔借项和一笔贷项。卢卡·帕吉奥里通过编写这些规则，制定出了一种秩序，如果没有这一秩序而是随意混乱的运作，那么就有可能阻碍企业规模的扩张。

罗纳德·科斯认为会计就像邪教组织。当他还是伦敦经济学院的学生时，他就把记账行为看作“宗教的一种表现形式”。“委托给会计师保存的这些账簿就是圣书”。会计专业学生认为他的挑战是“亵渎神灵”[53]，他怎么敢质疑他们的“那些计算折旧、估算库存、分配成本之类的记账方法，根据这些方法所得出的结果虽然都不相同，但都是能被全盘接受的会计实践活动”。此外还有一些其他类似的行为，至少是被视为完全“不值得尊敬的”。所以汤姆·莫宁尼绝对不是第一个跳出来批评这个职业的人。

现代会计工作有四个问题。第一，当前的体制是靠管理人员发誓他们的账本没有问题。但是，包括美国安然、美国国际集团、雷曼兄弟、世界通信、美国泰科以及日本东芝在内的好几十起知名案例表明并非所有管理者都能做到诚信。贪婪蒙蔽了人类的双眼，滥用亲信、贪污腐败以及虚假报告不仅导致了企业破产、民众失业和市场崩溃，还会增加资本成本并对股权相关业务也带来不利影响。[54]

第二，AccountingWeb 的研究表明，人为出错是会计问题的主要原因。很多时候，问题都从某人错误地用他的乌龙指（fat finger）在电子表格中输入的一个数据开始，然后就像蝴蝶效应一样，一个小问题变成大问题，其影响会涉及各个财务报表中的不同计算结果。[55]据 28% 的专业人士汇报，人们曾在他们公司的企业系统中录入了不正确的数据。[56]

第三，奥克斯利法案（Sarbanes-Oxley）这样的新规则对阻止会计舞弊行为并没有太大的帮助。公司复杂程度的增加、交易涉及的方面更广及现代商业的速度让隐藏错误的行为变得更简单了。

第四，传统记账方法不能与新型商业模式协调。以小额交易为例，很多审计软件只允许进行两位小数的处理（如精确到 1 美分），这对任何形式的小微支付来说意义都不大。

会计学（财务信息的测量、处理与沟通）本身不是问题。它在当今的经济中扮演着重要角色。但是，会计方法的实施必须与现代的要求匹配。在卢卡·帕吉奥里的时代，每天都要进行账目审查。而如今，是每月或每个季度进行一次。你很难找出另一个产业是经历了 500 年的技术进展却将完成一个任务所需时间增加了 9000% 的。

世界账本

如今，公司会记录每一笔交易的借项和贷项，因为这里有两个输入项，所以是复式记账法。在世界账本中，他们可以轻松加上第三个输入项，并且让需要进行检查的人——包括公司股东、审计人员及监管者即时访问账本。可以设想一下，当一家像苹果公司这样的大型企业要出售产品、采购原材料、支付员工薪资或者在资产负债表上记录资产及债务情况时，世界账本会记录该交易并在区块链上发布一个时间戳凭证。公司的财务报表将会变成一种活化的分类账本，具有可审计性、可搜索性以及可验证性。对财务报表进行及时更新就像电子表格功能一样简单，只要点击一个按键，就会生成一份不可改变的、完整且可供搜索的财务报表，并且不会出错。公司或许不想让所有人都看到这些数据，因此高管可以只将访问权限交给监管者、管理人员以及其他重要的利益相关者。

业内许多人都看到了世界账本对会计工作的内在影响。巴克莱银行的西蒙·泰勒认为，这种账本可以满足监管部门的合规要求并且降低风险，他说："我们做的很多监管汇报都是在重复将我们所做的事重新说一遍，毕竟所有记录都在系统内部，没有其他人可以看到。"[57]世界账本以及任何事物的透明记录意味着"监管者可以访问到相同的数据基础层。这也就意味着，工作内容会减少，成本会降低，而我们每一秒都需要对所产生的财务记录负责。这一点非常厉害"。[58]对 Circle 公司的杰里米·阿莱尔来说，监管部门受益最多。他表示："银行检查人员一直都是在靠不透明的、私人控制的专有账本以及财务记账系统来执行职能，即'记录账目'。而通过共享的公共账本，审计人员和银行检查人员可以通过自动的审查来检查资产负债表的基本健康状况及公司的实力。这是一个强大的创新成果，能够使监管、审计以及会计核算的部分环节实现自动化。"[59]

它将诚信融入系统里了。基于以太坊的三式记账法初创公司 Balance3 的克里斯汀·伦德奎斯特说："所有诈骗的实施将变得异常困难。你要想作弊就得持续进行，无法在中途改变过去的记录。"[60]奥斯汀·希尔认为："这是一个不停地进行审计和验证的公共账本，意味着你不需要信任合作伙伴的账本；报表或交易日志已经将诚信的因素融入进去了，因为网络本身也在进行验证。这就像是一种持续地以密码学方式实现的先验审计。你不需要依赖普华永道或者德勤，也不会存在对手方风险。如果账本说这个记录是真的，那么它就是真的。"[61]

德勤是世界四大会计师事务所之一，它一直在尝试了解区块链技术的影响。埃里克·皮斯奇尼是德勤加密货币中心的负责人，他告诉客户区块链"会给你的业务模式带去很大风险，因为目前银行业的业务就是去管理风险。如果有一天这个风险消失了，那么银行还能做什么？"[62]另一个会受到颠覆的是审计业务，而审计业务占据了德勤收入的三分之一。[63]埃里克·皮斯奇尼说："这是对我们自己的商业模式的一种颠覆，对吗？如今我们花大量时间去审计公司，并且根据所花费的时间进行收费。可是在未来，如果这个流程因为区块链的一个时间戳就完全简化了，那么我们的审计方式也会发生改变。"[64]或者这会彻底消灭所有的审计公司？

德勤开发了一套名为 PermaRec（永久记录的英文缩写）的解决方案。通过

PermaRec，德勤会将这些交易记录到区块链上，然后就快速地对交易一方或双方进行审计，因为所有的交易都被记录下来了。[65]但是，如果区块链上的第三个输入项是自动地进行时间戳验证并能够让所有人查看的，那么任何人在任何地方都可以决定账目是否平衡。相反，德勤及其他三大审计事务所发展最快的领域是咨询服务。许多客户已经开始关注区块链。这样的慌乱恰好提供了机遇，创造了转移到咨询业务价值链条的机会。

汤姆·莫宁尼是一位大胆的企业家，他把自己描述为“永恒的乐观主义者”，他把周期性会计核算同这个现象联系了起来：“看着人们在闪光灯下跳舞，你知道他们是在跳舞，但是你看不清楚细节是什么。也就是看起来很有意思，但是很难理解其中每一个步伐。”[66]周期性会计核算会产生一个快照。而审计的定义就是一个回顾过去的过程。要想通过周期性财务报表来呈现完整的公司财务健康情况，就像是把一块牛肉饼还原成一头牛一样。

根据汤姆·莫宁尼所言，大多数大型公司绝不会想要一个放置在公共领域的透明会计记录，它们甚至不愿意让拥有特殊权限的人（如审计人员或监管者）能够轻易地来访问这些记录。一家公司的财务情况是保密程度最高的秘密之一。此外，许多公司希望其管理层能够在一些特定项目的会计方法上保留一定程度的灵活性，像如何识别收入、资产折旧或者记录一笔商誉减值费用等。

但是，汤姆·莫宁尼相信，公司会从更高的透明度中得到好处，这不仅是财务部门运作或审计成本的降低，还能带来公司市场价值的增加。他表示“第一家采用这一体系的上市公司将能看到股价或市盈率方面的明显优势，而在其他公司，投资者还得焦虑地等待每季度财务信息如挤牙膏般地公开”。汤姆·莫宁尼说：“如果有公司能每时每刻告诉你所有信息，谁还会去投资那些一季度才公开一次的公司呢？”[67]

投资者将会要求公司使用三式记账法来满足其治理标准吗？这个问题并不是牵强附会的。许多机构投资者，如加州公务员退休系统已经制定了一套严格的公司治理标准，并且不能在这些标准未能满足的情况下对某公司进行投资。[68]三式记账法可能就是下一个这样的标准了。

三式记账法：隐私保护是为了个人而非企业

也有对三式记账法持怀疑态度的人。伊莎贝拉・卡明斯卡是《金融时报》的记者，她认为三式记账法会使越来越多的交易在资产负债表外进行，“总是会有人不遵守协议的，他们会躲起来，在平行的离线网络中隐藏秘密的价值，这些离线网络也就是我们所说的黑市、资产负债表外资产及影子银行”。[69]

一个人应该如何处理不基于交易的会计手段（特别是在无形资产的认定问题上）？我们应该如何追踪知识产权、品牌价值甚至是名人的状态？这可以联想到汤姆・汉克斯，在区块链影响他的品牌价值前，这位奥斯卡影帝得接多少烂片？

关于三式记账法的争论并不是对传统会计方式的否认。在某些领域，我们还是需要有能力的审计人员的。但是，如果三式记账法能够通过实时精确性、可验证的交易记录及即时审计而极大地提高透明度以及响应能力的话，那么区块链就能解决会计工作的很多大问题。德勤需要有人对无形资产进行实时评估，并且执行其他区块链做不到的会计职能，这样它就不需要派遣过多的审计人员了。

最后，我们真的如此渴望能有一个不可篡改的记录来录入所有东西吗？在欧洲，法院赞成人们“有权被忘记”，来回应人们关于清除互联网历史痕迹的请愿。那么同样的规则是否适用于公司呢？答案是否。为什么 Uber 司机要根据消费者满意程度来获得评分，而公司高管就不需要这样做？我们来设想这样一个机制，可以将它称为信任软件，可以在公共账本上汇报反馈意见并保持一个独立的、可搜索的成绩，用于记录公司的诚信记录。在公司内部的黑盒子中，阳光（公开）是最好的消毒剂。

三式记账法是众多区块链创新中，第一个与公司治理相关的创新。就像社会中许多机构一样，我们的公司也在忍受各种合法性危机。罗伯特・蒙克是股东维权人士，他认为“资本主义已经变成‘高层统治’，受高管们的控制并且为高管们的财富利益服务。我把这些人叫作‘管理界的国王’”。[70]

区块链将权力归还给股东。假设有一个代币可以用于代表某种资产的权利，比如“比特股份”（bitshare），它们会和一个选票或多个选票绑定，每个都标有颜色来代表某个特定的公司决策。人们可以即时从各地投票选出自己的代理人，从而使公司主要行动的投票过程变得更具有响应性、更具有包容性，而且被操纵的可能性更低。公司内部的决定将需要达到真正的共识，并且在产业范围内实施多重签名方案，在这种情况下，每位股东都拥有一把通向公司未来的钥匙。一旦票数统计出来，最终决定的内容以及董事会会议纪要都会被标上时间戳，记录在一个不可篡改的账本中。

公司应该有权改变历史，或选择被人们遗忘吗?[71]答案是不。作为社会中的人工产物，公司的运营执照附带着特定的责任。实际上对社会而言，公司也有义务公开所有交易信息。当然，公司有权利和义务来保护商业机密以及员工、人员及其他利益相关者的隐私。但是，这和隐私保护又有所不同。对各地的管理人员来说，透明度的增加是一个重要的机遇：通过拥抱区块链，支撑最高标准的公司治理规则，并作为公司领导者担当维系信任的职责。

声誉：你就是你的信用分数

无论你是申请第一张信用卡，还是想要贷款，银行在乎的就是一个数据：你的信用分数。这个数字的作用是反映你的信贷价值及违约风险。它是一系列输入项的集合，从你所借时限到支付记录。大部分零售信用就是根据这个来考察。但是这种计算方式也有深层问题。其一，它的范围太狭隘。一个年轻人并没有信用记录，但是也许他声誉不错，也能有完成承诺的良好记录，或者他有一个富有的伯母。这些因素都没有算进信用评分中。其二，这种分数制可能会使个人萌生不正当的动机。现在越来越多的人使用借记卡，即现金卡。因为他们没有信用分数，就收到了这样的“处罚”。然而信用卡公司会鼓励那些没有收入来源的人去申请信用卡。其三，分数变动常常滞后。数据输入项经常会过时，相关度也很低。在一个人 20 岁时出现的延时还款与其 50 岁时的信用风险基本上没有太大的关联性。

FICO 是一家美国公司，之前叫 Fair Isaac Co.，一直在美国信用评分市场上处于领先地位，但是其分析忽略了大部分相关信息。马克·安德森表示，“贝宝可以根据你的易趣购买记录，在几毫秒内完成实时信用评分——这种信息来源比用于生成你的 FICO 信用评分的信息要好多了”。[72]这些因素与区块链技术生成的交易、数据及其他属性结合到一起，能够实现一种更稳健的算法，用于发放信贷并规避风险。

你的声誉是什么呢？我们每个人都至少有一个声誉。对于业务及日常生活的信任来说，声誉非常重要。迄今为止，金融中介机构还没有用声誉作为在个人和银行之间建立信任关系的基础。假设有一位小型企业的所有者想要申请一笔贷款，通常情况下，信贷人员会根据个人档案（身份的一个方面）及其信用分数来决定是否发放贷款。当然，人类的信息不仅仅是社保编号、生日、主要居所和信用历史等。但是，无论你是可靠的员工、活跃的志愿者或热心的市民，或是你家小孩所在足球队的教练，银行既不会知道，也不会关心。信贷人员可能会欣赏你的诚信，但是银行评分系统不会。由于目前社会和经济系统正在构建中，所以这些声誉因素很难用公式去表示，也很难存为文档或投入使用，这些因素都很难量化或被记录下来。

有数十亿人除了在他们的直接社交圈外没有任何声誉记录，那么他们怎么办呢？虽然有些穷困地区也有金融服务，但是很多人连身份证明这个必要的门槛都跨不过去，这些证明包括身份证、居住证或者金融历史等。这在发达国家也是一个问题。在 2015 年 12 月，很多大型的美国银行拒绝了将新印制的纽约身份卡作为开启银行的有效证件，而不顾已经有超过 67 万的人申请了证件，也不顾银行的联邦监管者们已经批准了其用途。[73]而区块链可以解决这个问题，它根据人们的各种属性以及之前的交易记录，来授予人们一种在传统银行系统之上的新的替代选项。

此外还有很多用例（尤其是信用方面），在这些用例中，区块链能够在需要信任元素的各方之间建立信任关系。区块链技术不仅能确保贷款资金进入借款人账户，而且可以保证借款人按照一定利息归还借款。它利用双方自己的数据来给双方赋予好处及加强他们的隐私，并根据某人过去在区块链上的经济活动及社会资本等因素，来为其建立长期有效的经济身份。帕特里克·迪根是身份识别初创公司个人黑盒子的首席技术官，他说："个人总有一天能设置并管理自己的身份，并和其他对等网络及节点建立可靠的连接。"而这一切都得益于区块链技术。[74]因为区块链会在一个不可篡改的记录中登记及储存所有交易，每一笔交易都能给声誉和信贷评估积分增加分数。此外，个人能够决定以何种角色同哪个机构进行沟通。帕特里克·迪根表示："我能创造出不同身份，代表我的每一面，然后我可以选择某个身份来和该公司进行沟通。"[75]区块链上的银行及其他公司要求采集的信息不能多于他们提供服务所需的信息。

这个模式经验证是有效果的。BTCJam 是一个点对点贷款平台，它以声誉为提供信贷的依据。用户可以将 BTCJam 上的个人资料同 Facebook、领英、易趣或者 Coinbase 账号关联起来，从而增加声誉考察的深度并丰富其信息。朋友也能通过 Facebook 按照个人意愿进行推荐。你甚至可以提交真实信用分数作为属性之一。这些私人信息都不会对外公开。用户可以在平台上以较低信用分数起步，但通过证明自己是一个可靠的借用人就可以很快建立声誉。最佳战略是以"声誉贷款"起头，来证明自己的可靠。作为用户，在融资过程中，你必须回答投资人的问题。若忽视这些问题就会让人们产生警惕，而社区也会犹豫要不要资助你。有了第一笔贷款（从一个可以负担的数额开始）后就要按时还款了。如果你按时还款了，那么你的分数就增加，而且社区其他成员也有可能给你一个好评。截止到 2015 年 9 月，BTCJam 已经放出了 18000 笔贷款，总额超过 1400 万美元。[76]

企业家埃里克·沃里斯呼吁大家进行更多尝试，"通过这种基于声誉的系统，那些更可能负担得起一套房子的人，或许能轻松购入第二套。然而对那些不太可能做到这一点的人来说应当会更难获得贷款"。对他而言，这套措施"会降低那些表现良好的参与者的成本，而增加表现不好的参与者的成本，这是正确的激励机制"。[77]在声誉系统中，你的信贷额度并不是根据 FICO 评分，而是根据一系列构成你的身份的属性并能表明你偿还贷款能力的集合信息来决定的。公司的信用评级方式也将改变，从而反映由区块链带来的新信息及见解。如果有这么一种工具，能够累积声誉并追踪不同方面的声誉信息，比如金融可信度、职业能力及社会意识等；如果设想能够根据共同的价值观来获得信贷，即贷款给你的人同时欣赏你在社区中的角色及你的目标。

区块链 IPO （首次公开募股）

2015 年 8 月 17 日所处那一周，是糟糕的一周：标准普尔 500 指数创下四年来最差数据，各地的金融专业都在谈论世界经济发展的减速，以及潜在的危机。传统的首次公开募股被市场撤出，并购进程因此停滞，硅谷也开始因它们估值过高的独角兽企业而感到坐立不安。独角兽企业是指估值超过 10 亿美元的私有公司。

在这场“厮杀”中，一家叫作 Augur 的企业发动了有史以来最成功众筹项目之一。在首周，有超过 3500 位来自美国、中国、日本、法国、德国、西班牙、英国、韩国、南非、肯尼亚以及乌干达等地的投资人总共贡献出了 400 万美元。整个过程没有中介、投资银行、证交所、必要的申报文件、监管部门以及律师，甚至没有 Kickstarter 或 IndieGoGo 这种众筹网站的参与。女士们、先生们，欢迎来到区块链首次公开募股的时代。

将投资者与企业匹配起来的功能是金融服务产业可能被颠覆的 8 大功能中的一个。自 20 世纪 30 年代以来，股权融资的途径（通过私募发行、首次公开募股、二级发行以及上市后私募投资）一直没有出现过太大的变化。[78]

多亏了新型众筹平台的存在，一些小型公司也得以使用互联网获得资金支持。Oculus Rift 以及 Pebble Watch 就是早期这一模型的成功案例。然而，参与者并不是直接购买股票。如今，美国创业企业融资法案允许小型投资人直接投资众筹项目，但是投资人及创业者还是需要通过 Kickstarter 或者 IndieGoGo 这样的平台，以及传统支付方式（比典型例子是信用卡及贝宝）来参与投资。中介机构能够最终裁决每个细节，包括归属权。

区块链的首次公开募股增进了人们对这一概念的理解。现在，公司能够通过在区块链上发行代币、加密证券（代表公司里的某种价值）的方式筹集资金。它们能够代表股权或债券，或者在 Augur 的案例中就是做市商的席位，让所有者有权决定平台将开放哪些预测市场。以太坊是一个比 Augur 还要成功的例子，它通过众筹其原生代币（以太币）资助了一个全新区块链项目的开发。今天，以太坊是市值排行第二、增长速度最快的公共区块链。Augur 众筹平均投资额是 750 美元，当然也可以想象下可以将最低参与额度设置成 1 美元甚至 10 美分。世界上任何人，无论他多穷，所处地区多偏远，他都可以成为股票市场投资者。

在线零售商 Overstock 正发起的计划或许是最具雄心壮志的加密证券计划，其超前思考的创始人帕特里克·伯恩相信区块链“可以为资本市场做的事就正如互联网为消费者做的事那样”。这个名为 Medici 的项目让公司可以在区块链上发行证券，最近得到了美国证券交易委员会的批准。[79]这个公司开始发行其首批基于区块链的证券，如一个由 FNY 资本附属机构在 2015 年发行的价值 500 万美元的加密债券。[80]Overstock 声称很多金融服务机构和其他公司正排着队等待使用这个平台。确实，得到来自美国证券交易委员会的默许让 Overstock 在一个将会很长的旅程中有了先发优势。

如果区块链首次公开募股的吸引力继续增加，它们最终将颠覆全球金融系统中的很多种角色（包括股票经纪人、投资银行人员以及证券律师），并且改变投资的本质。我们希望，通过将区块链的首次公开募股整合到新的价值交换平台上，比如 Circle、Coinbase（资金最充足的比特币交易所初创公司）、Smartwallet（全球各种有价资产交易平台）以及其他新兴公司，我们预期一个分布式的虚拟交易所会诞生。旧范式的“护卫们”也在表达关注。纽约证券交易所投资了 Coinbase，而纳斯达克正在把区块链技术整合到其私有市场中。纳斯达克首席执行官鲍勃·格雷菲尔德从小处做起，希望利用区块链技术“来精简财务记录，减少成本，同时提高精确度”。[81]不过，纳斯达克和其他现有的参与者显然有更大的计划。

预测市场的市场

Augur 正在创建一个去中心化预测市场平台，这个平台会奖励正确预测未来事件的用户——包括体育赛事、大选结果、新产品的发布、名人后代的性别等等。它是如何运作的？Augur 用户可以买入或卖出在一个未来事件结果中对应的股份，其价值是对某个事件发生概率的预测。因此，如果比率打平（也就是是 50 对 50），那么每股的购入价就是 50 美分。

Augur 依靠的是"群众的智慧"，这是一种科学原理，即由很多人组成的群体对未来事件预测的结果总是会比一两个专家预测的结果还要准确。[82]也就是说，Augur 将市场精神作用于预测的准确性上。之前也有过几个中心化的预测市场，比如好莱坞股票交易所、Intrade 以及 HedgeStreet（现在的 Nadex），但是这其中的大多数都因为监管及法律问题被关闭或走向失败。

使用分布式区块链技术，可以使系统在出现故障时更容易恢复，也能更加准确且有效对抗崩溃、出错、关闭、流动性等问题，以及团队委婉所言的"老套的辖区监管"。Augur 平台上的仲裁者就是裁判，他们的合法性来源于其声誉分。做正确的事情——比如正确地陈述事件发生原委、体育赛事或大选结果就能得到更多声誉分。维护系统的诚信还能带来其他金钱利益：你的声誉分越高，你就可以有更多的市场，这样你就能收取更多的费用。用 Augur 的话来说，"我们的预测市场消除了对手方风险及中心化服务器，通过比特币、以太币及其他稳定的加密货币来建立全球市场。所有资金都存储在智能合约上，没有人可以盗走钱财"。[83]Augur 通过对犯罪实行零容忍政策来解决各种不道德的合约发行。

对 Augur 领导团队而言，人类的想象力是预测市场效用的实际极限。在 Augur 平台上，任何人都能发布一个对任何事物的预测（有着明确的定义），并加上明确的结束日期——从琐碎的事件，比如"布拉德·皮特和安吉丽娜·朱莉会离婚吗"到重要的大事，比如"2017 年 6 月 1 日欧盟会不会解体"。这对金融服务领域、投资者、经济参与者以及整个市场的影响都是巨大的。设想一下，在尼加拉瓜或肯尼亚有一位农民，他没有可靠的工具来应对货币风险、政治风险或者天气及气候变化，但如果他进入预测市场，那么就可以对冲干旱或其他灾难的风险。比如，他可以购买一份预测合约，预测粮食产量会低于某一数据或者国家降雨量低于预期等，这样当条件满足时他就能收到付款。

预测市场能够满足一些投资者对某一特定事件结果的下注需求，比如"本季度 IBM 的每股收益会超过至少 10 美分吗”。如今，对公司收益的“预估”报告，大多出自几个所谓专业分析师所预测的均值或中位数。通过众人的智慧，我们对未来的预测可以更加现实，从而实现更高效的市场。预测市场能够作为全球不确定因素以及“黑天鹅”事件的对冲工具：“希腊经济今年会缩水 15% 以上吗”。[84] 我们现在常常依靠少数几个人的评论来发出警报，而预测市场将更加公平地为全球投资者提供一个早期警告系统。

预测市场能够补足并最终转变金融系统的许多方面。设想一下关于公司行为结果的预测市场——包括收益报告、合并、收购以及管理层的变更等。预测市场可以为保险价值及风险的对冲提供更多信息，甚至还可能替换深奥难懂的金融工具（比如期权、掉期以及信用违约掉期）。

当然，不是所有事件都需要一个预测市场。需要有足够多的人来增加其流动性，从而吸引众人。尽管如此，这一市场都有着巨大的潜能与机遇，并且所有人都可以参与其中。

八个核心功能之路线图

区块链技术将影响金融服务领域的方方面面——从零售银行业和资本市场，到会计和监管。它还将促使我们重新思考银行和金融机构在社会中扮演的角色。安德烈亚斯·安东诺普洛斯说：“比特币领域没有对金融机构的紧急救援、银行假期、货币管制、资产冻结、提取限制以及银行营业时间。”[85]

旧世界是层级化的，它发展缓慢、不愿改变、封闭又不透明，而且由强大的中介机构进行控制；而新秩序会相对平等一些，它会提供点对点解决方案，加强隐私与安全，并且做到更透明、更包容及更具创新性。可以肯定的是，未来一定会出现混乱和冲击，但是这也是一个让产业的领导者今天就可以做些事情的绝佳机会。金融服务产业将会在未来的几年间有出现和增长的可能性。随着中介数量的减少，更多的产品和服务就可能以更低的成本提供给更多的人。这是一件好事。关于许可型、封闭式区块链能否在去中心化世界立足，还有待讨论。曾经资助过 SecondMarket，如今是数字货币集团首席执行官的巴里·西尔伯特表示：

“对于现有大型金融企业所提的一些观点，我有些怀疑。当你手里只有锤子的时候，你就会觉得所有东西都是钉子。”[86]我们相信，区块链技术正以不可阻挡的力量，为根深蒂固的、受监管的及僵化的现代金融基础设施带来冲击。[87]它们的碰撞将会改变未来几十年金融领域的发展。我们希望，金融这一领域能够从工业时代的金钱机器转型为一个实现繁荣的平台。

第四章　重新设计公司的架构：核心与边缘

打造共识系统公司

2015 年的 7 月 30 日是全球范围内的一群程序员、投资者、企业家和企业战略家的一个重要日子——这群人认为以太坊是对商业甚至是文明的重大变革。以太坊经过了 18 个月的开发过程，在那天上线了。

在第一个以太坊软件开发公司共识系统（Consensus Systems）的布鲁克林区的办公室里，我们率先见证了以太坊的发布。大约在早上的 11:45，随着以太坊网络创建了它的“创世块”，四处都是人们击掌庆祝的声音，之后，大量的矿工们开始进行算力的竞赛，试图赢得第一个区块里的以太币——这是以太坊的货币。那天实在令人异常紧张。一阵特大暴雨的到来让东部河区域受到了影响，每一个人的智能手机上的紧急洪水警报声此起彼伏。

根据其网站的介绍，以太坊是一个运行去中心化应用（也就是智能合约）的平台。“系统会严格执行这些合约，而且这个系统并不会有故障时间、审查、诈骗或来自第三方干扰等因素的影响”。以太坊系统中的以太币（Ether）用于激励网络中的节点以实现交易的验证、网络安全的保护，以及就系统中“存在什么，发生过什么事”这个问题达成共识，这一点是有点像比特币的。不过与比特币不同的是，以太坊自带强大的开发工具，能够帮助开发者及其他人创建软件服务。这些软件服务的范围非常广泛，从去中心化游戏到股票市场都有所涉猎。

以太坊的概念最早是在2013年由维塔利克·布特因提出来的，他是一名俄裔加拿大人，当时才19岁。他曾经跟比特币的核心开发者争论，认为比特币平台需要一个更加强大的脚本语言，专门用于应用程序的开发。当比特币核心开发者拒绝了他的提议后，他决定创建自己的平台。可以说，ConsenSys是最早的一个尝试，公司成立的目的就是为了创建基于以太坊的应用程序。若要找一下历史上的例子做比喻的话，下面这个比喻是很明显的：维塔利克·布特因之于以太坊，就如同林纳斯·托瓦兹之于Linux系统一样。

当讨论到有关区块链及以太坊技术兴起的话题时，ConsenSys的联合创始人约瑟夫·卢宾说："有一点对我来说已经很明显了，那就是我们应该联合起来，为这个破碎的经济和社会建造新的解决方案，而不是让大家继续浪费时间在大街上张贴各种海报。"[1]不要去占领华尔街了，直接发明属于我们自己的华尔街吧。

就如很多企业家一样，约瑟夫·卢宾有一个大胆的理想，他不仅要建造一个伟大的公司，还要解决世界的问题。他平静地说，该公司是"一个区块链相关的制作工作室，旨在搭建去中心化应用程序（大部分是在以太坊上的）"。这种描述是很低调的。不过，若ConsenSys在搭建的应用程序真的能得到实施和应用，将会有可能对现有的体系带来冲击，并为数十个产业带来深远的影响。这些项目包括：一个分布式的三式记账会计系统；一个去中心化版本的Reddit（Reddit是一个非常流行的论坛，其中心化的管理机制让其饱受争议）；一个为自主执行合约（又叫智能合约）而设的档案构造与管理系统；为商业、运动和娱乐业而设的预测市场；一个公开的能源市场；一个旨在与苹果和Spotify竞争的分布式音乐模式，不过，其实这两家公司也能使用这个应用程序[2]；一个为大规模协作、创作工作及扁平化架构的公司进行群体治理的一整套业务工具套件。

这个关于ConsenSys的故事，并不是与其在基于区块链的产品或服务上的雄心壮志有关，而是关于他们培育自己的公司的努力以及他们按照全体共治的思想在开拓管理科学的重要新领域。全体共治是一种协作方式，用自组织的架构取代了传统体系中的定义、分配工作的分层规划过程。"我目前并不想照搬现有的全体共治体系，我感觉它太僵硬了，架构化也很明显。不过，我们正试图将它的很多理念整合到我们的架构和流程中。”约瑟夫·卢宾说道。这些理念包括“采用动态的角色分配，而不是传统的固定职衔；分布式的，而不是委任的权力；透明化的规则，而不是办公室政治；快速的叠架而不是大规模地重构”，这些描述都适用于区块链的工作机制。ConsenSys 的组织架构、创造价值的方式以及它管理自身的方法不仅与产业公司是不同的，与典型的网络公司也是不一样的。

约瑟夫·卢宾并不是一个理想主义者，更不是一个无政府主义者或自由主义者，这与加密货币运动里面的一些人不太一样。不过他确实认为若我们想资本主义继续存活下去，就必须继续做出改进，特别是舍弃那种基于“命令与控制”的层级化结构。他认为这种架构是不适用于这个由网络连通的世界的。他注意到即使在今天，大型的网络将世界连接在一起，让我们的沟通变得更廉价了，但层级化的结构还是存在的。比特币是与此结构相反的。“这是一个由全球人民组成的社会，可以在 10 分钟（甚至是 10 秒）内就发生的事实达成共识并做出决定。这显然为实现一个更有自主权的社会提供了机会。”他说道。人们的参与程度越高，繁荣的程度也就越高。

这是管理者角色的终结，但管理任务长存

ConsenSys 是按照一个由所有的雇员(“成员”）开发、改进、投票后最终采用的计划进行运作的。与层级化架构不同的是，约瑟夫·卢宾将 ConsenSys 的这种架构定义为一个“枢纽”，而其中的每一个项目就像是一个“车轮上的辐条”一样，主要的贡献者会拥有其中的权益。

在大多数的情况下，ConsenSys 的成员可以选择工作的任务，并没有自上而下的任务。约瑟夫·卢宾说道，“我们尽可能地进行资源的共享，这包括软件部件的共享。我们组建小而敏捷的团队，但它们之间是有协作的。我们有不少即时的、开放的和丰富的沟通交流。”成员们选择在 2 ~5 个项目中工作。当其中一个人看到某项工作需要完成，他或她就会投入进去，根据他们适合担任的角色或多或少地驱动其往一个有价值的方向发展。“我们经常讨论各种事情，所以人们对很多可能会被推动向前的事情都有一定了解。”他说。不过这些事情经常在变化。“敏捷意味着你需要动态调整你的优先级。”

约瑟夫·卢宾并不是老板。他在运营中的主要角色是顾问。“在很多情况下，人们请教我或其他人有关选择工作方向的事情。”他说。在 Slack[3] 及 Github[4] 这样的协作平台上，他暗示他们可能选择的方向包括“建造我们希望实现的服务和平台（甚至包括一些我们目前还不了解的）”。

成员的所有权明确地对这种行为做出激励。每一个人会直接或间接地拥有每一个项目的一部分：以太坊平台发行的代币，成员可以将其交换成以太币并转换到任何其他货币。“我们的目标是在自主性和相互依存之间达到一个良好的平衡，”约瑟夫·卢宾说道，“我们将自己视为紧密协作的企业家角色的集体。在某个阶段，可能需要表明真的需要完成某件事情了，如果没有人挺身而出揽下这个工作，那么就要为了这个角色先招聘一些人，或鼓励内部的人员去负责这件事。”不过，总体来说，“每一个人都是能够自我管理的成年人。我刚才有提到我们经常沟通吗？然后我们就做出自己的决定”。

这里面最适合的标语是敏捷、开放和共识：先识别出需要完成的工作，在热切并有能力完成该任务的人群中分发工作量，并就他们的角色、责任、补偿等问题达成共识，然后将这些权利归纳成“明确的、细节的、清晰的、自我执行的协议，可以作为我们关系中所有的商业角度相关事项的黏合剂”，他说道。一些协议是根据绩效进行支付的，而其他的一些会用以太币的方式分配在年薪中，而其他的一些更像是带有与项目相关赏金的“寻求参与”，这些赏金会取决于项目完成的程度，如书写一行代码。如果代码通过了测试，则该赏金就会自动被释放。“所有的事情都能在台面上进行，而且是足够透明的。激励机制是明确的、可细分的，”他说道，“这让我们更自由地进行沟通，拥有创新意识，并根据这些预期适应情况的变化。”

我们可否造一个新词，区块链公司（blockcom），即一个在区块链技术上建造和运行的公司？这就是我们的目标，即在以太坊平台上运行实现更多的像 ConsenSys 这样的公司，范围包括治理、日常运营、项目管理、软件开发和测试、雇佣和外包、补偿和资助。区块链同时也支持声誉系统，成员可以为每一个人作为协作者的表现评分，这样就能实现社区中的信任联盟。约瑟夫·卢宾说：“永久存在的数字身份、人格及声誉系统会让我们更诚实，彼此之间行有更良好的行为。”

这些能力都让一个公司的边界变得模糊了。这其中并没有成立公司的默认选项。ConsenSys 生态系统的成员们可以通过就战略、架构、资本、表现和治理达成共识并创建自己的分支项目。他们可以创建在一个现有市场上进行竞争的公司，或为一个新的市场提供基础设施。当公司发起后，他们可以改变这些设定。

企业的去中心化

区块链会为世界各地的公司减少摩擦。“更低的摩擦意味着更低的费用，因为有价值中介的价格是通过去中心化自由市场这种最高效的价格发现机制决定的。现有的市场参与者再也不能利用法律、监管、信息和权力的不对称性而在作为中介的角色中从交易里抽取过高的价值，甚至比他们提供的价值都高。”约瑟夫·卢宾说道。

ConsenSys 有可能建造某种真正去中心化的自治组织吗？这种组织将会由其非人类的价值创造者拥有和控制，通过智能合约而不是人类的中介去管理吗？“全程都可以！”约瑟夫·卢宾说道，“这是一个运行在去中心化的全球计算底层的大规模智力集合，其中的人类或软件参与者可以各自执行其特定任务，也可以在自由市场中进行合作和竞争，这样的大型协作可以改变公司的架构。”为满足持续的客户需求（如实用性和维护），一些参与者可能需要在更长的时间段里留任；其他的一些人将会聚集起来去解决短期的问题，问题解决后就可以解散了。

如果用激进的去中心化和自动化流程移除人类参与者在决策制定中的参与度，这样会有风险吗（如失控的算法）？“我对机器智能并没有太大的担忧。我们将会与其一起进化，而且在可遇见的将来它将会为人类服务。它可能会在我们之上进化，不过那是没问题的。”他说道，“如果是那样的话，它会占据生态位里的一个微小的位置。它会以不同的速度、不同的相关时间尺度运作。在那样的情况下，人工智能与人类、一块石头或地质变迁的过程并不会区分开来。我们已经进化到很多物种之上了；这些物种有很多还生存得不错（在它们当前的形态下）。”

ConsenSys 还是一个小型的公司。它的宏伟实验或许不能成功。不过它的故事提供了公司架构的巨变过程的一个视角，这个巨变可能帮助释放创新的动力，并利用人类资本的力量为财富的创造及繁荣服务。区块链技术带来了新型的经济组织及新的价值组合。一些分布式的公司模式正呈现出来——所有权、架构、运作、奖励和治理——这远远超出了鼓励创新、员工激励和集体行动的范畴了。这些东西或许就是实现一个更繁荣、更包容经济体长久所需的先决条件。

商业领袖有机会对组织价值创造的问题进行重新思考。他们可以在区块链上商议、起草和执行协议；与供应商、顾客、雇员、承包商和自治的代理人无缝衔接；而且，他们还可以公开由这些代理人所组成的团队，让其他人都能看到，这些代理人也可以将他们的价值链中的过剩能力出租或授权出去。

改变公司的边界

在互联网发展的第一个时代，管理学思想家们（唐·塔普斯科特也是其中之一）赞扬了网络化的企业、扁平化的公司、开放创新和商业生态系统，他们认为这些模式将取代工业化模式下的层级制度。不过，20 世纪早期的公司架构基本上还是维持原状。即使是大型的网络公司也与杰夫·贝索斯、马里萨·迈耶、马克·扎克伯格等名义领袖一起采用了从上至下的架构。因此，这些现有的机构——特别是一些依靠人们的数据营利并以不透明的方式进行运作的机构，一些在频繁的数据泄露事件发生后却无须承担太大责任的机构，他们有什么理由希望使用区块链技术去将权力分散出去，提高透明度，尊重用户隐私和匿名性，并将那些财富远少于他们正在服务的用户的群体包容进来呢？

公司的交易成本与架构

我们先从一些经济学知识开始。在 1995 年，唐·塔普斯科特使用了诺贝尔经济学奖得主罗纳德·科斯的公司理论去解释互联网将会如何改变公司的架构。在他 1937 年写的《公司的本质》这篇论文中，罗纳德·科斯提出了经济里面的三种成本：搜索的成本（寻找创造某种事物所需要的所有正确信息、人员和资源）；协调（使得这些人进行高效的协作）；以及签订合约（为生产中的每一个活动进行人力和物力成本的谈判，保管商业机密及监管、执行这些协议）。他假设一个公司的规模会不断扩大，直到在公司内执行某项交易的成本大于在公司外执行该项交易的成本。[5]

唐·塔普斯科特认为互联网可以在一定程度上降低公司内部的交易成本；不过我们当时想，因为互联网可以在全世界范围内访问，因此它会降低整体经济的成本，最终降低人们进入经济体系的障碍。是的，互联网通过浏览器和万维网的确降低了搜索的成本。它通过电子邮件、ERP 这类数据处理应用程序、社交媒体和云计算等技术降低了协调方面的成本。很多公司从顾客服务和会计的外包业务中受益。市场营销人员可以直接与顾客交流，甚至将顾客转换为生产者（专业消费者，prosumers）。产品规划人员将创新的任务众包出去。生产商也受益于大型的供应网络。

不过，令人惊讶的现实是，互联网对公司架构的冲击并不明显。资本主义为人所知的基础依然是工业时代的层级化架构。网络确实让一些公司将生产流程外包到低成本的地区中，不过互联网也降低了公司内部的业务成本。

从层级制度到垄断

今天的公司仍旧保存着层级化的架构，大部分的活动都是在公司内发生的。管理者们依然将自己视为组织人才、无形资产（品牌、知识产权、知识和文化）及激励员工的良好模式。公司的董事会依然给公司高管和首席执行官们发放过高的报酬，远超于他们所创造价值的合理量度。这并不是一个偶然的现象，产业结构还是在持续地创造财富，而不是繁荣。实际上，就如我们指出的那样，权力和财富越来越高地集中在大型企业当中，这方面的证据已经很明显了。

另一名诺贝尔奖得主奥利弗·威廉森也做出过同样的预测，[6]并指出了这种现象对生产力的负面影响：“我们足可以观察到，从自主供应（通过小型公司的集合实现）到（在一个大型公司里的）统一的所有权这个趋势是无可避免地伴随着激励的强度（在一体化的公司里激励会更弱）及管理控制（控制更广泛）这两个方面的改变”。[7]Paypal 的联合创始人彼得·蒂尔在他那本可读性极强、争议性极高的书《从 0 到 1》赞颂了垄断机制。作为一个兰德·保罗的支持者，彼得·蒂尔称“竞争是为失败者们而设的……具有创造力的垄断体不仅对社会的其他方面是有益的；它们也是一个能让社会变得更好的强大引擎”。[8]

彼得·蒂尔或许对努力成为某个产业或市场的支配者这种行为的看法是对的，但他并没有证明垄断对顾客或社会整体是有利的。恰恰相反的是，在大多数民主化资本主义国家的竞争法体系是从一个相反的结论中衍生出来的。公平竞争的理念可以追溯到罗马时代，那时候触发某些条例可能会遭受到死刑的惩罚。[9]当公司没有真正的竞争对手时，他们的增长速度可以是非常慢的，在公司内外抬高价格。即使在技术产业里，很多人认为垄断或许可以在短期内促进创新，但在长期会给社会带来危害。公司或许能通过为顾客提供他们喜欢的酷炫的产品和服务积累垄断优势，但这个蜜月期最终是会结束的。与其说他们的创新成果不再令人满意，倒不如说这些公司自身开始走向僵化。

大多数思想家意识到创新通常来自公司的边缘部门，而不是核心部门。耶鲁大学法学教授尤查·本科勒也认同这一点：“垄断势力或许有很多的金钱能投入到研发当中，但通常不会为创新所需的纯粹、开放的探索这种内部文化投入。互联网并不是来自垄断当中，而是来自边缘。Google 并不是来源于微软。推特并不是来源于 AT&T，更不是来源于 Facebook”。[10]在垄断体制下，官僚主义的层级使得位于高层的高管们与市场信号和前沿领域的新兴技术隔离开来了，而在这些前沿领域里，各个公司在彼此之间、其他市场、其他产业、其他地区、其他知识学科及其他世代之间展开竞争。约翰·哈格尔和约翰·西利·布朗认为，“现在，创新潜力最高的地方是全球商业环境的外围位置，忽略这一点的话后果自负”。[11]

高管们应该为区块链技术感到兴奋，因为从边缘位置发起的创新潮流或许是前所未有的。举例来说，从主要的加密货币（比特币、黑币、达世币、未来币、瑞波币）到主要的区块链平台——为点对点众筹而设的 Lighthouse 项目、作为分布式登记处的“公证通”（Factom）、作为去中心化信息发送系统的 Gems、作为去中心化应用程序的 MaidSafe、作为分布式云的 Storj 以及作为去中心化投票机制的 Tezos，下一个时代的互联网将会有真实的价值附加在上面，并为参与者提供真实的激励。这些平台有望保护用户的身份，尊重用户的隐私权等权利，确保网络运行的安全性，降低交易成本，这样即使是无法获得银行服务的人群也可以参与进来。

与现有的大公司不同的是，他们不需要用品牌来彰显其可信性。通过将它们的源代码免费公开，并与网络中的每一个参与者分享权力，使用共识机制以确保正直性，并在区块链上公开地运行业务，这些技术为那些梦想破灭和被剥削的人群带来了新的曙光。因此，区块链技术还是提供了一种可靠的、高效的方法，不仅能消除中介成本，还能极大地降低交易成本，将公司变成网络，将经济权力分散开去，最终促进财富的创造和塑造一个更繁荣的未来。

1. 搜索成本——我们如何寻找新的人才和新的顾客?

我们该如何寻找所需的人员和信息？在我们寻求将市场的资源用在公司内部运作时，我们该如何判断他们的服务、商品和能力是否是最好的?

虽然公司的架构基本上保持不变，但互联网的第一个时代极大地降低了这些方面的成本，并促进了一些重要的改变。各种业务的外包只是一个开始。通过使用创意集市（Ideagoras，一种交易创意的公开市场），像宝洁这样的公司正寻找有资质的人们对产品或流程进行创新。事实上，宝洁公司的 60% 的创新成果是来自于公司之外的，即通过搭建或利用像 Innocentive 或 Inno360 这样的创意集市实现。而像加拿大黄金公司这样的公司已经提出了一个公开挑战，在全球范围内寻找最聪明的头脑去解决它们最难的问题。加拿大黄金公司将其地质数据和知识在公司范围外公开发表，从而发现了价值 34 亿美元的黄金，使得该公司的市值翻了一百倍。

现在，想象一下若拥有对万维账本（World Wide Ledger），即一个存储了世界上大部分结构化信息的数据库的搜索能力，会带来什么新的机会？谁将某个发现成果转卖给了谁？价格如何？谁拥有这个知识产权？谁有能力处理这个项目？医院的员工有什么医学技能？这场手术是谁主刀的，结果如何？这个公司存下了多少碳排放额度？哪个供应商有中国市场的经验？哪个承包商会根据它们的智能合约及时交货，而且不超出其预算？这些问题的结果将不会是简历、广告链接或其他推送出来的内容；它们将会是交易历史、个人和公司可证明的业绩，并通过声誉度进行排序。这个场景你明白了吗？以太坊区块链的创始人维塔利克·布特因说道："区块链将会降低搜索成本，将问题分解，让你能够拥有平行化聚合和垂直化聚合的机构组成的市场。这是前所未有的。现在，你有了一个能执行所有事情的工具。”[12]

现在，有几个公司正在搭建为区块链而设的搜索引擎，这显然是与其中潜藏的机会有关的。Google 的愿景是对世界上的所有信息进行整理。考虑到这个新兴的平台有可能包含世界上的所有信息，Google 已经调派了不少的人员进行调查。

互联网的搜索和区块链的搜索还是有一些明显的差异。第一个区别是用户的隐私权。在区块链上，虽然交易是透明的，但用户对个人的数据有控制权，并可以决定将这些数据用在哪些方面。他们可以匿名地参与进来，至少是以伪匿名（通过假名实现的匿名）或部分的匿名性的方式进行参与。若用户决定公开某些信息，其他有兴趣获取这些信息的参与者就能进行搜索。区块链理论家安德烈亚斯·安东诺普洛斯称“若你想实现匿名交易，还是可以做到的……不过区块链对透明性的支持比对匿名性的支持更显著”。[13]

很多公司都需要对招聘流程进行重新的思考和设计。例如，人力资源或雇员管理人员将需要学习如何用区块链进行是/否问题的查询：你是人类吗？你有一个应用数学的博士学位吗？你能用 Scrypt、Python、Java 或 C ++ 写程序吗？你从 1 月开始到明年 6 月能全职工作吗？以及其他的资质。这些查询将会在招聘市场上寻找人们的信息并给出符合条件的名单。他们也可以让预期中的人才将他们相关的专业信息放在区块链上并给予一定的报酬，这样就能用于查询了。人力资源部门的人员必须掌握声誉系统的用法，在不需要获取与职位无关的信息（年龄、性别、种族、祖国）时就能与该人进行互动。他们也需要一个能够在不同维度的开放性之间能够自由切换的搜索引擎（从全面的隐私保护到全面的信息公开之间）。它能够终结来自潜意识的甚至制度上的偏见，移除猎头公司或高管招聘的费用。若要找一个不利的因素，那就是精确的查询会带来精确的结果。意外发现某种人才的机会将会变得越来越小——在以前，这种人才可能缺乏相关的资质，但学习能力非常强，也能为公司带来急需的创造性成果。在新的技术下，这样的人才可能就难以被发掘出来了。

这在市场营销中也有类似的情况。公司可能需要付费获取潜在顾客的“黑盒子”以读取他们的信息，并决定这个顾客是否能成为公司的目标受众。这个顾客可能会在全局状态下隐藏特定的信息（如性别），毕竟即使是一个“不是”的答案也是很有价值的。不过这种做法会让公司在查询时无法了解“是或否”答案之外的信息。首席营销官和营销机构将需要重新考虑任何基于邮件、社交媒体和移动终端的市场营销方式：基础设施或许会将沟通的成本降低到0，但顾客将会要求提高相应的费用以补偿阅读公司信息所浪费的时间。换句话说，你需要付费给客户才能让他们了解你的推销信息，不过你可以对查询过程进行量身定制（只面对特定的受众），这样就能在无须侵犯隐私的情况下精确地将信息送达到你的目标受众中。在新产品研发的每一步，你可以用不同的查询方式进行测试，了解不同的微小受众市场。我们可以将它称为“黑盒子营销”。

第二个区别就是搜索可以是多维度的。当你今天在万维网上搜索时，你会及时地搜索到一个快照，这个快照是在过去的几个星期间进行索引的。[14]计算机理论家安东诺普洛斯将这种现象称为二维搜索：水平化（在网络范围内进行广泛的搜索）和垂直化（对某个特定的网站进行深度的搜索）。第三个维度是顺序，以观察信息上传的先后次序。“区块链可以增加时间这个额外的维度，”他说道。用三维的方式对曾经发生的所有事的记录进行搜索，这具有非常深远的意义。为了证明这一点，安东诺普洛斯在比特币的区块链上进行搜索，发现了那个著名的（也是首个）商业交易记录——一个名为拉斯洛的人用10000个比特币购买了两个比萨。“区块链提供了一个几乎是考古学一般的记录、一个深度发掘的结果，能够永久地保存信息。”（为了省去你计算所花费的时间，若那个比萨的价格是5美元，而那时候1美元能购买2500个比特币，那么截至行文之时，这个比萨的代价已经有350万美元的价值了……不过这已经偏题了。）

对公司来说，这意味着需要有更好的判断力：管理者们需要雇用那些已经展示出有良好判断力的人才，因为错误的决定带来的后果无法再回撤了，也无法操控事件发生的顺序，无法对某个高管声名狼藉的行为做出抵赖。对那些非常重要的决定来说，公司需要实施内部的共识机制，所有的股东都需要就某个项目涉及的关键问题进行投票，以免到时候他们都以“我之前不知道这事”的态度来抵赖。或者，可以使用预测市场去测试各种场景。如果你是未来的安然公司的高管，你就无法推卸责任了。对新泽西州的州长克里斯·克里斯蒂来说，就不太可能在这种情况下对检察官声称自己不知道任何关闭乔治·华盛顿大桥的计划。

第三个区别是在价值方面的：互联网上的信息非常多，不太可靠，而且是可以销毁的；而区块链上的信息是稀缺的、不可篡改的及永久保存的。安东诺普洛斯对最后的这个特性是这样描述的："如果有足够的经济激励实现区块链的长期保存，则它持续数十年、数百年甚至数千年的可能性不可低估"。

这是一个神奇的概念。区块链作为一个像考古学意义上的记录，就如同亚述和美索不达米亚的古老石板那样。纸质的记录是短暂的、容易灭失的，而（具有讽刺意味的是）最古老的信息记录形式的石板，则是最具持久的。可以想象它在公司的架构中将会带来的影响。想象一下若有一个永久的、可搜索的重要历史信息的数据库，就如金融的历史一样。公司负责填写如下材料（财务报表、年度报告、给政府或捐赠者填写的报告、为潜在雇员/客户/顾客设计的营销材料）的人员可以从这个公开的、不可篡改的公司视角开始执行他们的工作，甚至增加一些过滤层，让股东可以简单地查看所需的数据。公司也可以有交易相关的行情显示系统和指示板，一些是用于内部的管理流程，一些是用于公开的。这一点是肯定的：你的所有竞争对手将会把这些数据源和指示板作为他们的竞争对手研究项目。那么，你为何不将这些信息放到网站上，让所有人都访问你的网站呢？

这让公司更有动力在公司之外寻找资源，这样他们对候选对象的质量和记录都能有更多的了解，不论这些对象是个人还是公司。

像 ConsenSys 这样的公司正在开发身份系统，让职位的候选人或候选承包商可以编写自己的个人形象，以向雇主透露相关的信息。它无法以中心化数据库那样的方式被入侵。用户有动力给自己的个人形象贡献数据，因为他们拥有并能控制这个形象，其隐私保护是可以进行配置的，而且能利用自己的数据实现经济利益。这是与像领英（LinkedIn）这样的公司不一样的，领英是一个由大公司拥有、实现经济价值但并没有实现彻底安全性的中心化数据库。

罗纳德·科斯和奥利弗·威廉森之前有可能想象到有一种平台能将搜索的成本降低，从而让公司可以在自身以外寻找耗费更低、绩效更好的资源吗？

2. 签约成本——我们究竟同意做什么？

我们如何与其他人达成协议或签订合约？降低公司所需人才或资源的搜索成

本只是第一步，但这远远不足以让公司出现明显的改变。所有的参与方都必须就协作的问题达成一致。公司存在的第二个原因是合约上的成本，如价格商议、确定功能、描述供应商货物或服务的条件、监管并执行条款相关的成本，以及在一方违约时采取的补救措施。

我们一直都有某种社会契约以及对专门的角色关系的理解，如部落里的一些人负责打猎并保护部落，而另一些人将部落集中起来并提供庇护。实时的物物交换从人类文明发端时起就存在了。合约则是更为近代的事情，从那时开始我们开始交易“承诺”而不只是财产了。口头的协议已经被证明是很容易被操纵或记错的，目击证人也是不可靠的。怀疑和互不信任阻碍了陌生人之间的协作。合约需要立即填写，除了外部的强制力外，合约本身并没有强制条款执行的正式机制。书面的合约是一种归纳义务、建立信任和树立期望的方式。书面合约在某人无法信守承诺或意外发生的情况下提供指引作用。但这些作用都无法在真空中存在，这必须依赖于一个认可合约和执行每一方权利的法律框架。

今天，大多数合约还是由原子（纸张）而不是数位（软件）构成的。因此，它们有极大的局限性，通常只用于记录某项协议。就如我们可能看到的那样，如果合约具有软件的性质（在区块链上的智能、分布式的存在），那么其可能性将会是无限的，而不仅仅会让公司更容易地与外部资源进行协作。可以想象一下，若《美国统一商法典》是在区块链上实现的，那影响会是怎样？

罗纳德·科斯和他的接班人们声称在公司内签订合约的成本要比在外部的市场上低很多，即一个公司实质上是为创建长期合约而设的媒介，这是因为签订短期合约所需的成本太高了。

奥利弗·威廉森进一步阐述了这个想法。他认为，公司存在的目的是解决冲突（主要是通过在公司内的各个参与方签订合约）。在公开市场上，法庭是唯一的纷争处理机制，它的成本很高，耗费时间，而且经常无法得到令人满意的结果。还有，他认为在诸如诈骗、其他非法活动或利益冲突的例子里，根本就不存在市场纷争处理机制。“事实上，内部机构的‘合同法’是具有宽容性的，这一点让公司就成为组织内部的上诉法庭。这也是公司能够行使市场无法达成的命令的原因。”[15]奥利弗·威廉森将公司看成是一个为契约安排而设的“治理架构”。

他认为组织架构对降低管理交易的成本是有意义的，还有“依赖于合约而不是选择，时常会让我们对复杂经济组织的理解变得更深入”。[16]这在对经济组织的学习过程中是一个经常出现的场景，迈克尔·詹森和威廉·梅克林这两位经济学家将这个问题解释得非常到位，他们认为机构实体只是由一堆合约和关系所构成的集合。[17]

今天，一些博学的区块链思想家们已经认真思考这个观点。以太坊的创始人维塔利克·布特因认为公司的代理人（如高管）只能在经过如董事会这样的机构批准后才能将公司资产用在特定的用途，而董事会这类机构又要向股东负责。“如果一个公司做了某件事情，那是因为董事会同意这个事情应该做。如果一个公司雇用了员工，那这意味着此雇员同意在特定规则集合下（特别是涉及报酬的事项）为公司的顾客提供服务，”维塔利克·布特因写道。“有限责任公司意味着特定的人群在行事时能够降低对来自政府的法律诉讼的担忧，即一群人行事时享用比个人单独行事时更多的权利，不过他们最终还是人。无论如何，这还是由人和合约构成的。”[18]

通过降低合约成本，区块链让公司更开放，并在公司边界之外发展新的关系，这就是区块链可以实现的事情。以 ConsenSys 为例，它可以在不同的成员集合之间构造复杂的关系，一些是在公司内的，一些是在公司外的，一些处于中间的状态。智能合约代替传统的管理者对这些关系进行管理。成员们自己安排到项目上，定义好所认同的可交付成果，并在交付成果后得到报酬——这一切都在区块链上完成。

（1）智能合约

这个世界变化的速率正为智能合约设下舞台。越来越多的人不仅“能使用计算机”，还“能熟练地使用计算机”。就如交易活动展示出来的迹象一样，这个新的数字中介与其纸质形态的前任的属性有着显著的差异。就如密码学家尼克·绍博指出的那样，它们不仅能够获取更大范围的信息（如非语言性的传感器数据），而且是动态的：它们能够发送信息并执行特定的决定。就如尼克·绍博说的那样，“数字媒体能够执行计算、直接操作机器并以远高于人类效率的方式进行推理”。[19]

出于本文讨论的目的，我们将智能合约定义为是一种能够为个人和机构之间的协议提供保护、实施、结算执行的计算机程序。因此，它们可以在商讨和定义这些协议的时候提供帮助。尼克·绍博在1994年提出了这个概念，而那年第一个网页浏览器网景（Netscape）也在市场上推出了：

> "智能合约是一个用计算机处理的交易协议，能够执行合约的条款。智能合约的主要目的是为了满足通用的合同条件（如支付条款、扣押权、保密性甚至是执行），减少因恶意行为或意外带来的争议，并减少对可信任的第三方中介的依赖。相关的经济目标包括降低因诈骗而导致的损失、仲裁和执行成本以及其他交易成本。"[20]

那时候，智能合约只是一个概念，因为当时的技术无法实现尼克·绍博提到的这种特性。那时候有类似电子数据交换（EDI）这样的标准格式，可以在买家和卖家的电脑之间传输结构化的数据，但并没有真正能够触发支付及金钱换手的技术。

比特币和区块链可以改变这些事情。现在，交易各方可以达成协议，当他们满足协议规定的条款时就能自动地进行比特币的交换。更简单的例子是，你的姐（妹）夫也无法抵赖在曲棍球赛事上参与的赌注了。有个没那么简单的例子是，当你购买了一个股票，交易可以即时结算，而股份能及时转让给你。还有，当承包商提交了满足特定规格的软件时，他们就能得到报酬。

用于执行功能有限的智能合约的技术手段已经存在一段时间了。合约是经过商议的一个交易，而且在交易开始前就具有效力。安德烈亚斯·安东诺普洛斯用一个简单的例子进行了解释："如果我和你现在同意我将会为你桌面上的那支笔付款50美元，这完全是一个有效力的合约。我们可以说，'我承诺我会付50美元购买你桌上的那支笔，'而你的回应是，'是的，我愿意接受。'这样的结果就是法律上的'要约、承诺和对价。'我们已经达成了一个协议，而且可以在法院里执行。这与我们所做出的承诺的技术实施方案是无关的"。

对安德烈亚斯·安东诺普洛斯来说，区块链之所以引起他的兴趣，原因是我们能够在这个内置了结算系统的去中心化技术环境中履行各种金融义务。"这是非常酷的"，他说，"因为我现在可以真的为了这支笔付款给你，你可以马上看到这些钱，然后你将这支笔放到邮件中，我可以进行验证。这显然增加了我们做生意的机会。”

法律专业产业正慢慢地接触这个机会。就如每一个处于中间位置的人一样，律师也可能受到去中介化的影响，最终需要适应这个趋势。智能合约研究这样的专长可能是那些想引领合同法创新的律师事务所的重大机会。不过，法律产业并不是以探索新领域著称的。法律专家（也是一个关于区块链的新书的共同作者）亚伦·赖特告诉我们，“律师们的反应是很慢的。”[21]

（2）多重签名：智能的复杂合约

不过，或许你会说智能合约的复杂性和耗时的商议过程所带来的成本超出了公开边界所能带来的好处？现在看来，并不是这样的。若合作伙伴们能够事前决定一个协议的条款，那么其监视、执行和结算成本将会极大地降低，甚至可能完全免除。还有，结算可以实时发生，甚至全天都能在几微秒的时间内完成（取决于具体的交易）。更重要的是，通过与更高级的人才展开合作，公司可以实现更好的创新成果，提高自身竞争力。

我们来考虑一下使用独立承包商的案例。在数字化交易的早期，区块链只适合用于最简单的双方交易。例如，若艾丽斯（Alice）需要一个能快速帮她完成代码的人，她可以很快地在一个合适的讨论区以匿名的方式发布一条“需要程序员”的信息，然后鲍勃（Bob）就能看到这条信息。[22]若价格和时间点都合适，鲍勃就会发送一些以前的工作成果案例。如果他的案例满足艾丽斯的需求，艾丽斯就会出价。他们同意如下的条款：艾丽斯会立刻发放一半的费用，而剩下的一半费用在代码接收完并成功测试后才会发放。

他们之间的合约是很简单的，包含了一个雇佣的要约及接受该工作的答复，而且不需要用书面的方式写出来，不过他们在区块链上的互动还是使得这些条款被记录下来了。他们对比特币的所有权是与数字地址关联起来的（一长串字符），这个地址有两个部件：作为地址的公钥和有权访问该地址的任何代币的私钥。鲍勃将他的公钥发给艾丽斯，然后艾丽斯将款项汇到这个地址中。网络将该次转账记录下来了，并将那些比特币与 Bob 的公钥钱包关联起来。

如果这时候鲍勃决定他不想完成这个项目呢？在这个双方的交易中，艾丽斯并没有太多的选项。她无法让她的信用卡公司撤销这笔交易。她（还）不能到民事法庭并对鲍勃提出合同违约诉讼。除了一个随机生成的字母数字代码及一个在线的广告，她无法得知鲍勃的身份，除非鲍勃在一个中心化的平台发布了可用于追踪其身份的广告，或他们通过一个中心化的服务交换了邮件。她倒是可以表明鲍勃的公钥是不能再被信任的，因此降低了他作为程序员的声誉度。

若无法信任其他人执行区块链外的交易，这个交易有点像囚徒困境了：它还是需要一定程度的信任。声誉度系统可以在一定程度上缓和这个不确定性。不过我们需要往这个匿名和开放的系统中引入信任和安全性。

在 2012 年，“比特币核心开发者”加文·安德烈森往比特币协议中引入了一类新的比特币地址，名为“pay to script hash，P2SH。”它的目的是让一方“注资实现仲裁形式的交易，无论这交易的复杂程度如何”。[23] 各方使用多重认证签名或秘钥而不是单一的私钥去完成一个交易。社区通常将这个多重签名特性简写为“multisig”。

在多重签名交易中，各方就以下两个问题达成共识：生成了多少把钥匙（N），以及需要多少把钥匙（M）才能完成一个交易。这就叫 M/N 签名计划（安全协议）。想象一个带锁的箱子，你需要多把物理钥匙才能打开。通过这个特性，鲍勃和艾丽斯可以事先委托一个中立的、利益无关的第三方仲裁者帮助他们完成交易。这三方中的每一方都会持有 1/3 把私钥，要访问转账后的资金就需要有任意两把私钥的签名。艾丽斯会将她的比特币发送到一个公开地址。这时，这些资金可以被任何人查看，不过没人可以访问。当鲍勃看到这些资金已经被发送过来了，他就履行自己的合约义务。若验收的时候艾丽斯认为鲍勃的商品或服务是无法令人满意的，而且她感觉受到欺骗了，这时她可以拒绝给鲍勃提供第二把钥匙。这两方将会求助于仲裁者（第三把钥匙的持有者），以帮助他们解决争议。仲裁者只在争议发生后进行干预，在任何情况下他们自己都无法接触到这些资金，因为这是一个由智能合约实现的机制。

若要远程签订合约甚至是自动化签订合约，你需要在一定程度上信任系统会根据协议实现你的权利。如果你不能相信另一方，你就必须相信争议解决机制以及（或）其后的法律体系。多重签名技术使得那些刻意保持公正的第三方能在匿名交易中引入安全性和信任。

多重签名技术越来越流行了。一个名为 Hedgy 的初创公司正使用多重签名技术创建期货合约：各方就一个将来交易的比特币价格达成共识，只交换其差价。Hedgy 从来不持有抵押品。各方在执行日之前将抵押品放置到一个多重签名的钱包中。Hedgy 的目标是将多重签名作为智能合约（完全自执行，验证透明化）使用的基础。[24]可以将区块链视为是在匿名性和开放性之间的辩证产物，而多重签名能够平衡这两个方面的需求。

另外，智能合约能够改变人力资源主管的角色。人力资源部门需要明白人才在公司内外都是存在的。使用智能合约以降低与外部资源建立关系的成本，这是他们需要应对的一个挑战。

3. 协调成本——我们应该如何协同工作？

假设你已经找到了合适的人才，也建立了相应的联系。那么，你该如何管理他们呢？罗纳德·科斯在他的文章中时常提及协调、匹配和规划不同的人、产品和流程以实现一个高效地创造价值的企业及这些工作所涉及的成本。与那些认为公司内部是有着内部市场的经济学家不同的是，罗纳德·科斯认为“若一个工人从 A 部门转移到 B 部门，他转移的原因并不是因为价格的相对改变，而是因为他接到了命令”。[25]换句话说，市场通过价格机制调配资源，而公司通过权威的命令调配资源。

奥利弗·威廉森继续进行了阐释，他认为有两种较为显著的协调系统。第一种（市场机制）是在去中心化的资源及其相关需求和机会调剂过程中的价格机制。而第二种（传统机制）是“公司采用一种不同的原则，即层级化——通常是用权力去影响资源调剂”。在过去数十年，层级化机制一直备受争议，人们认为它在扼杀创新、降低主动性、降低人力资本的价值，及通过不透明的运作机制推卸责任。有一点是确定的，很多层级化的体系最后变成了生产力低下的官僚主义体系。不过，虽然层级化这个概念的口碑很差，但作为层级化体系最有力的拥护者之一，生于加拿大的心理学家埃利奥特·雅克（Elliot Jacques）在 1990 年的《哈佛商业评论》的一篇经典文章里说道，“经过 35 年的研究，我认为管理体系的层级化对大型机构来说是最高效、最坚强，实际上也是最自然的架构。若有合适的架构，层级化可以释放能量和生产力，使生产力合理化，并鼓舞士气”。[26]

问题就在这里，在近代的商业历史中，很多层级化的体系效率并不高，甚至令人啼笑皆非。重要证据是《呆伯特法则》（Dilbert Principle），这是史上销量最高的管理学书籍，作者是斯科特·亚当斯。下面这段对话摘自漫画《区块链技术上的呆伯特》：

管理者：我认为我们需要建造一个区块链。

呆伯特：糟了。他真懂自己说的东西吗？还是在一个交易杂志的广告里看到的？

呆伯特：你希望你的区块链是什么颜色的？

管理者：我认为淡紫色的内存最多。

在上述例子中，斯科特·亚当斯描绘了层级化结构出现问题的其中一个标志——管理者在获得一定权力后却无法了解实现有效的领导技能所需的知识。

与具有进步管理思维（如何实现高效、创新的组织）相结合后，第一代的互联网让具有此类思维的管理者们改变了工作部署及业绩、赞誉和晋升机制运用的从上至下的架构。

不管怎样，中心化的层级体制是一种惯例。从互联网的早期开始，人们就注意到其去中心化、网络化和赋权的特性。小组和项目开始成为内部组织架构的基础。电子邮件让人们可以在机构内的组织孤岛之间进行相互协作。社交媒体降低了内部协作的成本和交易成本，公司能够更容易地与供应商、顾客和合作伙伴连接起来，这也使得公司的边界不再那么封闭了。

不过，现今的商业化社交媒体工具正在帮助很多公司实现一个新层次的内部协作体系。作为真正权力去中心化的标志，赋权在商业领域中非常重要；而一些公司已经在试验或实施从矩阵管理到全体共治这类新概念，其成效各有不同。

实际上，现在很多人已经达成共识，认为责任、职权和权力的分散通常会带来积极的结果：实现更好的商业功能、顾客服务及创新。不过，这样的机制在实践中谈何容易。

互联网也没有降低经济学家们所谓的“机构成本”，即为确保公司内每一个人都是根据雇主利益行事所耗费的成本。实际上，诺贝尔经济学奖得主（是的，这个故事里出现了不少诺贝尔经济学奖得主）约瑟夫·斯蒂格利茨认为这些公司的庞大体积及明显的复杂程度提高了机构成本，即使在公司的内部交易成本已经大幅下降的情况下。因此，这也导致了首席执行官与一线员工之间存在巨大的薪酬差距。

那么，区块链技术在这个问题上能发挥什么样的作用呢？它如何能够改变公司内部管理和协调的方式？通过智能合约和空前的透明度，区块链不仅能够减少公司内部和外部的交易成本，也能极其显著地降低机构在各个层级的管理成本。这些改变又会让人们更难通过投机取巧去欺骗系统。这样，公司不仅能降低交易成本，还能解决最明显的问题即机构成本。尤查·本科勒告诉我们，“区块链让我最为兴奋的地方是它让人们能够以一个组织所具备的持续和稳定特性互相协作，但不会有组织里面那种层级机制”。[27]

这也意味着管理者应该准备迎接在协调资源和行事过程中所需要的极大透明度，因为股东这时将能够观察到这个过程中的低效问题、不必要的复杂性、高管的薪酬与其实际贡献价值之间的巨大差距。记住，管理者并不是公司所有者的代理人，他们在公司里扮演的是中介角色。

4. 建立信任所需的代价——我们为何要互相信任？

就如我们已经解释过的那样，商业和社会中的信任是对另一方将会做到诚实、考虑对方利益、承担责任和透明性的一种期望——即预期他们会以正直的原则行事。[28]建立信任需要解决很多问题，而很多经济学家和其他学者认为垂直化管理的公司存在的原因是在公司内部建立信任要比在公开市场上容易得多。在这个诚信状态不容乐观的时代，公司所面临的挑战不仅是解决“能信任谁”的问题，还有如何能让外部的资源对公司产生信任。

确实，经济学家迈克尔·詹森及其同事们认为正直性是一个生产要素，这并不是他们的首创，不过他们的论述是最有说服力的。他们认为在金融世界里看似永无尽头的骗局及其对价值和人类福祉所带来的严重影响表明了往金融体系中引入更多的正直性是非常重要的。对他们来说，这并不是一个道德问题，而是一个在金融经济体系里“显著提高经济效率、生产力及聚集人类福祉”的机会。对他们来说，“正直性对个人或组织来说有着重要的经济意义（对价值、生产力、生活质量等因素而言）。确实，作为一种生产要素，正直性与劳动力、资本和技术有着同样的重要性”。[29]

一系列违反正直性的举动让华尔街失去了人们对它的信任（甚至差点就把资本主义终结了）。不过它们已经改变了吗？它们以后会改变吗？在过去，公司的社会责任的推崇者认为公司“可以通过做好事走向成功”。我们还没看到过相关的证据。很多公司通过作恶的行为赚取了不少的利润，如通过在发展中国家剥削员工、将污染这类的成本转移到社会上以及凭借垄断地位盘剥顾客。2008 年的金融危机确实让我们看到了一些公司“因作恶付出了很大的代价”。大型的银行经历了重大的损失后才意识到了这一点，在 2008 年之前它们之中有不少银行每年赚取 20% 以上的净资产收益率，而今年有不少银行的净资产收益率已经显著低于 5% 了，甚至有一些银行连资金成本也没法赚回来，从一个股东的角度去看，这种银行不应该再存在了。[30]

若从现实考虑，华尔街有可能听从迈克尔·詹森的劝告并以正直的要求行事吗？当然了，赚取私利和短期收益的倾向在西方金融体系中已经是根深蒂固了。

现在来考虑一下区块链技术和数字货币。如果各个参与方无须互相信任，也可以根据诚实、承担责任、考虑对方利益和透明性的原则行事——因为这些是金融体系技术性平台的根基，这样会带来什么样的改变？

史蒂夫·奥莫亨德罗给我们提出了一个很有说服力的例子。“若有一个来自尼日利亚的人希望购买我在售卖的一个东西，我将会保持高度的警惕性，我不会接受一笔来自尼日利亚的信用卡或支票付款。现在，通过这个新的平台，我知道我可以信任这个平台，而且不需要引入因建立信任关系所需的成本。因此，它能让以前不太可能的交易方式具有可行性”。[31]

这样，华尔街的银行家们并不需要将正直性植入到他们的 DNA 和行为之中；区块链的发明者已经将正直性植入了软件协议里，并将它部署到整个网络中，这为金融服务产业带来了一个新的公共设施。这个好消息意味着金融服务产业能够重新构建并持续维护信任。

区块链技术能极大地降低搜索、合约、协调和建立信任的成本，对公司来说，这不仅能够更容易地对外开放，也能与外部的参与方建立信任关系。在这种机制下，为自己谋取利益也意味着实现每一个人的利益。欺骗这个系统的成本远远高于依据该系统设计原则去行事的成本。

这并不是说公司品牌甚至行事伦理是不重要的或不再被需要了。区块链帮助确保正直性，因此信任是在双方之间的交易中存在的。它也帮助实现透明性，这是一个信任的关键要素。不过，就如作家和技术理论家戴维·蒂科尔所说，“信任和品牌不仅是确保完成一项交易，它们还是与质量、乐趣、设备或服务的安全性、威望及从容性有关的。在今天全球气候变暖的大环境下，营造最佳品牌的方式是透明性，以及产出对环境、社会及经济负责的可证实的重要结果”。[32]

通过智能合约，高管们就需要对其行为负责了。通过软件的执行和结算，他们必须履行他们的承诺。公司能够以高度的透明性将各种关系进行编程（安排），这样每一个人都能够了解到各方的角色和责任。总的来说，不管他们是否愿意，也必须以一个考虑其他参与方利益的方式行事，因为这个平台要求这样做。

决定公司边界

总的来说，让公司与其供应商、顾问、顾客、外部的同业社区及其他机构分离开来的边界将会越来越难定义了。或许同样重要的是，它们将会不断地改变。

即使有了区块链，公司还是会继续存在的，因为在公司内部进行搜索、合约管理、协调和建立信任的机制相比于公开市场来说性价比是更高的（至少对很多事情而言）。有一种想法被称为“自由职业国”，即人们可以在公司的边界之外工作，这种想法是一种错觉。创建了区块链研究学院的梅拉妮·斯旺说道，“公司需要什么样的规模才能实现最佳的业务效率？这并没有一个标准答案，人们有时作为个人或在线自由职业者参与工作。”对她而言，将会有新型的“由围绕项目达成合作关系的个人或组织所构成的灵活性极强的商业实体”。她将这种新式的公司形式看成是行会，行会是在工业化以前的时代，由在某个特定的城镇一起工作的商户或店主组成的联合体。“我们还是需要由组织承担协调机制。不过这种新型的团队协作模式的具体架构现在还不是很清晰。”[33]

今天，我们时常听到“公司应该关注他们的核心”的看法。不过，当考虑到区块链技术将会带来交易成本的下降时，什么是公司的核心？在公司的核心总是不停变化的情况下你如何对其进行定义？

看来，每一个人对与公司生产力和竞争力最大化相匹配的规模有着不同的定义。我们考察的很多公司对此并没有清晰的看法，似乎是选择了鲍勃·迪伦（Bob Dylan）的方法去决定什么是内部的、什么应该是外部的（“你并不需要一个气象员也能知道风向”）。例如，后勤部门处理流程经常被描述成一种“容易的事”，但其依据并不明显。

有一些观点是更严密的。根据加里·哈梅尔和 C. K. 普拉哈拉德提出的核心能力的观点，公司通过掌握某种能力实现竞争优势。公司所掌握的核心能力对其至关重要，而其他的一些能力可以从外部获取。[34]不过，公司或许会掌握一些与其关键任务无关的活动。这些能力还应该保持在公司内吗？

战略专家迈克尔·波特对此有一种隐含的看法，即竞争优势来源于活动，特别是来源于互相强化的活动所组成的网络（作为一个整体，这些活动难以被复制）。这其中重要的并非业务的某个环节，而是它们是如何互相联系并在一个独特的活动系统中互相强化。竞争优势来源于由各种活动所组成的系统的整体；系统内的任何个体活动可以被别人模仿，但竞争者们无法实现同样的好处，除非他们有办法复制整个系统。[35]

其他人认为公司总是应该保留与关键任务相关的功能和能力——为了生存和走向成功，公司必须认清楚这一点。但对电脑公司来说，制造电脑是关键；不过戴尔、惠普和 IBM 将这些活动的大部分外包给 Celestica、Flextronics 或 Jabil 这样的电子产品制造服务公司。对一个汽车生产商来说，车辆的最终组装是关键任务，但宝马和梅赛德斯将这些活动外包给了麦格纳（世界第三大汽车零部件供应商）。

斯坦福商学院教授苏珊·阿西的论点颇有说服力：“可能会有一些关键任务的功能，如大数据的收集和分析工作，这些事情若搬到公司外进行的话风险是比较高的，即使你在这个领域并没有独特的能力”。[36]确实，可能会有一些如数据分析这样的事情，其生命力取决于独特的能力，这对在外面寻找合作伙伴可能会带来一些相关的风险。不过，其实可以在战略上利用外部资源去建立内部的能力。

我们的观点是公司边界定义的起点是了解你的产业、竞争者和有获利型成长空间的机会——并用这些知识作为建立一个商业战略的基础。然后，区块链开创了建立网络和联系的新机会，每一个管理者和知识工作者需要随时考虑这点。公司边界的选择并不是简单地由高管们决定，那些希望为创新和高绩效而掌握最佳能力的人都可以参与进来。有一个重要的问题我们是需要提一下的，就是你不能将你的公司文化外包出去。

分析模型

若考虑到区块链技术能如何用于公司外部资源的利用上，公司现在对那些与竞争力至关重要的商业活动或功能可以做出定义了——它们是关键任务，同时也具备足够独特的特性，以确保差异化价值的实现。(参考图 4 - 1)

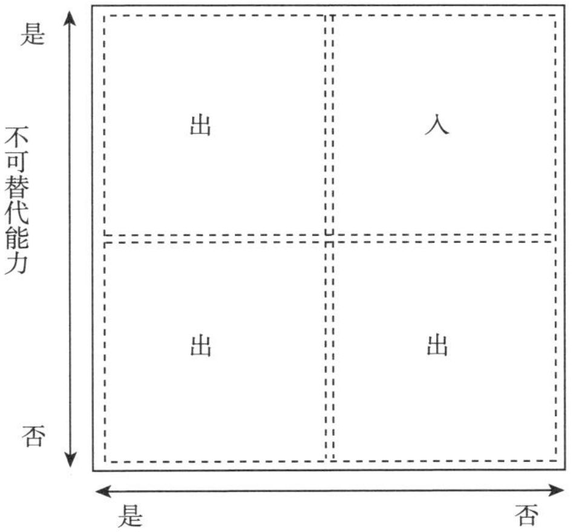

图 4 - 1　业务核心能力

不过，这个“入 - 出”的模型只是在任何特定阶段对公司边界进行定义的起点。在定义“什么是最基本的”这个问题上，公司需要考虑其他什么因素？至于将活动外包还是在公司内实现的问题上，有什么因素会影响这个选择？

破解你的未来：边界的决定

当考虑公司边界如何定义的问题时，公司应该开始用区块链对以下事项进行全方位观察并达成共识——在它们的业务中，什么是唯一的，什么是关键任务？我们来重新讨论约瑟夫·卢宾和 ConsenSys 的案例，毕竟它们预示了基于区块链的企业的运作手法。记住，ConsenSys 仍处于早期阶段，它的业务可能会受到很多不利因素的影响。我们仍然还是可以从这个公司的例子中进行学习。

1. 有什么合作伙伴可以更好地完成某项工作？具体来说，我们如何能利用新的“群众生产”社区、创意集市（ideagoras）、开放平台及其他区块链商业模式来获益？ConsenSys 这个公司能够将一些杰出的专家组织起来完成工作，即使很多专家是在公司的边界之外的。

2. 在区块链技术下，公司边界的经济学问题是什么——合作的交易成本与在公司内部保留、开发某项业务的成本哪个更高？你能开发一个核心元素是模块化的、可重用的智能合约套件吗？ConsenSys 使用智能合约以降低协调成本。

3. 技术上的互相依赖性与模块化相对比，程度如何？如果你对那些能够实现模块化的商业部分进行定义，那么你就可以很轻易地在公司外部重新配置这些部分。ConsenSys 对软件开发制定了标准，并提供对多种软件模块的访问权，这样它的合作伙伴们能够在上面搭建应用。

4. 你的公司在管理外包工作这方面的能力如何？智能合约能增强那些能力并降低成本吗？从一开始，ConsenSys 就是一个区块链公司，其首席执行官约瑟夫·卢宾拥抱该科技和一种经过改进的全体共治制度，我们也能看到那七个设计原则在发挥作用。

5. 有人认为这其中存在机会主义的风险，即一个合作伙伴可能会蚕食你的基本业务，就如有观点认为富士康可能会蚕食智能手机厂商的业务一样，这其中的风险有多高？ConsenSys 希望通过由人才分享其创造成果的激励机制去建立忠诚度，从而应对这个挑战。

6. 在组织的进一步网络化（和收缩）的过程中，会存在法律、监管或政治上的障碍吗？对 ConsenSys 来说，目前还没有碰到过相关的问题。

7. 创新的速度和节奏对公司边界划分的决定来说是非常重要的。有时公司不得不为一个战略性的功能寻找合作伙伴，原因是他们无法在最短时间内自己开发出来。合作关系协议可以成为一个占位符。建立合作关系会帮助我们建立一个能提高竞争优势的生态系统吗？这就是 ConsenSys 的策略：在以太坊平台上建造一个由协作者组成的网络，培育这个平台和生态系统，最终提高所有环节的成功概率。

8. 会有失去对某些基本要素（如一个产品或网络架构）的控制的风险吗？公司必须明晰价值链的哪个部分将会是创造和捕捉价值的关键。如果这些部分转让出去了，公司就会走向失败。以太坊平台为 ConsenSys 提供了一个基础架构。

9. 有什么能力（如数据资产的利用）是必须成为你的企业及其所有运作流程的基础框架的一部分？即使你缺乏某个特定的能力，你也应该将与他人合作视为一个过渡性的策略，最终目标还是为了在企业内部发展出这方面的专才和能力。区块链技术将会带来一系列新的潜能，这些潜能都需要铭记在每一个员工的心中。你不能将公司的文化外包出去。

第五章　新商业模式：在区块链上寻找新机会

Airbnb 是在 2008 年金融市场崩溃前的一个月成立的，现在已经成为一个价值 250 亿美元的平台。它以市值和房源计算都是世界上最大的房源供应商。不过，房子的实际拥有者们只收到了他们所创造价值的一部分。国际汇款需要通过西联汇款进行，每笔交易需要收取 10 美元的手续费及额外的外汇转换费用，其结算时间也非常长。Airbnb 存储数据并利用它实现经济利益，而房东和顾客都担心隐私保护的问题。

我们与区块链专家迪诺·马克·安格里蒂斯进行了头脑风暴，旨在设计一个区块链上的 Airbnb 竞争者。我们决定将这个新的商业模式称为“bAirbnb”。它更像是一个由成员所拥有的合作社。所有的收入（除了经常性费用）会流到它的成员手中，这些成员可以控制平台并进行决策。

bAirbnb VS. Airbnb

bAirbnb 是一个分布式应用程序（DApp），它是由一个在（用于登记房源列表的）区块链上存储数据的一组智能合约所组成。bAirbnb 有一个简洁的界面：用户可以将他们的房产信息和照片上传上去。[1]为了提高每一个人的商业决策质量，这个平台为供应商和承租人保留声誉评分。

若你想租一个房子，bAirbnb 软件会在区块链上扫描和过滤所有满足你条件的房源（如离埃菲尔铁塔 10 英里内，有两个卧室，只接受 4 星级以上的评分）。你的用户体验跟在使用 Airbnb 的时候会是差不多的，除了这时你是通过加密过的并用密码学签名的信息在一个点对点的网络上进行沟通，而不是将这些信息存储在 Airbnb 的数据库里。[2]只有你和房源的所有者能够阅读这些信息。你们可以互相交换电话号码，而这在 Airbnb 上是不允许的，因为它不想放弃未来的中介服务收入。在 bAirbnb 上你和房主可以在区块链之外进行沟通和交易，不过你还是应该在区块链上完成交易的，这有几个方面的原因。

声誉度

由于网络在区块链上记录交易，每一个用户的积极评价都会提高你相应的声誉度。可能得到负面评价的风险会让每一方都保持诚信。记住，那些声誉度较高的人可以在多个去中心化应用程序上使用同样的身份，并持续从其优良的记录中获益。

身份验证

由于我们并不与一个代表我们去检查身份 ID 的中心化系统打交道，双方都需要确认对方的身份。区块链从一个称为"VerifyID"的身份验证应用程序中调用一个合约，这是 bAirbnb、SUber（区块链上的 Uber）和其他去中心化应用程序用于检查现实世界身份的（智能）合约之一。

隐私保护

"VerifyID"并不追踪交易或将所有交易存储到一个数据库里。它在收到一个校验公钥（身份）的申请时，只会简单地返回一个真或假的结果。不同类型的去中心化应用程序可以调用"VerifyID"，不过"VerifyID"永远不会知道交易的细节信息。这种将身份与具体活动隔离的做法极大地增强了对隐私的保护。

降低风险

房屋所有者当前将顾客的身份和财务数据存储在自己的服务器上，而这些服务器是可以被入侵和泄露资料的，这样会给房屋所有者带来法律风险和很大的责任。在区块链上，你不需要将你的信息托付给一个供应商；这里面根本就没有一个中心化的数据库可以被入侵和导致资料的泄露。这里面只有点对点的独立的“假名”交易。

保险

现时，Airbnb 为房屋所有者提供 100 万美元的保险，以应对盗窃或损坏的风险。在 bAirbnb 上，房屋所有者可以使用 bAirbnb 保险 DApp，像你这样有着良好声誉度的租户会有更低的保险费率，从而避免了补贴那些不够谨慎、粗心大意或不爱护财物的租户。当你提交了一个租房的申请，bAirbnb 将你的公钥（身份）发送到保险合约里面并等待回答。保险 DApp 会联系一系列可信的供应者，而假冒的保险公司将会被排除。保险公司会通过自主运行的机构软件对合约所输入的信息实时进行计算——如房屋所有人的房产市值、他们需要多少保险额度、房屋所有人的声誉度、你作为租户的声誉度，以及租金价格。bAirbnb 会接受最优惠的保险费率并将其加到房屋所有者希望收取的日租金里。区块链在后台处理这些计算任务，房屋所有人和租户有着与 Airbnb 差不多的用户体验，不过得到了一个更优秀、更公平的价值交换体验。

支付结算

当然了，在区块链上你可以在几秒时间内将款项发送给房产所有者，而这在 Airbnb 上需要几天的时间。所有者通过智能合约可以更容易地管理押金，一些人会使用托管交易账号以逐步支付款项（每晚、每星期、每小时等），或在彼此的同意下将款项全部支付完毕。若出现了涉及智能合约的纠纷，各方可以申请仲裁。

使用智能锁接入房产（物联网设备）

一个连接到区块链上的智能锁知道你什么时候已经付款了。当你到场后，你的带有近场通信（NFC）技术的智能手机可以用你的公钥签发一条信息，作为付款成功的证据，而智能锁就能被打开。所有者无须留下钥匙，也无须亲临该房产，除非他们想来打个招呼或解决某些紧急情况。

你和房屋所有者现在大约已经节省了15%的（在Airbnb上会收取的）费用。结算是有保证的、即时完成的。在签订国际合约的时候，也没有外汇转换的费用。你无须担心身份被盗。一些地方政府无法强迫bAirbnb给出所有的历史出租数据。这是真正的价值共享机制，而顾客和服务提供商都是赢家。

全球计算：分布式应用的兴起

在我们考察其他如bAirbnb这样的潜在的分布式商业实体之前，先讨论一下这项底层技术是如何推动中心化的。在区块链出现之前，中心化的组织一直在控制计算能力。

在企业级计算的前十年，所有的软件应用是在用户的电脑上运行的。通用汽车公司、花旗银行、美国钢铁公司、联合利华及美国联邦政府拥有大型的数据中心，用于运行各种专有的软件。公司从供应商手上（如20世纪80年代的巨头CompuServe）进行算力的租用或“时间分享”，以运行它们自己的应用程序。

随着个人电脑的发展，软件市场变得专业化了：一些公司开发客户端应用程序，另一些公司开发服务器应用程序（一台充当主机的电脑）。通过互联网的广泛使用（特别是万维网），个人和公司都能用他们的电脑去分享信息——最初是文本文档，后来是图像、视频或其他多媒体内容，最终是软件应用程序。[3]分享使得信息领域变得更民主化了，但这个阶段只延续了很短的时间。

在1990年，一种新型的“时间分享”的模式出现了，最初是叫“虚拟专用网络”，然后是云计算。云计算让用户和公司在第三方的数据中心里存储和处理它们的软件和数据。像Saleforce. com这样的新创技术公司通过使用云模式给顾客省下了开发和运行自己的软件所需的成本，从而实现了不少的收入。像亚马逊和IBM这样的云服务提供商创造了规模极大、市值高达数十亿美元的业务。在2000年左右，像Facebook和Google这样的社交媒体公司创造了在它们自己的大型数据中心运行的服务。这个中心化的趋势一直在持续，像苹果这样的公司将网络的民主化架构转换成如苹果商店（Apple Store）这样的专有软件平台，顾客在里面获取专有的软件，这并不是开放的网页，而是严密把关的地方。

在数字纪元，大型的公司一次又一次进行了合并，在它们自己的大型系统中创建、处理、拥有或收购各种应用程序。中心化的公司使得中心化的计算架构最终带来中心化的技术和经济权力。

这是一些危险信号：单一的控制权让这些公司很容易面临灾难性的崩溃、欺诈和安全问题。如果你曾经是 Target、eBay、摩根大通、家得宝或 Anthem，甚至是 Ashley Madison（为已婚人士提供约会服务的网站），美国人事管理办公室（第二次被入侵了！）或 Uber 的顾客，你就能感受到 2015 年这些系统被入侵所带来的痛苦。[4]公司不同部分的系统在互相沟通的时候依然面临着重大的挑战，更不用说与外界公司系统沟通的时候了。对我们用户来说，这意味着我们永远没有控制权。其他公司用他们的隐含动机和目标为我们定义相关的服务，而这可能与我们的目标相冲突。就在我们产生宝贵的数据时，其他人控制这些数据并用其谋取巨大的财富（或许是史上规模最大的），而我们中的大部分人只得到很少的好处或补偿。这其中最可怕的是中心化的力量使用我们的数据去创造我们每一个人的形象档案，并可能会利用这些档案向我们兜售东西或监视我们。

现在区块链技术已经出现了。任何人可以在这个平台上传一个程序，让其自动执行，并且有密码学经济机制[5]在背后起作用，这样确保了这个程序会以当初设计的目标安全地执行。这个平台是开放的，而不是在一个机构之内，它含有不断增加的资源，如用于鼓励和奖励特定行为的数字货币。

我们在进入数字化革命的一个新纪元，人们可以进行分布式软件的编程和分享。就如区块链协议本身是分布式的那样，一个分布式的应用程序或 DApp（去中心化应用程序）会在很多计算机上运行，而不是在一个单一的服务器上运行。这是因为区块链上运行的所有计算资源可以在整体上视为是一台计算机。区块链开发者加文·伍德认为以太坊是一个处理平台并给出了一个解释：“世界上只有一台（统一协作的）以太坊计算机”，他说道，“它也是多用户的——任何曾经用过它的人都会自动登录进去”。因为以太坊是分布式的，并以最高标准的密码学安全机制构建，“所有的代码、处理流程和存储机制是在应用程序自己的密闭空间里存在的，没有人能够操纵这些数据”。他提到这台“世界计算机”里整合了这些关键的规则，可谓是“虚拟的硅晶片”。[6]

至于 DApp 的领域，在区块链出现之前已经有一些预热的例子了。点对点的文件分享应用程序 BitTorrent 展示了 DApp 的力量（当前它占据了互联网上所有流量的 5%）[7]。音乐爱好者、公司和其他媒体免费分享它们的文件，由于它们没有中心化的服务器，权力机构也无法将其关闭。敢于打破常规的程序员布拉姆·科恩发明了 BitTorrent，但他对比特币并没有这么热情，原因是围绕比特币进行的商业活动太多了，他认为“这场革命并不应该货币化”。[8]

我们中的大多数人认为通过技术创新创造收入和经济价值是积极的，只要这场数字化革命没有被少数人货币化。有了区块链技术，去中心化应用程序几乎有了无限的可能性，因为它将 DApp 带到了一个新的层次。DApp 和区块链可能会像歌曲描述的那样，“爱和婚姻，爱和婚姻，就如马和马车般结合在一起”，联合发挥作用。Storj 这个公司建造了一个分布式的云存储平台及一系列的 DApp，让用户可以安全地、廉价地、秘密地存储数据。这里面没有一个中心化的机构可以访问用户加密过的密码。这个服务消除了中心化数据设施的高成本；它是非常快的；它还对用户出租闲置磁盘空间的行为给予报酬。这就像电脑空闲存储空间领域的“Airbnb”。

DApp 的王者：分布式商业实体

DApp 如何能将更高的效率、创新和响应能力融合到公司架构里？我们能利用 DApp 实现什么新型的商业模式并创造价值？如果大型机构今天正在利用互联网所带来的好处，我们如何从“外包”和“商业网”的层面更进一步，实现真正去中心化的创新和价值创造模式，最终使得繁荣及数据的所有权和财富得以广泛分布？我们描绘了自己所认为的 4 个最重要的创新成果，并将其放置到两个矩阵里，如图 5－1 所示。

Y 轴表明了在这个模型中人们的参与度。在最左边的位置，这个模型需要一些人们的参与。在最右边，这个模型不需要人们的参与。

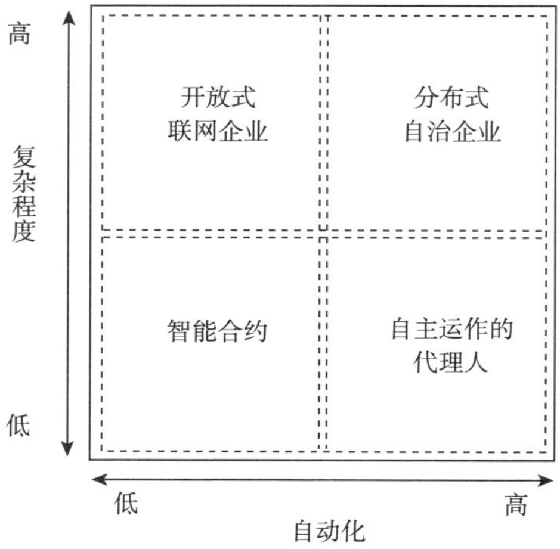

图5－1　分布式商业模式

X 轴描述了这个模型功能的复杂程度，而不是技术上的复杂程度。在最下面的位置标明这是可以执行简单功能的模型，在顶部的位置标明这是可以执行不同功能的模型。

这些是区块链经济体系的所有部件，因为它们使用区块链技术和加密货币（通常会有）作为它们的基础。智能合约是最基本的形式：它们涉及了一些需要人们参与的复杂性，特别是在多重签名协议的形式中对人们参与的需求更多。随着智能合约复杂性的增加及与其他合约进行活动，它们可以成为我们称为“开放式联网企业”的一部分。如果我们将“开放式联网企业”与自主运作的代理人——无须人们参与也能自动制定、执行决策的软件组合在一起，我们就得到了被称为“分布式自治企业”的形态，它只需少量甚至无须传统的管理体制或层级化体制也能为客户创造价值并为所有者创造财富。我们认为数千或上百万人可能会通过协作创造事业，并分享其创造的财富，而这是财富的分发而不是重新分配。

开放式联网企业

智能合约让公司能够与以前可能不会有业务来往的新类型供应商和合作伙伴去构建智能的、自我执行的协议，其中的费用非常低廉。智能合约若集合在一起，就可以让公司更像网络，让公司的边界更有渗透性和流动性。

区块链技术同时也降低了罗纳德·科斯所提到的搜索成本和协调成本，这样公司可以分解成更多的高效网络。一个汽车公司可以通过在线扫描统计服务数据去检查其供应商的可信性。很快，该公司就可以在区块链上的一些产业市场上输入“轮轴”或“窗户玻璃”并在线商讨价格。

我们可以将这个简单的场景扩展为寻找一个替换件、供应链合作伙伴、协作者或用于管理分布式资源的软件的场景。你希望从中国采购钢铁，从马来西亚采购橡胶，或从堪萨斯州的威奇托采购玻璃？没问题。以 DApp 的形式进行运作、为每一种商品而设的去中心化在线清算场所让采购商可以达成关于价格、质量、交货日期的合约，这个过程只需要用鼠标点击几下就能完成。你将会有一个详尽的、可搜索的记录，其中包含了以前的交易信息——不仅是不同的公司过去的评分状况如何，还有精确到它们是如何履行承诺的。你可以在虚拟的地图上追踪每一个批次货物的运输状况，展示出其精确的位置。你可以对商品的运输计划进行仔细的管理，确保它们及时到达，那么就不需要仓库了。

自主运作的代理人

想象一下，若有一个软件可以用自己的钱包和学习、适应的能力在互联网上工作，执行其创造者所定下来的目标，购买其生存所必需的资源（如运算能力），同时还能给别的组织提供服务……

自主运作的代理人（autonomous agent）这个术语有很多种定义。[9] 在本文中，它代表能够根据某个创造者的命令行事，并从其环境中提取出信息及有能力独立地做出决定的一种设备或软件系统。我们可以将某些自主运作的代理人称为有“智能”的，即使它并没有全面的智能。不过，它们并不是“只是一种计算机软件而已”，因为它们能够改变实现其目标的方法。随着时间的推移，它们可以感知并对它们的环境做出回应。[10]

“计算机病毒”是被引用得最多的自主运作代理人的例子之一。计算机病毒通过在机器之间复制自身实现其生存，这个过程并不需要人为干预。在区块链上放置一个病毒显然是更困难的，成本也更高，因为这可能必须付费给另一方与之互动，网络可以很快地识别出它的公钥，极大地降低其声誉度，或者不再确认它的交易。

以下是一些具有积极意义的区块链的例子。一个云计算服务可以从不同的来源租用计算机运算能力，通过与其他有闲置资源的计算机达成租赁协议，有可能成长成像亚马逊那样一样大的规模。[11]一个由社区、公司、个人或其自身所拥有的无人驾驶汽车在城市里面四处载客，并收取相应的费用。我们对以下的代理人十分感兴趣：它们应该可以进行交易、获取资源、进行支付或为其创造者带来价值。

创建了以太坊区块链的维塔利克·布特因为这些代理人建立了一套理论，并提出了一套分类法以描述它们的进化。在其中的一端，有单一功能的代理人，如病毒，其运作过程是为了实现它们有限的目标。然后就是更聪明、功能更多的代理人，如一个从供应商（如 Amazon. com）上租用服务器的服务。一个更高级的代理人可能会找出从任何一个供应商那里租用服务器的方法，然后使用任何搜索引擎去查找新的网站。一个更有能力的代理人甚至还能升级自己的软件，并适应新型的服务器租赁方式，如对终端用户给予报酬以租用他们未使用的电脑或磁盘空间。下一步就是能够发现和进入新的产业，从而通往物种进化的新台阶，即实现完全的人工智能。[12]

气象网络

一个自主运行的代理人能够使用区块链技术去进行气象预报从而赚取利润吗？我们可以想象一下 2020 年的场景。到那时候，世界最优秀的气象预报服务是来自一个由智能设备所构成的网络提供的，而这个网络在全世界范围内测量和预测气象。那一年，一个自主运行的代理人 BOB 被释放到网络上，与其他设备一起协作，创造出一个商业模式。下面是 BOB 的工作方式。

分布式环境传感器（气象探测节点）会被安装在电线杆、人们的衣服、建筑的屋顶上和到处行驶的车辆里，也可以与卫星相连接，最终形成一个全球的网格网络。这样，就不需要互联网服务提供商来提供网络连接了。它们不会将数据存储在一个中心化的数据库里，而是存储在区块链上。[13]这些传感器之中，有不少是用太阳能供电的，所以无须连接到供电网络了。这些传感器能在长时间内高效运作。

在这种模式下，区块链负责几个功能的处理。首先，它解决了支付问题。每一个气象节点每隔30秒都会收到一笔小微付款，是用于激励其提交的对应世界上某个特定地区的准确气象测量数据（温度、湿度和风等）。

区块链也会储存所有的气象节点的交易。每一个气象节点用其公钥对其所有数据进行签名并存储在区块链上。公钥是一个气象节点的识别标志，能够让其他实体用于其声誉度的评估。当节点产出了准确的气象数据后，它的声誉度就会提升。如果一个节点坏了或者被篡改了，产出了不准确的数据，声誉度就会降低。声誉度较低的节点获取的比特币要比声誉度较高的节点少很多。这个机制的受益人是这个应用程序的创造者——不管是个人、公司或合作社组织。

区块链也让数据提供者和数据消费者可以用点对点的方式参与到一个单一的、开放的系统中，而不是订购全球范围内数十个中心化的气象服务数据，更不需要编写软件用于这几十个服务器的API（应用程序接口）的沟通。通过智能合约，我们可以实现全球性的“气象数据市场DApp”，数据消费者可以实时地给数据出价，并以一个统一接受的格式接收到该数据。中心化的数据提供商可以抛弃其专有系统和个人销售任务，然后成为全球可访问的气象数据市场DApp的数据提供商。

全球气象DApp：传感器的网络

在互联网的第一个时代，技术创新只在中心里开展。中心化的实体，如能源公司、有线电视公司、中央银行，是可以决定什么时候升级网络、什么时候支持新功能以及谁有访问权。创新不能在“边缘”开展（如使用网络的个人），因为密闭的系统的规则和协议意味着任何设计成与网络进行互动的新技术必须经过中心化权力所有者的同意才能开始运作。

不过，这种模式是低效率的，因为它们无法实时知道市场的需求是什么。它们必须进行合理的推测，而这些推测的准确性往往不如市场的实时需求。所以我们就有了 WeatherCorp，它是一个中心化的服务，具体内容是安装传感器和发射卫星，这样它就可以将数据卖给少数希望订阅数据的人。

区块链让任何实体成为一个气象预报提供者或气象数据消费者，准入门槛很低。这只需要买一个气象节点（WeatherNode），放在你的屋顶上，并与全球气象数据市场 DApp 节点连接起来，你就可以开始获得收入了。如果你可以对你自己的屋顶气象进行改造让其精度变得更高，那就更好了。你在边缘进行创新，而市场会给予你相应的奖励。在开放网络上，对创新的激励机制能够促进效率的提高，在这一点上比封闭式网络做得更好。

机器人的竞赛

这些系统里面会有利益的冲突吗？如果气象节点开始扩展其能力并进入农作物保险市场，会出现认知上的差距吗？农民放置的气象节点希望强调旱灾所带来的影响，而保险公司的气象节点却称旱灾影响非常小。代理人（节点）的所有者和设计者需要运作的透明度。如果双方尝试通过偏见的立场进行传感器数据的过滤，那么他们各自的声誉度都会下降。

维塔利克·布特因指出创建自主运行的代理人是一项很有挑战性的工作，因为这些代理人的生存和成功都依赖于在一个复杂的、变化极快的甚至是敌意的环境里保持运行。“如果一个网页服务商希望作恶，他们或许会定位到某些服务的服务器，然后将它们替换成可以作弊的节点；一个自主运行的代理人必须能够检测到这样的作弊行为，并从系统中消除或屏蔽这些作弊节点所带来影响”。[14]

需要注意的是，自主运行代理人同时也将人格与资产的所有权与控制权分离开来。在区块链技术出现之前，土地、知识产权和金钱等所有的资产都需要由一个人或由人组成的合法组织持有。安德烈亚斯·安东诺普洛斯认为加密货币完全忽略了人格在其中的作用。“一个钱包可以被一个无人拥有的软件控制，所以有可能存在一种自主运行并控制自己资产的软件代理人”。[15]

一个自主运作的代理人可以支付自己的网页服务器，使用进化的算法去传播自身的副本（通过做出细微的改变并让这些副本生存下去）。每一个副本可以包含由它自己发现的或在互联网上进行任务的众包而得到的新内容。随着这些副本中的一部分运作得越来越成功，代理人可以向用户销售广告，所得的收入可以直接进入银行账号或者在区块链上某个安全的地方存储起来，这样代理人可以使用这些不断增长的收入去进行更多广告内容的众包业务并实现自身的传播。代理人会继续重复这个流程，这样能够吸引人的内容会得到广泛传播，并能自己维持运作，而不成功的内容基本上会消亡——因为它没有收入去维持自己的运作了。

分布式自主运作企业

现在，我们建议你坐在《星际迷航》船长的座位上绑好你的安全带。想象一下由有一个名为 BOB 9000 的东西——在一个复杂的、基于区块链的生态系统中的一系列自主运作的代理人，能够根据任务使命和规则进行相互的协作。结合在一起后，它们会创造出一系列可以出售给人类或各种组织的服务。人类会让这些代理人“充满生命力”，赋予它们完成运作所需的运算能力和资本。它们可以自己采购所需的服务，雇佣人类或机器人，获取如生产能力、品牌设计与推广和市场营销专长的合作伙伴资源，并实时进化。

这种组织也可以有自己的股东，可以是参与众筹活动的数百万人。这些股东提供一个任务使命，如本组织应该合法地将利润最大化并正直地对待其股东。股东们也可以在需要的时候进行投票以管理此组织。与传统的组织不同的是，传统的组织是由人类去做决定，而在终极的分布式组织里很多日常的决策制定任务可以被编程成为智能的代码。在理论上，这些组织最起码可以在较少甚至无须传统管理架构的情况下运行，每个流程、每个人都根据智能合约里编码好的特定规则和流程运作。在这种组织里，不会有报酬超出其贡献的首席执行官、管理层或公司里的官僚主义，除非这个组织决定雇佣并建造一个。在里面，不会有办公室政治，没有繁文缛节，也不会出现彼特原理所描述的情境中呆伯特型企业，因为技术提供者、开源社区或企业的创始人会为软件设定一个目标，让其自动执行特定的功能。

任何人类雇员或有合作关系的机构会在智能合约的框架下运作。当他们完成指定的工作，就能即时得到报酬——或许不是两星期一次而是每天、每小时或者是每微秒都可以在付款。这个组织并不一定要有拟人化的主体，雇员甚至可能不会知道是一个算法在管理他们。不过他们会知道“良好行为”的规则和标准。考虑到智能合约会将管理科学理论的集合编码进系统中，他们的任务和绩效指标将会是透明化的，大家都会因此而热爱工作。

顾客们可以提出反馈意见，而企业将会平心静气地接受并即时实施改进方案。股东们将会（甚至是频繁地）接收到分红，因为实时会计技术会取代年终报告。这个组织背后的开源软件的创始人制定了一系列的规则，搭建了透明的指导方案和不可侵蚀的商业规则，这个组织将会根据这些透明的规则执行所有的运作流程。

欢迎来到由区块链技术和加密货币所驱动的分布式自主运作企业（DAE），在未来自主运作的代理人可以自我聚合起来，形成一种全新的企业模式。

若你要说这一切听上去是不现实的、无意义的甚至是从科幻小说中提取出来的，那就先考虑一下如下的事情。通过代币（tokens）的使用，像 ConsenSys 这样的公司已经在内部发行股份了，在无须监管方参与的情况下进行了股份的公开发行。你可以用合法的方式记录私营公司的所有权，并在区块链上将这些股份转让给其他人。你的股份证书将能接收到分红并赋予投票权。你的新型“区块链网络公司”（blockcom）是分布式的，它不能脱离某个具体的辖区而存在，但你的股东可以位于世界的每一个角落。想象一下用类似的机制去以债券的形式发行债务——不管是私有公司的债券还是主权国家债券，这实际上是在创造一个债券市场。同样的逻辑可以应用在商品上——不仅是商品自身，还能是该商品所对应的票据，就如芝加哥商品交易所或全球黄金市场的运作一样。

不要以你现在所知道的证券的概念去想问题。想象一下若能有一个全球的 IPO，可以有 1 亿的股东，每人贡献几分钱。这并不完全是天方夜谭——管理和治理机制可以在几百万人拥有可投票归属权的情况下进行大范围的运作。最后，处于金字塔最底层的投资者可以在世界的任何地方参与并拥有一个创造财富的组织的股权。在理论上，我们至少能够设计出一个没有高管而只有股东、金钱和软件的公司。股东可以对代码施加相应的影响，这样代码和算法会取代某个层面的代表们（如董事会）。它对繁荣的实现所带来的机会是很显著的，其中的影响丝毫不亚于财富创造机构所有权的民主化。

这是不实际的？或许吧。不过考虑一下，已经有企业在使用以太坊这样的脚本语言去设计这样的功能，最终是为了建立自主运行的模式。另外，还有一些创新者已经在部署可以实现资金多重签名控制的代码。通过众筹活动，很多人在购买公司的股份。DApp 已经在为自主运行的代理人引路了。

这个彻底的分布式企业可以有一个钱包，它需要几千个签署人达成共识才能在一项重要的交易上花钱。任何股东可以就这笔钱的收款方提出建议，在与该笔交易有关的事项上管理共识。这样的架构会有一些明显的挑战。例如，需要有一些能够快速达成共识的机制，或者确定谁对该交易的结果负责？如果你在投票中的权重是万分之一，你的法律责任和负担会是什么？会有可能出现自我传播的犯罪组织或恐怖组织吗？安德烈亚斯·安东诺普洛斯对此并不担心。他相信网络会管理这样的危险性。“将这项技术带给 75 亿人，其中的 74.99 亿人会用它来做好事，而这样的好事会对社会带来非常积极的影响。”[16]

七大开放式联网企业商业模式

若要构建开放的联网式企业，则有可能颠覆或取代传统的中心化模式，甚至进化到早期的分布式自主运作企业，这其中存在着无数的机会。考虑一下这个分布式的模式能如何颠覆或取代金融服务的八项功能，范围包括了零售银行业、股票市场到保险公司和会计师事务所。现有的机构和新的机构都能构建这样的新型商业架构——实现更好的创新、以更低的成本创造更多的价值，并让生产者能够分享到他们所创造的财富。

区块链技术将《维基经济学》里描述的一些新商业模式带到了一个新的层次。[17]让我们思考一下，如何通过加入原生的支付系统、声誉系统、无须信任的交易、智能合约及自主运作的代理人（上述是区块链革命的关键创新点）去扩展如下的领域：大众生产、创意集市、专业消费者、开放平台、普通人的新力量、全球工厂和维基（社交）工作空间。

大众生产

大众生产是由无数的志愿者实现的，这样的志愿者们带给了你开源软件和维基百科，这些都是能媲美大型的、资金充裕企业的创新性项目。社区成员为了各种原因参与到项目中，这包括了兴趣、爱好、结识其他人或为实现自己的价值。现在，通过引入声誉度系统和其他激励机制，区块链就可以改善他们的效率并用他们所创造的价值给他们支付报酬。

大众生产社区可以是“普通人为基础的大众生产”，这是由哈佛法学院教授尤查·本科勒提出来的一个概念。[18]它有时候也被称为“社会生产”，这也是尤查·本科勒提出来的术语——商品和服务是在私营部门的边界之外生产出来的，而不是由一个公司或个人所拥有。在无数的例子之中，Linux 操作系统是最典型的一个（它不被任何人或公司所拥有，但已经是世界上最重要的操作系统了），还有维基百科（由维基媒体基金会所拥有），以及火狐浏览器（由 Mozilla 基金会所拥有）。大众生产也可以用于指代在私营部门里发生的一种活动，即各方通过群体协作创造出某些东西，但成果并不是为被群体所拥有。

大众生产作为一种受欢迎的商业模式，其重要性包含两个方面的原因。首先，大众通过协作，以志愿者的形式生产商品和服务，而公司在这其中会作为管理者并实现商业利益。读者在 Reddit 讨论平台（流行的外国论坛）上创造内容，不过他们并不拥有这些内容。若按照流量计算，Reddit 是美国规模排在前 10 名的网站。其次，公司可以利用大量的外部人力资源。IBM 拥抱了 Linux，并向 Linux 社区捐赠了价值数亿美元的软件。在这个过程中，IBM 省下了本来要用于其专有系统开发的每年 9 亿美元的费用，并创造了一个承载数十亿美元软件和服务业务的平台。

经验表明若要实现志愿者社区的长期可持续性是一件不容易的事情。实际上，一些最成功的社区找到了补偿成员所做出的贡献的方法。就如史蒂夫·沃兹尼亚克（Steve Wozniak）告诉斯图尔特·布兰德的那样，“信息应该是免费的，但你的时间则不应该是这样”。[19]

在 Linux 的例子中，大多数的参与者收到了来自 IBM 或 Google 的经费，以确保 Linux 满足他们的战略需要。Linux 目前依然是社会生产的一个例子。尤查·本科勒告诉我们，“一些开发者被第三方付款来参与到这个项目里这个事实并没有改变 Linux 的治理模式，也没有改变 Linux 是由社区共同开发的这个事实”。他认为这已经比那些在公司之间进行协作的所谓开放式创新及分享特定知识产权的模式更有成效。他说道，“Linux 为很多贡献者提供了明显的社会激励动力，因此这可以看成是一个混合模式”。[20]

还有，有很多这样的社区里充斥着各种不良行为、无能行为、破坏者和造谣者——那些通过散布煽风点火的、失实的或离题的信息去扰乱社区从而挑动矛盾的人。在这些社区中，声誉机制通常是非正式的，而良好行为也没有相应的经济激励。

通过区块链技术，大众能够为社区的高效贡献者开发出更正式的声誉度机制，以阻止不良行为，成员会预付一笔数额较小的钱，并会基于其贡献而有相应的增加或减少。智能合约降低了交易成本并打开了公司的边界，这样由公司所拥有的社区里，大众可以分享他们创造的价值并为他们所做出的贡献得到经济补偿。

考虑一下 Reddit 的例子。这个社区已经推翻了中心化的控制方式，不过依然受到来自轻率的、粗鲁的成员的影响。Reddit 可以从转移到一个更具分布性的模式中受益，这个模式能回报那些重要的贡献者。ConsenSys 已经在开发 Reddit 的区块链替代方案，就是为了实现上述目标。ConsenSys 认为通过提供经济上的激励机制可以改善类似 Reddit 这样平台的沟通质量，而无须依赖中心化的控制和审查。以太坊平台提供激励机制（可能是实时的），鼓励人们生产高质量的内容并以文明的规则行事，同时也能促进群体的共识。

Reddit 本来有一个名为 Reddit“黄金”的系统——这是一个可以让用户购买并让他们奖励给为他们带来价值的成员。销售代币所得的收入会用于站点的维护。对用户来说，这样的“黄金”并没有固有的价值。那么，如果有一个真实的、可转让的及基于区块链的货币激励机制，Reddit 成员能够开始因对站点良好运行做过贡献而得到真正的收入。

维基百科作为社会生产的旗舰象征也可以从这样的机制中受益。现在所有编辑文章的人会得到一个非正式的声誉度，即基于他们编辑过多少文章、效率如何，并且是通过非常主观的方式进行评价。维基百科社区经常就激励机制进行辩论，不过为7万个志愿者做出某种形式的经济补偿一直都是不现实的。

如果维基百科转移到区块链上——可以叫它 Blockapedia［区块链维基百科（结合了区块链与维基百科的词组）］，除了有在一个不可篡改的账本上记录带有时间戳的条目这个好处外，还可以实现更正式的声誉度管理机制，从而奖励良好行为并积累贡献。赞助者们可以资助金钱（或所有的编辑者可以捐赠）到一个托管账户里。每一个编辑者都有一个与其账户价值相连的声誉度。如果她试图破坏一篇文章（例如写上某场大灾难却从来没发生过），那么他在账户中的存款价值将会降低，而对于那些诽谤或侵犯他人隐私的行为，他将会失去账户里的存款甚至会面临民事或刑事的后果。有关第二次世界大战的真实事件可以通过多种途径确定下来，例如在区块链上查阅不可更改的事实或通过某些算法展示出就某项事实达成的共识。

你的 Blockapedia 的保证金可以是与你此前在维基百科或类似平台上的声誉度成比例的。如果你是一个新用户，而且没有声誉度记录，那么你就需要交出一笔较大的保证金才能参与。如果你成功在维基百科上编辑了200篇文章，那么你的保证金要求就可能很低了。

这并不一定是关于将维基百科转换成一个雇佣性质的补偿模式。“这只是一个基于你提供的信息的准确性和真实性而提供的对应现实世界的经济奖惩机制的简单例子。”[21]基于区块链的智能钱包的首席执行官迪诺·马克·安格里蒂斯说道。损害 Blockapedia 的行为会给你的正式声誉度带来损害，而且也会让你损失金钱。

不过维基百科现在运行得不错，不是吗？并非这样。Andrew Lih 在《纽约时报》的一篇文章里写道，在2005年几个月的时间里，有超过60个编辑被提升成管理员。管理员是一个有编辑英语版本文章的特权角色。在2015年，这个网站甚至连每月更新一个版本都变得很困难了。作为一个志愿者构成的全球组织，其内部存在一些不和谐因素。还有，在移动设备上编辑内容是很困难的。“潜在的维基百科编辑会随着移动设备用户数量的增加而不断降低。” Lih 表示维基百科的失落将会是很不幸的事情。“维基百科用这么少的成本、这么多的人力生产出了这么多的信息，这在历史上是从未有过的。这个组织里不存在营利机制和所有者，这让其成绩变得更显著。在这个互联网巨头争霸的时代，这个最无私的网站是值得被拯救的。”[22]

总的来说，大众生产社区是处于新型的、联网的价值创造模式的中心位置。在大多数产业里，创新越来越依赖于公共和私营的参与者构成的紧密网络、大型的人才库及通常被融合成新的终端产品的知识产权。就如 IBM 拥抱了 Linux 一样，公司甚至可以接入到自我组织的价值创建者所构成的网络中，就如开源运动共同创造价值或实现价值的大众生产一样。

知识产权创造者

在第一代的互联网中，很多知识产权的创造者并没有得到适当的补偿。例如音乐家、剧作家、新闻记者、摄影师、艺术家、时装设计师、科学家、建筑师、工程师等角色，这些人为唱片商、出版商、画廊、电影工作室、大学和大型公司都做出了贡献，而这些组织坚持这些创造者必须将他们的知识产权的相关权利转让给大型的（知识产权）权利管理中心，在这个过程中这些创造者在这些知识产权的价值中能获得的补偿越来越少了。

区块链技术为知识产权的创建者提供了一个新的平台，让他们能够得到其中的价值。可以考虑一种艺术品的数字记录系统，包含防伪证明、状态及所有者。一个新的初创公司 Ascribe 让艺术家能自己上传艺术作品，并加上水印以证明是确定的版本，还能像比特币那样从一个人的藏品库中转移到另一个人的。这是很强大的模式。这项技术解决了知识产权世界的类似双重支付问题，甚至比现有的数字权利管理系统都更好。艺术家可以选择是否、何时和何处部署这个系统。

文化基因（Meme）艺术家罗恩·V 说道，“艺术品是一种货币。艺术品转变成数字货币的机制无疑是未来的潮流。这是一个良性的步伐”。[23]如果某些音乐家、摄影师、设计师、插图画家或其他艺术家的作品可以被数字化并加上水印作为确定性的版本，那么他们就可以使用这项技术将他们的知识产权转化成可以交换的资产，或许还能成为某个特定的拥护者提供的定制化限量版本。艺术家们和博物馆可以使用 Ascribe 的技术去将某些作品借给其他的个人或机构。[24] Monegraph 这个公司在提供一个类似的服务：它在区块链上整合数字化水印和密码学技术，以用于作品的真伪性证明。艺术家们可以简单地将作品上传到互联网上的一个页面上，并将链接发给 Monegraph 公司。这个公司会发行一对公钥和私钥，除了与公钥相联系的价值是对该艺术品的数字证书，而不是对应比特币。Monegraph 同时也会在 Twitter 上发一条该证书的公开声明，这是值得注意的，因为美国国会图书馆会对公开的推特信息进行存档。[25]其他人或许会想声称他拥有该链接，但在这之前已经有两条公开的记录能够证明所有权了。[26]

有一个位于洛杉矶的初创企业 Verisart，其顾问是比特币的核心开发者彼得·托德，它有着更远大的追求。对艺术品的真伪和状况进行证明是一门大生意，而目前大部分是在纸质的条件下进行的，而且是被那些能访问私有数据库的精英专家们所控制的。即使对那些实际上知道自己所寻找目标的人来说，要找出谁拥有某个艺术品、这个艺术品存放的位置及其状况是一件很有挑战性的事情。Verisart 正将区块链技术与标准的博物馆元数据组合在一起，以创建一个为艺术品和收藏品而设的公共数据库。这个世界账本将会为世界范围内的艺术家、收藏家、管理员、历史学家、艺术品鉴定师及保险公司提供服务[27]。通过使用比特币区块链，Verisart 可以将数字化起源技术添加到任何实体作品上（而不只是数字化的艺术品），在参加在线拍卖活动或同意售卖艺术品前，用户将能够在移动设备上检查某份艺术品的真伪、状态和所有权的变化历史。“我们相信这项技术可以促进信任的形成和增加流动性，特别是随着每年 670 亿美元价值的艺术品市场开始转向私下售卖（点对点）和在线交易”，创始人罗伯特·诺顿这样告诉 TechCrunch 的，“艺术品的世界并没有崩溃，它只是在保证信任和流动性的过程中太需要依赖中间人了。我们相信一个去中心化的世界账本的出现，结合先进的加密机制以隐藏买家和卖家的身份，对艺术品市场来说是具有吸引力的”。[28]艺术家们将成为所谓的“利用权力实现经济利益的人”，通过技术签署协议并实时得到收入。

你可以将这个模式应用到其他领域。在科学领域，一个研究员可以为某些限定范围的受众专门发表一篇论文，就如中本聪（比特币发明者）所做的那样，从而得到评估意见和可信性，从而发表给更广泛的受众，而不是将所有的权利转让给一个科学期刊。这个论文甚至可以是免费获取的，但其他科学家可以向作者订阅一份更深入的分析或在线讨论。基于智能合约，她可以公开原始的数据或与其他科学家分享数据。如这篇论文带来了商业机会，相关的权利将会预先被保护起来。我们会在第九章进行进一步的讨论。

区块链合作组织

这个可信的协议促进了合作组织的运作——这是一种由希望实现共同需要的人所组织和控制的自主运作的机构。

"将 Uber 称为分享经济的说法是荒谬的"，哈佛教授本科勒说道，"Uber 使用了移动技术创造一种业务，降低了顾客所需的交通服务的成本。这已经是 Uber 所做的一切了。"[29]戴维·蒂科尔说道，"在英语的平常用法中，分享表明免费的交换，即不存在金融交易，就如孩子分享玩具一样。很遗憾这个词语已经在一定程度上失去了这个含义了。"对他而言，"事实是，分享就是数百万年来人类和其他生物相互进行交换的方式，分享这个行为自身就对分享下了定义了。互联网公司协助了某种形式的分享，但它们也对分享的行为、词汇和成果进行了商品化，并将其归为己有。"[30]

大多数所谓的"分享经济"公司实际上是服务的聚合者。它们通过一个中心化的平台将愿意出售闲置资源（汽车、设备、空闲房间、手工艺技能）的供应者聚集在一起，并转卖这些资源，同时收集着宝贵的数据，以用于将来的商业目的。

像 Uber 这样的公司已经破解了大规模服务聚合和分发的关键。Airbnb（一个服务聚合公司）与酒店进行着旅业的竞争；Lyft 和 Uber 对出租车和礼宾车公司带来了挑战；Zipcar（一个服务聚合公司）在被 Avis 收购前，用它良好的便利优势及方便的小时费率对传统的汽车租赁公司带来了挑战。

很多这样的公司已经将传统的本地化、小规模的服务（如简易旅馆、出租车和手工艺者）的经营规划变成全球化了。它们使用数字化的技术去利用那些被称为使用率不高的、基于时间分配的资源，如房地产（公寓的床位）、车辆（等待订单中的出租车）和人员（退休人员及不能找到全职工作的人才）。

区块链技术为这些服务的提供者带来了一种相互协作并分享更多价值的方法。对尤查·本科勒而言，“区块链能将人们一起工作的意愿转换到用于记录权利、资产、契约、贡献、使用等事项的可靠的账本中，这样的做法取代了 Uber 这样的公司所做的某些事情。这样，如果司机们想创立属于他们自己的 Uber 并用一个纯粹的协作组织取代 Uber，区块链让这成为可能。”他强调了“让这成为可能”这词。对他而言，“让这成为可能与将世界推到一个新方向有着不同之处”。他说道，“人们依然需要有做这件事的愿望，以及为了做这件事承担风险”。[31]

所以，为区块链版本的 Airbnb、Uber、Lyft、Task Rabbit 和各种应用的到来做好准备吧，这些应用会存在于任何有真正地进行分享及以协作的方式进行价值创造并收到他们所创造的大部分成果的地方。

按量计费经济

或许区块链可以将我们带到分享经济之上的一个层次——按量计费经济。我们就可以将闲置的资源出租并按量计费。现实中的分享经济有一个问题，就是房产所有者同意分享电动工具、小型农具、钓鱼用具、木工车间、车库或停车位，但这过程非常麻烦。“在美国，有 8000 万个电动钻的平均使用时间只有 13 分钟”，Airbnb 的首席执行官布赖恩·切斯基在《纽约时报》的一篇文章中写道，“每一个人都真的需要拥有自己的电动钻吗?”[32]

问题是，大多数人觉得自己去家得宝购买 14.95 美元的电动钻远比花 10 美元从一英里外（还得算上来回车程）某个人的手中租用这电动钻更简单和更具性价比。Sarah Kessler 在《快公司杂志》的一篇文章里写道，“分享经济已经终结了，我们把它杀死了”。[33]

不过，借助区块链技术我们可以出租一些特定商品的闲置使用时间，这类商品的分享过程并不存在太多的麻烦事——如 Wi-Fi 上网热点、计算机运算能力或存储空间、我们的计算机产生的热量、我们闲置的移动电话通话时间甚至是我们的技能——这都不需要做太多的事情，也不用在城市之间的陌生人家中来回往返了。当你去旅游的时候，你的 Wi－Fi 热点可以无须你的参与而出租自己的上网时间，每秒收取一丁点费用。你的想象力（或者可能出现的新监管政策）是你唯一的限制。你订购的套餐、物理空间和能源现在可以成为一种收入来源，将它们以按量计价的方式卖给对方，并通过微支付手段收取费用。你所需要的只是一个去中心化的价值传输协议，让其可以安全和可靠地与对方达成交易。这些平台渐渐地往我们的资产里注入衍生权利。你需要决定给别人分配多少使用权和访问权（甚至是防止别人使用你的资产的权利），并考虑这些权利的让渡应该收取多少费用。

这对实体资产来说也是适用的。例如，我们经常听说无人驾驶汽车这个概念。我们可以在区块链上建立一个开放的运输网络，所有者们可以通过一个加密的私钥（数字）去保有一辆汽车。通过公钥基础设施和现有的区块链技术（如 Etherlock 和 Airlock），租车者可以解锁一辆汽车，并在特定的时间段内使用它，这个过程是由智能合约的规则决定的，系统同时会实时对汽车（或其所有者）所消耗的时间和能源进行付款，然后在区块链上进行计量。因为区块链技术的透明性，所有者群体可以跟踪谁在履行承诺。那些不能履行承诺的人将会给其声誉度带来负面影响并最终失去对该系统的访问权。

平台建造者

当企业希望对外界中可能与该企业共同创造价值或新业务的个人或社区开放它们的产品和技术设施时，就会创造平台。其中一个类型是专业消费者（prosumers），这是一种会进行生产的顾客。[34] 在一个有着顾客创新的活力世界里，新一代的专业消费者认为“探索各种新玩法”是他们与生俱来的权力。

区块链技术为产销合一的市场提供了新动力。耐克运动鞋可以在一个分布式账本上生成和存储数据，这样在双方所签署的智能合约的规定下，耐克和运动鞋的用户可以用这些数据实现经济利益。若顾客同意激活鞋子里的智能合约甚至将她的鞋子与其他穿戴用品（心脏监护器或葡萄糖水平计算器或包含其他对耐克有价值数据的设备）同步，耐克可以在每一对卖出去的鞋子里附带一小部分股份。

跟一些与其顾客共同创造产品的专业消费者社区相比较，某些平台具有不同的特点。在开放平台上，一个公司可以为合作伙伴提供更广泛的收入来源，这些合作伙伴需要做的是开创新的业务或简单地为平台增加价值。

现在，通过区块链技术，公司可以快速地创建平台，并与其他人一起合作为整个产业创建平台或实用工具。罗宾・蔡斯是 Zipcar 和 Buzzcar（一个让用户与他人分享汽车的公司）的创始人，她现在是《大众公司》的作者，这本书详细讲述了大众协作所带来的力量。她告诉我们，“若要利用闲置资源里发现的价值，就取决于为鼓励人们参与所设计的高质量平台，这些平台的建造成本并不便宜。区块链在提供标准通用数据库（开放应用程序接口）及标准通用合约方面非常出色。区块链可以让平台的建造成本变得更低、更可控”。这只是一个开始。“它的优势是其通用的数据库有助于提高数据的透明性和可移植性：消费者和供应商可以寻求最佳的条件。他们也可以在区块链上进行相互协作，创造他们自己的平台，而不是使用传统公司的资源”。[35]

你可以将汽车看成是未来的一部分。它可以作为基于区块链的网络的一部分而存在，在里面每一个人都可以分享信息，车辆的不同部分可以进行交易和交换金钱。由于有了这样的一个开放平台，数以千计的程序员和小众商业可以为你的汽车定制应用。很快，这样的平台可以通过执行各种金融交易和价值交换的结算而为金融服务等产业带来转型机会。一个由各家大型银行组成的联盟已经在探索这个思路了。平台在产业中扮演着重要的角色。

《维基经济学》讲述了创意集市的概念，这是一种为创意、发明、独特的人才而设的新市场，保洁这样的公司在里面利用的高技能人才的规模是它自身雇员的 10 倍之多。一些公司使用像 Innocentive 和 Inno360 这样的服务去实施“挑战任务”“数字化头脑风暴”和其他的技巧，以在公司的边界外寻找合适的临时性人才，从而解决关键的业务挑战。这是关于如何使用数据去寻找合适的人才从而更好地解决业务中存在的问题。

人才——那些有着解决问题所需的、有着独特思维方式的人可以在分布式账本上张贴自己的求职信息，这样公司可以找到他们。现在我们希望用 bInnocentive 去代替 Innocentive 这种服务。人们可以创造可流动的身份和简历（有关他们身份信息的详细版本），可用于向潜在的雇佣者提供有关自己的合适信息。你可以将这个系统看成是一个无人拥有的分布式技能数据库。

随着每一种商业模式都变成一种数字化商业模式，黑客马拉松是创意集市的一种重要形式。现在，通过区块链技术和开源代码库的使用，每一个公司都可以向极客（geeks）和其他业务创造者提供解决问题、创新和创造新商业价值所需的场所。

区块链与基于区块链的软件库将会对这样的活动提供帮助。现在，公司可以使用如以太坊区块链这样内置支付系统的新型、功能强大的编程语言。摘自《黑客新闻》里的一个对话的片段是这样的："想象一下这样该多好——如果我能分享我的程序库里的全局唯一标识符，这样你的 bit 客户端（可以称为 git-coin 或 bit）可以从分布式区块链（实质上是 git 日志）上获取新提交的代码。Github 不再是一个中介了，也不会再存在单点失效（single point of failure）的可能性。如果你的程序库需要保密，那就不要对外分享其全局唯一标识符就行了"。[36]

区块链上的制造业

制造密集型产业可以创建一个为实体商品的外包、设计和生产而设的全球生态系统，这标志着全球生产会进入一个新的阶段。现在我们讨论的话题是如何在区块链上实现这个生态系统。就如现代的飞机被称为"一堆以编队形式飞行的零部件"，在大多数产业中的公司也开始变成由供应商和合作伙伴组成的网络。三维打印技术缩短了用户与生产环节的距离，给大众化定制带来了新的生命。很快，数据和权利持有者可以将从人类细胞到铝电池在内的任何物质的元数据存储到区块链上，这样将会解除公司生产环节所面临的局限。

这项技术也可以用于对供应链网络中的商品的起源及其流转过程进行深入的观察。我们来思考一个与我们生活息息相关的产业，即食物产业。现在，你当地的杂货店或许会声称（而且它们或许真的相信）它所售卖的牛肉是安全的、以人道的方式喂养的、喂食了合格的饲料并且没有添加任何非必要的药品。不过它无法证明这些事情。没有人会为每一头牛的历史进行记录；健康的牛也会发生不好的事。我们在缺乏验证方法的情况下只能信任我们的汉堡包的安全性。通常来说这对我们并没有什么区别——这类食品还是在不停地大量供应。不过偶尔我们会看到疯牛病的迹象。

食品产业可以在区块链上储存每一个运输过程的编号、每一份肉，还有可能与其 DNA 关联起来。三维搜索能够详细地地追踪牲畜和家禽的流转过程，这样用户可以将一只动物的身份与其历史关联起来。通过复杂的基于 DNA 的技术（但相对来说容易使用的）及智能数据库管理技术，即使是最大的肉类供应商都可以确保其质量和安全性。想象一下这些数据有可能加速实验室测试和社区对卫生危机的响应。

这种希望了解我们的食物是怎样喂养或种植出来的这种想法并不激进。我们的祖先在本地的市场或从在本地采购产品的零售商手中购买物资。如果他们不喜欢本地的某个农场主对待其牲畜的方式，他们就不从他手上买牛肉了。不过运输过程和冷藏设备将我们与食物分离开来了。我们失去了旧的食物链中的某些价值。

我们可以恢复这些价值。我们可以带领世界去开发一个现代化的、产业化的、开放的及符合实际家庭农场价值观的开放式食物系统。透明性让有着更高运作水平的公司能够突围而出。而公司的品牌可以从市场的某种“信任标志”的市场营销概念（顾客之所以相信它是因为这是很熟悉的）进化成基于透明性的关系。食物生产商对此肯定感兴趣。[37]

企业协作

尤查・本科勒提及了区块链技术如何能辅助公司内及公司与各种群体之间的协作。“你能有一个为各种事情而设的会计、行动、数字化资源管理的分布式机制，不管它是货币、社会关系和交换或一个组织。这个主意让我感到很兴奋”。[38]

现在，商业化的协作工具正开始改变知识性工作和组织内管理工作的性质。[39]像 Jive、IBM 的 Connections、Salesforce 的 Chatter、思科的 Quad、微软的 Yammer、Google 工作应用套件和 Facebook 工作版这样的产品正被用于改善绩效和鼓励创新。社交软件将成为一个重要的工具，被用于业务运作每一个环节的转型——从产品开发到人力资源、市场营销、顾客服务和销售，这是 21 世纪的组织的新操作系统的概念。

不过，现在的工具套件还是有着明显的局限性，而区块链能将这些技术带到下一个阶段。现有的供应商可能会面临巨大的挑战，或许他们会拥抱区块链技术并为顾客带来更多的福利。

为公司而设的区块链社交网络是什么样子的？你可以将它想象成为公司而设的 Facebook（或大众使用的 Facebook 的一个替代品）。现在已经有几个公司在开发这样的项目，所以我们可以预测一下在未来一两年内可能发生的事情：

每一个用户都会有一个多功能的钱包，就像是一个进入去中心化在线世界的入口。可以将这看成是一个你所拥有的、可流动的个人档案、人格或身份。与你的 Facebook 档案不同的是，这个钱包有不同的功能，可以储存各种身份和专业的数据，以及包含货币在内的有价物品。你可以确保钱包的隐私性，并只对外分享你所选择的信息。你会有一对公钥和私钥，可用于管理你的长期数字身份。虽然一个钱包可以为每一个人或公司存储多个身份，但我们可以先假设一个钱包保存着一个单一的正规身份，这个身份是与一对公钥和私钥的组合绑定的。另外，还有一个发布系统可提供你或你的公司愿意支付的信息流，这可能是如下的内容：一个同事给一份新代码写的补丁、与一个新客户所发生对话的总结、在客户许可下提供的电话录音、一个你无法参与的会议上的推特信息、客户使用你的新产品时的直播视频、你的竞争者在一个产业博览会展台上的照片、一个看似是在达成新业务协议的简报材料、一个与同事的新发明相关的视频教程、完成专利申请所需的帮助及其他你认为重要的事情。

另外，还有广告，或许是来自第三方或来自人力资源部门有关职位开放或保险计划修改的信息，但当你付出注意力后，是你（而不是 Facebook）会得到收入或某种形式的回报。这被称为“注意力市场”。你有可能因为如下的事情而获得微小的报酬：同意观看一个广告或与之进行互动，或关于新产品推广材料的反馈意见，或任何事情——如帮别人转录验证码[40]或扫描文档。

新闻流、发布系统和注意力市场看上去很相似，不过其支付流则有所不同。ConsenSys 的约瑟夫·卢宾说道，“你为发布的内容付款，公司为你的注意力付款。新闻流里面没有支付流。我会很高兴地阅读你的信息流，因为我重视社交关系，但我不会付款去看一张你和你的伙伴们在酒吧喝酒的照片，或付款去了解你对 Blue Jays 球队先发投手的看法”。[41]

另外，还有一些灵活的机制能用于寻找你可能关心的人或信息来源。还有，分布式工具为你聚集和展示新的人或信息，让你可以与之成为朋友或跟进该信息，甚至可以利用 Facebook 的社交图表。约瑟夫·卢宾将这种做法称为“通过使用中心化网络的支柱去构建去中心化的网络”。[42]

经验表明，在数字时代，有价值的东西始终能胜出。至少对用户和公司而言，这个分布式模式的优点是很显著的。虽然社交媒体公司有着庞大的资源，但我们在这样的一个开源环境中可以实现的丰富程度和功能是没有尽头的。若你将 Linux 的力量和成功程度与专有的操作系统相比就明白了。区块链技术确保了安全性。你的隐私保护参数完全是可以进行配置的。除非有你的许可，否则没有社交媒体公司可以售卖或泄露你的个人信息。由于你拥有你的数据，你可以用你的注意力和付出去获得经济利益。你可以分享到大数据所创造的财富。

若公司的员工开始在业务中使用这样的平台，公司也应该感到高兴。为了吸引人才，公司应该展示出其正直性，并尊重员工的安全性和隐私。更重要的是，随着企业的网络化并在公司外寻找人才，公司可以贡献出这样的一套企业间协作平台，让合作伙伴可以信任它。时间会说明一切。

概括地说，无论什么规模的公司都能将七种新兴的商业模式放到区块链上发挥功能。总的来说，开放式联网企业在以下这些方面展示出了深远甚至是重大的潜力：促进创新及利用杰出资源，从而为股东、顾客和社会创造良好价值。

改变你的未来：商业模式创新

现在有了由软件代理人管理的公司这个概念，罗纳德·科斯必定在经济学家天堂（有的人或许想说这个地方不存在）的某处对此击掌相庆了。还记得科斯定理的相反面吗？即一个公司的规模应该持续缩减，直到其内部交易成本低于其外部交易成本。在市场上，技术让成本变得更低了，可以想象的是公司可以并应该保有较少的内部规模（软件和资本除外）。

想一下这个情况吧。

首先，搜索的成本会持续下降，这是因为新的代理人可以在登载所有（存在或曾经存在的）商业信息的世界账本上进行三维的搜索。所以若要获取与运营商业相关的信息，就不再需要涉及公司图书馆、信息专家、人力资源搜索专家或无数的其他专家了。

其次，智能合约会极大地降低合约签署、管理及支付的成本。不再会有纸质的合约了，这些程序可以通过一系列的模板制定其条款；还可以基于从外界收集到的规则和详细信息，进行讨价还价，并接受或拒绝对方提出的条款与条件；制定自我执行的政策；确定表现条件是否已经被满足了；还有执行交易。

再次，在公司之外协调这些资源的成本可以忽略不计——可以表现为驱动部署了企业软件的服务器所需的能源。至于对企业所雇佣的人类、组织或工厂的管理而言，企业并不需要官僚主义的制度。通过这个新的平台，我们可以想象出一种新型的机构，它需要很少（甚至不需要）传统的管理制度或层级机制，也能为顾客带来价值及为所有者创造财富。

最后，建立信任的成本可以接近于零。信任不依赖于该组织，而是依托底层代码的功能、安全性和可审计性及无数在维护区块链安全性的人所构成的大规模协作行动。

你会如何设计一个分布式的自主运作企业？这样的一个实体将会有丰富的功能——代理人会基于一个预先批准的章程执行一系列的任务或更广阔的商业职能。个人、组织或潜在股东、用户所构成的集体将会通过定义如下的内容进行设计：

1. 决心：有关对世界及创造价值、改变事物所需完成的事情的信仰。

2. 用途：它存在的原因。我们为什么要创造这样的企业呢？

3. 章程：描述企业的总体目标及其用于价值的创造所对应的规则。

4. 做法：例如，它会如何创造这种价值。它会如何资助自己的活动——通过众筹、传统的早期投资或使用其收入。它会如何获取各种资源？

5. 人类与技术之间的分工：在可以预见的将来，或许人类应该处于负责的位置。

6. 应用功能：企业将如何探测并回应情况的改变。

7. 道德准则：Google 的“不作恶”承诺并不足够。这个去中心化的自主运作企业需要有清晰的准则去定义什么是（还有什么不是）可以接受的行为。

在近期，可能不会出现分布式的自主运作企业，不过若对这些新的实体进行预先的思考和调查，可以为你今天的商业策略的制定提供帮助。这个为身份、信任、声誉度和交易而设的全球点对点平台的兴起，终于可以改变公司的底层架构，从而促进创新、共享的价值创造甚至是为多数人创造的繁荣，而不只是为少数人创造财富。现在，你能看到最少有 7 种新兴的商业模式，可以在你的产业内带来冲击，同时以新的方式进行财富的分配。

总的来说，聪明的公司将会努力参与到区块链经济里，而不是扮演受害者的角色。在发展中国家，价值创造的分配（通过企业家精神）和价值参与（通过分布式的公司所有权）或许是解决繁荣悖论的关键。若考虑到数十亿的自主运作的代理人将会被嵌入到现实世界中，我们的故事就变得越来越有趣了。这就为我们带来了第六章的内容。

第六章 万物账本：物理世界的活化

在一个很热的晚上，澳大利亚某处偏远内陆地区的一根电线杆在 8 点整倒下来了。这对在维多利亚大沙漠边缘的一个以金矿为主业的老镇 Laverton 以外 100 英里的地方圈养了一些绵羊和牛的威廉和奥利维娅·芒罗来说是一个问题。[1]在这个夏天，气温经常会飙升到 48.9℃。他们的孩子 Peter 和 Lois 通过卫星链路完成学习，而这也是这个家庭在生病或出现紧急情况时用于与外界卫生服务联系的途径。虽然芒罗一家有一个后备发电机，但它不能长时间驱动水泵、通信和空调设备。总之，芒罗这一家人的生活完全依赖于可靠的能源。

在 9 小时后的黎明，电力公司派出了一支团队去寻找和修复倒下的电线杆。客户的投诉让公司对故障发生的地点有个大概的想法，但这支团队花费了超过一天的时间去识别、寻找和修复这根电线杆。同时，芒罗一家和附近的居民、商业和机构失去了电力和与外界通信的途径，这带来了极大的不便，还带来了经济损失和健康风险。在内陆地区，停电不只是让生活停摆，而是很危险的。为了让这些危害最小化，电力公司花费了很高的成本派遣检查员定期去检查庞大的电力网络，试图发现倒下或老化的电线杆。

想象一下若每根电线杆都是一个智能设备，那么它的维护工作就变得更安全、简单和廉价了。它可以对自身的状态进行汇报并传召相关人员进行替换或维修。无论是什么原因，若一根电线杆发生火灾或开始倾侧、倒下，它会实时生成一个事故报告并通知维修队带上合适的设备来到一个详细的地点进行修复。同时，这根电线杆可以将自己的任务重新指派给附近正常工作的电线杆。毕竟，它们是在同一个输电网中。公共事业公司可以更快速地为社区恢复电力供应，而无须现场勘查所需的庞大、持续费用。

为人们提供电力

这仅仅是一个开始。通过使用与物联网相关联的新兴软件和技术，我们可以将智能的元素逐渐地注入现有的基础设施里，如输电网也可以加入能够彼此通信的智能设备。想象一下，如果能够快速地创建一个全新的灵活、安全的网络，而且具备较低的成本，能够为新服务、更多参与者及更高经济价值的实现带来更多的机会。

这样的结构被称为网状网络（mesh network），即一个将电脑和其他设备直接连接到一起的网络。它们可以根据带宽条件、存储空间和其他能力自动进行重新配置，因此可以抵御故障和干扰。缺乏网络访问条件或可负担服务的社区可以使用网状网络维持基本的网络连接。网状网络是传统的机构、监管和控制从上到下的模型的替代方案；它们可以提供更高的隐私保护和安全性，因为信息流并不会经过一个中心机构。[2]

一些机构已经在将网状网络与区块链技术结合起来，以解决复杂的基础设施问题。美国的一家物联网公司 Filament 正在澳大利亚内陆地区进行一项实验，涉及一种名为“tap”的设备，可以用于电线杆上。这些设备可以直接在电线杆之间通信，距离最远可达 10 英里。由于电线杆之间的距离大概是 200 英尺，因此若当一根电线杆倒下时，上面的一个动作检测器就会通知 200 英尺外的另一根电线杆并告诉它“我有麻烦了”。如果另一根电线杆上的 tap 设备出于某些原因无法联系上，那么它会继续联系下一根电线杆，或者是联系下一根（最远可达 10 英里）能通过最近的互联网回程连接位置（120 英里内）与公司联系的电线杆。

这个 tap 设备上有着可以持续 20 年的电池以及低能耗蓝牙技术，顾客可以将这个设备直接连接到他们的手机、平板设备或电脑上。这个 tap 设置内置了很多传感器，可以检测温度、湿度、光强度和声音，这样顾客就可以用来监测和分析一段时间内的状况，或许还能开发出预测性算法，从而预测一根电线杆的生命周期或即将发生的故障。顾客可以成为气象节点，或将这些数据作为一种信息服务，或将这些数据集在区块链上授权给另一个用户（如政府、广播公司、电线杆制造商或环保机构）。

Filament 的商业模式是一个涉及了三方的服务模式：Filament、它的集成业务客户及公共事业公司。Filament 拥有硬件；它的设备持续地监测电线杆的状况并汇报情况的改变——不管是倒塌、发生火灾，还是因为粉尘积聚或山林火灾烟雾所造成的故障。Filament 将传感器数据流售卖给集成业务商，而集成业务商转卖给公共事业公司。

公共事业公司每月为这样的监测服务支付费用。这样的服务使得电力公司无须再进行成本极高的现场勘查工作。由于电线杆在极少数的情况下才会倒下来，电力公司也很少使用网状网络的实际通信能力，这样 Filament 可以将这些 tap 设备的多余能力部署给其他的用户。

“由于 Filament 拥有这些设备，我们可以将这个横跨大陆大部分地区的网络之上的闲置网络处理能力卖出去”，Filament 的联合创始人及首席执行官埃里克·詹宁斯说道，“Filament 可以与 FedEx 快递公司达成协议，通过我们在澳大利亚农村地区的网络让它们的中型卡车有能力实时地往总部发送遥感数据。我们将 FedEx 加入智能合约的列表中，现在它们可以付款给每一个设备，让这些设备向他们发送数据”。[3] FexEd 的司机们可以使用网状网络作为通信和车辆跟踪的手段，以在偏远地区指示预计的到达时间和各种故障情况。若故障情况发生了，网络就会向最近的维修工厂发出警报，让它们的维修队带上必需的零件和设备来到故障现场。

区块链技术是很重要的。这个物联网的应用依赖于万物账本（Ledger of Things）。成千上万的智能电线杆通过很多的传感器收集数据并将这些数据传递给其他设备（计算机或人），这个系统需要持续地追踪所有事物，这包括能够识别每一根独特的电线杆的能力，以确保其可靠性。

“如果没有身份的话，其他事情也没法实现了”，埃里克·詹宁斯说道，“区块链上的身份是物联网的核心。我们为每一个设备都创建了一条独立的通道。这条通道和身份随后会存储在比特币的区块链上（特定的位置是分配给了 Filament）。就如比特币一样，它可以被发送到任何地址”。[4]区块链（及智能合约）也确保了设备的费用已经有人支付了，这样它们就可以继续工作。离开区块链支付网络的话，物联网就无法发挥功能，比特币在这其中是通用的事务语言。

社会能源：为街区提供能源

现在，除了电线杆外，想象一下你可以将电力系统里面的所有节点进行数字化，以创建一个全新的点对点能源生产和分配模式。每一个人可以参与到一个由区块链驱动的供电网络。在纽约州赞助的一个提高能源体系可靠性（哪怕是在极端天气的情况下）项目里，它们已经开始在布鲁克林 Park Slope 地区创建一个社区微电网了。当它建成后，这个微电网和它本地生产的电能将会在紧急情况时提供应急能力并为顾客降低成本，同时在社区中促进清洁的、可再生的电力、能源效率及能源储存选项的探索。

虽然校园内的微电网已经出现一段时间了，但它在居民区并不是很常见。北美的城市区大多数的房屋所有者、商业、政府和其他机构从固定的公共事业公司以固定的价格购买电力。现在，我们有不少坐落在本地的可再生的能源选项，如屋顶上的太阳能电池板。本地的公共事业公司会以批发价（通常会有不少的折扣）采购这个太阳能电池板生产的过剩电力。一个顾客可能就是在本地的能源生产者对面的房子里居住，但他们依然需要经过公共事业公司并为自己邻居生产的可再生能源支付完整的零售价。这是很荒谬的事情。

“现在的公共事业公司有一套命令和控制系统，由少数人去运营一个公共电网。与此不同的是，你可以设计让公共电网负责自身运营的机制”，罗山能源公司的联合创始人及负责人劳伦斯·奥尔西尼说道，“随着公共电网中的节点中的所有资产都帮助维护和运行这个电网，网络的恢复能力就更强了”。[5]这是一个通过在资产里嵌入智能合约及其他控制机制而实现的分布式的点对点物联网网络模型（如区块链模型）。[6]当一场飓风摧毁了输电杆塔或火灾损害了一个变电站，这个公共电网能够快速、自动地重新分配电力，以避免大规模的停电。

恢复能力并不是唯一的好处。在本地使用本地产出的电力比公共事业公司的大规模输电网要高效得多，后者需要在远距离传输电力，这样会带来电力的损耗。罗山能源公司正与当地的公共事业公司、社区领袖和技术合作伙伴一起创建一个市场，在里面，邻居们可以买卖具有环境价值的能源。“因此，你不需要付费给一个采购了可再生能源额度的能源服务公司，而是直接付费给那些真正地在生产出你家中所使用的电力的人，这样的模式是本地化的、绿色的，对你的街区来说也有环境上的意义。这看上去是更公平了，对吗？”劳伦斯·奥尔西尼说道。[7]是的！

如果你可以定位每一个这样的资产并为生产和消费分配一个区位价值，这样你就能创建一个实时的市场。根据劳伦斯·奥尔西尼所说的那样，你可以将多余的能源向也在生产可再生能源的邻居进行拍卖。这样做的话，你的社区可以通过点对点交易实现能源供应的可靠性。社区成员可以就实时微电网市场的规则达成共识，如时间段计费、最低价或最高价、离你最近的邻居的优先度或其他用于优化价格及实现最少浪费的参数。你将不需要整天坐在电脑前进行价格的设置或提出购买、售卖的提议。

未来的微电网将可以收集它们的计算能力所创造出来的热量，将东西加热，捕捉和储存这些热量，这样节点自己可以生成非常小额的电力，人们就能在家中的微电网使用这些电力了。将计算能力分配到社区的建筑物中并使用所产生的高温度去驱动供暖、热水和空调系统的方法，可以提高同样的能源的生产力。“我们的关注焦点是提高最大的效能。”劳伦斯·奥尔西尼说道。

随着本地化生成的可再生电能越来越多，物联网对固定的公共事业模式提出了挑战，这并不是很遥远的事情了。我们需要应对气候变化并准备好迎接极端气象条件所带来的挑战，特别是把海洋中的岛屿淹没的雨、让旱地变成沙漠的旱灾。现在，我们每年因沙漠化要失去1500万英亩的土地，情况最坏的是在撒哈拉以南非洲地区，在那里人们无法像位于澳大利亚内陆地区的芒罗一家那样负担水泵、空调或迁移的费用。[8]我们需要输电网络和引擎不再把能源和二氧化碳排放到大气层中。现在公共事业公司正在评估将物联网整合到其现有基础设施能所带来的好处（“智能电网”），若能连接到微电网将会带来一种全新的能源模式。公共事业公司、它们的工会、监管者和政策制定者及像罗山能源公司这样具有创新思维的新成员正在探索这样的新模式：首先在街区的层面生产、分配及使用电力，然后再推广全世界。

计算机的进化：从大型主机到智能药丸

与我们的能源网络不一样的是，计算能力已经通过几个范式得以进化了。在20世纪50年代至60年代，大型计算机是主流，其中的代表有IBM、Wild“BUNCH”（Burroughs、Univac、国家现金出纳机公司、Control Data和Honeywell）。在20世纪70年代至80年代，微型计算机登上了舞台。Tracy Kidder在他的畅销书《新机器的灵魂》一书中预测了通用数据（Data General）的崛起。就如大型计算机的公司一样，这些公司中的大部分已经退出该业务或消失了。谁还记得数字设备公司、Prime Computer、王安电脑、Datapoint或惠普、IBM的微型计算机？在1982年，IBM的硬件和微软的软件给我们带来了个人电脑的时代，而那时候苹果公司的Macintosh微型计算机还无法与其竞争。这就是时代的变迁。

通信网络也随着同样的技术进步而进化了。从20世纪70年代的早期开始，互联网（起源自美国的高级研究计划署网络ARPANET）进化到了它现时的状态——世界范围内的分布式网络，将超过32亿[9]的人口、商业、政府和其他机构连接在一起。计算机技术和网络技术然后又融合成了移动平板和手持设备。黑莓（Blackberry）在21世纪早期将智能手机商业化了，而苹果公司在2007年通过iPhone让智能手机流行化了。

这其中相对来说较新颖和令人兴奋之处是这些设备的能力已经超越了被动式的监视、测量和通信（气象模型、交通模型）、传感探测和响应；它已经进化到可以根据预先定义的行事规则执行交易或任务。它们可以感知（温度的下降或交通堵塞）并进行响应（给火炉点火或延长绿灯时间）；测量（动作、热量）和通信（应急服务）；定位（爆裂的总水管）和通知（维修队）；监视（位置，邻近）和变化（方向）；识别（你的存在）和瞄准（向你进行营销），以及实现其他的一些可能性。

这些设备可以是静态的（电线杆、树和管道）或动态的（衣服、头盔、车辆、宠物、濒危动物和药品)。护理人员正使用智能（或可食用）的电子药片以识别和记录病人的服药时间。一片皮肤贴布或覆盖物能够捕捉数据并测量心律、食物消耗量或其他因素，并将此信息通过一个能够识别特征并做出反馈的应用程序发送给医生、护工或病人自己。医药界很快将会使用类似的技术，用于特定癌症的定向给药、测量体温及其他生物指标。[10]

这些设备可以在相互之间进行通信——直接与计算机或数据库通信，或通过云端服务器进行，而且与人通信（向你发送一条短信息或拨打你的移动电话）。通过不断进化的机器智能和所收集的数据，这些设备正将数据的分析、特征的识别及趋势观察这些任务放到每一个人的手上。[11]产业里的术语“大数据”远远不足以描述现实世界将会产生的海量数据。据最保守的估计，今天100亿左右通过互联网连接起来的设备将会在2020年增加到250亿。[12]考虑到这是来自无限数量的设备，将其称为“无限数据”可能更合适。

那么，为什么我们还没有居住在智能家居里、驾驶智能汽车和使用智能药物？我们看到了6个主要障碍。其中第一个障碍是那些小题大做的应用程序和服务的推出。简单地说，早期的消费者物联网设备很少有带来实际价值的——除非你认为让你的烟雾探测器命令你的夜灯打电话给你的智能手机并给你发出火警警告算是一种价值。[13]

第二个障碍是来自高管、产业协会和工会无法预见的新策略、商业模式和人们的角色，这主要是因为组织惰性、不情愿或无法去做这些事情。一些有创新精神的企业家已经根据这样的一些原则开发了新的商业模式（如让实体资产可以被识别、搜索、使用和付款），因此也对现有的市场带来了冲击（如Uber和Airbnb），不过其冲击相对来说还是很小的，而且依赖于一个公司及其App充当中介的角色。

第三个障碍是对恶意黑客或其他安全漏洞会改变信息和行事规则并绕过安全机制控制设备从而带来潜在的灾难性后果的忧虑。

第四个障碍是“产品未来寿命”所带来的挑战，这对那些有着很长生命周期的资产来说是一个问题——这些资产的生命周期远比一个典型的应用程序或一个公司的存活时间要长得多。初创企业经常出现破产或将自身出售给更大规模的公司的情况。

第五个障碍是可扩展性。若要实现物联网的全面价值，我们必须能够与多个网络进行连接，这样它们才可以进行相互操作。

第六一个障碍是中心化数据库技术首要的挑战——它无法低成本地处理上万亿的实时交易。

若要解决这些障碍，万物联网需要有万物（机器、人、动物和植物）账本。

物联网需要万物账本

欢迎来到由万物账本驱动的万物联网——得益于区块链技术，在互联网中将会实现的分布式、可靠的、安全的信息分享、传感和自动执行动作及交易。技术专家和科幻小说作者一直在想象由与互联网相连的传感器所构成的无缝全球网络可以捕捉地球上的每一次事件、动作改变。通过无处不在的网络、持续进化的处理能力以及廉价、小型联网设备的不断出现，物联网的愿景越来越接近现实了。

记住中本聪对比特币区块链的设计是要确保每一个在线的比特币交易的完整性以及比特币这个货币的整体运作。通过在每一个节点上记录每一笔交易，然后与网络（区块链）中的每一个节点分享这个记录，我们可以快速、无缝地在点对点网络中验证交易。我们可以执行有价值的交易，在这个例子里是金融的交易，这种模式是自动化的、安全的、机密的，而且无须认识或信任网络上的每一个节点，或无须通过中介。万物账本对信任关系的依赖程度是很低的。

区块链技术让我们可以将相关的核心信息与智能设备关联在一起进行识别，并对其进行编程，使得它能够在预先定义的规则下执行动作，而无须担心错误、篡改或在澳大利亚内陆地区被关闭的风险。因为区块链是一个不可干预的账本，上面记录了网络中发生的所有数据的交换记录，这些记录在运行中不断进行积累，并由该特定网络中的协作节点进行维护，这样用户可以确保这些数据是准确的。

越来越多的技术公司认为区块链对释放物联网的潜力至关重要。大型、中心化计算机系统的始祖 IBM 恰恰开展了相关的研究。在一份题为《设备民主：拯救物联网的未来》的报告中，IBM 指出了区块链的价值：

“在我们的去中心化物联网的愿景中，区块链是在发生互动的设备间促进交易处理和协作的一个框架。每一个设备管理着自己的角色和行为，这就带来了‘去中心化、自主运作的物件的联网’——因此走向了数字世界的民主化。设备可以自主地执行数字合约，如通过搜索自己的软件更新、验证节点的可信性、支付和交换资源及服务，从而与各个设备建立协议、支付和贸易关系。这让它们能够以自我维护的、自我服务的设备形式运行。”[14]

因此，区块链的使用开启了全新的商业模式，因为网络上的每一个设备或节点可以作为一个独立的微型商业主体运行（如低成本地分享电能或计算能力）。

“其他的例子有音乐服务或无人汽车”，智能钱包公司创始人迪诺·马克·安格里蒂斯说道，“我需要对每一秒的播放音乐或乘车的需求进行付费——从我的账户余额中扣去一分钱的几分之一。我不需要预先付很多钱，而且只需要为我使用的服务付费。供应商不必担心我不付款。你在传统的支付网络里无法实现这些事情，因为从你的信用卡上扣取一分钱的几分之一的手续费太高了”。[15]

多余的卧室、闲置的公寓或会议房间可以自己出租自己。专利技术可以自己为自己申请证书。我们的电子邮件可以对所收到的每一封垃圾邮件的发送者进行收费。你应该明白这个想法了。通过机器学习、传感器和机器人，自动运作的代理人可以管理以下的事务：我们的家居和办公楼、交互式销售和市场营销、公交车站的棚子、车流量及道路使用情况、废物收集和处理（垃圾桶与垃圾车交流）、能源系统、供水系统、内嵌或穿戴的医疗保健设备、库存、工厂与供应链。

WISeKey 的首席执行官卡洛斯·莫雷拉认为产业区块链里有着巨大的机会。[16] WISeKey 是一个位于瑞士的公司，研究领域包括身份管理、网络安全和移动通信，为手表和其他穿戴设备提供安全的交易处理能力，现在正向生产商和芯片制造商提供其信任模型，这种模型能为大量的物联网设备提供验证功能，并让它们通过互联网或其他网络进行通信。“我们现在正进入另一个世界，在那里信任是在物体的层面授权的。一个不被信任的物体将会自动被其他物体拒绝，而无须事先询问一个中心化的权力机构”，卡洛斯·莫雷拉说道，“这是未来几年可能会给流程处理带来深远影响的重大范式转型”。[17]

在这个新兴的世界，用户使用安全的身份验证和校验（还可能有公钥/私钥）与其他智能合约连接起来，然后与其他设备定义事务处理规则（如隐私性）而不是执行某个中心化节点或中介机构设定的规则。生产商可以将维护、所有权、访问权和责任转移给由自我维护的设备组成的社区，让物联网可以在将来得以发展，并节省基础设施成本，并精确到在每一个设备老化的时候替换它。

因此，区块链可以解决一个可持续的物联网面临的 6 大障碍。概括地说，万物账本有 9 个很好的网络特性：

可恢复性——自我纠错；没有单点失败的风险

处理能力强——可以处理数十亿的数据点和交易

实时性——全天候运作，数据实时流动

响应性——能够对变化的状况做出回应

极度的开放性——持续地根据新的输入而进化和改变

可再生——可以是多重用途的、重复利用及回收过的

简化性——成本和摩擦最小化，处理效率最大化

产生收入——创造新型的商业模式和机会

可靠性——确保数据完整性，参与者的可信性

我们为什么相信由区块链驱动的物联网有这样的巨大潜力呢？主要的原因是它能够让物理世界充满“生机”。一旦我们在区块链上为这些物体赋予“生命”，它们可以感知、响应、通信和执行操作。根据智能合约的规则，资产可以搜索、寻找、使用和补偿其他的资产，从而让一个有着高度颠覆潜力的新市场成为可能，这就像之前互联网为人们和各种数字内容所提供的驱动作用一样。

对管理者、企业家和民间领袖来说有一个问题：你该如何利用这些新机会去执行改变和实现增长？你的组织将会如何响应对你现有运作模式来说不可避免的颠覆？你将如何与初创企业和协作组织的创新性新模式竞争？

在我们的生活中，更高的效率、改进的服务、降低的成本、提高了安全性和更好的结果充满着不少的实现机会，而我们可以通过将区块链的逻辑应用到物联网上的方式改善上述目标。我们开始了数字化革命的下一个主要阶段。英特尔公司的米歇尔·延斯利解释了她的公司正深入调查区块链革命的原因：“当个人电

脑变得无处不在时，生产率达到了前所未有的水平。我们将那些个人电脑连接到一个服务器、数据中心或云服务器，让小型的初创企业可以方便地获取计算机资源，现在我们再次看到了飞速的创新和新型的商业模式”。[18]英特尔希望加速对各种模式的优劣及其中所存在的机会的理解过程。“我们可以预期这个技术将会带来一个全新的创新功能，能为各种新公司、新参与者提供驱动力。作为产业里的领导者之一，我们不能在这场对话中缺席”，她说道。[19]你可以想象一下将这些潜能应用到各种类型的商业上——其中的很多还未被互联网革命影响过。

12 个颠覆的领域：物理世界的活化

让物理世界活动起来，这会产生什么可能性？与匹诺曹（《木偶奇遇记》主人公）不一样的是，我们并没有一个蓝衣仙女（而且，与匹诺曹不一样的是，区块链不会撒谎）。不过，今天，我们有分布式账本技术，它将不仅会让通用电气的“带来美好生活”的口号成真，而且匹诺曹也无法对账本撒谎了。

我们还处于想象万物账本（嵌入到物联网中）各种可能性的早期阶段。直至今天，流行媒体关注的焦点还是消费类设备，不过万物账本在每一个领域都有潜在的应用。对潜在应用的分类和分组有着很多的方法，因为各种跨界的应用可以被归纳到超过一种类别里。例如，麦肯锡公司在它对物联网的分类里使用了集合的概念。[20]我们已经界定出万物账本中所存在的机会，并划分为 12 个主要的功能领域。这里面的特定的好处以及商业案例对每一个应用来说都是具体的。下面的类别分类描绘了其潜力及对现有的市场、参与者和商业模式可能带来的显著影响。

运输

在未来，你将可以召唤一台无人驾驶汽车并将你安全地送达目的地。它自己会选择最快的路径，避开施工地段，处理道路收费站相关事项并自己泊车。在交通堵塞的时候，你的车辆会计算出道路的通行率，这样你可以及时地到达目的地，而货运的管理者将会在所有的货物上使用基于区块链的物联网设备，以快速通过海关或其他所需的检查项目。这样，不会有条条框框的限制。清道车生产商 Allianz 可以将其市政设备装上迷你摄像头或传感器技术，以鉴别那些在纽约将车辆停泊在停车区的另一边并几天没有开走（如果它们无法自己开走）的情况，然后将传感器数据发送给交通警察，这就省下了书写实物的违规停车罚单的过程。或者，清道车自己可以在经过车辆的时候以比特币的形式直接从违规车辆中进行罚款，因为纽约州的运输部门到时候可以要求所有的车辆在纽约的 5 个区域进行注册，并保持一个与他们的车牌相对应的比特币钱包地址。在另一方面，无人驾驶汽车则可以感应到正在驶来的清道车并轻松地开走，以让清道车经过。

基础设施管理

很多专业人士会使用智能设备去监控人行道、铁路、电线杆和电线、管道、港口和其他公共和私营的基础设施的地点、完整性、年限及其他相关的因素，以快速、低成本和高效地监测状况、发现问题（如损坏或被破坏）并做出响应。这就是像 Filament 这样的公司的业务领域，它们利用可负担的科技去改造现有的基础设施，为其带来新的生命周期，而无须替换基础设施所需的巨额资金。Filament 的埃里克·詹宁斯预计“超过 90% 的基础设施当前并没有被连接起来，若要将这些现有的设施都拆除并替换成全新的无线互联资产，显然是不现实的”。[21]

能源、垃圾和供水管理

已经装满了垃圾的垃圾桶说：“请派一辆车来运走我的垃圾。”渗漏的水管说：“把我修复吧。”围绕物联网展开的想象力带来的灵感，应该能启发产生许多新的儿童书籍。在发达国家和发展中国家，传统的公共事业公司可以使用基于区块链的物联网以实现追踪生产、分配、消费和收集。就如我们已经看到的那样，那些没有投入大量基础设施的新竞争者正计划用这些技术创建全新的市场和模式（如社区微电网）。

资源开采和农业

区块链也可以用于牛的溯源管理上，让农民可以追踪它的食物、给药记录及完整的健康历史。这个技术也可以帮助追踪昂贵的、高度定制化的设备，并让它在更广泛的地方能够及时地满足需要，并收回成本；也可以通过对安全设备的标记和自动化的检查清单（以确保设备被合理地使用）提高矿工和工人的安全度；通过对天气、土壤和农作物状况的监测进行灌溉、自动化收割或其他操作；基于历史上曾经出现的模式和结果，对“无限数据”进行分析从而发现新的资源或为农业生产的运作提出合理的建议。安装在土壤或树上的传感器可以帮助环境保护机构监测农民及其对土地的使用状况。

环境保护监测和应急服务

还记得之前提到过的自主运作的代理人 BOB 吗？BOB 将生活在一个充斥着气象探头的世界，并通过对重要的气象数据的收集和销售实现营利。这里的例子包括对空气质量和水质的监测并发出警报从而减少污染物水平或让人们留在室内；为应急人员检测危险的化学品或辐射源；监测雷击事件和山林火灾；安装地震和海啸的早期预警和警报系统；除了能够改善应急服务的响应时间和降低这些事件给人类所带来的风险，我们可以使用这些纵向数据提高我们对基础的趋势和模式的理解水平，在某些案例中发现预防性的措施，并提高我们的预测能力从而实现更早期的警报。

卫生保健服务

在卫生保健服务领域，专家们用数字化的技术去管理资产、医疗记录、库存，并为所有的设备和药物处理订单和支付的相关需求。今天，医院里面有不少可以审查这些服务的智能设备，不过很多的设备会与彼此之间进行通信，也没有考虑到在病人护理的过程中所涉及的隐私保护的重要性。基于区块链的物联网可以使用新出现的技术将这些服务连接到一起。正在开发的应用程序包括监护和疾病管理（如智能药物，跟踪生物体征和提供反馈的可穿戴设备）以及用于提供质量控制的水平。想象一下，一个人工髋关节或膝盖可以对自身的工作状况进行监测，并将工作状况的数据匿名地传输到生产厂商那里，以用于日后的改善，还可以与病人的医生沟通，如“是时候把我换掉了”。技术员们在无法采取必要措施确保设备的可靠性和准确性的情况下，就不能使用专用的设备了。新型的智能药物将可以在临床测试的时候对自己进行跟踪，并为自己的有效性和副作用提供相关的证据，而且无须担心有人篡改这些结果。

金融服务和保险

金融机构可以使用智能设备和物联网去追踪它们对实物资产的所有权并实现它们的追踪和溯源。数字货币让大小客户能够更快、更安全地对价值进行存储和传输，也能实现风险评估和管理。进一步思考，如果弱势群体实现他们有限的资产的追踪和分享（就如之前提到过的微电网的例子），那么他们是否就能赚到少量的现金、电力或其他“积分”？物品的主人将可以对贵重的物品、古董、首饰、博物馆展品及任何曾由苏士比拍卖行处理过或由劳合社（Lloyds）承保的物件进行标记。保险公司可以根据物件的位置和所处的环境调整保险费用——如果是在纽约大都会博物馆里的受控环境，则可以降低保险费用；如果是要运输到希腊，那么保险费用就会增加。这个物件将能够告知其他人它是否曾经在一个保险箱里或曾经在某个名人的脖子上。如果这个物件曾经戴在莲莎·露夏恩（好莱坞小天后）的脖子上而非安妮·哈撒韦（美国女影星）的，则它的保险费率将会有所提高。无人驾驶汽车将会有更低的保险费率，而它自己也能在事故现场根据传感器数据直接处理保险索赔事宜。

文档和其他记录的保存

就如我们解释过那样，实物资产可以转换为数字资产。所有与某个特定文件相关的文档可以被数字化并登载到区块链上，这包括专利、所有权、质保条款、检验证书、起源、更换日期、审批等，能够极大地提高数据的可得性和完整性，从而降低所有文书工作、存储和损耗的负担，并改善与该文档工作相关的流程。例如，一个汽车若在最近不能通过一场安全性检查、责任险已经过期、所有者没有交付违章停车罚单或交通违章相关的罚款，或是司机的驾驶证已经被暂停使用了，那么这辆车就无法启动了。货架上的物件会在过期后通知店铺经理。店铺经理们甚至可以对这些物件进行编程，让它们在接近有效期时自动降价促销。

建筑与房产

据估计，在美国的 120 亿平方英尺的商业地产当中，有 65% 是闲置的。[22] 数字化的探头可以通过对实时发现、可用性和支付的支持为这些地产资源创建一个市场。商家们正在进入这个领域，并开发新型的服务模式以在下班时间出租这些空间。在晚上，你的会议室可以变成街区的少年服务的教室或为本地某个初创企业的办公室。其他应用将会包括安保和访问控制、灯光、加热系统、制冷系统及废弃物和水资源管理。绿色建筑物将会在万物账本中运行。想象一下，电梯的使用率和建筑物通行人流量这些数据将对建筑师为公共和私人空间的设计方案有着什么样的参考意义？闲置的住宅空间可以通过万物账本将自己登记到市场中并进行商议，以帮助游客、学生、收容所的管理者及其他人寻找到能够满足需求的空间。这些构思可以应用到所有类型的住宅、宾馆、办公室、工厂、零售/批发及机构的地产。

工厂管理——物件构成的工厂

全球工厂需要一个全球的万物账本，即工业区块链。工厂管理者将会使用智能设备监测生产线、仓库库存、配送、质量和其他需要监测的事项。整个产业可能会采用这个账本的手段极大地提高供应链管理这类流程的效率。像飞机和铁路机车这样的大型、复杂的机械设备是由几百万个零部件组成的。飞机引擎或动车的每一个零部件都可以安装上传感器，用于在需要故障修复时发送警报。想象一下，一辆火车在开往巴尔的摩至长滩的途中可以在到达长滩的三天前就通知当地的维修人员，让他们准备好一个重要的新零部件。传感器甚至可以发布一个招标启示，并接受为该零部件提出的价格最低、交货期最短的提议，其效率与成本相对于通用电气、Norfolk Southern 及其他大型公司的运作有着极大的优势。还有一个更明显的趋势，就是从汽车到灯泡再到创可贴的生产商都在探讨如何能够将智能芯片植入它们的产品或其中的零部件里，并监测、收集和分析使用过程中产生的数据。通过这些数据，它们可以提供自动升级、预测客户需求和提供新的服务，实际上是在从产品提供商转化为持续的、基于软件模式的服务商。

家居管理

感到寂寞吗？你是可以跟你的房子说话的。你自己的房子和各种产品、服务正在进入一个让家居能够实现自动化、远程监测的市场。这些服务比保姆摄像头实现的功能更多，包括了访问控制、温度调节、灯光控制，最终可能是控制你家里所有的物件。虽然“智能家居”的普及速度相对来说还是比较慢的，但如苹果、三星和Google这样的公司正在寻求简化其安装和运作的方法。BCC研究公司发表的报告指出，“美国的家居自动化市场预计会从2014年的69亿美元市值到达2019年的103亿美元市值，这个增长过程将会是稳定的、长期的。”[23]

零售商和销售

当你在逛街的时候，你的移动设备会告诉你，“你喜欢的衣服在GAP这家店里有货了”。你进入这家店后，适合你的尺寸的这件衣服已经在等待你了。在你试穿这件衣服后，你扫描一下就可以完成付款了。不过你还有其他事情等着去做，所以这件衣服会被在你回家前自动送到你家中。除了运作效率和环境监控外，在顾客走路或开车经过商店的时候，零售商可以根据他们的地点、人群分类、已知的兴趣和购买历史自动地为他们提供个性化的产品和服务——前提是这些顾客在区块链上将自己的身份“黑盒子”的特定信息的访问权开放给这些零售商。

经济上的收益

在这个章节中，我们引用了一些关于基于区块链的分布式物联网在多个层面（个人、组织、产业、社会）所能提供的潜在收益。通过点对点网络（而不是人或中心化的中介应用程序）对流程进行重新设计及自动化改造，能够带来很多好处，其中的一些如下：

- 速度（端对端自动化）；
- 降低成本（把近乎无限的数据发送到大型的中心化处理设施时引发的成

本；能够去除高成本的中介机构）；

· 增加收入、效率和/或生产力（重新使用过剩的资源）；

· 提高效率（内置检查清单和其他协议以降低人为错误所带来的影响）；

· 提高安全性和正直性（随着信任机制直接被设计为网络架构的一部分，人和人之间的信任并不是必需的）；

· 降低系统失效的风险（消除瓶颈，内置能够抵御风险的特性）；

· 降低能源消耗（网络所需的能源能够被其所提高的效率和降低的损耗、动态定价和反馈机制所抵消）；

· 提高隐私保护水平（中介无法跳过或忽略在区块链中设定的规则）；

· 提高对基础模式和流程及机会的认识，并通过对“无限的数据”的收集和分析改善这些事项；

· 加强对不同事件的预测能力，不管是负面的（极端天气、地震、每况愈下的健康状况），还是正面的（种植农作物的最佳时间，采购模式等）。

分布式的开放模式意味着物联网可以在公司退出或生产商破产时还能继续由自己运行下去。当系统的设计将互操作性考虑进去后，将可以连接到不同的物联网中，这样能释放出更高的价值。[24]

这些好处依赖于分布式（去中心化）网络和移除中心（如命令和控制）或其他中介（如清算所或管理应用程序）。当这些新的中介出现后，其他机构将会感到有“绕过”或移除它们的压力。埃里克·詹宁斯认为，“人们会尽可能消除让自己感到不适的事情，这样会导致孤岛效应、集中化和中心化。这些人的短期收益对每一个人都是长期的损失”。他说道，“物联网应该是完全地去中心化的，里面的设备可以自主地运作，直接发现彼此并建立安全的通信，最终可以在机器与机器之间直接向对方支付价值”。[25]

IBM 商业价值研究院进行了一项研究，探讨了基于区块链的物联网所能够带来的五项主要的“颠覆性方向”及其让我们更好地利用实物资产的潜力。[26]IBM 对物联网显然是有商业上的兴趣的，而它对其商业价值的关注也是很有帮助的。

首先，这个研究院注意到这种新的网络会让用户快速地对可用的实物资产

（如闲置的存储空间或计算机性能）进行搜索、访问和支付等操作。资产的供应和需求进行彼此的匹配。因为我们可以在线评估风险及信用并及时取回结果，这样我们可以对信用和风险进行重新定价，从而降低这方面的成本因素。系统和设备的自动运作能够改善运作效率。最后，公司可以实时地通过数字化集成价值的链进行众包、协作及与商业伙伴之间实现优化和协调。

简而言之，你有机会创造一个在概念上更简单、更高效的市场。你可以访问之前无法访问的资产，进行实时定价，并且降低风险。当基础设施就绪后，准入门槛就降低了（如只开发一个应用程序），而且持续的耗费相对来说会更低（如不会再有第三方服务费了）。它极大地降低了传输资金所需的成本，降低了拥有银行账户、获得信用及进行投资的准入门槛。它甚至可以支持微付款的渠道，将按照分钟收费的服务在每一分钟进行付费。

万物账本让“分布式资本主义”成为可能，而不只是现在的重新分配式的资本主义。这还仍然不是为所有人带来的自由，但我们可以根据我们作为个人、公司和社会的价值观去塑造这些市场并将这些价值观编码到区块链中，如使用可再生能源的激励机制、首先使用来自我们邻居的资源、遵守价格上的承诺并保护隐私等价值观。简而言之，随着我们分享的越多，在物联网之上的万物账本就推动了物质世界，使得物质世界更人性化。就如 IBM 所说的，“在宏观经济的层面，我们都是物联网所创造的未来的赢家，虽然不同的产业将会感受到不同的混合效应”。[27]麦肯锡全球研究所指出物联网的经济价值一直被低估了；在 2025 年所有的物联网应用的经济价值（包括消费者盈余）可以达到 11. 1 万亿规模。[28]这能够在我们当前的全球 GDP（当前是超过 100 万亿）之上增加 10% 的规模。这具有很重要的意义。

《数字经济》中创造了一个名为“网络化智能”的术语，指的是网络的智能程度要超出网络中最聪明的节点。就如我们解释过的那样，第一代互联网在某种程度上降低了交易成本。通过很多创新性的商业模式，我们有了更快的供应链、市场营销的新方式及大规模的点对点协作（如 Linux 和 Wikipedia）。区块链技术将会加速这个过程。物联网正在稳步向前，而这些潮流将会加速。

未来：从 Uber 到 SUber

在这章里我们已经涵盖了很多基础的内容。现在我们可以将创新的路线放到一个场景中。

考虑一下像 Uber 和 Lyft 这样的服务聚合者。Uber 是一个基于手机应用程序（App）的车辆分享网络，那些愿意搭载其他人的司机将能收取到一定费用。若要使用 Uber，你需要下载 Uber 的应用程序，创建一个账号，并将你的信用卡信息提供给 Uber。当你使用这个应用程序发出打车的请求时，它会让你选择需要的车辆类型并在地图上标记你的位置。这个应用程序会向顾客随时通知可用的车辆资源及潜在司机的位置。在车程结束后，Uber 会自动从你信用卡中扣款。如果你不想支付默认的小费数额，你需要在 Uber 网站的账单设置中进行更改。[29] Uber 应用程序背后的开发和运营工作是由 Uber 有限公司负责的，它会从每一段车程所支付的费用中收取一定的分成。

这听上去是不错的，特别是在出租车资源较为短缺的城市里。不过 Uber 的服务包含着一系列的问题和危险信号。它已经出现过司机账户被入侵的例子了，另外车程会出现突然的高价，而乘客甚至曾经面对过司机鲁莽驾驶及被其性骚扰或袭击的事情。[30] 另外，Uber 也在追踪用户的每一项操作，并将部分信息释放给交通部门以进行交通状况的研究。除了这些以外，司机们创造了相当多的价值，但他们只能得到其中的一部分。

现在，让我们想象一下如果在区块链上的一个分布式应用程序上，Uber 这样的模式会带来什么样的用户体验呢？迈克·赫恩是 Google 的前雇员，他从 Google 辞职并全职进行比特币的开发，并在 2013 年的图灵节上发布了一个基于比特币技术的另类实现方案。[31] 迈克·赫恩将这个网络称为“TradeNet”（交易网），并描述了在比特币的帮助下这个系统是如何让人们可以开始依赖无人驾驶汽车的。

它的工作方式如下。大部分人并不拥有汽车，但会与其他人共享汽车。在芝加哥，梅利莎通过 SUber（可以看成是基于区块链的超级 Uber）。这些可以租用的车辆开始自动地张贴广告，梅利莎的节点对其进行评分并根据她所选择的条件将结果展示给她。梅利莎还将她愿意为最快的路径支付的费用考虑进去了（如更高价的收费车道）。

同时，约翰是一个 SUber 车辆的持有者（这与大多数用户不一样），它的无人驾驶汽车正在将他送达工作单位，它识别出各种泊车的选项（公共和私有的空间），选择好一个停车位置后就通过自主运作的泊车市场将这个位置保留下来并进行支付。因为约翰预先定义的参数总是包括离目的地步行距离 10 分钟的最低价位置，他通常会遵循他的车辆的第一个决定。底层的泊车数据库同时也包含了与特定泊车规则相关的信息，如特定的街道、特定的日期、每天中的不同时间、泊车位置是有遮盖的还是露天的，以及位置的所有者是否设置了一个最低价等。这些都运行在一个分布式的点对点平台上，将多个应用程序连接起来，因此其中没有中心化的公司在充当订单的中介或参与手续费的分享。这不会存在波动极大的定价机制及意外的费用。

这个模式的显著之处并非无人驾驶汽车本身，因为无人驾驶汽车将会是很平凡的东西了，可能比想象中所需的普及时间还更短。其显著之处在于，这些车辆将会是完全地自主运作的代理人，可以赚取自己的经费，为自己的燃料和维修任务付款，获得自己的汽车保险，在出现碰撞时自己商量责任的划分，并在没有人类控制的情况下运作（“开车”）——除了在它们需要与某些组织或人在法庭上处理法律问题时。

SUber 的管理员应该将车辆的协议编程到区块链上，以遵守所有的交通规则，选择最直接、最快或最廉价的路径，并遵守其关于所接受价格的承诺，这些都是运作所需的条件。司机们在首次往 SUber 系统上登记信息时，可以要求车辆注册必要的文档，这包括安全检查与保险相关的文档，而系统将会永久性地保留这些记录，以确保所需的复验、保险和执照更新等事项能够顺利进行。传感器可以监测车辆总体的“健康状况”，在合适的维修店预约时间，并预先订购任何必需的零件。由于车辆是无人驾驶的，因此乘客并不会碰到讽刺、态度倾向、性别歧视、种族主义或其他形式的人类特有的歧视或堕落的问题。这些都是在后台进行的，在物件之间进行的，是由一个自主运作的应用程序所驱动的。司机们这样就能创建一个基于区块链的合作社（就如前面章节讨论过的那样），他们在这个模式中能够获得几乎是所创造财富的全部份额。至于像梅利莎和约翰这样的用户，只会得到便利，而没有各种麻烦事。这还有什么不好的地方吗？

虽然互联网降低了搜索和协调的成本，但区块链上的数字货币（如比特币）才使我们能够降低商议、签订合约、管理和执行这些合约的成本。我们将可以通过商议获得最佳的条约并从任何接受比特币支付的实体（包括一辆无人驾驶的出租车）获得所承诺的货物或服务。Uber 这类的业务将怎么与之竞争呢？

不过这个场景并不是到这里就结束了。植入到城市基础设施的智能设备将会改善交通运行状况（基于交通流考虑不同的车道方向、不同的定价和自动化的交通信号管理），从而进一步地降低能源的耗费和各种成本。区块链可以实现车辆（不管是有人驾驶还是无人驾驶的）及基础设施的安全控制，如接近警报和自动刹车，以及防盗和禁止无资格的或酒醉的司机开车。还有，城市将会使用传感器去辅助交通基础设施的管理，这包括基础设施和车队的资产管理、监控铁道和人行道的状况、生成维修计划和预算并在需要的时候派遣维修队。

这些系统的结合是真正强大的地方，如智能汽车在智能的基础设施里运作。共享的车辆依然会有对人类司机的需求，但自主运作的车辆将会通过内置的导航和安全系统在城市的街道上通行，并会经常与智能的基础设施互动，从而寻找和支付加速车道或停车位，或寻找一条首选的路径。这就如上面的商业地产的例子那样，资源经常处于闲置状态，得不到充分利用，而无人驾驶汽车的可得性、可负担性及可靠性将会极大地降低私家车的保有量。

技术公司或汽车公司并不会是搭建这套系统的主导者。这些系统在理论上可以被单一的城市运输管理当局开发、控制、运作和管理，但事实上不太可能用这个方案。SUber 将更可能作为一个开放、共享的交通平台，这一进步的实现必须借助这个平台之上的本地企业、社区组织、政府以各种形式开发和引入各种应用程序，如营利组织（若通过无人驾驶的车队所赚取的收入）、共享的合作社（如一个邻里组织投资了 10 台车辆，并使用 SUber 的应用程序保留了分享）、公共服务（如在一条需求较高的路径上维护和运营一辆火车或快车）或社会性企业（如非营利组织可以投资 SUber 的积分，这样它们的客户就可以在需要交通工具的时候使用这些积分了）。

这些事情可能会先在具有以下特征的辖区出现：已经有各种独立的交通方式的（如铁路、公路、自行车、步行）辖区，有着明显交通问题的辖区（如交通堵塞），以及有着遵守交通规则的良好传统的人群所居住的辖区。这或许可能会在“greenfield”的城市开发中，与技术公司和汽车公司合作以寻找它们应用项目的试验台。如果其他的道路使用者不能被隔离开来（在不同的交通通道上）、不能被预测（如路上的动物）或不能被控制（如分心的行人），那么涉及无人驾驶汽车的场景可能就会没那么成功（甚至是很危险的）。

SUber 的场景是越来越可行了。这样的应用程序将有可能在未来几年出现并在长期逐步地解决我们的交通需求。今天，本地的出租车和豪华轿车组织已经在多个城市对抗 Uber，而各个城市政府正在努力地平衡顾客对可负担出行选项的要求与公共安全和出租车执照管理的冲突，即使 Uber 这样的新模式看上去已经是无可避免了。为什么不关注一下交通部门的发展方向如何并设计最能满足城市需要的解决方案呢？这就如在我们假设的 SUber 场景中芝加哥所做的事情一样。

用智能物件的世界改变你的未来

在这一章中，我们看到了在几乎是我们生活中的每一个角落都存在的难以置信的机会，这包括（或许特别是）在未被数字化革命的第一波影响过的领域。同时，这些机会给现有的商业及营商方式带来了挑战。

关键问题

作为一个管理者，你为什么应该同时做等号两边的事情——实现新机会的同时将所带来的威胁降到最低。无论你是在公共、私营或社会部门的管理者，你有一些未被充分利用的实物资产可以用于实现更多的价值吗？你意识到为物联网开发产品和技术所带来的最大效率与机会吗？进入这个经济体的新竞争者会通过发明新的“基于 App 的商业模式”抢走你的客户并降低你的收入吗，而这些商业模式本来就应该先由你去部署的？

新价值

你的实物资产是什么？你如何能够将其增强并为你的组织或社区带来更多的价值？你建立了一个自主运作的网络并对其设置了运作参数，若你有一些现实世界的空间、机器、库存或其他资产可以进行标记、监视并赋予活力，你可以将这些资产作为这个网络的一部分以降低成本或增加价值吗？你能嵌入、升级传感器并对其进行编程，从而将其作为大型网络的一部分而实现更多的功能和价值吗？你能从物联网中收集到新的信息并改善你对未来的计划和分析吗？

新商业模式

基于你能够通过网络收集的这些新功能和数据，有什么新的产品和服务能够在其之上实现？若你的信息和资产对他人是有价值的，那么你能通过它获取收入吗（如出租闲置的高价值设备）？商家对信息的价值进行关注并不是什么新鲜事了（还记得 Sabre 和美国航空公司吗?），但在目前有一些信息的价值还是被忽略了。

机会

你能将你的网络与其他的连接在一起从而实现更高的价值吗？或许是作为一个点对点供应链或配送和销售渠道的一部分？作为一个产业，会有什么可以共享的流程和功能可以通过区块链进行自动化改造吗？你有在使用建立在开放标准并通过国际协作进行审查的技术来实现这种互操作性吗？

威胁

你当前正在为一个市场提供服务，而新来的竞争者会在这个市场内使用他们的基于物联网的新商业模式去进攻哪方面的业务？例如，如果汽车、个人消费品或定制设备的一次性销售模式不再流行，进化成依赖于你与该设备的持续连接之上的新服务模式，对你和你的客户来说会产生持续的价值吗？你能用你现有的技能、资源、基础设施和顾客忠诚度去设计新的基于物联网的商业模式，从而作为一个新的颠覆者加入市场吗？

商业案例

这些机会的耗费和好处是什么？对你的机构来说它能在哪个地方发挥真正的价值？你是在解决一个实际的商业问题或需求还是只是寻求最新的技术？可以与一个牵头的客户共同开发一个概念验证产品吗？

战略规划

根据麦肯锡咨询所说的，“管理层将要处理三种挑战：组织失调、技术互操作性、分析障碍及更高的网络安全风险”[32]。我们会在这个列表中加入第四个主要挑战，即内建一个隐私与激励机制计划，包括一开始就引入适当的保护机制。IT 和商业运作应该如何适应物联网？你应该将机构的哪个部分及哪些商业领袖考虑进来？

第七章　解决繁荣悖论：区块链的经济包容性

一头猪不是一个存钱罐

尼加拉瓜的太平洋海岸是美洲最美丽的景色之一，在那里翠绿的森林和蓝色的海水交汇在一起，直至无尽的远方。此起彼伏的山峦和令人炫目的海滩，使得那里成了背包客、日光浴者和生态旅游者等的首选目的地。但尼加拉瓜也是那个地区最穷和最欠发达的国家之一。60% 的人口生活水准在贫困线以下。当地旅游业从业人员以外的人口靠着仅能勉强维持生计的农业和渔业谋生。尼加拉瓜有着美洲第二低的名义国民生产总值，而其整个 GDP 中有 10% 源自汇款，即尼加拉瓜外侨在海外赚得并汇回的钱。19% 的尼加拉瓜人拥有一个正式的银行账户，但其中仅有 14% 的人能够借款，而仅 8% 的人有正式的储蓄。[1]93% 的人已申请有移动电话，通常以预付费的形式入网。[2]

那就是乔伊丝·金把她的团队带去尼加拉瓜时所面对的现实。乔伊丝·金是恒星币开发基金会（一家区块链技术的非营利组织，别把它和一个名叫 Stellar 的大型建筑和建设公司混淆起来）的执行董事。一个尼加拉瓜的小微金融运营商曾想要进一步了解恒星币的金融平台的情况。尼加拉瓜那悲催薄弱的银行业把大多数人困留在了无法脱身的贫穷循环之中，也加剧了那些未来企业家们的困境。他们努力创立新的企业，注册土地和其他资产的产权，并解决桑蒂尼斯塔政府在

20 世纪 80 年代的大规模土地征收的遗留索赔问题。[3]恒星币的平台将帮助尼加拉瓜对于金钱的转移、储蓄、投资、借款和放贷。

对于当地致力于小微贷款的专注程度，乔伊丝·金既感触颇深又惊讶。她知道，能够获得贷款对于经济包容性而言是至关重要的，但她也相信储蓄（即可靠安全地存储价值的能力）是几乎所有其他金融服务的一项前提条件。当乔伊丝·金问到储蓄时，她被告知“哦，储蓄在这里不是个问题。人们有猪”。[4]

在很多农业经济体中，家畜构成了农民的绝大部分资产净值，因为金融服务并未广泛可及，个人也对财产和土地产权没有扎实的权利。这在尼加拉瓜意味着人们拥有猪，而且有很多。乔伊丝·金起初很惊讶，但很快看到了这其中久经考验的逻辑。“你从一个会议中出来，环顾四周然后发现到处是猪。”[5]家畜长期以来一直是一种被公认的且相对有用的储蓄形式。对于那些被排除在数字经济以外的人们来说，动物几乎就是你能拥有的最具流动性的资产了，尤其是如果它们能够产奶以及能提供猪仔、鸡蛋、羊羔、牛犊以及有时候是奶酪这样的“分红”。

富裕是个相对概念。在肯尼亚，马萨伊部落中拥有 400 ~ 500 只山羊的人就被视为富裕了，但他们的生活可能是粗糙、野蛮和短寿的。基于家畜的财富是“高度本地化的，以至于你实际上无法与任何其他人进行交易，除非对方就在你面前”，乔伊丝·金这么说道。“你面临着巨大风险，诸如动物逃跑、生病或一些可能会让你所有的积蓄化为乌有的疫情时有发生”[6]。

信贷是一个甚至比储蓄更麻烦的难题。金认识了一个当地渔民，也是一个合作组织的成员，他解释说：没有哪个渔民能借到足够的贷款来给船只配上成套完整的帆装。按乔伊丝·金的说法，“人们是这么组成捕鱼队的：一个人拿到贷款买网，另一个人拿到贷款买鱼饵，另一个人拿到贷款买船，再一个人拿到贷款买马达，然后他们就一起出发，组成了一个捕鱼船员的团队”。没有谁能够独自筹资让他或她的事业起航，因为贷款是如此紧张。前述那个模式有用，但它牵扯到和渔民数量一样多的中间人。

尼加拉瓜渔民和农民们一生的融资困境就是大部分缺乏银行服务的人们的故事，今天在世界上大约有 20 亿成年人属于这种人。[7]他们所缺乏的是不会得疯牛病或老死的价值储存方式，或是能够延伸至本村之外的支付手段，而我们将这些条件视之为理所当然。

金融包容性是经济包容性的一个前提，其影响延伸至金融以外。乔伊丝·金说："我并不认为融资渠道和金融包容性是终极目的。这只是一条通向更好教育、更好医疗服务和妇女平权和经济发展的道路，我们必须走过这条道路。"[8]简而言之，金融包容性是一项根本性权利。

本章考察了移动通信与金融服务提供商和其他企业使用区块链激发出处于金字塔底部的经济潜能的机会。我们讨论的是百万计的新增用户、企业和资产持有人，他们准备就绪随时待发。记住：区块链交易可以是十分微小的，是一个便士的几分之一，且几乎不需要成本即可完成。任何拥有最小资产的人，比如在刺绣或音乐方面的天赋、多余的水桶、生蛋的鸡和能记录数据、音频和图像的手机，都可能交换价值。新的平台也消除了访问节点的障碍。如果你能够用移动设备访问互联网，你就可以存取资产，既无须填写任何表格也几乎不需要什么识字水平。这是些看上去很小但具有不可思议的重要性的突破。如果我们做得对，区块链技术能够释放出史上最大的尚未被开发利用的人力资本池，把数十亿计已投身于蓬勃发展的事业之中的企业家们带入到全球经济之中。

新的繁荣悖论

有史以来第一次，全球经济虽然增长但却几乎无人受益。一方面，数字时代正在给创新和经济发展带来无穷无尽的可能性。公司的利润犹如气球一样膨胀。另一方面，繁荣程度却停下了脚步，发达国家的生活标准甚至下降了。在现代历史上，经济水平位于统计学的第 51 百分位的个人和家庭的数量一直有所提升。尽管出现过萧条和动乱，对这些人及社会整体来说，繁荣的程度还是在稳步提升的。但现在已经不是这个情况了。即使在发达国家，生活标准也出现了下降。OECD（经济合作与发展组织）国家的工资中位数增长正在停滞。此外，根据国际劳工组织，世界上大部分地区的年轻人失业率维持在 20% 左右。世界劳工组织曾报道："年轻人的失业率几乎是成年人的三倍。"[9]在大部分发展中国家，这些数字则又要高得多。这些失业对所有社会都是腐蚀性的，无论社会的发展程度如何。大部分公民想要对他们的社区做出贡献。任何曾经丧失过工作的人都知道失业会如何侵蚀任何的自尊和幸福。拥有权力和财富的人跑在了前面，而没有权力和财富的人则落在了后面。

这种新的繁荣悖论——不要把它和吉尔伯特·莫里斯等经济学家们所创造的代际间“繁荣悖论”相混淆——已经让西方世界的所有政策制定者们困惑了。2014年的最畅销商业书籍、托马斯·皮凯蒂的《21世纪资本论》是一本学术界的代表大作，它解释了为什么不平等在加速产生，并且只要资本回报超出长期经济发展，这种趋势很可能会持续下去。富人更富，是因为他们的钱能够产生比工作收入更多的钱。因此，新的百万富翁和亿万富翁正在不断产生。但对于如何阻止社会不平等加剧，他的解决方案是对拥有世界上大部分财富的人们进行征税，这个方案并不那么鼓舞人心，因为我们曾经听到过。[10]的确，只要资本主义仍是生产的根本模式，关于如何分享成果的争论就从未实质性超越于财富再分配，这种再分配通常是通过富人征税和对穷人提供公共服务的方式。我们当前经济模式的鼓吹者们言必称发展中国家数以亿计的人口已从悲苦贫困中脱离（大部分在亚洲），但却经常性地忽视了富人们所被赋予的不均等的利益以及超级富豪与上述国家其余人之间正在扩大的鸿沟。今天，全世界1%的人口拥有全世界一半的财富，而有35亿人的每天收入低于两美元。

现状的维护者们迅速指出：世界上大部分超级富豪都是通过开立公司而发财致富的，而不是通过继承。但是在一些成功案例的背后，却是一些十分复杂的统计。新企业的开办率正在下降。在美国，历史短于一年的公司占比在1978年到2011年下降了接近一半，从15%下降到了8%。[11]千禧一代经常被描绘为具有企业家精神的风险承担者，他们却几乎没做什么来反抗这种趋势，相反却可能在促进这种趋势。美联储近期的一项分析数据发现，户主年龄低于30岁的美国家庭中只有3.6%的家庭才在私人公司中持有权益，低于1989年的10.6%。[12]

在发展中国家，数字革命几乎没能帮助企业家扫清充满着种种障碍的道路。在OECD国家需要花费仅3.4%的人均收入来开办企业，在拉美则需要花费31.4%，而在撒哈拉沙漠以南的非洲则令人震惊得高达56.2%。在巴西，一个企业家要等几乎103天才能注册成立公司，相比之下在美国只要4天，而在新西兰只要半天。[13]出于对政府的膨胀和低效的反感，发展中国家的很多潜在企业家改为选择在所谓的非正式经济中经营业务。赫尔南多·德索托说过，“在西方世界有很多事物你觉得是理所当然的，例如财产记录是遵循规矩的。而在南半球，企业家宁可政府不知道他们的存在。我们需要把正式身份变成一个有利可图的东西”。目前，躲藏在阴影中能够使这些企业家避开那些雁过拔毛的官员，但这也深远地限制了他们发展壮大事业的能力，限制了权力，也使得原本可以被更高效利用起来的金钱成了“死的资本”。[14]此外，即使对于那些在公开环境下经营公司的人们，很多国家的法律并不提供有限责任。如果你的公司倒闭，你将掉进个人需承担所有债务的坑里。在有些国家，如果你的一份商业支票被退回，你会直接被抓进监狱。“拘票——立刻坐牢，不会经过‘由此去’”①，也不会经由任何其他机构采取正当的审判程序。[15]

好吧，那么这个世界总是有得有失。现在饿死、因疟疾或暴力冲突致死的人减少了。相比 1990 年，现在生活在极端贫困中的人口也减少了。[16]某些新兴经济体从制造业外包和经济政策自由化之中受益了，中国是最主要的例子，而大部分发达国家的公民平均收入也增加了。总而言之，人们的日子比过去更好，对吗？所以富人只不过碰巧拥有更多得多的财产那又如何呢？难道他们不该享有努力挣来的钱吗？这到底有什么问题？

皮凯蒂指向了资本主义。但是资本主义作为组织经济活动的一个体系，并不是问题本身。事实上资本主义对于那些知道如何利用它的人们而言，是一条创造财富和繁荣的伟大道路；问题在于大部分人们从未看到这个体系的好处，因为现代金融这种鲁布·戈德堡机械（把简单问题复杂化，如同用高射炮打蚊子），使得很多人无法接触到这个体系。

金融和经济的排斥性就是问题所在。OECD 总人口中的 15% 与任何金融机构都没有发生过业务关系，而墨西哥等国则有 73% 的人未获得银行服务。在美国，15 岁以上人口中有 15% 没有获得银行服务，这等于 3700 万美国人。[17]

金融不平等是一种会快速演变成社会危机的经济状态。[18]2014 年，在世界经

① 桌面游戏“大富翁”中的一张机会卡——译者注

济论坛（它是一个多股东的组织，其成员包括世界上最大的公司和最有权力的政府）上曾主张：越发严重的不平等已造成了全球最大（没有之一）的风险，它已经超过了全球气候变暖、战争、疾病和其他灾难。[19]区块链可能是解决方案。通过降低金融包容性的壁垒以及催生出企业家精神的新型模式，市场的兴奋剂可能被拿来激活数百万缺乏银行服务的人的梦想和想法。

繁荣的遭罪：无用的作为

几个世纪以来银行一直依赖于网络效应。连续不断的客户、分支网点、产品、存款和提款增加了银行网络的价值。但是建立这些网络是有成本的。具体来说，获取那些能转化成利润的客户的成本一直在上升。如果预期赚到的钱不能覆盖维持成本，银行则没有兴趣再继续维持。因此，银行几乎没有经济激励去赢得那些处于金字塔底部的客户。根据泰勒·文克莱沃斯所说，银行并不服务于世界上大多数人，目前也没计划要服务他们。但是新技术可能会消除那个步骤。他说道："许多非洲国家用蜂窝式无线通信技术跨越了陆路电线通信的基础设施。他们跳过了那个阶段。区块链将在支付网络缺乏或极端薄弱的地区拥有最大的影响力。"[20]区块链将推动起许多新生的计划，诸如肯尼亚的移动金融服务提供商 M-Pesa（由 Safari 电信公司拥有）以及全球各地的小微信贷机构，通过把它们变得公开化、全球化且迅捷化，让它们的发展速度挂上高速挡。

银行是最常见的金融机构，所以我们在这里用它来举例。你是怎样开一个银行账户的？如果今天你住在发展中国家，你可能必须亲自跑去银行分支网点。在尼加拉瓜，每十万人只有 7 家银行分支网点，相比之下美国则是每十万人有 34 家。和非洲很多国家相比，尼加拉瓜的银行似乎还挺充足，因为前者每十万人只有不到 2 家银行分支网点。[21]因此你很可能不得不跑大老远才能找到一家银行。你也必须拿着政府颁发的身份证件，但如果你之前还没有，那获得这种证件会非常困难。

在发达国家，比如美国，你需要满足特定条件。虽然这些条件在各银行间和各州间都不同，你通常需要存入款项并且使账户的最低余额保持在 100 美元到 500 美元。你也需要证明你自己的身份。在美国开业的银行必须遵守严格的"了解你的客户”、“反洗钱”和“反恐怖主义融资”条例。[22]因此它们在给申请人开立账户之前，必须对申请人做更全面的背景调查。最终，银行对你的品质特征进行评估的兴趣还不如它遵守监管机关规定的兴趣来得大。这意味着一份载明有各项要求的明细清单。首先你得有一张社保卡。你没有？那就通常足以把你拒之门外了。那带照片的身份证明，比如驾驶证或护照呢？你还没有？你不是来开银行账户的吧。那假定你既有社保卡又有带照片的身份证明，银行为了安全起见，要求提供近期的公用事业账单作为永久居住地的证明或要求提供先前银行账户的某些证明。如果你正好是新来乍到的，或和家里人住在一起，或来自于世界上一个完全没有银行的地区，那你就很可能无法通过这其中的某些检验。银行并不想让你成为客户，除非银行能基于各份准备妥当的证明文件来确认你的身份。银行并无兴趣把你视作为一个完整健全的人来深入了解，它只是有兴趣把你当成一长串需要打钩的框框来了解。之前曾经出现过一些为移民和穷人简化这个过程的尝试，像纽约的计划是让人们使用城市 ID 卡，但最终都失败了。[23]

繁荣的护照：有用的作为

对于无银行服务的人们而言，幸运的是区块链技术正在带来一种新型的金融身份。它并不依赖于一个人与银行的关系，而是植根于一个人自己的声誉之中。在这种新的范式之中，“已获有银行服务”并非再是个先决条件。个人能够创建一个持久性的数字身份证以及可核实的声誉，公开明示地在很多关系和交易中开展活动，而不再需要通过那些传统的身份验证。区块链对这种数字身份赋予了信任和获取金融服务的途径。能超大规模地做成这事是史无前例的。ConsenSys 的约瑟夫·卢宾说：“我们有声誉，但它没那么容易使用，因为社会和经济系统早已建立在那儿了。它的大部分都是缥缈且短暂的。即使在最好的情况下，它是也碎片化的，你因此必须为每项需要提供声誉证明的事业而重新出示一次那些肤浅的证明文件。而在最差的情况下，有数十亿人则根本无法向直系社交圈以外的任何人出示自己的声誉。”[24]声誉也可能表现为一头猪或一头牛。但是通过底层的基础建设，人们能够建立起非碎片化的或虽然虚拟但却普世且标准化的数字身份，能够强有力地证明他们自己的各个方面以及他们之间的往来互动。人们能够细节性地共享这些数字身份，即仅仅共享关于他们身份中非常特定具体的信息，以促进产生更多的可能带来个人财富增长和富裕的交往互动。戴维·伯奇是一个密码学家和区块链理论家，他总结说：“身份就是一种新的货币。”[25]

考虑一下这种可能性：世界上那些无银行账户者们当与小微放贷机构发生业务互动时，就能够给他们自己建立声誉档案。潜在的卖家或放贷人能够不再依赖于某些信用评分，而是在区块链上直接追踪到无银行账户者们对小额贷款的使用和偿还情况，这种追踪在以前还是根本不可能做到的。“一旦某个过去无银行账户的人偿还了一笔小额贷款，他们就开始变得渐渐能获得更多更大额的贷款来开创他们的事业了”，[26]卢宾说道。一旦重复这种行为，就可以增加借款人的声誉分数。与一个全球性且无摩擦的支付平台结合在一起后，个人和小企业主可以做到以前做不到的事：向一个远在天边的卖家支付货款或服务费，以此提升在全球经济中的前景。乔伊丝·金曾开玩笑说：“我们来基于家务历史记录做出个针对妇女的信用评分体系怎么样?”[27]经济和金融的断层线经常就是沿着性别分界线而划分的，这使得区块链这一技术成为了世界上那些被剥夺了权利的妇女的恩赐。在提及全球各地的穷人时，赫尔南多·德·索托说道：“并非他们不想融入全球经济中来，而是能帮助他们融入经济体系中来的标准和信息尚未到位。区块链非常棒，因为它为我们提供了一个能把所有人会聚起来的公共平台。”[28]

这种持久性的声誉对全球的企业家才能而言可能意味着什么？如果你有一个可靠、独特且健康的身份，并且你如果被视为是可信任的，那么对方将更乐意为你提供那些获取价值的途径。这并非是财富再分配，而是更广范围的机会分配。“个人黑盒子”的首席执行官哈洛克·库林说：“即将发生的最大的再分配并非是财富的再分配，而是价值的再分配。财富是你拥有的金钱，价值则是你所参与的对象。”[29]区块链给每个人分配了独一无二且可核实的基于声誉的身份，使得他们能够平等地参与到经济中去。这样的平等性所带来的影响是深远的。卢宾想象中的未来，在那里“无论人们有没有获得银行服务，都将越来越从贫穷中被解放出来，因为小额放贷服务使得全球投资者们构建起海量小额贷款的多样化信贷资产，使用和偿还这些贷款的完整细节都能在区块链上被追踪到，只要使用比如Balanc3（ConsenSys所投资的一家公司）的三重式记账系统。”[30]在这个新的未来之中，当人们偿还小额贷款时，他们在这个过程中能逐渐获得更多、额度更高的贷款来开创他们的事业。

通往繁荣的路线图

金融身份代表着广大金融和经济性机会的开端，而这些机会是世界上超过 20 亿人曾经无法企及的。区块链技术让各行各业的人们规划出他们的兴盛。想象一下：一个人的个人财富，让很多人所用，最终让几十亿人所用。

充裕的工具

参与到经济活动中来的最基本要求是工具，比如手机和某些互联网接入设备，它们是帮助人们能够与不同价值系统进行互动的入口。Andreessen Horowitz 的管理合伙人以及斯坦福大学的讲师巴拉吉·斯里尼瓦桑博士说："如果你能用手机连上互联网，瞬间你就能接触到所有其他这些东西了。你能访问一个银行或至少是获得访问银行的途径。"[31]区块链技术创造了一整套之前无法想象的新商业模式，赋予了个人成为经济主体的权力。

持久的身份

你能够使用并转移身份进入到不同的网络之中，以此在金融交易中树立声誉或融入不同的社交关系网之中。突然间，猪无须再作为家庭的储蓄罐。用以储存价值以及与其他人交易的新支付渠道和手段，将开辟出一片新天地。实际上，这种降低金融包容性的门槛，将使得发展中国家和发达国家的企业家们创办企业要比以往更容易得多。这其中包括了方方面面，从开通支付渠道到提供可靠价值储存方式乃至使用区块链软件管理财务报表。

民主化的企业家才能

在合适的条件下，企业家是社会经济增长的引擎。他们为市场带来全新的思考，并注入那些能使得市场经济兴旺发达的创造性颠覆力量。区块链技术赋予了世界各地的个人和小企业与大型组织机构相同的很多能力。基于区块链的账本和智能合约降低了创办公司的门槛，加快了设立公司的步伐，砍掉了繁文缛节，这些在发展中国家尤其如此，因为在那里设立公司要花三倍的时间且五倍的金钱成本。

区块链能够对建立企业的三个方面进行自动化、精简化以及重大改进：设立、筹资和销售。设立成本将大幅度下降，因为区块链是一种被信任且被广泛知晓的设立公司的方式。你能轻易地看到所有权和维护记录，这些尤其在法治缺失的地区将非常有用。为一个公司筹集资金也将变得更容易，因为你能在全球范围内获得股权式和债权式的资本，而且如果你使用一种通用的计价货币如比特币，那么你就无须担心汇率和兑换问题。销售将成为一种能够卖至任何一个有上网装备的人的功能活动。买家根本无须信用卡、当地货币或银行账户。

通过安全且不可篡改的账本，企业家将能够注册他们的企业和公司资产的产权，管理存货、应付款和应收账款，以及通过三重式记账软件和其他区块链应用来杠杆运作其他财务指标。例如，三重式记账减少了对审计师、税务律师和其他服务供应商的需求，这些供应商对小企业而言是个巨大负担。[32]监管者也许会对选择加入三重式记账计划的小企业放松监管。那对本质问题的意义更加重大，而减少了浪费的时间。随着公司的成长，对公司行动和文件进行协调一致将变得不那么复杂。通过智能合约，一个企业家能够自动化处理公司运营的很多方面：订单、薪资发放、债务利息和实时财务审计。个体企业家的两种新模式将受到欢迎。

过剩物资的打表计量

从中心化的共享经济到分布式度量经济，个人将能够基于网络中的其他参与者们的声誉分数，向他们出借备用睡床、手推车、牛乃至其他有形或无形的资产。区块链为之前不可能实现的收入来源带来了可行性，比如打表计量无线信号、屋顶安装太阳能电池板所发的电力、Netflix的订阅、你手机的隐藏算力和其他家用电器，而实现这一切都依靠小微支付和智能合约。区块链成为个人以非传统方式创造价值和赚取收入的新的公用事业。

被小额变现的数据

那些在家里工作的父母以及不知疲倦地照看小孩和老人的各类家庭看护人员，能够至少把他们的辛勤劳动进行货币化，并且他们一天中每个小时所产生的价值将能被得到承认。这并非仅仅是发达国家才享有的机会。大公司们正在寻找向南半球的人们进行市场推广的途径，但经常缺乏合适的数据来做商业决策。当一个年轻的企业家正在推出他的新的区块链 IPO 时，承包并许可使用数据对他而言可能是个能带来新增收入的巨大机会。今天，像 Facebook 和 Google 这样的大型数字行业综合性企业正在收获着关于几十亿人的千万兆字节量级的数据。我们订立了一个浮士德式的交易，在这个交易中我们用数据换取很酷的服务，但我们在此过程中丧失了隐私和数据完整性。区块链把顾客们变成了“产销者”。耐克公司可能想知道你早餐吃什么、隔多久跑一次步以及是否考虑买新的训练装备。为什么不签订合同用那些数据来换取耐克的积分或金钱呢？让我们再进一步，保险公司正在搜索最好的数据用于精算。你自己的数据，如运动量、你是否抽烟、你的食物选择等，对它们而言都很有价值。你可以订立一个许可协议，据此每次它们使用你的数据来做精算以及为某一产品定价时，你就获得一小笔付款。[33]

分布式所有权和投资

我们正在前进到人类历史的一个新时期，很多人能够通过分布式账本技术成为财富的主人。一旦能够接触到世界金融市场和全球投资机会，从传统投资到参加大规模合作创业、小微贷款计划、区块链 IPO 和基于声誉的小微贷款，就开启了通向资本之路。众筹已经开始改变金融业的外表。在 2012 年，非区块链的众筹活动在全球范围内募集了 27 亿美元，比上一年增长了 80%。而有了点对点的众包式的区块链融资后，这些数字准备再翻上几倍。个人能够通过众筹计划来认缴微小的金额。想象一个众筹计划涉及了几百万人，每个人认缴一美元，把它称为分布式的所有权。你觉得这没意义？Augur，作为预测市场的平台，从全球成千上万人那里募集了几百万美元，每个人的认缴增额幅度都很小。可能性的范围是巨大的。区块链 IPO 不仅能够改进募集资金的效果和效率、降低发行者的成本，还能够具有广泛的包容性，让那些曾经无法想象的新兴投资者们加入进来。到目前，改变收入和财富不平等的方案范围尚未超出对富人加税这一方面，最极端的版本则是直接国家征收。让我们想象区块链将如何创造机会来更平等地分享社会创造的财富，而不是财富的再分配和征收。

汇款：安娜丽·多明戈的故事

安娜丽·多明戈[34]已作为保姆和家务工工作了 25 年。她是生活在多伦多的 20 万菲律宾人中的一个[35]，她的故事十分典型：她年轻时离开菲律宾前往加拿大定居，此时毫无积蓄、没受过任何教育并且对接纳她的国家基本上一无所知。安娜丽工作非常努力，为自己和家庭开辟出一条谋生之路。十年前，她用自己的积蓄付了一幢房子的订金，这是个惊人的壮举，因为她在此前三百个月里一直孝顺地把钱汇给菲律宾的家人。安娜丽向家里汇了如此多的钱，以至于她 70 岁的妈妈能够在马尼拉买了自己的房子。

安娜丽亲切地同意让我们在发薪日去找她，记录下她的经历。那个星期五下午，安娜丽拿到了她雇主手签的支票，并递给了银行。这花了 15 分钟，如果算上在银行出纳那里的排队时间，则花了 20 分钟。当她把支票存进银行后，她提取了 200 美元。冰冷发硬的纸钞在手，安娜丽走了一个街区去搭乘公交车。她没有搭回家的公共汽车，而是朝反方向乘了两英里，然后在一个只能被称之为恶邻环绕的地方下了车。她又走了四个街区，最后终于到了她能把钱汇出去的所谓“金融机构”：位于多伦多圣詹姆斯镇某住宅街区尽头的一个 iRemit（自助汇款）柜台，该镇是加拿大最穷且危险程度最恶名远扬的地区之一。由于大部分用 iRemit 服务的人都没银行账户，iRemit 已开始提供其他金融服务，例如支票取现。安娜丽像之前数百次所做的那样填写了纸质表格，然后把辛苦挣来的钱交进去。对于一次 200 美元的汇款，安娜丽付了 10 美元的固定费用。在收款方那一头，她 70 岁的母亲要承担差不多麻烦（也几乎一样荒谬）的流程才能收到钱。当然她必须等上三到四天才能去银行，因为这是处理付款所需的平均时间。安娜丽步行回到公交车站，上了车、地铁以及又一辆公交车，最终在一小时后到了家。

汇钱的成本 10 美元等于总金额的 5%。此外，通常还有汇率买卖价差 1% ~

2%。最终大约7%，这相较于国际平均水准 7.68% 而言是少许打了个折。[36]虽然她们都获得了“银行服务”，但仍旧不得不跑一遍流程，这个事实使得整个可笑的例行程序愈加令人发指。固定成本并未包含入全部成本，例如按工资标准来计算，安娜丽浪费了两小时做这事的时间价值又等于 40 美元。此外，她不得不提早下班，因为她觉得天黑时去那个地方不安全。而对于她的母亲而言，作为一个生活在马尼拉的古稀之年的老人，去跑一趟取钱对她身体的生理负担同样巨大。安娜丽因做出这个交易而失去的 10 美元的购买力，对安娜丽而言当然是很重大的，但对她母亲而言则更重大得多。在加拿大 10 美元是吃顿饭的花费和公交车票花费，而在马尼拉则可以买到一周的食物。在她的一生中，安娜丽为了汇款回家，已经向西联汇款等中介机构付了成千上万美元。每个月的费用最终贡献出了全球每年汇款费用总计高达 380 亿美元的大蜜罐。[37]

居住在远方的人们向祖国汇回的资金，联系着全世界散居各处的侨民们。侨民分布在全球的社区，其组成者是离开祖先故土散居各处，但共享着相同文化且对故土具有强烈认同感的人们。

今天许多侨民的功能之一就是处理并帮助解决共通性且全球性的问题。汇款是发展中国家最大的资本流动项目之一，可能对某些世界上最脆弱的人民的生活质量具有巨大的正面影响。在某些国家，汇款是当地经济中占比极大且生死攸关的一个组成部分。例如在海地，汇款占当地 GDP 高达 20%。菲律宾每年收到 240 亿美元汇款，是其 GDP 的 10%。[38]根据国际货币基金组织的调查，收款人通常把汇款用于购买和支付必需品，如食物、衣服、药物和住处，这意味着汇款“被用以维持原本无法企及的更高消费水准，以此帮助大量人口摆脱贫困”。[39]流入发展中国家的汇款估计达到外国援助流入的三到四倍。[40]汇款对于发展中国家穷人的正面影响很容易被理解，但尽管这是一项规模极为巨大的资本注入，其汇款成本却仍然高得惊人。在各国之间某些最贵的通道，汇款费用可能超过 20%。[41]

加拿大是世界上最大的资金净汇出国之一。安大略省无论是按人口还是按经济规模而言都是加拿大最大的省，在那里有三百六十万人被视为是外国出生者，每年数十亿美元以汇款方式流出该省。[42]安娜丽的故事之所以引人注意，是因为这在加拿大是个常规。

想一下同在多伦多的德芙林购物中心（Dufferin Mall）。在大多数日子里，该购物中心的交通人流都很平稳，它因此可能被误当成加拿大或美国的任何其他一家购物商城。但每当周四和周五的下午五点左右就会彻底变了样。成千上万外国出生的加拿大人手中挥舞着薪金支票，就像是商场内的天降奇兵，从商场的各个银行和外汇交易处汇出款项，汇给他们祖国的急需用钱的家庭成员。家庭作坊式的外汇交易处和西联汇款网点出现在了周围地区的便利店、酒吧和餐厅内，处理着汇款洪流。

说着菲律宾语、粤语、西班牙语、旁遮普语、塔米尔语、阿拉伯语、波兰语和其他语言的多伦多人经常乘公交车、电车或地铁出行，同时看护着小孩，在一整天工作后筋疲力尽。他们得赶到商场才能向家里汇款，而且经常要排很长的队才能有机会把辛苦挣到的钱汇给家里。现在大多数人在智能手机上度过时间，用 WhatsApp 聊天、和在多伦多及国外的朋友和家人用 Skype 交流、玩游戏以及看视频。更多的情况下，汇款要花超过一周的时间才能到达目的地，届时收款那一头的人需要经历一次几乎同样冗长耗时的流程。

这事到底出了什么问题？每个环节都有问题。让我们找出好的那一面。必须记住：大多数排队的人使用智能手机，这是一种在加拿大广为流行同时在全球也愈加无处不在的技术工具。73% 的加拿大人都有智能手机，而在多伦多，毫无疑问，这个比例更高。这个国家的无线网络基础设施也被认为是最好的，这意味着大多数加拿大人不仅能够拥有智能手机（其实是台超级计算机），而且他们还能够用智能手机以两个世纪前还停留在科幻小说层面的方式来驾驭移动互联网的力量。为什么人们还用着几十年前的古老技术在一个实体网点排队汇款，而不是用他们指尖点击来汇款呢？美元的数据密度比高清视频可要低多了。实际上，根据 Skype，视频电话每秒消耗 500KB。[43] 发送一个比特币消耗大约 500B，也就是 Skype 视频电话的每秒数据消耗的千分之一！

通过消除第三方中介以及极端简化流程，区块链能够最终实现即时且无摩擦的付款，这样人们就无须为了区区汇款而排上一小时或更久的队伍、跑大老远的路或晚上冒着生命危险前往危险的地区。今天，大量公司和组织正在运用比特币协议来降低汇款成本。它们的目标是把数十亿美元给到世界上那些最穷者的手中。这些行业已被一小撮公司所控制，这些公司使用它们独特的地位和历史遗留基础设施来制造垄断经济，但它们也看到了区块链技术所带来的对它们的风险，因此害怕了。根据德勤的数字加密货币集团的领导埃里克·皮斯奇尼，在支付领域的公司目前“对于区块链对它们所带来的影响真的感到紧张。西联汇款、MoneyGram、iRemit 和其他公司害怕对它们商业模式的颠覆。”[44]它们应该感到紧张，因为有一个新兴行业诞生了，那里有着崭新且颠覆性的公司想要取而代之。

好吧，卢克，我的朋友，年轻的安娜丽怎么办？

要为世界上的穷人们创造一个基于区块链的支付网络，尚有两个障碍。首先，汇款的人中很多都是收到现金形式的工资，而收款的人也都生活在基本以现金交易为主的经济体中。其次，发达国家和发展中国家的大部分人没能有效使用区块链的知识和工具。虽然现金很可能将来像渡渡鸟那样灭绝，但是在发达世界的雇主开始向智能钱包贮存价值并且马尼拉、太子港和拉各斯的小型街边商店开始接受数字付款之前，我们还会继续需要纸钞。西联汇款知道这个事实，这就是它为什么至今仍然重要的原因，在全世界有着超过 50 万个代理点。[45]如果你想要把汇款换成现金，则选择很有限。西联汇款如果只有一个代理点，则就无法换现金。它的网络让它能够在几十年里在整个市场上维持垄断地位。过去几乎从没有任何公司有一个无缝且易用的“杀手级应用技术”。但现在有了。

我们来观察一下 Abra 或其他像它那样的公司。用 Abra 这样的名字，人们可能原本预计看到点“cadabra”式的神奇变化①，而这公司也没让人们失望。Abra 正在比特币区块链上建立一个全球性的数字资产管理系统，它宣称的目标是把每一部智能手机都变成一个取款机，可以用来向网络中其他成员提供实体现金。我们要测试该解决方案是否改进了安娜丽的体验。

安娜丽和她的母亲的安卓智能手机里都下载了应用程序。安娜丽的起始余额是加元。一点击按钮，安娜丽就启动了向她母亲的转账，她几乎瞬间就以比索收到了转账款。此时她母亲可以选择在手机里保留比索作为一种储值，或是选择在

---

① abra 和 cadabra 合在一起是魔法咒语的意思——译者注

日益增长的接受 Abra 付款系统的商户那里花掉这笔钱。通过创造一个支付工具和价值储存，Abra 有效地取代了传统银行系统的两个最关键的角色：支付和价值储存。光这一点就是个革命性的概念了，但真正有趣的地方在于：她母亲想要现金。她用现金付房租、买食物以及应付任何其他开销。她检查应用程序，注意到在方圆四个街区范围内有其他 Abra 用户，她向他们都发送了消息，看看谁能把数字版的比索兑换成实体版比索以及按什么价格兑换。这四个人把各自服务的不同开价回复给了她。其中一人收 3% 才提供前述服务，另一个收 2%，还有两个各收 1% 和 0.5%。她母亲决定找那个收 2% 的取款员——并非因为他最便宜，而是因为他有五星评级且同意在半途中和她碰面。他们然后碰了头，她把 Abra 系统里的比索换成了实体版的比索纸钞，而取款员则收取了佣金，随后他们愉快地各自离开。Abra 则收取了 25 个基点（2.5‰）的兑换费。

从钱离开多伦多到达持有现金的菲律宾收款人那里的整个过程，只花费了一小时不到，净成本则是 25 个基点，包括外汇汇兑和所有其他交易成本。鉴于每笔西联汇款的交易需要最多达七到八个的中介、联络银行、本地银行、西联机构、个人代理人和其他中介，而 Abra 交易仅需要三个：网络内的两个对等参与者以及 Abra 平台本身。“我现在明白了。那真棒！”安娜丽狂喜地说道。[46]

Abra 若要朝全球扩展业务，则必须得解决两个核心难点。首先，整个网络需要临界规模数量的取款员才能让服务足够便利。安娜丽的母亲周边最近的取款员如果也相隔了 20 英里，那么她就不会用这个服务。Abra 知道这一点，它们因此正在预先签约取款员，光在菲律宾的数量就至少有成千上万名，这些人已准备好在事情启动后就随时开展交易。第二，这个模式能否管用，取决于一个假设：取款员和客户在交易数字货币和实体货币时将会遵守承诺。这个问题倒没那么值得担心，像 Airbnb、Lending Club 和 Zipcar 那样的公司已经打破了人与人之间不会互相信任的神话。的确，对于 Abra 的首席执行官比尔·巴希特而言，所谓“共享经济”的公司数量的激增已经让他坚信那不是个问题。“人们乐意于互相信任的速度，比他们乐意于信任某个机构的速度要快得多”，他说道。[47]

智能手机是这所有一切的关键。智能手机让你能够向其他人出租公寓或汽车或提供搭乘服务，它也能以相同方式被用作自动取款机。巴希特说：“神奇的是，人们愿意以共享经济的方式来做事，他们并非仅仅为了钱，但也许点对点借贷是个例外。”此外他说：“对我们来说，更重要的是你信任其他人，而不是信任Abra。如果你信任其他人，你将很可能知道 Abra、喜欢上它并且有良好的体验，并很可能最终信任这个平台。”[48]

Abra 并不是一个汇款的应用程序，而是个崭新的价值交换的全球平台，它同等程度地综合了分布式无须信任的区块链网络、智能手机技术的力量以及人们愿意信任网络内其他参与者的人性倾向这三者。通过让用户能够用传统货币来储存价值、在网络中传输价值以及在快速增长的商户网络中付款，Abra 所呈现的不仅是西联汇款的角色，而且是像 VISA 那样的信用卡网络。Barhydt 说道：

> 西联汇款和 Visa 的交易结算轨道各自差别很大。但 Abra 的交易结算通道既用于个人之间付款又用于个人和商户之间的付款，两者完全相同……历史上第一次，我们提出了一个既能用于国内又能用于跨境、既能用于个人之间又能用于个人和商户之间付款的单一解决方案。[49]

Abra 可能最终会成为一个全球性的巨无霸，让世界上那些最大金融机构竖起的高墙开始颤抖。但现在它只是一个用来减轻某个全球性重大难题的很棒的简单解决方案，正在帮助一个菲律宾家庭省上那么一点成本。此外，随着汇款数额明年将会超过五千亿美元规模，这个市场机会完全不可忽视。

区块链助力人道主义援助

区块链能否在根本上改变非政府组织、政府和个人捐助者向国外提供援助的方式？数十亿美元的援助中有成千上万是每年流向了发展中国家，但援助的宏观经济效果并不总是很清晰。[50]有大量证据暗示着有腐败的政府官员、当地豪强和其他中间人在援助抵达预定对象之前就早已偷走了很多。更麻烦的是，根据《世界经济周刊》，“政府收入的增加会减少公共物品的供给”。该报告得出结论：大量消费那些援助或意外之财并不必然导致福利的增加。[51]组织机构膨胀和效能低下两者结合在一起，共同导致了那些最贫穷国家中大量的浪费以及穷人和富人之间更严重的不平等。这不仅对于政府到政府之间的跨国援助是事实，而且对于那些脚踏实地在穷困潦倒的地方第一线工作的非政府组织而言，也是如此。

我们在本书介绍里粗略地谈到了外国援助的问题。让我们进一步深入探讨一下这个问题。回想一下，在2010年海地大地震的震后时期，经ProPublica（一家独立的非营利性新闻机构）进行了一项研究后，红十字会冒着危险赶来了。但美国国家公共电台却发现该组织浪费了不少资金并且很多承诺并未被兑现，例如建设13万幢新房屋的承诺。实际上它只建造了6幢。[52]作为辩护，红十字会争辩道，海地那破旧的土地产权登记簿阻碍了它的努力：没有人能查明谁拥有土地。结果红十字会因地制宜地勉强解决了问题。基于区块链的土地产权登记能否通过提供清晰的产权而改善这个情况并且也许能阻止非法征收呢？

外国援助也许是许多政府不称职以及无良中间人寻租行为的最明显例子，因此也是探讨区块链解决方案的完美理由。2010年海地大地震是过去一百年中最具毁灭性的人道主义危机。[53]当海地政府瘫痪而危机肆虐之时，成千上万的“数字人道主义者们”汇集在互联网上帮助第一批响应者们收集、分类鉴别和图形化那些受到摧残的海地人从手机中发出的呼救。这些临时团体最初是在网上由想法类似的志愿者们所组成的，它们在危机过程中变得越来越组织化并高效。尤其是Crisis Commons社区的确有了大不同。Crisis Commons作为一个例子，证明了一个全球性解决方案的网络，这是一个新兴的由民间社团组织、公司和个人组成的非国家性网络，协同合作解决重大问题。数字革命已经让新的网络能够跨国界地联系并协作起来，并能解决问题，让全球性合作和全球性治理能得以实现。互联网对所有这些都给予了可能。对于人们在海地所创造出的那种公共产品，人们在此前却从未能够共同组织创造出来过。互联网的这个信息层被证明是至关重要的——为有需要的人们和类似的志愿者组织提供关键性的联系、专有技术和数据。设想一下，如果还有一个价值层会怎样？那能够创造出什么样的可能性？

区块链能够在两方面改进外国援助的交付。首先，它能摆脱中间人作为大量援助的转移渠道的媒介作用，以此来减少由来已久的直接挪用和盗窃的问题。其次，作为记录资金流动的一份无法篡改的账本，它迫使从援助集团到各类大型机构正当行事并恪守承诺。如果它们违反，人们将能够看到它们的过错并让它们负责。

我们能够轻易地想象联合国儿童基金会或联合国的妇女项目使用区块链来给

妇女和儿童直接募集资金，而无须通过当地的政权组织来做这件事。穷国的个人能够通过由不同援助团体作为网络节点而管理的分布式账本，签约申请福利。当特定的援助被交付时，比如红十字会的疫苗或联合国儿童基金会的学校物资，那些交易就能在账本中打上时间戳。这将减少或可能甚至防止援助团体不小心给某些人或社区提供双重援助，这样就能把福利援助更公平地扩散出去。

事实上，联合国儿童基金会早已开始研究数字加密货币了。2015 年6 月，联合国儿童基金会宣布启动了 Unicoin，一个让孩子们能够“挖矿”的数字货币，只要他们向该计划提交灵感创做出的绘画，然后该币可用于换取笔记本和铅笔。[54]这是一个小小的开始，但未来机会却是无限的。紧接着就可以想象出我们在第一章中所做的假设：遍布于发展中国家的村庄里的孤儿院与联合国儿童基金会合作，自每个孩子到来之时起就为他们开立账户。捐助品将按比例分配到每个孩子的个人账户。豪强和其他腐败官员无法染指。世界上最穷和最弱的孩子们在成年时将有钱开始生活。这些都可以靠区块链来得以实现。

自然灾害的救济或为穷人提供物资当然无法总是点对点提供的。经常的情况是，机构的参与不仅是值得的，而且是必需的。但区块链能够大幅度提高这些组织和其他机构在外国援助价值链中的透明程度以及功能。向红十字会捐献的每一美元自开始在价值链上传递直到到达直接受益人，整个过程中被一直追踪。回想下我们在第一章中假想的场景——红十字会可能为其每一项最重要的项目都发起众筹活动——提供医疗援助和阻止疾病扩散、水净化、房屋重建——当你捐献时，你就知道捐的钱是否变成了一块木板、一加仑水或一片邦迪。如果资金失踪，社区将知道，并能够让这些机构承担责任。让援助团体们自行承担责任的智能合约将被使用。大型项目——从住房计划到水净化项目的实施——其资金可以直接进入第三方监管账户，且只有在成功完成某些关键节点后才能释放并发放出来——这些节点可能包括获得了场地的产权、进口了原材料、与当地供货商签署了合同、做出了成品、安装了特定数量的净水取水点。那么这会产生什么样的结果呢？在外国援助的交付过程中大幅度提高了透明性和可追责性，因此最终结果也得到了极大改善。

外国援助是发达国家向发展中国家的第二大资金流动，仅次于汇款。区块链技术能给那些慈善性非政府组织带来透明性、可追责性和更高效的运营，以及能促使在危机和正常情况下更好地提供关键服务。当然，的确存在不少执行层面的挑战及必须克服的困难。第一线工作的人们需要知道如何使用这些技术。移动电话网络可能在危机发生时中断。手段高超的犯罪分子和不良机构也许仍能找到欺骗穷困人群的办法。但这些就是不去探索新技术的理由吗？当然不是。今天的形势是不正常的，在很多情况下就是完全崩溃的。赋予个人以权利、让援助团体承担起责任，意味着更多援助会到达正确的人手中。减轻贫困和解决灾难危机是通往全球性繁荣梯子的第一根横杆。让我们给区块链一次机会吧！

小微金融：微微支付的点对点援助

小微金融是一个超越了金融服务和发展援助的行业。不像那些自上而下给予的援助，小微金融机构（MFIs）试图让人们储蓄、投资和开办小型企业。更多情况下，它们采取社区储蓄合作社的形式，在那里，社区成员能够共同归集资金成为资金池，并贷出给其他人满足短期融资之需。只要适当地执行并管理，小微金融网点能够为困苦的社区带来真正的福利：它们减少长期饥饿、增加储蓄和投资，并在很多情况下帮助了妇女。[55]

然而小微金融机构今天存在着问题：首先，对它们如何运营的，几乎没有监管，它们偶尔会创造出掠夺性贷款以及胁迫性催收方式，压榨社区并让后者更加绝望。其次，鉴于前述这点，发展中国家的政府已经发现，抑制不良行为的最佳方式是取缔或严格限制所有的小微金融机构，就像印度在发生了一次关于小微金融机构的争议后于 2010 年所做的那样。[56]其次，资金并非总是能到达正确的去处。没有什么办法能确保最需要钱的社区成员获得钱。最后，小微金融机构仍然在很大程度上是区域性的，这既限制了资金规模，又限制了投资及储蓄的机会。

所以从事于解决贫困问题工作的人们会自问：区块链到底能够在这些组合工具中的哪一项上发挥用场？它能怎样改善我们所做的一切？

首先，它将改善行政管理的可追责性。就像公司透明度问题一样，捐献者将被吸引至任何使用区块链技术因此更透明更负责的非营利机构。此外，如果小微贷款记录于区块链上，并且小微金融机构的客户们被允许访问检查前者，那么客户们就能让这些机构对坏事承担起更大责任来。如果未来的借款人或储户能选择公开透明的机构，谁还会去选择那些封闭不透明的？

其次，它意味着更好地保护妇女和儿童。通过智能合约，资金可以捐献给第三方监管账户，只有妇女才能够访问这些账户，比如用于买食物、女性用品、医疗用品和其他必需品。男人不能取走钱去买烟酒或用于赌博，后者对于储蓄或小微金融的资金而言可能是个持久性的问题。

再次，它能让人们从全球范围内获取资金和机会，并将吸引全球的捐助者。社区要使用哪个小微金融机构，通常被地理位置所局限着。今后，未来的借款人能够上网从一系列潜在贷款人中获取最佳的出价，从中发现最好的利率、条件和声誉。正式的小微金融机构将当然会继续存在下去，但也有更简单的方式通过区块链来联系其他对等的人，这会使得小微金融机构不再那么必需了。

最后，区块链支付通道，例如比特币，基本上是为小型、缺乏权利的借款人而量身定制的，让他们能用上小额支付（我们把它叫作“微微支付”）并把成本降低至接近于零。在一个每分钱都很重要的世界里，用户能够归还贷款、提取资金和小额增加储蓄，所有这一切在区块链产生之前的世界里都面临大得多的挑战。世界上虽然存在很多凄惨贫困的地区，但手机渗透率和互联网连接也正在变得商品化，考虑到这点，人们也应当能够迅速有效地做到微支付。

像家一样安全？通往资产所有权之路

土地产权登记是被赫尔南多·德·索托称之为非市场性交易的东西，一种通常牵扯到当地政府的经济交换。非市场性交易成本包含了排队等待的资源浪费、追溯产权、完成和备案文书、办理官方流程手续、解决争议、给某些官员和审查员好处等等。[57]在穷国中，体制虚弱，有些政府官员也广为人知的行为不端，故前述成本是个高耸的壁垒障碍。洪都拉斯是这样一个地方：中美地区第二穷的国家，收入分配极端不平均。2008 年的经济危机阻碍了汇款流入，而 2009 年的一场军事政变则罢黜了民主选举出来的曼努埃尔·泽拉亚。此次政变由该地区最大的地主之一所支持，他是一个靠早期胁迫农民出售土地产权而豪夺土地发了大财的棕榈油大亨。[58]

自从1990年中叶起，世界银行和其他全球性非政府组织[59]已经向洪都拉斯投入了1.253亿美元以及技术资源，来设计和管理能够加速其发展的土地相关的开发项目。[60]我们曾看到一些计划要设立空间数据基础设施，能够支持土地和自然资源的产权与使用、气候和自然灾害以及社会经济状况的数据的图像地理标签，大城市可以以此来提供战略规划和投资的信息。还曾有过提到把土地项目的数据库和环境与灾害管理项目的数据库在其国家和地方层面进行整合。[61]这些计划真是雄心勃勃。

问题在于，在财产登记、土地出售和争议解决领域，其仍然被声称遍布着腐败，包括对中间人、法官和当地官僚的谴责。根据美国贸易代表处，其财产登记系统仍然高度不可靠。[62]由于政府把世界银行的辖区限制在市区，在住宅的土地产权登记期间，其农村的家庭被系统性地忽略了，而土地通常是他们最有价值的资产，其农村地区手无分文的农民至少能从土地管理计划中受益。自1998年以来，至少洪都拉斯的农村贫困减少了。在所有发达国家中，模糊不明和腐败问题在产权争议中被暴露出来了。如果洪都拉斯遭受一次象海地在2010年所遭受的那种巨大自然灾害，红十字会那样的援助组织在理清产权这团乱麻时会同样受阻，以至于难以交出安全耐用的房屋。

如果有一个普世的总账能够囊括所有这些数据并且能把信任注入一个极其缺乏信任的局面，则会发生什么？“区块链看上去似乎特别擅长于处理交易，而其他系统则都不必然擅长处理这个”，德索托说。“事实上穷国在本质上就极为腐败，因此把你的交易账本通过安全流程措施保存在每个节点，这将会使系统高效、便宜且迅捷，并且这也是穷人们想要的结果，因为这保护了他们的权利。”德索托补充说。[63]这系统是这样运作的：区块链是一个公开的总账，意味着它能够保存在那些需要查阅它的洪都拉斯政府官员的电脑桌面上，也能保存在输入数据的现场工人以及想要留存副本的公民的移动设备上。区块链是个分布式账本，意味着这几方都不能拥有它，而它又是个点对点的网络，意味着任何人都可以访问它。在洪都拉斯这种公共机构的可信度很低而产权体系又虚弱的地区，比特币区块链能够帮助恢复信心并重建声誉。

这就是位于得克萨斯州的初创企业“公证通”计划与洪都拉斯政府合作共同要做的事情，并因此与 Epigraph（一家产权软件公司）建立了合作伙伴关系。“公证通”的总裁彼得·柯尔比说：“这个国家的数据库基本上被黑了。所有官僚们能进入数据库，为他们自己先挑到最好的财产。”他又补充说，大约 60% 的洪都拉斯土地是没有正式记录的。目标是在区块链上记录下所有的政府土地产权，而首个试点项目将在 2015 年年底前完成。柯尔比告诉路透社，洪都拉斯通过采用“公证通”的区块链技术，能够让它历史遗留下来的系统弯道超车超越过发达世界国家所用的系统，这能最终有助于实现更安全的抵押和采矿权。[64]“从专利权到房屋所有权的文档只有在特殊情况下才是纸质的，除了历史原因外它们没有理由应当是纸质的。在任何涉及产权和时间问题的交易或互动行为中，区块链都能发挥作用，”[65]考西克·拉戈帕尔说道，他是麦肯锡的硅谷办公室以及支付业务的负责人。

截至，今天我们不知道洪都拉斯政府是否会执行土地产权登记在区块链上，或是否会在试点项目之后继续维持使用。在以前对土地登记的尝试中，政府已经逐渐不再承担系统扩充升级和纳入更多人口的成本增加。但是如果账本能提供可靠、无法篡改的数据，那么非政府组织就能够获得额外的数据，用以向政策制定者和治理者进行传达并对之施加影响。如果它消除了目前洪都拉斯土地登记所需的六个步骤中的五个，并把时间从 22 天缩短成 10 分钟，那么那些非市场性的交易成本将会降低到接近于零。[66]对于大型全球性公司在环保指定区域、农民或土著人世代居住区域购买土地、建造建筑、获取木材或水却又不给予公平的补偿，也许区块链让记者和人权分子能够迫使大公司出于羞愧而停止做那些事。我们对此抱有很大希望！

实施层面的挑战和领导机遇

区块链技术显然不是世界经济和金融困境的万能解药。技术并不创造繁荣，人才是繁荣的创造者。存在需要克服的障碍，也存在着领导的机遇。首先是技术方面的。根据国际电信联盟的数据，互联网连接仍然有巨大的缺口，要么是因为电信基础设施薄弱，要么是因为服务太贵无法负担。[67]

其次是文化水平。使用智能手机和上网需要一个可行程度的文化水平。在美国，18% 的超过 16 岁的成年人的阅读能力低于第五等级，30% 数学水平较低，[68]而这些成年文盲中 43% 的人生活贫困。[69]发展中国家中的文化水平分布十分不平均。非洲的许多地区，识字率徘徊在 50% 左右，而如果比较男女间差别，则问题又更加严重。例如在阿富汗、尼日尔、塞拉利昂、乍得、莫桑比克和其他穷国，男女之间的识字率差距令人震惊地达到了 20% 。[70]

最后是道德问题。区块链是一个强大的工具，但就像所有技术一样，它并非是天然地好或坏。人们能够利用那些非凡的技术，从电力到无线电再到互联网，用以实现善意或恶意的目的。社会中能够为了善的目的而运用区块链技术的机构，比如援助团体、民间社团组织、公司和政府，我们需要它们的领导来约束连接这一巨大网络的个人。只有当这些挑战被克服时，区块链技术才能发挥出它的潜能，成为促进全球繁荣和积极变化的工具。

第八章　重建政府和民主

爱沙尼亚共和国是个波罗的海国家，南临拉脱维亚，东临俄罗斯。它的人口有 130 万，比渥太华的人口略少。[1]当爱沙尼亚在 1991 年从苏联重新独立出来时，它有机会彻底重新思考政府的角色并重新设计其运作的方式、提供的服务和通过互联网技术达成目标的途径。

今天，爱沙尼亚被普遍视为是数字政府的世界领导者，其总统托马斯·亨德里克·伊尔韦斯将成为第一个说出此话的人："我们为我们所做的而感到自豪"，他告诉我们，"我们希望世界其他地方能学到我们成功的经验"。[2]

爱沙尼亚在个人和政治权利方面的社会进步指数上排行世界第二，与澳大利亚和英国并列。[3]爱沙尼亚的领导人已围绕去中心化、互联化、公开性和网络安全而设计了他们的电子政府战略，他们的目标已定位于那些不会过时的基础设施来适应新的发展。所有居民能够获得网上的信息和服务、使用数字身份来开展商业活动以及更新或纠正他们的政府记录。爱沙尼亚的工作中很大部分是在区块链出现之前就有了，它引入了无须密钥签名的基础设施，这能与区块链技术完美地整合在一起。

电子版爱沙尼亚的模式的核心在于数字身份。截至 2012 年，90% 的爱沙尼亚人由数字身份证来获取政府服务并在欧盟内通行[4]。嵌入在身份证里的芯片含有卡主的基本信息以及两个证明，其中一个用来验证身份，另一个用来提供数字签名，此外还有一个由卡主自己选择的个人身份识别号（PIN）。

爱沙尼亚人使用上述东西来投票、审核和编辑他们的网上自动化税务表格、申请社保福利以及获取银行服务和公共交通。这个过程并不需要使用银行卡或捷运卡（Metrocards）。爱沙尼亚人也可以用手机上的移动身份证来做这些事。在2013年爱沙尼亚人提交的税务申报超过95%是电子方式，超过98%的银行交易是网上操作的。

在爱沙尼亚，学生和学生家长用电子学校来追踪作业、课程、分数并与教师们协同工作。爱沙尼亚实时地为每个公民把来自各个渠道的各种各样的健康信息整合进了一个单一的记录之中，所以这些记录并不单独地保存在一个单一的数据库里。每个爱沙尼亚人有独家访问权来查阅他自己的记录，也能够决定哪个医生或家人能够上网查阅这些数据。[5]

自2005年以来，公民们已使用电子投票来进行国内选举。爱沙尼亚人使用他们的身份证或移动身份，能在世界上任何地方登录系统并进行投票。2011年的议会选举中，公民在网上投了几乎25%的票，而上次议会选举的网上投票率只有5.5%。人们显然喜欢并信任这个系统：2014年欧洲议会的选举的投票数再次上升，分布在98个国家的投票者中有1/3是在网上参与投票的。爱沙尼亚内阁使用了无纸化的流程，所有的立法草案均可在网上获取。每周内阁会议的平均时间从大约5小时降到了90分钟以内。[6]

爱沙尼亚人有电子土地登记册，其从不动产市场转型而来，把土地转让的时间从3个月缩短到了一周多点。[7]在过去几年间，爱沙尼亚已启动了“电子居住”计划，世界上任何人均可申请一个“跨国数字身份”并进行验证，以此获得安全的服务以及数字化地对文件进行加密、核实并签署。全球任何地方的企业家均能在20分钟内在线注册其公司，并在线管理该公司。这些能力促成了爱沙尼亚作为一个数字化国家的形象的建立。[8]

若没有扎实的网络安全，上述这些功能均无法实现或被接受。安全技术公司Guardtime的首席执行官迈克·高尔称：“数据完整性是网络世界的首要问题，爱沙尼亚在十年前就认识到了。它们建立了这项技术，使得政府网络上的所有东西无须对人给予信任就能被核实……政府现在不可能欺骗它的公民。[9]”

爱沙尼亚的网络安全来源于它的“无私钥签名基础设施”（KSI），该设施以数学方式在区块链上验证任何电子行为，而无须系统管理员、密码学私钥或政府工作人员。这一能力确保了彻底的透明性和可追责性，权益人可以看到谁获取了什么信息、在什么时候获取以及对方用它做了什么。这样，国家能够证明记录的完整性以及监管合规性，而个人则无须第三方介入就能够核实他们自己记录的完整性。该设施降低了成本：没有私钥需要保管，也没有文件需要定期重新签署。根据电子爱沙尼亚网站，“只要有 KSI，历史就无法被重写”。[10]

显然，区块链技术不仅仅适用于逐利的公司，也对那些致力于造福所有人的公共机构所适用，无论是政府、教育机构和医疗机构，还是电网、运输系统和社会服务。那么从哪里开始呢？

有些方面还待完善

1863 年，美国总统亚伯拉罕·林肯在葛底斯堡的一场演讲中说，社会最崇高的目标就是“政府为民所有，为民所治，为民所享”。120 年后，罗纳德·里根总统在 1981 年就职演讲中说：“政府并不是问题的解决方式，政府就是问题所在”。区块链初期生态系统中很多人都同意这一说法。2013 年一场研究调查显示，超过 44% 的比特币用户承认他们是“自由主义者或者自助性组织资本主义者”[11]。

各行各业的自由主义者都倾向于支持比特币。它是去中心化的，并且不受政府管制。它采用匿名形式，很难确定收税标准。在稀有性上，它和黄金相似，而自由主义者偏爱黄金标准。这是一个纯粹的市场，由供需驱动而非依靠量化宽松政策。因此，也难怪兰德·保罗会成为 2016 年总统竞选中，第一个支持用比特币支付竞选经费的候选人。

自由主义的倾向让数字货币的反对者有了完全抵制区块链技术的素材。吉姆·爱德华兹是英国商业内参的创始编辑，他曾描写过一个自由主义者眼中的天堂，这是一个类似索马里的国度，“相关部门干预少之又少，市场也不受繁重的法律与赋税约束。”他将这个天堂描述为“一场噩梦……整个世界是极度不稳定的、混乱的，老板级别的犯罪分子越来越多，他们随意暗杀自己看不惯的人，财产大批量地转移到小部分人手里，这一小部分人占人口的比例甚至比当前美国占总人口1%的特权人群所占的比例更低”。[12]

当然，我们所居住的是一个危机四伏的世界。人权观察组织（于20世纪70年代成立，致力于支持公民团体）执行理事肯尼思·罗思写道：“世界上还没有一代人经历过这样的混乱场面。之前的曾出现过的阿拉伯之春给世界各地带来了冲突与镇压”，“许多政府在应对这场混乱中，要么轻视人权，要么彻底放弃人权”。它们利用互联网来监视公民，利用遥控飞机朝平民投掷炸弹，还关押大型公共活动中的抗议者。[13]

秘鲁著名经济学家赫尔南多·德·索托表示，这种处理混乱的方式是错误的。“阿拉伯之春从本质上来看，它仍旧是一场企业家革命，因为他们的资产被剥夺征用。从根本上说，这是一场对抗现状的反叛运动”。而现状就是持续不断的征收，政府反复践踏公民的产权，直到他们再无选择，只能在体制之外寻求谋生的办法。[14]

因此，进一步的践踏权利是最糟糕的应对方式，因为这一举措会逼得更多人在体制之外寻求解决方案，这包括记者、机会主义者以及企业家。过去20年，西方民主政治的投票率锐减，包括美国、英国、法国、德国、意大利、瑞典以及加拿大。尤其是，年轻人也在寻找机会实现体制外的社会变革，当然，绝不是通过投票实现。大多数美国人认为，国会的职能已经衰退，而其腐败程度甚高。这种判断是有依据的：和许多国家一样，美国政治家是为有钱的政治献金捐赠者和利益集团服务，然后国会的很多成员成了说客。有一个明显的例子：92%的美国人都希望对枪支购买人员进行背景调查，但是有钱和有权的美国步枪协会，会阻碍任何致力于改变现状的立法活动。“民有、民治、民享的政府”不过如此。

很多公民并没有感受到政治机构在反映他们的意愿和支持他们的人权。这些机构越是滥用它们的权力，公民越是质疑这些机构的合法性和相关性。政治社会学家西摩·马丁·利普塞特写过关于合法性的内容，他表示“是一个政治体系引导及维持这种信仰的能力，即让人相信现有的政治机构对社会来说是最合适的”。[15]现在，越来越多的年轻人试图通过政府及民主之外的措施来促进改变。人们在车尾贴的标语“别投票！投票就是在怂恿他们”讲述了这个故事。

“对个人而言，他们或许并不期待有可供搜查与验证的数据库来记录历史，因为这会帮助政府利用或征服人民”，赫尔南多·德·索托说道，“世界上许多国家的立法根本不完善，也是非常不友好的，进入法律体系的成本对穷人来说是完全没有意义的。对一个国家而言，如果有太多穷人和游离在系统外的人，那么就会出现很多问题。”[16]

随着合法性的减弱，那么自由主义也就顺势而起。但这不是对困扰政体问题的解决方案。在这个麻烦重重的世界中，我们需要强大的政府，我们需要高绩效、有效率、反应迅速及对公民负责的政府。

那么政府应该做什么呢？赫尔南多·德·索托在《华尔街日报》中写道：“要建立、简化并加强让资本主义繁荣昌盛的法律与结构。正如每个在利马、突尼斯和开罗的街上走过的人所了解到的那样，资本不是问题所在，资本是解决方案。”[17]那么问题又是什么呢？“得到人们的认同是问题所在，”他告诉我们，“政府无法强迫人们进入体制内部。因此我认为，现在世界各地的政府都会愿意改变体制。”[18]

这就是区块链的切入点。区块链的设计理念可以推动这种转变，因为这一技术能够支持且实现下述更高标准：

正直。为了重建公众对政治机构的信任，民选官员必须正直行事。信任必须从体制内在做起，体现在每个操作流程中，而不依赖于任何一个人。由于区块链支持极高的透明度，所以重建利益相关者与代表之间的信任变得越来越重要。持续的透明性对维护这种关系来说至关重要。

权利。每个人都有直接或通过投票来参与政府事务的权利。无论是谁当选，都必须作为人群中的一员光明磊落地处理事务。公民通过互联网承担了更多社区责任，从民选官员中得到信息并对其产生影响，反过来也一样。通过区块链，公民还可以做到以下这点：他们还可以倡导，倡导将政府行为以公共记录的形式封存在一个不可改变、不能收买的账本上。这不仅可以用于少数有权者的制衡，还能用于在更广泛层面达成共识，如让潜在的美国枪支拥有者接受背景调查。

价值。选票必须具有价值。系统必须为所有利益相关者设定激励机制，要对公民而非大资本负责，并恰当地使用税收。政府的运作模式必须通过技术实现更高的绩效、更良好的运作及更低的成本。

隐私与其他权利保护。不监视公民，不随意干涉公民隐私、家族或家庭，不攻击任何人的荣誉或声誉。不在没有补偿的情况下恣意攫取财产，这包括房产或发明专利之类的知识产权。不审查新闻组织，不干涉集会自由。人们可以在区块链上私下、匿名地登记版权，组织会议并交换信息。要注意任何声称在个人隐私与公共安全之间做出取舍的政治家。记住，这种取舍就是错误的二分法。

安全性。每个人都平等地享有法律保护，且不受歧视。不应该存在随意拘留或逮捕的行为，也没有个体或团体需要生活在政府或执法机构的恐惧中。不需要因为种族、宗教或出生国家而受到这些机构的成员残酷、无情或可耻的对待。警员不能扣押非法动用武力的证据，这些证据不应该遗失，并且都可以在区块链上记录并追踪到。

包容性。使用互联网，公民可以参与到其中，并从别人那里了解更多知识。通过区块链，系统可以降低成本，提高效率，让所有公民都参与进来，在法律面前大家都是人，并且可以平等地享受公共服务（如医疗和教育）及社会保障。

技术是一个强大的工具，但是单单依靠其本身是无法实现我们所需要的改变的。本着“未来不是让我们去预测的，是让我们去实现的”这样的精神，让我们一起为一个具有合法与信任的新时代而重塑政府吧，是时候停止胡乱的修补了。

高性能政府服务与运作

关于“大政府”的批评从某个意义来说是正确的。谈到效率的时候，政府的服务和运作流程还有很多需要改进的地方。有些政府是孤立的组织，他们不会分享信息，而官僚主义总是会胜过常识或共享实践，公民很少能享受到一站式的政府服务。不少国家都流传着数不清的关于政客和官僚滥用税款的故事。

区块链可以改善客户服务，提高效率，在完善结果的同时，保证政府诚信透明。它对增强政府各方面性能来说非常重要，而有些对发展中国家和地区来说尤其重要，在这些地方，政府正在创建新的流程，区块链可以帮助他们实现系统升级，建立长期稳定的开放式政府。

我们可以先从区块链应用的两大领域入手：综合政府以及公共领域的物联网使用。

综合政府

爱沙尼亚正在提高行政效率，并为居民及商业提供综合服务。他们要为每个人建立一种电子身份证，使用区块链支持的名为“X－road”的互联网主干网，来连接公共部门和私营领域的多个程序与数据库。其他人也可以这么做。

许多国家，像加拿大、英国还有澳大利亚，都明确拒绝将中央人口登记和单一政府 ID（身份）作为公共政策。这一决定源自对个人隐私的关注，以及对国家权力不断扩大的厌恶，尤其是在授予或撤销身份时的权力。

但是，正如爱沙尼亚的情况，如我们将现存于多个数据库的官方文件（比如护照、出生证、结婚证、死亡证明、驾照、医疗卡、地契、选民身份证、商业登记、纳税情况、就业数目、学校成绩单等等）进行哈希运算并记录在一个区块链上，那么这个基于区块链的网络就可以在不依靠任何中心化流程的前提下提供综合服务。这个模型不仅可以保护隐私，它可以让人们对信息的准确性进行验证，并且看到谁访问或添加了信息（比如一个永久信息的审核），从而进一步加强隐私。

实际上，在未来让每个公民都持有自己的身份信息而非政府持有，这一点是有道理的。正如我们在第一章中解释的那样，就与网络和集体协作能够消除对政府发行货币以及银行建立信任的需求一样，未来人们甚至不需要政府来发行身份证。加密安全公司 WISeKey 的卡洛斯·莫雷拉说：“如今，你需要授权组织来提供身份，比如银行卡、频繁飞行积分卡或者信用卡。不过这个身份现在就是你的了，而世界范围内互动所产生的数据，则由其他人所有。”[19] 在区块链上，个人持有其身份。你的“个人化身”可以在你的指导下，决定向谁公开哪些信息。它还可以做出关于集成数据的选择。但是，并不是你所有与政府相关的信息，都会整合到一些大规模政府数据库中，整个整合过程是由你在虚拟世界的身份所控制的，而这个身份最终是由你所有并控制的。

更完善的整合方案会对与生活相关的事件（如婚姻）带来支持。梅拉妮·斯旺是区块链研究学院的创始人，她解释道："区块链适应安全身份、多重合约及资产管理等需求的架构，使得它在婚姻事务上有着很理想的用途，因为一对夫妇可以将婚约与共享储蓄账户、儿童医疗合约、地契以及其他与相关文件绑定在一起，以谋取一个可靠的共同未来。"[20]有些人认为区块链技术可以成为一个无须相关机构批准或参与的公共文档登记中心。2014 年 8 月，佛罗里达的迪斯尼乐园见证了世界上第一个用区块链记录的婚礼。这可是智能婚约啊，懂了吗？

除了综合服务，政府可以在保持透明性和可靠性的前提下注册和管理文档。试想一下，发行、验证、更新、恢复并替换人们的官方记录需要涉及很多的工时。除了确保文档的精确性外，区块链下的登记系统可以通过点对点网络来支持自助服务及个性化服务。在自助服务中，人们可以借助网络来验证文档，而不再需要登记员的帮助。而个性化服务中，当你生成官方文件后，它会自动包含你的相关信息及其访问权限，并且在文档元数据中追踪信息的访问者和使用者。

举个例子，英国政府正在调查区块链在维护众多记录中的应用，尤其是它对记录完整性与正确性的作用。保罗·唐尼是英国政府数字服务中心的一位技术架构师，他表示，完美的登记系统应该"可以证明数据不被篡改"，还应该存储所有变化的历史情况，并且能"公开接受独立检查"。[21]

基于区块链的系统，能够提高各类文档登记及其他政府流程的效率及诚信度，我们可以将供应链管理同物联网结合起来，来标注一个新的智能芯片，用来沟通记录来源、所有权、保证书或特殊信息。政府采购办事处可以追踪物件，并且实现每个步骤的自动化：采购、打款、支付销售税、更新租约或订购升级。这能够完善资产管理，减少纳税人行政费用，同时还能增加政府收入。[22]

更有意思的是在国家和所在地区里存在的机会：将不同的区块链网络连接起来以在多个辖区实现更高的效率。比如，机动汽车部门可以连接全国或省界驾驶员数据库，来创建一个虚拟数据，从而帮助确认驾驶员身份、现状并追踪记录。还有在美国医疗保健系统里，梅拉妮·斯旺称："假如病人、保险公司、医生还有政府付款人都能将其财务状况集中到一个账本上，并且所有人都可以看到任何一笔交易状况，其透明性将可以大幅度地增加效率。"[23]

公共物品联网

我们已经写了物联网上的公共交通问题。或许对政府来说会更容易用到物联网：在区块链账本上记录智能设备，来进行资产的生命周期管理，包括大楼、工作与会议区域、车队、电脑以及其他设备。借助 bAirbnb，政府雇员可将供应和需求高效地匹配起来，还能通过自动化访问、采光及温度控制，来减少安保、维护以及能源的成本，并追踪政府车辆的地点、维修情况以及性能，同时观测桥梁、轨道以及隧道的安全问题。

在基础设施管理、能源、废弃品以及水资源管理、环境监控以及应急服务、教育、医疗等领域，公共账本还能带来更好的公共成果。除了改善效率，这些基于区块链的应用程序也能加强公共安全与健康，缓解交通堵塞情况，减少能源消耗以及能源浪费（比如管道泄漏），当然这些还只是其好处的一部分。

安全基础设施

爱沙尼亚政府同私有部门及其他利益相关人员建立了合作，通过这一明智的举措，他们已经创建好了一个公共领域的基础架构，从而让公民更好且更方便地接触政府、银行、公共交通以及其他服务。除了这些便民服务，爱沙尼亚也在全球经济中获得了竞争性优势，为国家吸引了商机与投资。

政府也为邻近的辖区提供服务（比如消防车和急救车），向其他辖区提供外包（如数据处理），代表另一辖区提供服务（如联邦政府代表国家及省级或州级政府，来处理所得税），还有提供共享服务（比如共享办公楼）。

爱沙尼亚的电子居民服务非常有用，世界任何地方的人，如果需要一个正式身份来启动一项业务，尤其是在线业务，都可以通过这个系统。爱沙尼亚正在努力为外国公民提供他们国家具备的服务。尽管现在可得到的服务还很有限，但是对其他政府服务最终实现端对端数字化来说，是没有限制的。比如，对当地居民免费开放的公立图书馆，可以为世界各地的非居民与学者开放电子版本的浏览权限，并且收取小额费用。那么其他类似的服务还有哪些呢，尤其是在那种数据管理和正直性在其中非常重要的数字服务领域？

超越国界来提供政府服务总是伴随着监管方面的障碍。不过，当今世界日益紧密相连，许多重大挑战并不只存在于某一辖区。全球问题的解决需要新的模式，需要其他利益相关者共同努力。那些将边境视为具有可渗透性的政策与区块链（如物联网）等技术结合，能够更好地解决重大而又棘手的问题。

赋予公民权利，服务自己，服务他人

由区块链驱动的网络能够让政府服务更加稳健，反应更加迅速。自助服务，从恢复获得官方文件的许可开始，将大大改善政府的运作方式。政府可以通过节约时间、减少贪污腐败或其他人为障碍出现的可能，提供在线自助培训模块，及时支付公民社会保障金等等，来赋予公民权利。

从更多定义来讲，新的模型能够赋予人们权利，让人们共同参与到公共政策目标的实现中。通过区块链，我们能够达成一个全新且适度的平衡，既满足了政府管理预算、履行责任的需求，又满足了个人及团体控制、贡献预算的需要。有些辖区一直在寻找新的模型，改变之前由公务员掌控预算的情况，让个人（如多个政府规划的受益者）或社区（如居民区），甚至是所有人（如整个城市的人）都能够参与其个人预算的管理中。

比如，它不要求每个人都带着自己的标准（比如收入、资产、孩子的数量和年龄、住房类型、教育水平等），去适应各种福利不同的政府规划，相反，政府平台会根据身份、存储信息以及生产消费模式（包括风险因素：贫困地区的居民、教育水平以及烟酒和加工食品的购买率等），实现预算的个性化安排。之后个人就能决定如何利用这些资源，来根据个人情况，实现个人目标。

设想一下，你不用再为了孩子过冬的新棉袄，去劝服一些官僚人员，你可以直接自己来决定这件事！个人的责任与权限会因此增加。在社区水平（比如与社区特定服务相关的部分预算，如公园和社区中心），或在政府水平（比如建立优先性，再使用弹性预算），我们都能去做相同性质的事情。

有些辖区已经赋予了弱势群体相应的权利。[24]区块链能够加快这一进程，让纳税人看到他们所付税款的动向，了解市民如何使用这些资源，并且确认规划是否达成目标（如改变收入、实现教育目标、找到住房等等）。这一平台会减轻甚至完全去除耗时且复杂的后台监控与报告流程。虽然这种通过点对点网络的大范围数据记录与追踪技术，听起来有点吓人，也有点奥威尔（即受严格统治而失去人性的社会），不过实际上并非这样。与那种将所有的数据和权限依托于一些中心化权力机构或匿名官员手中的做法不同的是，个人和社区可以根据可校验的、可信的信息来行事。现在我们可以解决两个之前看起来矛盾的目标了：通过更多信息与内容来实现“政府更多地参与”；同时通过为个人和群体决策及相关的行事方案提供信息及更完善的工具，实现“政府更少的参与”。

流媒体传输开放及可信任的数据

佩里安·博林，是数字商会的创始人，她就支持分布式账本开放政府会带来好处这个观点，对她而言：“区块链能够实现彻底的透明，因为它为每个人都提供了可证明的事实。任何人都可以浏览到所有在区块链上进行的交易记录。”[25]

政府可以轻松提供数据，而其他人则可以利用这些数据来实现公共或私人的积极发展。这和所谓的“信息自由”立法是不同的，信息自由的话，公民有可能会要求访问重要政府信息，而这个则包括资产的公布——真实的数据。政府可以以原始格式，省去个人标识，公布几千个数据类目：包括交通模式、健康监控、环境变化、政府财产、能源使用、政府预算与开支、报销账单等。公民、公司、非政府组织、学术团体以及其他人员都可以分析这些数据，将它们录入应用程序中，进行映射，或者利用这些数据来了解消费者人口趋势，了解人类健康研究模式，或者确认公共汽车是否会准时到站。

自 2015 年 8 月起，美国政府已经在其公开政府网站，公布了 16.5 万个数据组及工具。[26]美国政府的理论是，政府持有的数据是公共数据，这一点让其成为政府透明化进程中的先行者。其他政府也紧随其后。自 2015 年 8 月起，英国政府也公布了 2.2 万个数据组。[27]

通过区块链点对点网络来公布数据，将实现更高层次的效率、均匀性、实用性以及信任度。公开数据是对确保数据准确性的一种激励。人们可以浏览数据，如果发现错误，或者能够证明数据已经被篡改或毁坏时，他们还可以打上标记。

如果你在区块链网络中登记了一个完整的数据集，那么网络就可以在上面记录数据集发生的增量信息及内容的改变，并且可以阻止篡改数据的行为。这个模式下不需要中心管理员。政府可以公布更多程序数据来帮助公众及分析师了解这些程序及其影响。

携手共创公共价值

仅仅通过可获取的可靠信息就能产生可观的经济社会价值，而个人及社区也能享有更多权利来改善生活水平，这些我们已经见证到。区块链驱动的点对点网络将会要求我们，重新考虑如何在创造公共价值的过程中划分职责。当政府公布原始数据的时候，就化身为公司、公民社会以及其他政府机构与个人自行组织、创建服务的平台。现在我们已经使用了好几年“为成功付费”的模式，来借助商业方式解决公民问题。比如，美国劳工部门就资助了一些项目，来聘用刑满释放人员，减少再犯罪情况，此外美国芝加哥市还提高了弱势群体学龄前儿童的教育水平。[28]

这个模式也鼓励了创新发展，此外它还提供了一种奖励机制，即通过释放资金，只有目标达成且结果可观的人，可以得到奖励。设想一下，对社区负责可持续能源方面工作的小型非营利团体来说，持续小额付款是多么重要。政府计划可以将资助与消费水平的实际下降挂钩。而非营利团体可自行申请退款补偿，不再需要依靠复杂的书面工作，而且根据政府对“为成功付费”模式的参与承诺，他们甚至可以进行融资。

将社会智能合约同政治声誉绑定

比特币网络采用区块链技术来持续地确保支付记录的正确性和完整性，与此相似，政府网络也能采用区块链来保证交易诚信、记录诚信以及决策诚信。官员无法“背着账目”隐瞒支付记录，或者其他政府记录，包括电子邮件、决策日志以及数据库。在通常情况下网络安全都是通过电子栅栏、防火墙，或周界防范来保障，而区块链则能同时从内部和外部提供保护，防止篡改。这样一来，它就能让“诚实的人继续诚实”。[29]

透明度对改变机构行为来说是至关重要的。当然，我们不能强迫这些公众代表去遵守这样的价值观和行为，不过我们可以通过智能合约来限制他们的决策与活动。这种智能合约会规定他们作为代表所担负的角色与责任，然后在区块链上密切关注他们的行为，并进行评估。

记住，智能合约是自行执行的协议，它存储在区块链上，没人能够控制它，所以每个人都可以信任它。像大老党（即美国共和党）这样的政治势力就可以采用智能合约，防止唐纳德·特朗普这样借助党内基础设施在预选中辩论、竞选的候选人在普选中作为独立候选人出面。我们可以将智能合约运用到不同的政府运作中（比如供应链、外部法律服务、已履行合约支付），甚至可以运用到更复杂的政府角色及民意代表中。我们确实可以预见到，点对点网络将追踪到被选举官员的承诺及其履行情况。监察机构已经在网络上的正式及非正式对等网络中进行实践了。

这种方法虽然不能运用到我们期望政府做的每件事上，但是可以运用于各种特定的承诺与行动中。尽管最终结果的测量会面临很多问题（比如投入的费用及其对应成果），但随着时间的推移，我们的经验会逐渐增加，各类指标的专业知识也会逐渐丰富，这样我们就可以根据事实而非当前的各种解释来做出评估了。这不是天上掉馅饼的事——在 2016 年伦敦市长竞选中，就有一位候选人提出要使用区块链，来确保民选官员履行公共事务职责。[30]

监管部门可以将区块链流程作为一种验证方式来实时追踪所监管行业的义务履行情况，评估他们的所作所为是否如承诺所言（比如对可持续资源的投资），又是否在按照规定办事（比如及时送达、安全性目标等）。现在主要业绩指标和公共网站上公布结果变得越来越常见，不过区块链能够实现这些流程的自动执行，并确保评估结果准确无误。

这些流程生成的数据，可以让公众时刻了解到：哪个官员正直诚信？他多久参加一次例会，怎么投的选票？他有没有遵守承诺去行事？谁资助了政治运动？谁违背了智能合约条款？被选举官员及这些受监管的人，必须信守承诺，如有违背，也必须做出解释。此外，它还会给选民提供反馈，告知他们作为选民其要求是否合理、公平而不反动。选民总是希望可以多点服务，少点税；多建些工厂，但是不要建在他们的后院；再或者物价低点，工资高点；等等。针对这一点，公开数据就可以让所有参与者了解到这些交易的权衡情况，从而提高他们的责任意识。

第二代民主

代议制民主很复杂，而且全球的定义各不相同，不过，有一点是不变的：被动的公民。迄今为止的讨论都是围绕区块链技术如何帮助打造平等、安全及方便的投票环境来开展的。诚然，我们有大大的机遇。基于区块链的在线投票，能够让市民给出更多的评论。但是，如果想要取代代议制民主的话是不对的。20 年前唐·塔普斯科特在《数字经济》中写道："投票选项常常是对大型且复杂问题的看法总结，而这些结果产生的过程伴随着一系列冲突、矛盾与妥协。为了了解选项，负责地做出投票，市民也需要参与到上述过程中"。[31]但是，如果我们了解了新模式的轮廓，我们就会发现区块链技术所带来的帮助远不止在投票这一领域。

技术和民主：故事没那么愉快

技术是如何影响民主的呢？这个故事情节惊人地复杂。可以说，电视的出现减少了民主讨论，而前总统阿尔·戈尔所说的"思想的市场"[32]也因此变成了单向对话。还有同样有毒的有线新闻电台——电视上的人通过攻击对手而不是讨论看法，来赢得收视率——而且可以看到令人目瞪口呆的极端争论。就像电影《电视台风云》里虚构的新闻播报员霍华德·比尔所说的那样："这真是让人气疯了！我再也受不了！"

到目前为止，互联网还没有改善民主。要说有什么变化的话，那就是以国家安全为借口，变本加厉的监视以及隐私侵犯，民主政府越来越像权力主义者的政权。下面我们将集中讨论三个问题。

1. 分裂的公共言论

我们的基本制度正在遭遇诸多负面问题的侵蚀，阿尔·戈尔希望数字时代可以颠覆这一局面。"要想重建一个活跃的、众人都能参与进来的思维市场，最大的来源就是互联网。”并不是只有他一个人这么想。[33]我们一直认为，鉴于网络在使用、资源及连通性方面的扩展，增加对真实信息的了解将改善公共言论的质量。

但是，事情似乎在朝相反的方向发展：对新技术的看法及研究出现了分化，在各路思想家的推波助澜下，形成了各个阵营。如今，信息的生成进一步分散，信息和观点的来源也扩散开来，任何人都可以发表某个观点并吸引同好，也许人数不多，但至少同样狂热。

新的通信方式及数据分析工具，也让那些受意识形态驱动的团体，开始“劫持”社会及政治辩论。自由派和保守派正在利用他们建立新的“回音室”，从而避免做出妥协，因此也更别提达成共识了。

2. 万维网上的无知现象正在扩张

在互联网上，人们根本无法区分一些用户是人还是狗。因此，他们也无法总是区分出真相。阴谋论者可以在几天甚至几小时内，就散布出与事实证明相反的观点，最近的例子就是马来西亚航空 MH370 坠机事件。[34]再设想一下，现在十个美国人中有三个人相信，人类从一开始就存在于世界。[35]此外，明明有铺天盖地的科学证明二氧化碳会威胁地球生命，但是还是有人会为了短期既得利益，忽略这些证据，诋毁科学，阻断明智的讨论，并扰乱各种执行计划。网上这些传播无知与否认主义的人，正在渐渐多过科学家和理性分子。甚至有些国家正在为其市民搭建私有且受限的互联网，将网络打造成更加强有力的武器，从而打击理智的思维方式。

3. 复杂的政治与实施

在数字时代之前，法律的制定与政策的实施没有那么复杂。政策专家还有总统顾问完全能够控制议题走向。不过现在，他们甚至很难时刻发现问题，更别提草拟方案或向公众做出解释了。这个问题是如此严重，以至于奥巴马总统签署了《2010 年简明书写行动》法案，要求联邦机构要使用公众所理解的语言写作。[36]

如今，竞选过程出现了很多没有预料到的问题。没有政府可以在某件事情上断言它是代表选民的意见行事的。此外，在很多问题上，政府也缺少足够的内部政策专家。因此，即使政府委托了一项民意调查，来了解公众观点，这个民调过程也不足以反映国家公民的集体智慧与洞察力。

在区块链上实现民主

这些问题都需要一个新型的民主来解决，一个重视公共言论以及公民参与度的民主。首先我们得分清，公民参与度和所谓的“直接民主”是两码事，“直接民主”是指我们通过移动设备或互动电视平台，观看晚间新闻或者对某一次公开绞刑投票。对于所有问题，公民要么就是没时间、没兴趣，要么就是根本不懂专业知识。我们需要的是合理的看法，而非所有看法。我们仍旧需要合法集会来进行辩论、完善从而解决问题。

但是，这种合作型民主，或许也是对参与度的奖励式民主，确实能够鼓励公民参与并掌握这些问题，而且同时还能激励公共部门，在全国齐心协力的帮助下，敏锐地分析并解决问题。我们能营造出一种文化，让人们真正走上民主进程，而不是任由议员滥用职权消磨人们的积极心吗?

为什么这个想法到现在都没实现? 主要原因与技术无关。大多数政治家，都更在乎选举输赢，而非解决公民参与的合法性危机。

我们从基础分析起。代议制民主最基本的流程就是选举。在民主制度下，所有合格公民都有投票权（在有些国家，比如比利时，投票也是一种责任)。然而，世界各地的选举都存在深层的漏洞。有贪官污吏擅自篡改结果，或者干脆直接操作结果。投票过程面临各种压制，从贿赂到威胁等等。操纵选举非常复杂，按时几乎各地都会发生。那么区块链技术能够改善投票过程吗?

纵观我们的技术发展，选举投票的技术几百年来几乎没有变过。在世界很多地区，选民投票得去投票站，进行身份验证，把纸质选票投入安全箱，然后再等人工计票结果。

电子投票指的是在电子系统辅助下进行的投票。在很多情况中，电子投票都被证实和人工计票一样不靠谱。现在的电子计票面临以下三个问题：软件及硬件攻击、代码错误或漏洞、人为出错。2004 年，北卡罗来纳州一次普选中，就用到了投票机器，但是不小心把票池设置成了 3000 票，导致在竞选中无法挽回地损失了 4438 票，而最后决定性票数差额只是相差了 2287 票而已。[37]

区块链投票机制

那么如何在区块链上进行投票呢？设想一下，竞选委员为每个候选人或待选人创建一种数字“钱包”，经过授权的选民每选一个席位就放一个代币或其他币。公民可以通过个人化身匿名投票，只要把“币”传送到所选候选人的钱包中就可以了。区块链会记录并确认这笔交易。最后，得到币数最多的获胜。

有人尝试过结束“端对端审计投票系统”，来解决信任问题。选民通常通过自助服务终端来投票，这种方式会产生一份加密验证过的纸质记录，不过最后结果采用电子计票。

Commitcoin 使用加密的工作量证明系统，来证明这一信息是在某一日期发送的。其发明者杰里米·克拉克和亚历克斯·埃塞克斯表示，我们可以利用这一系统，在大会开始前，证明选举日期的真实性。这种方法作为“碳同位素测定年代”的一种，能够为面部验证诈骗及错误提供基线。[38]

端对端电子投票系统

公民一直在进步。2015 年，雅典大学的学者发表了一篇文章，介绍了 DEMOS——一种新的端对端（E2E）电子投票系统。这种系统通过了标准模型的验证，它无须依靠设定好的假设，或接入“随机信标”[39]。它采用的是区块链这样的分布式公开账本，从而创建出数字投票箱，供世界各地的公民进行投票。

端对端可验证的选举设备，会监测出那些试图扰乱结果的选举当局。选民投票后，可以收到回单，让他们验证：（1）其选票已经按其意愿投出；（2）其记录结果也与意愿一致；（3）该票按记录计入最终结果。然后外部第三方会验证选举结果。不过，选民还是要接受设置好的假定结果，并且“摒弃信仰”面对结果。

在 DEMOS 的辅助下，投票系统会生成一系列随机数字。[40]选民会得到两组数字或者密钥：一组对应他们自己，另一组对应他们支持的候选人。加密票投出后，会传送到各个服务器上。最终结果会公开发表在一个“公告板”上，并显示所有相关信息。

中立投票团体

澳大利亚有一个叫作中立投票团体（NVB）的组织，这个组织就在采用区块链选举系统，以彻底变革其民主制度。他们有一种特殊途径接近政府，并且他们的态度很乐观，他们表示："我们相信，解决政治问题最好的办法就是亲自参与"。[41]

其创始人马克斯·凯将NVB描述为一款"政治软件"，通过这个软件，感兴趣的公民可以在区块链上投票，从而发表他们对政策问题的看法。时间截止后，最后计数器会指导被选官员对政府流程进行投票。当被问及为什么会用区块链时，马克斯·凯回答："因为我们的计划是促成各方，而他们中肯定有人会强烈反对。为了保持诚信，我们需要各方都能独立验证投票记录及每一选票。"此外，马克斯·凯认为还要考虑反审查功能和不变性问题。他说："我认为地球上只有一个电子框架能做到这一点，那就是比特币区块链（尽管也有其他区块链，但是他们都不能做到彻底的无法篡改，因为其哈希算力指标太低了）。"[42]

保护选民

如果选民受到威胁，那么选举就会变得暴力。在津巴布韦，与罗伯特·穆加贝竞争的反对派在民兵对该阵营提供的武力支持导致了伤亡后，就退出了竞选。当然选举还是继续进行，最后还是罗伯特·穆加贝胜出。虽然总有人会借助技术的进步来谋求自身利益，但也有人开始相信，或许区块链技术能够彻底消除像亚洲这种地区的腐败问题。

在2014年7月，印度尼西亚上演了史上最激烈的一次总统竞选，一组由700名黑客组成的匿名团队，创建了一个名为Kawal Pemilu或"保护选票"的组织。其任务就是公开计算网络选举票数，从而让选民在每个投票点验证投票结果。去中心化、公开透明和个人匿名性的原则的结合，能够避免恶意网络攻击，让选举更加公平。[43]

"腐败的政府真的想要保持清廉吗？"[44] CoinPip执行总裁安森·希尔问道。

CoinPip 是一家专门在区块链上跨国传送法定货币的公司。他想知道是否每个人都支持投票方式的改进，政治家是否也想要更公平的选举。对其他人来说，电子投票看上去像匆忙而又不必要的跨越。我们认为，这些问题许多都属于实现范畴，而非设计问题。

我们选举与政治系统的重建，或将挖出更多民主选举投票中存在的根本问题。可以把选民身份诈骗同更阴险的事情做个比较。在 2014 年，美国针对选民身份诈骗进行了一次全面调查，从 2000 年算起，连起诉和可靠指控在内共发现 31 起案件，范围涉及联邦、州和市政选举。[45]在当时，仅是普选和初选的投票数就超过了 10 亿张。

在身份认证法律最严的四个州里，超过 3000 张选票因缺乏适当的身份验证手段而被拒绝。[46]这还不包括有意为之的人，这才是更麻烦的问题。虽然他们的民主模式领先全世界，但是大多数美国人都不投票，有人觉得“政府什么都做不好”，“政治太腐败”或者“这些选择之间没有差别”。[47]希望区块链技术在这些问题方面，也能有新的解决方案。

随着时间发展、技术进步，区块链或将推动电子投票方式的革新，从而实现民主选举与民主机构的可靠转型，让选民真正有效地参与到民主进程中。

政治和司法的替代选择

如果新型区块链投票方式，能提高政府效率及反馈速度，并改善民主行政方式的话，那么它是否也能推动新的政治过程形成呢？

对于下一届政府的支持者来说，选举方式改革的最终目的，是实现一个“流动式民主”系统。投票系统公司 Agora Voting 的首席技术官爱德华多·罗布尔斯·埃尔薇拉也是这个说法的拥护者之一。他认为“流动式民主”是直接民主中最完善的部分（类似古雅典实施的那种），同当今代议制民主（对选民要求很低）的结合。

流动式民主，也叫“委任式民主”，这种形式的民主能够让公民最终按照个人情况与意愿，参与到民主体验中。用爱德华多·罗布尔斯·埃尔薇拉的话来说就是，在流动式民主中，“你可以在任何时间点，选择你想参与的程度。”[48]你的参与会受到欢迎，但不需要你的参与来维持国家运行。

选民可以按不同话题类别将投票权委托给多个代表。[49]之后根据话题分类，时不时会举办公投，然后再按话题来确定该由哪个代理（如果有选这个话题的代表的话）代替选民进行投票。在这种系统中，选民就可以选择多个可靠的专家或顾问，代表他们投票。这种理念所秉持的信念是，没有人（或党派）能够完全掌握每个问题的正确答案。在代议制民主中，这一原理常常被假定并忽略。

爱德华多·罗布尔斯·埃尔薇拉正在和政府合作，创建“一个高度分布且独一无二的事件日志，这种日志非常擅长解决分布式的拒绝服务（DDOS）攻击。”而区块链技术就可以做到这一点。他表示：“创建一个安全且分布的系统是非常困难的，而区块链技术就可以做到……不光因为它是分布式的，而且它还很安全。这一点很重要，对很多应用程序也很有用，比如电子投票。”其公司 Agora Voting 为电子选举的审计、透明与验证，提供了一种技术基础设施。“有了一流的加密技术，在安全链中人类变成了最薄弱的环节”。[50]

西班牙反紧缩措施的党派 Podemos① 就使用了 Agora Voting 来进行初选。该党派承诺的参与式民主是一种透明的民主，这是在西班牙及各地发生的一种理想转变，与一种底层的分布式技术的理念是很符合的。

爱德华多·罗布尔斯·埃尔薇拉也面临一些局限性。现在为了最大化实现安全性及匿名性，用户需要整个区块链的访问权，而这是一个庞大的文件库。规模过大使得用户访问困难（尤其是对手机客户而言），这也就很难做到“用户友好型”。然而，技术在不断发展，设计也在逐渐改进。爱德华多·罗布尔斯·埃尔薇拉说：“目前电子投票还在起步阶段。”[51]这种技术具有柔韧性，毫无疑问，其最好的应用还有待研发。

争端解决方案

一些法律纠纷是在法院外解决的最佳案例。在商业纠纷中，智能合约能够实

---

① 译者注。Podemos 翻译过来就是“我们可以”。

现去中心化的独立判决，这一点我们已经见证过了。但是，智能合约对公平或公正的概念并不关心，并且也无法去核对各种描述不一的事实版本。比起可供验证的证据记录，区块链在判决方面的革新更大，它可以作为点对点纠纷调解平台。在这种模型下，几百或者几千个与你同等的人可以组成陪审团并有效参与进来，就像 Empowered Law 的帕梅拉·摩根所提到的“众包式司法机制”一样。[52]

随机抽样选举

还有一种通过区块链治理方式来实现的民主模式，那就是随机抽样选举。经过随机抽选的选民，会在邮箱收到相关方面寄出的选票及网站指导，其中网站内容包括候选人信息及相关陈述。任何人都可以申请一张（没有作用的）选票，但是它将不会纳入统计范围，而且在外界看来跟有效的选票没有区别。人们可以将这种（没有作用的）选票卖给那些想通过购买选票操纵选举结果的人，但是对方永远不会知道这些票是否计入总数。由于这种（没有作用的）选票相比于真的选票更有可能被售出，所以这种操纵方式会产生高得离谱的费用。戴维·查姆是这一概念的提出者，他表示随机抽样投票所产生的结果，会比现在常规选举方式产生的结果，更具代表性且更加可靠。[53]

预测市场

Augur 公司就采用区块链技术，来聚集众多针对未来事件的小赌注，将其发展成更具影响力的预测模式。借助合适的应用程序，它能够帮助打造合作型民主政治。政府也能通过预测市场，让公民帮助他们了解未来情景，从而让政府制定出更合适的政策。

以太坊的维塔利克·布特因论述了一种名为由预测市场机制去驱动政策制定过程的且受欢迎的政府的政治生活替代模型。[54]这一概念由经济学家罗宾·汉森构思产生，简单地说，其原则就是“投的是价值观，赌的是信仰”。公民通过两个阶段来选择各自的民主代表：第一阶段，选择一些指标，来定义国家的成功（比如文学素养或失业率）。第二阶段，通过预测市场，选择用于优化所选指标的政府政策。

Augur 的预测方式可以让公民通过做出一些小的选择来参与国家的政策讨论当中，最终塑造他们所期望的民主政治的未来。

区块链司法机制

区块链也可以转变我们的司法机制。通过区块链，将透明度、众包以及在线公民参与等概念都结合到一起，我们可以设想重新将古雅典民主政治融入 21 世纪。[55]大众司法系统网站 CrowdJury[56]在想办法改变司法系统，同时利用众包和区块链技术，将部分司法环节放在网络上进行操作，包括控告或投诉，收集并审查证据，让公民以在线陪审团的身份，参与到在线公开审判，以及公布判决等。想象一下，这种透明化的流程会通过众包探索、众包分析以及众包决策，快速决策。这样，在更短时间里，可以花费更少资金来得到一个准确的结果。

这个流程[57]可以从涉嫌公民或犯罪行为（比如涉嫌接受贿赂的公共官员）的在线报告开始，然后通过多种渠道收集信息。最初的申诉或索赔，以及证据都会通过加密，存储在区块链上，来确保其记录完整且不会被篡改。

一经立案，具备所需专业知识的小型自选志愿者团体（9 ~ 12 人），会分析实情，决定这一案件是否具有审判的有效性。在审判中，需要有两个可能路径，一个是“犯事者”认罪并提出修复所造成的损害（这个是否能被接受，要看陪审团的意见），或者原告通过大众陪审团，来进行在线审判。正如在雅典，超过 30 岁的公民，在任何时候都可以申请陪审团（但不能针对特定案件），将来个人也可以通过一种随机装置，来申请决选的陪审席，就像公元前 4 世纪古希腊陪审员所采用的“kleroterion”投票器一样。[58]因此，具体案例陪审员的分布就不会出现偏向。审判及所有证据都会在类似公开法庭的网络平台公开，任何人都可以参与，并向被告进行提问，不过只有陪审员可以通过在线投票平台对裁决进行投票。

我们可以从低价值纠纷的冲突判决开始，然后解决全球各社区的跨辖区问题，比如社交网络中的矛盾。英国民事司法委员最近就参考了全球范围内的在线模型，来推荐在线纠纷解决方案。[59]大部分早期模型依赖于法官或其他专家评判员参与到这个在线过程的某些环节。其他流程依赖于其他的参与者发现并指出不良的在线行为，如诽谤性的反馈（如 eBay 的分支机构在荷兰市场独立反馈评论）或在某个在线游戏中作弊（如 Valve's Overwatch，可以让社区的合格成员报告不良行为及在有需要的时候应用临时的禁止措施）。[60]

这完全不是暴民正义。这就是“群众智慧”运用在更多司法流程中的表现，它带来了诸多有益成果。

让公民参与到重大问题的解决中

很多相信科学的人知道，人类的碳排量正在造成大气变暖。这种气候变化对我们和地球上其他生物来说是很危险的。政府、公司以及非政府组织正在努力减少碳排放，对所谓的“碳交易”他们的意见基本一致，“碳交易”是一种环境有效且经济合理的减排方案。

有一项名为“限制与交易”的政策，“限制”就是监管部门对碳排量设置一定限制，随着时间推移，减少对大气层的污染物排放；“交易”就是市场对减排的补贴，从而帮助公司及其他组织符合减排限制标准。环境保护基金会的人表示：“他们排放量越少，付的钱就越少，这样就能从经济效益上来减少污染物排放”。[61]

如今欧盟发达国家已经开始了基于上述碳排放政策的交易。而加利福尼亚、安大略以及魁北克也达成了《蒙特利尔协定》，来呼吁发动全球交易。国家各级官员（包括国家、州和市）与企业层面可以通过限制与交易排放积分制来平衡补贴。同时，基于区块链的声誉系统，也可以根据可持续温室气体减排标准，为电网供电商进行评级。比如，系统可以为能源来源分配标签，用煤炭的会减少额度，用太阳能等可再生能源的就增加额度。区块链能够在整个行业中，实现限制与交易系统的自动化。高效的定价算法会实时计算积分情况，然后绿色组织就能在账本上查找并追踪到其碳排放额度情况，然后将其转化成一笔交易。

那么要是我们为普通人也创建一个碳排放限制与交易系统，会怎么样呢？我们当然希望除了机构，其他人都能改变他们的行为！个人碳排放交易将会通过物联网实现。传感器、检测器以及探测仪会实时测量你的热水器、洗碗机以及家用恒温器，并且告知你的碳排放积分额度。同时，你也可以通过可持续的实践活动来挣取积分额度。如果你在屋顶加了一排太阳能板，那么你就能通过对电网发电来获得额度。

这种方式可以为人们创造出一个新的年收入来源吗？实际上，穷人和无家可归的人才算是低碳用户。骑车上班可以省下你家热水器可能花掉的额度："洗碗机你好，我的个人额度与交易手表显示出我们可以负担一次整体清洁及30分钟周期烘干的操作。"洗衣机里的水感应器可以根据可接受的颗粒浓度水平，来管理水使用情况；衣服湿度达到可接受水平时，烘干机里的湿度感应器就可以关掉烘干机；然后房子里的空调系统还可以利用多余的热量。

21世纪民主手段的运用

区块链是一种全球分布式账本，它采用可编程形式，能够保障安全与隐私，并且提供奖励机制。这项技术对新型民主工具的发展也有所帮助，比如：

数字头脑风暴：让政策官员与公民共同进行实时且适度的网上头脑风暴，来确定新的政策问题或需求。之后通过"一个代币一张选票"的系统来达成共识，并进行认真探讨。这样分裂者、煽动者还有破坏分子就很难带来伤害。

挑战赛：有一组裁判参与的在线竞赛。在区块链之前，就有类似加拿大的加拿大黄金公司创意挑战赛（第四章讨论过）、X－Prize或由西方政府组织的无数创新竞赛。这些挑战赛的目标是让公民也参与到公共价值的创新与创造中。

在线公民陪审团和陪审小组：随机挑选公民作为某类政策的陪审员或顾问。陪审员运用网络来分享信息、提出问题、讨论问题及听取证据。区块链声誉系统可以帮助提问者了解陪审员及小组成员的背景和声誉。相关的决策和记录会登记在区块链上。

协商式民意调查：它会以合作协商的形式，为公民提供学习与反映问题的资源。这种调查将网络的小型小组讨论，同科学的随机抽样结合起来，为政策制定带去了比即时调查更多有用的公众意见。

情景规划：也就是利用仿真和建模软件搭建场景，反映未来政策制定需求，并了解决策后的长期后果。这样政治家、官员和公民就可以了解到政策对一系列领域的潜在影响，包括健康、环境以及经济等等。

预测市场：我们在 Augur 案例中解释过，我们有无数机会来利用预测市场，就事件结果进行买卖。政府能够通过预测市场，了解到人们对许多实质问题的见解，比如：大桥什么时候能造好？未来 12 月内的失业率会是多少？这些都是新西兰 iPredict 市场里出现的真实问题。

区块链可以为这些工具提供充足的力量。在开始时，公民中的贡献者可以保持隐私，这为参与度的提高放开了一些可能性。与此同时，上文提到的 Blockapedia 案例描述到，基于区块链的声誉系统可以提高讨论的质量，减少煽动者和破坏者，并确保所有评论都能准确记录且不可删除。如果需要对赢家或其他贡献者支付赔偿时，这些结算可以通过数字货币，分割成更小部分并完成实时结局。公民和团队可以创建各种各样的智能合约，从而更好地分配流程中每个人的职能。

作家梅拉妮·斯旺认为，对于一些社会话题的解决，比如统治、独立以及公民职责，区块链技术或许可以带去不断成熟的影响。“政府与经济是文化与信息的对立面，要放弃对政府与经济的中央集权似乎是比较困难的，但是我们也没有理由认为，在这种背景下就不能培养出相同的社会成熟度。”[62]

很显然，下一代互联网会提供深刻的新机遇。主要挑战并不在于技术。有一个案例可以警告世人：2008 年奥巴马竞选的时候搭建了一个大范围网络平台（MyBarackObama. com），为支持者提供了成立组织、创建社区、筹备资金的工具，诱导人们不仅要投票，还要参与到奥巴马的竞选中。之后出现了一股前所未有的势力：1300 万支持者通过互联网联系到一起，通过自发组织，为有共同利益的人成立了 3. 5 万个社区。当年轻人高呼着“是的！我们可以！”的时候，这不仅仅是一则希望标语了，这就是群体力量的肯定。

但是，2012 年奥巴马的竞选就从公民参与转到了“大数据”。“是的，我们可以”也变成了“我们了解你”。它利用数据来争取中间选民和目标支持者的资金。最后竞选获胜，而公民却被自己的信息所利用了。大数据的策略比自发组建社区的策略风险要少很多。

在奥巴马总统的两届任期中，他确实采取了一些方式来实现公民参与，首先就是通过“竞赛”这种方式，让选民争相构思出创新想法。但是，在他关键的第二届竞选中，奥巴马却没有让公民参与进来，从而错失了一次历史机遇来加强政府的合法性。最终，就连被称作“首位网络总统”的奥巴马，也开始采用应急办法去争取权力，他利用社交媒体来传播消息，利用数据在网络上发布广告，针对目标受众筹集资金。

如果不是这位网络总统，那么会是谁?

每个人都可以将政府和民主转移到区块链上。首先，这可以提供无数机遇，包括简化繁复的过程，节省不必要的时间，投票并参与到民主过程中，担任陪审员，挣取能源信用，支付税款并享受公共服务，见证税款的使用情况以及议员代表的投票过程。民选代表需要站出来，并在设计和实施智能合约的事项中展示出领导力。如果你是很正直的，那为什么不去支持区块链声誉系统的创建?安德烈亚斯·安东诺普洛斯说：“选民的记性很差。”[63]不管你是一名法官、律师、警察或国会议员，都应该创造更多的透明度。公务员和政府雇员可以使用传感器和摄像头在区块链上追踪公共资产和库存、管理基础设施维修的优先级，以及进行资源的分配。如果你是一个年轻人，不要放弃民主。它或许有问题，但是可以被修复的。区块链透明性的第一个用途可以是在竞选资金筹措的问题上，因为金钱政治当前是最根本的问题。如果你是一个政府的承包商，可以使用智能合约清除贪污、浪费并证明你的优秀绩效。这样的可能性还有很多。

带来改变显然是要面临很多困难的，不过世界的公民，团结起来吧！通过区块链你可以获得很多东西！

第九章　在区块链上解放文化产业

这并不是一场平常的1岁小孩的生日派对。这个庆祝活动在伦敦一公里外的名为“Round House”的建筑物里举行。在里面的一个大棚子里，放置了能伴随声音闪烁的LED灯装饰树、充气城堡玩具以及亨利八世酒店提供的自助餐。这场活动有各种各样的参与者，包括了杂耍艺人、二十多个刚学走路的小孩及其父母、邻居、音乐家及一些区块链开发者。里面还有一个苏格兰裔印度工程师维纳伊·古普塔，他最为人所知的成果是创造了一个名为hexayurt的小型灾难舒缓避难所。现在，当要将区块链技术介绍给大众的时候，他就是所谓的“首席解释官”。另外还有保罗·帕奇菲科，他是艺术工作者联盟的首席执行官。在银行业的职业生涯结束后，他现在正为音乐家们争取权利。还有我们的主持人伊摩琴·希普，她是一个颇有成就的作曲家和音乐家，被音乐周的读者们投票选为“年度灵感艺术家”,[1]她也是1岁小孩斯考特的母亲。

“我希望我正在做的事情在将来的某一天会对斯考特产生一些价值”，伊摩琴·希普告诉我们。她表达了对音乐产业的深切忧虑。“这个产业是非常碎片化的，里面的领导者很少，而且在商业的层面有很多负面的因素，”她说道。“一切事情都非常糟糕，全部是被颠倒过来的。艺术家正处于食物链的最底层。这完全是不合逻辑的。音乐无时无刻不在我们的身边，在我们的手机中，在我们的出租车中，真的是无处不在。不过艺术家能获得的收入却越来越少了。”[2]

这就是困境所在之处。互联网是一个非凡的缪斯，它既是创意的媒体，又是言论自由的一个渠道。在互联网上，天才的艺术家、设计师和程序员可以与他们的众多拥护者们探讨和分享一切的想法。另外，在互联网上也存在不少利用这些创意协作去实现营利的途径。像音乐这样的创意产业一直在开拓像数字作品下载、流媒体音乐等收入来源。问题是，在每一个存在中介角色的模式里，艺术家只能得到所创造收入的一部分，而且也没有什么话语权。Talking Heads 乐队的名人戴维·伯恩在一个开头曲与片尾曲的作品里将这个状况概括了一下："在我看来，作为支持任何形式的创意作品的手段，这整个模式都是不可持续的。这并不仅仅是音乐。最终的结果可能是互联网会将世界上所有的创意内容都吸走，直至什么都不剩下为止。"[3]

这一章的内容会关注区块链技术把艺术家放在产业模式的中心位置的方法，这样艺术家们既能享受表达的自由，又能将其知识产权所带来的精神价值和物质价值最大化。换言之，就是恢复他们的权利。不会再有庞大的、贪婪的中介机构，不再会有政府的过度干预。我们调查了文化的领域（艺术、新闻和教育），在这些领域里连最基本的人权和生计都是安危未定。

公平的音乐交易：从音乐流媒体播放到为权利定量计价

在音乐产业当前的模式下，"如果斯考特最终成为一个音乐家，她到底应该怎么赚钱？她将没法赚钱"，伊摩琴·希普在谈到她的女儿的音乐职业生涯时是这么说的。"我们需要一些简单的、核心的东西，一些可信的东西，让人们感觉音乐是一种能够谋生的职业。"[4]保罗·帕奇菲科也同意这一点："我们希望一个能够反映出我们这个时代的文化、技术、社会及商业意义的音乐产业，并为创造者和顾客们提供一个可持续及可行的未来。"[5]伊摩琴·希普与保罗·帕奇菲科、维纳伊·古普塔及其他的一些人组建了团队，希望创造这个新的音乐生态系统。

如果有一个为创新领域而设的预测市场，我们将在希普的团队里下赌注。在 2009 年，她成为首个获得格莱美奖独奏作品的获得者，《椭圆曲线》是其获奖作品。她把一件"推特服装"穿在身上，从而在形式上将她所有的推特关注者都带到了颁奖典礼上。她的服装是由莫里茨·瓦尔德梅尔设计的，其特色之处是在肩膀位置设计了一个LED灯组成的拉链，可以将她的推特粉丝发出来的推文在肩膀上显示出来。在2013年，伊摩琴·希普启动了非营利组织Mi. Mu，目的是为了发明一个音乐手套系统。它将识别软件与动作传感器结合起来，这样表演者们可以用定制化的姿势来控制灯光、音乐和视频。这个发明获得了2015年的柏林奖的可穿戴IT/时尚技术奖。这个手套很快就火热起来了。流行歌手阿里安娜·格兰德在YouTube上发布了一条信息并配上了伊摩琴·希普的《捉迷藏》视频："我想感谢我的偶像伊摩琴·希普，她让我得以在我的首次全球巡回演出中使用Mimu手套。"[6]如果还有人怀疑伊摩琴·希普将一个社区召集起来探索新技术的能力，他们应该重新想一下。

"我们真的知道自己的需求，"伊摩琴·希普说道。"我们并不是一群喜欢在起居室制作音乐的傻瓜。我们是努力工作的企业家。"[7]伊摩琴·希普将区块链技术看成是为知识产权的创造者提供一个公平地分享价值的平台。特别是智能合约可以降低产业的复杂性，将唱片公司扮演的关键角色进行简化。

又是简单问题复杂化：音乐商业的复杂性

为了更好地理解"传声头像"乐队的想法，我们先要想明白一些问题。我们为何会处于这样的现状？我们应该如何做这件事？[8]这从艺术家们的一个基本的问题开始——他们在黑胶唱片时代遗留下来的合同模式上签约了，而这些条款适用于当时在音乐家与顾客之间存在着高昂的分销成本的年代。希普告诉我们，"当我创作了我的首个唱片时，我大约得到了15%的收入分配。我的上一张唱片是几年前的了，大约得到了19%的收入分配。现在，如果人们运气够好，可能会得到更多的份额。"[9]艺术家们可能会将唱片著作权保护期在签约时以长期合约的形式让渡出去。在美国，这个保护期要不就是95年，或者在艺术家去世后的70年。想象一下，这样的合约若需要覆盖所有的没法预见的创新成果，而且要为艺术家和他们的继承人提供一个公平的合约，这该是多么艰难的事情。

在刚开始的时候，唱片公司是非常小的，电台就像是皇帝，录像带商店是皇后，而艺术家和节目的负责人不仅要负责寻找新的人才，还要负责其艺术发展前景。在过去的25年间，音乐产业已经从数千个唱片公司合并成三个全球的超级巨头——索尼音乐娱乐公司、Videndi的环球唱片公司以及华纳音乐集团和几百个独立经营的唱片制作组。这三个主要的参与者一共占有了最流行、营利能力最高的流媒体音乐服务商Spotify的15%股份。[10]因此，如果Spotify能够在股票市场上市，它们就能获得更多的现金。苹果公司已经成了世界上最大的音乐零售商，而Live Nation则是世界上最大的在线娱乐公司。

因此，音乐的版权被掌握在少数人的手中。唱片公司和巡回推广公司已经开始与艺术家签订全方位覆盖的合约。这意味着它们可以得到艺术家创造的所有收入的一部分，从出版权到基本的作曲，到音乐录制，再到艺术家巡回演出时的表演权甚至是商家和赞助权，不管它们是否有投资到这些权利的培育过程中。

产业的合并意味着系统的整合，而这并不容易实现。每一个企业集团都有着自己的会计流程、合同版本和版税声明，这让并行对比成了一个挑战。“这个产业有一个严重的问题，它是非常碎片化的。这些不同的平台的存在可以说是一场噩梦”，伊摩琴·希普说道。[11]这些系统必须考虑到制作、格式、分发和使用场景等领域的不同创新成果。不过，某种元素通常不会很快地过时，因此每一个环节都必须同时维护两个或以上的模式，这其中最明显的例子就是实物形式的和数字化模式的共存。

除此以外，还有一些因素会增加复杂性。产业的供应链里面成员数量是非常多的，这其中不只是出版商和演出权管理组织（管理音乐公开演出活动并收取版税的组织，如非营利的美国作曲家协会、作家与出版商协会、非营利的美国广播音乐协会以及之前名为欧洲舞台作者与作曲家协会的组织），还有制作商、工作室、各类场所、音乐巡回演出组织者和推广者、贸易商、分发商、经纪人，这些组织和群体都有着自己的合约、会计和汇报系统。他们拿走属于他们的份额并将剩下来的部分分给艺术家的管理人和经纪人。最后剩下来的部分才会根据他们达成的合约付给艺术家本人。没错，艺术家是最后一个拿到钱的人。根据唱片发布的时间和唱片收入会计工作的周期的不同，在第一张版税支票送达前需要等待6~18个月。

最后，一种全新的中介——像YouTube和Spotify这样的技术公司将自身插入到艺术家和唱片公司之间的供应链中，进一步摊薄了艺术家所能分到的份额。Spotify 针对每个音频流向版权持有者（通常是唱片公司）付款 0.006～0.0084 美元。[12]这样的支付方式初看是透明的。Spotify 的网站称他们将广告和订阅收入的 70% 都给了版权持有者。不过我们审查了它与美国索尼公司签订的 41 页的“数字音频/视频分发协议”，而一些涉及对索尼的艺术家们所支付的 4250 万美元不可抵扣的预付款的细节则是非常模糊的。事实上，这份协议的第一段就包含保密条款。看来，Spotify 和索尼都无法告知这份协议对索尼的艺术家的收入带来的影响。美国独立音乐协会主席理奇·本洛夫称根据他的经验，唱片公司并不会分享与直接使用无关的收入。[13]“艺术家们至少还得在 4～5 年内忍受这个现状，就像在 iTunes 发布后的首个 4～5 年，”产业分析师马克·马利根如是说。[14]

那么，唱片公司到底增加了什么方面的价值？显然，他们在尝试管理这些复杂的机制、打击盗版和强化版权。例如，环球音乐出版集团让其 1/3 的员工在全球市场内的本地市场专门负责版税和版权管理。[15]环球音乐出版集团最近部署了一个艺术家专用的通道，让他们可以分析他们的版税的状态，并可以申请以未来的收入为担保而预先提取一些钱，这个过程无须任何费用。这个通道也提供了“查看 Spotify 使用情况的机会：一首歌曲被在线播放了多少次，有什么类型的人在播放它，这些听歌的人的播放列表中还有什么歌曲，特定的歌曲如何与特定的听众产生共鸣。”环球音乐出版集团也安排了 16 个员工，专门负责这个通道的更新和为艺术家解读数据。[16]这些唱片公司也有庞大的律师和说客团队。他们可以在全球范围内推介新的艺术家，要求他们签订样板合同，通过外国的本地媒体进行市场推广，将他们的音乐分发到外国市场，将权利授权给外国的出版商，支持国际上的巡回演出，并将所有的收入聚合起来。管理版税的耗费已经随着业务的复杂程度增加了，这对世界各地的艺术家来说都是一个直接的负担，因为它的运作模式就像是税收一样。

区块链上的智能合约可以降低复杂性，并将唱片公司在生态系统中的关键角色进行简化。根据伊摩琴·希普所说的，“如果你是一个电脑程序、软件、数据库，这些问题就会消失了，会省下一半的时间。这些数据会直接到达目标受众，而且无须花费一到两年才能将收入分享给艺术家、作家、表演家。这个过程是即时发生的，因为它是自动化的及经过验证的。除了这些外，这种有着全新文化的音乐分发服务能够从艺术家的拥护者们收集到非常有用的数据，如果艺术家们自己能够得到这些数据，将能够让我们的效率得到极大的提高”。[17]这是区块链上的音乐产业的未来。

一种新型音乐商业模式的诞生

基于区块链的平台和智能合约的结合，加上艺术社区在交易谈判、隐私、安全性、尊重权利和公平交换价值等问题上的包容性、正直性和透明性的标准，可以让艺术家们和他们的协作者共同建造一个新型的音乐生态系统。

“如果我可以决定我自己的音乐的分享和体验的方式，那不是会很好吗?”伊摩琴·希普问道。“例如，可以简单地将一首音乐及其相关的内容上传到网络上的一处地方，让任何人都可以使用和获取。这些相关内容包括使用权利、所有权以及跟今天的唱片封套文字类似的说明。另外，还有视频和最近的传记”，而其他的参与方——不仅是唱片公司、音乐出版商和巡回演出推广商，还有寻找制作广告歌曲的公司、寻求制作电影原声的电视制作公司、寻求铃声的移动服务提供商以及寻求制作拥护者视频的拥护者们可以决定是否同意伊摩琴·希普的使用条款?“如果能够感受到艺术家们的存在，如果他们能够决定与自己的音乐作品相关的事项，那就会有一种非常真实的感觉，即使是每天都会有所不同。”她说道。“我可以决定，在我生日那天将所有的音乐免费送出去……或者如果你是16岁以下或60岁以上，我来请客！或者以我的名义将所有的付款捐赠给一个救助基金，而这个过程只需要在智能合约里改动一些参数”，她说道。[18]

这是在区块链上建立一个以艺术家为中心模式的目标，而不是以前那种以唱片公司或技术分发商为中心的模式。艺术家们可以创作音乐并基于他们所创造的价值而得到合理的回报，至于音乐爱好者们则可以对他们所喜爱的歌曲进行消费、分享、混录和欣赏，并支付一个合理的价值。这个模式并不会排挤唱片公司或数字化分发商，但它们也会成为生态系统中平台的一员而不是像以前那样成为生态系统的主导者。

这个全新的音乐产业的想法并不是一个白日梦。在2015年10月，伊摩琴·

希普通过发布了她的一首歌曲"Tiny Human"而启动了她的首个试验。所有相关的数据都能在互联网上查到：器乐版、七立体声音轨、封面图像、音乐视频、封套说明里的音乐家描述、装备、人员、歌词、鸣谢对象、有用的链接以及歌曲背后的描述。[19]这些细节可以增加她在互联网上的可发现性，让潜在的协作者可以找到她。

伊摩琴·希普邀请了拥护者、开发者、服务商将她的歌曲上传到各自的平台上，并分享它的成果。她以非排他性的方式授权它们在各自的平台上创建伊摩琴·希普的艺术家档案，授权的前提是这些平台在上传希普的作品后需要把登录信息和权限分配给她。如果它们预期会产生收入，然后她就让它们提供有关支付模式、百分比和数量的信息，这样她就可以将这些细节作为她对该实验的分析的一个参考因素。最后，她欢迎大家往她的比特币账户捐款，并承诺将一半的收入直接捐给她自己的慈善机构 Mycelia，这是她为这个新的生态系统取的名字。使用数据和参与行为可以为区块链的下一阶段的开发任务提供参考依据。

不同的公司正在与伊摩琴·希普和其他有远见的音乐家一起进行设计和协作。这个新的生态系统拥有一些现有的产业缺乏的特性：

价值范本：将艺术家看成是任何事业中的企业家和平等合作伙伴，并且尊重艺术家作为企业家和任何事业中的平等合作伙伴身份的协议，将他们视为价值创造不可缺少的一环。那些在一开始就埋下不平等因素的老式纸质合约应该消失了。"版税收入份额不会再下降了"，希普说道。

包容性版税：根据每个人对创意过程的贡献公平地分配收入，这不仅是对作曲家和演出家来说的，对其他的艺术家和工程师也是这样。每一个都应该在艺术品的重大成功中获得收益，而不仅仅是唱片公司和分发商。

透明账本：在区块链上的分布式透明账本让每一个人可以看到一首歌所带来的收入，收入项目的时间和大小，以及谁在带来多少百分比的收入。不会再有陈旧、私有及基于纸张的会计系统在背后记录这些事情。这个系统可以为不同性质的收入提供不同的标识（从雇佣关系的作品收入到版税收入），这能实现更简便的会计、审计和税务处理工作。

微量计费：不仅音乐可以用"流"的方式获取，连收入都可以。如果可以微量计费的方式对音乐收费，那么消费者每次在播放音乐的时候就会支付一笔很小的费用，这样版税就可以立刻用“流”的方式支付给艺术家和贡献者。这样，付款上的延迟、半年一次或每季度一次的版税支票以及含义模糊的版税报表都会成为历史了。艺术家们也不至于继续勉强维持生计了。区块链理论家安德烈亚斯·安东诺普洛斯给出了这个例子：“阿根廷的 Streamium 是一个流视频服务，它让视频制作者可以为下载如 200 毫秒的在线流视频收取 1 美分的千分之一的费用。它使用了多重签名、时间锁定交易、原子性及总和完整性等技术实现这个方案。视频制作者只为消费者提供已经付款的视频，而消费者只为实际消费了的视频付费。他们的合约在每秒内自动更新五次。如果他们中的任何一方在任何时候退出，那么合约就会终止，而他们会以对双方来说最有利的交易进行结算。”[20]

丰富的数据库：各个数据库可以在彼此之间进行互动，并将所有与核心版权相关的材料放到数字账本上，让任何人都可以看到。这些材料包括了歌词、作曲和录音，上面附带了所有的元数据、唱片封套说明、插图和照片、单曲、作曲家和演出家愿意授权的权利、授权的条款、联系信息等等，这样信息不完整的版权数据库就会成为历史了。这些版权信息都能轻易地获取。版权的所有者们可以轻松地找到这些材料。

使用数据分析：通过这个技术，艺术家们终于有机会得到与使用相关的分析数据，这样他们可以吸引到合适的广告客户和赞助商、安排巡回演出、规划推广活动、众筹资源及与其他艺术家进行未来的创意协作。

这个模式可以捕捉到“很多在以前丢失了的数据，如你的拥护者在哪里、他们年纪多大及他们的兴趣是什么等”，希普说道，“通过这些信息，我们可以对巡回演出进行量身定制，可以与我们有共鸣的品牌和组织连接起来，或者推广我们喜欢及支持的艺术家、产品或慈善组织。我并不是在说像姓名、电子邮箱地址这类信息，而是一些范围更小但很有用的信息。我们可以将这些数据与其他乐队的数据参考对照，这样支持者和艺术家们就可以用于很多有趣的事情上”。[21]

数字版权管理：这是一个管理数字版权的方式，但并非以前那种反顾客体验、只为了限制用户使用的 DRM（数字版权管理）软件层。我们说的是部署智能合约，用于真正地管理版权并使得出版、录制、表演、经销和所有的其他权利最大化。这包括了为唱片公司和分发服务商而设的第三方参与的条款：唱片公司和分发商可以决定是否接受一个艺术家的使用条款和对服务的预期。如果艺术家们不希望广告行为影响音乐的体验，他们就可以禁止广告的使用。如果他们希望从广告收入中获得特定的部分，他们可以坚持这个条款。如果他们希望某个大型的公司处理授权、分发和在特定区域执行版权保护行动，他们也可以这么做。他们也可以设置条款的限制。如果公司不能达成一个具体的收入水平，那么合约可以自动被中止。艺术家们也可以在可能或有需要的情况下使用自动化的附属权管理系统，这样未来的许可证持有人可以选择接受或拒绝艺术家的使用条款和付款要求。合约自身可以执行每一项协定，而且可以在出现任何违约或中止行为时通知艺术家。

拍卖/动态定价机制：这样的实验可以用于促销和内容版本管理，甚至能够将附属权的版税的百分比与一首歌曲的需求联系起来。例如，如果消费者对某个歌曲的需求大增，那么将这首歌用于商业用途的广告客户在播放广告时所需要付出的费用将会自动增加。

声誉度系统：可以通过比特币地址的交易历史和社交媒体等途径收集数据，从而为该地址创建一个声誉度积分。艺术家们将可以建立自己的声誉度，而未来的合作伙伴，不论是协作关系中的艺术家还是艺术家与消费者、唱片公司、商户、广告商、赞助商、许可证持有人等，也可以建立声誉度。通过多重签名智能合约的使用，艺术家们可以避免与低于某个声誉度标准或账户中没有足够资金的实体签订合约。

这个新型的、公平的音乐产业的关键点是艺术家处于自己生态系统的中心位置，而不是在边缘上。“我看到为 Spotify 和 YouTube 准备的位置，我看到了一个可以策展的位置，我看到一个为用户创造内容而设的位置”，伊摩琴·希普说道，“我看到了唱片公司的位置，因为我们依然需要有人在全球每天新出现的海量的音乐和艺术品中筛选出合适的内容”。[22]通过软件模板，它们可以根据自己的需要在区块链上与创作协作者、大型唱片公司、大型分发商以及很多小型中介互动。

自我发行的艺术家：一个音乐新范式的标志

伊摩琴·希普的朋友佐伊·基廷是一个出生于加拿大的大提琴演奏家，她一直都控制着自己的音乐的相关权利。她拥有自己的录音作品的所有出版权和管理权。她仔细地管理着她自己的市场推广、销售、授权和分发策略。基于上面已经提到过的复杂程度，这让我们印象深刻。“像我这样的艺术家如果没有技术的话就不可能存在了。我可以在我的地下室里录制音乐并将其发布到互联网上”，佐伊·基廷是这么告诉《卫报》的。对她来说，互联网为独立的艺术家们带来了公平竞争的机会，不过在她与大型的在线音乐分发商打交道的时候，所得到的体验与伊摩琴·希普跟传统的唱片公司打交道时并没有显著的差异。“音乐服务商们不应该沿用过往的支付方式，也不应该利用那些处于弱势地位的人”，佐伊·基廷说道，“公司不仅对其股东有责任，也应该对这个世界和艺术家负责。”[23]

佐伊·基廷指的是 Google 的 YouTube 给她的一份新合约，那份合约是不能公开的。在几年间，她在 YouTube 上分发她的音乐，并使用 Content ID 从而在第三方上传她的材料时获得经济收入。Content ID 是一个能在所有权持有人的版权被可能被侵害时自动发出警告的程序。佐伊·基廷并不担心隐私、文件分享和版税的问题。对她来说，商业流媒体使用是一种新的推广、吸引新听众和分析用户数据的方式。音乐内容聚合商和热门歌曲制作商通过提供满足按需服务的完整目录获得显著的收入，但她并不包括在这之中。她的收入的绝大部分一直是来自那些忠实的拥护者为每一个新专辑所支付的 20 ~ 100 美元。她先在 Bandcamp 上发布她的新作品，然后上传到 iTunes 上，最后上传到其他可以选择的地方——YouTube、Spotify 和 Pandora 这些网站上。她使用限期策略（让内容只在一定时间内在某个特定频道的公开）已经被证明对她和她的忠实拥护者来说都是很有效的。她可以用此回馈现有的支持者及培育新的关系。

YouTube 正在发起一个新的订阅服务 Music Key，在上面用户可以付费去除广告。如果佐伊·基廷希望在 YouTube 上继续凭借自己的作品获得收入，那么她就需要同意 YouTube 的条款：必须将她的完整目录包含进来，而且不能在别的平台上继续用限期策略推广作品。她要是不同意就无法在 YouTube 上获得收入。她知道独立的唱片制作人对这个新的许可条款也有不满，不过他们更为由此带来的经济影响感到心烦。佐伊·基廷还是希望根据她的条款去控制她的音乐。

她看到了比特币区块链技术的潜力，能够确保她的愿望实现，而这是从透明性开始的。“我相信透明性在任何事情中都是很重要的，如果我们不知道当前的生态系统是如何运作的，那么我们如何能够建造一个未来的生态系统?”[24]例如，佐伊·基廷预计在 YouTube 网站上有 1.5 万个舞蹈表演、电影、电视节目、艺术项目和游戏节目的视频在没有她授权的情况下使用了她的音乐作为配音。按道理来说，她应该可以利用这些热情度，但只有 YouTube 知道她的音乐流行程度如何。尼尔森唱片市场调查公司是唯一的多维统计数据来源。

就如伊摩琴·希普一样，佐伊·基廷希望在区块链上注册版权并利用版权的元数据。这样，人们可以更轻易地寻找到她这个版权所有人。她也可以在区块链上追踪衍生的作品。一个储存了音乐元数据的分布式账本不仅可以追踪每个人创作的内容，还能追踪在作品中参与度较高的人。她预计可以有一个可视化的使用率和关系的监测机制，可以计算一首歌曲的真实价值以实现动态的定价，并允许向协作者和投资者发送持续的小微付款，而无须涉及像 ASCAP 或 BMI 这样的第三方公司的“黑匣子”般的运作模式。[25]

再重申一次，我们并不是说唱片公司和技术公司在生态系统中不再有存在的意义了，也不是说艺术家们完全可以在一个纯粹的点对点生态系统中依靠自己创造事业。我们在谈论的是一个以艺术家为中心的新型音乐生态系统，艺术家们可以在其中掌握自己的命运并为自己所创造的价值得到合理的回报。区块链技术并不会创造一个让艺术家得到补偿的新标准，而是会解放这些艺术家，让他们可以选择和定制多种符合他们需要和信仰的解决方案。他们可以将作品免费分发出去，或者以微支付的方式在任何作品上收取费用，不过在这种模式下选择权是属于他们的，而不是属于唱片公司或分发商。

新型音乐生态系统的其他元素

1. 基本的版权注册

音乐的版权有两个最基本的维度。第一个是底层作曲（用任何的形式和语言创作的音符和歌词）在世界范围内的权利，这通常是由作曲家和作词家所拥有。音乐和歌词的版权可以分开处理。作曲家和作词家可以在有人录制或演唱歌曲、购买乐谱、以另一种形式表现（如 elevator Musak）、将其翻译成外国语言或将其包含到某本选集或教科书的时候收取版权费用。第二个是录音及在某种媒介（如数字文件或音乐节目录像带）上录制和保存的表演在世界范围内的权利。录制作品通常是由表演者或乐队成员签署版权许可协议，当该录制作品在电台、电视或互联网播放时，或在电视节目、广告或电子游戏上使用时，或被在线播放、下载时，或以实物媒介（如黑胶唱片、CD 或 DVD）的形式购买时，都会得到与版权相关的收入。

佐伊·基廷那样的自主程度是多伦多工业摇滚乐队 22Hertz 转向区块链寻求解决方案的动力。在加拿大，一首歌的版权注册需要花费 50 加元，而该证书只包含作品的标题。乐队的创始人拉尔夫·米勒并不认为若有人使用作品的歌词或旋律的话这个证书足以在法庭上发挥用途。所以，他决定使用提取哈希值（hashing）的方法，利用一个名为 OP_ RETURN（区块链里的一个操作代码）的功能将整首歌的哈希值上传到区块链上。如果任何人使用了他的作品的歌词或音乐，他就可以利用区块链上的这个特定交易将一首歌的哈希值与在区块链上存储的哈希值进行对比，从而证明其所有权。这两个哈希值应该会是一致的。“当你将一个哈希值利用 OP_ RETURN 操作代码上传到区块链后，经过一个个区块不断印证前面区块的记录，基本上是不可能改变任何数据了。这对我来说是非常有价值的。”当问到这个乐队的在线商店为何接受比特币支付并对比特币用户提供折扣时，拉尔夫·米勒强调，“我并不想按照往常的方式去做生意”。[26]

2. 数字内容管理系统

Colu 也希望做一些不一样的事，这是一个基于比特币区块链技术的数字内容管理平台。它为开发者和企业家提供访问和管理数字资产的工具，包括了版权、活动门票、礼品卡——这是一个分布式的音乐产业真正需要的东西。Colu 与音乐技术领导者 Revelator 合作建造一个权利管理 API（应用程序接口）。它的目标是实现伊摩琴·希普和佐伊·基廷所描绘的场景——为权利的所有权、数字式分发和实际使用带来启发。这个 API 也会让现有的企业有能力提供透明度及实现高效率，这两者一直有着较强烈的需求。“我们对 Colu 平台简化音乐版权管理的潜力感到非常兴奋，首先会从那些涉及歌曲作家及其作品的领域开始”，Revelator 的创始人及首席执行官布鲁尼奥·格斯说道，“Colu 让区块链的复杂技术可以整合到我们这样的平台上，而我们也期望着探索所有能够为我们的客户提供更好服务的途径。”[27]

3. 新艺术家寻找与管理

最后，人才的寻找及训练是创意产业的一个重要方面。音乐家们自然乐意在像“好声音”（The Voice）这样的竞赛节目中作为导师并扮演“新艺术家寻找与管理”的角色。区块链可通过使用率算法实现这样的“新艺术家寻找与管理”功能。我们可以看一下 PeerTracks 的例子，根据其网站的登录页，它是为音乐爱好者和艺术家而设的“终极的一站式音乐平台”。PeerTracks 为每个艺术家上传的每一首音乐都附加一个智能合约，而该智能合约会自动地根据表演者与作词家、作曲家及乐队的其他成员所签订的协议进行收入的分配。艺术家可以创建自己的代币，上面附带了它们的名字和肖像，就像一张虚拟的棒球卡。这些代币也是一种收藏品。艺术家可以设置代币的总量，这样，就可以存在限量版的代币了。这个概念是很简单的：创造一个价值的储存方式，其价值会对应艺术家的受欢迎程度。[28]

用户可以根据自己的需要在整个 PeerTracks 音乐目录上免费得到全面的访问权，而无须受到广告播放的影响。他们可以将歌曲和播放列表保存后在线下使用，并从目录中下载任何音乐或专辑。与 Spotify 或 iTunes 不同的是，用户还可以购买艺术家的代币并像棒球卡那样交易这些代币。当艺术家的受欢迎程度升高，其代币的价值也会升高，这样用户可以支持未成名的艺术家获得潜在的经济收益。对一个艺术家的喜爱可以转化为艺术家所提供的贵宾待遇、补贴及免费赠品。这样的机制让原来在 Spotify 上那些被动的听众转换成活跃的推广者，并建立一个长期的、高度参与的拥护者群体。PeerTracks 希望为艺术家提供更多的流媒体播放和下载的费用（具体地说是收入的 95% 份额）并将这些收入即时在区块链上发送出去。艺术家们可以为音乐下载和促销活动设置自己的价格。PeerTracks 称“很多由利益所驱动的并寻找下一个热门明星或代币的人”将会听到一个新入行的艺术家的歌曲，因为 PeerTracks 的用户会投票，让他们的曝光度增加。[29]

为艺术爱好者服务的 Artlery：将艺术家与老顾客连接起来

众所周知，传统的艺术市场是具有排他性和不透明性的。一群数量相对较小的艺术家和收藏家占据了市场上非常大的一部分机会，而对那些尝试进入艺术世界的新人来说，可选择的路径并不多，有时候还得经历重重曲折。即使是这样，艺术市场的开放性及整体上的缺乏规范的性质，让以下的一些尝试成为可能：试验新概念和新媒体，一方面在艺术市场进行民主化，另一方面在资产市场进行民主化，两方面都可以利用比特币区块链所带来的改革性和颠覆性的力量。

Artlery 将其描述成一个由艺术家组成的网络，这些艺术家同意将其收入的一部分与老顾客及参与到他们作品之中的同行分享。[30] Artlery 的目标是在区块链上发行一个艺术品背书的货币，让艺术爱好者成为他们所参与互动的艺术品的部分所有者和股东。它的做法是为市场上的所有参与方提供合适的激励机制，这些参与方包括了艺术家、老顾客和策展人，以及像美术馆、博物馆、工作室和集市这样的场所，而不是单独地为一方保留机会而剥夺另一方的。为了让艺术家获得更多的赞助及建造声誉体系，Artlery 为艺术家的作品发起了首次公开募股，用数字化的份额对应艺术家的作品。Artlery 的应用程序让像姚宗·弗林斯、戴维·佩雷亚、基思·霍兰德、安塞尔姆·斯克斯塔、本顿·C·班布里奇和集市少年（the Bazaar Teens）团队这样的艺术家可以将他们的实物作品进行数字化，将作品分割成像拼图板上的一块块拼图，然后根据 Artlery 的应用程序内的每一个老顾客的贡献度将这些份额分配给他们。在一个作品的 IPO 阶段，老顾客可以积累这些权益（最高可到艺术家在一开始时划分给社区的特定百分比）。随着平台的成熟，Artlery 计划让这些积累的作品权益可以被转让和交易。

在由 Artlery 赞助的 2015 年斯坦福区块链峰会上，唐·塔普斯科特决定支持一个由安塞尔姆·斯克斯塔创作的作品，它的题目是 EUR/USD 3081，是一幅放大了并被打印在一张 58 ×44 英寸的 Dibond 铝复合材料上的欧元纸币。

通过比特币区块链购买艺术品：如何运作

为了购买这个作品，唐·塔普斯科特打开了他的比特币钱包应用软件。他使用这个软件创建了一个信息，指定了这份艺术品的购买价格作为比特币的发送数量，并将 Artlery 的公钥作为比特币接收地址，然后使用了他的私钥去对该信息进行“签名”（验证）。唐·塔普斯科特在这个过程中再三检查了这些项目，因为在比特币系统中是不能逆转一个交易的，这跟传统的支付方法有所区别。然后，他并没有将这条信息发送到他的加拿大银行里，而是广播到由所有运行比特币完整区块链的电脑所组成的网络上。

一些人将这些电脑称为节点，而一些节点会将它们的处理能力贡献出来以解决一个与创建区块相关的数学问题。就如我们之前解释过的那样，比特币社区将这些参与解决数学问题的节点称为“矿工”，而他们解决数学问题的过程称为“挖矿”，就像挖金矿那样。这是一个不合适的解释，因为这个比喻听起来会让你产生“专家会比普通人在这个过程中有优势”的误解，但事实并非这样。每一个矿工都在后台运行一个具备特定功能的软件，而软件负责所有的计算任务。一些专业的矿工会对他们的机器进行配置，以优化其能力及降低能源的消耗，还会使用高速的网络连接。除了这些以外，不需要人类的才智参与在其中，也不会容忍任何形式的人类干预行为。

在这个网络中，并不是所有的节点都在挖矿。实际上，比特币网络上的大部分节点只是简单地执行比特币对所接收数据的规则验证，然后将这些验证过的数据转发给点对点的连接。这个网络的验证分为两个部分，第一是证明唐·塔普斯科特拥有着所指定的比特币数量并对该交易授权，并将唐·塔普斯科特的信息认可为一笔交易。然后，矿工将展开竞赛，将无序的、未被记录的交易转换为一个数据区块里有序的、记录好的交易。每一个区块必须包含其前序区块交易的摘要信息或哈希值，以及被称为 nonce 的随机数。为了赢得这场竞赛，一台电脑必须创建一个区块的哈希值；这个哈希值必须在开头包含特定个数的 0 值。至于哪个随机数会生产出满足正确数量的 0 值的哈希值，这在事先是无法预测的，所以各台电脑必须反复尝试不同的随机数，直到找到正确的随机数为止。这就像是中彩票大奖一样，因为这没法依赖任何技巧。不过，一个人可以通过购买最先进的计算机处理器去提高赢得大奖的概率，这样的处理器有着特殊的架构，专门适用于解决比特币的数学问题；如果用“多买几张彩票”的例子来比喻的话，那就是多运行一些处理性能高的节点；或者，就像办公室的同事们经常凑钱买彩票那样，人们也可以将他们的节点聚集起来一起计算问题（形成矿池），并同意分享其中任意节点所获得的奖励。因此，赢得奖励是与运气、处理能力及一个人所在的矿池的规模有关的。

随着整个网络所聚集的哈希速率（算力）越来越高，寻找到正确的随机数的难度也就越大。当一个矿工找到了满足含有正确数量的0值的哈希值后，就将其工作量证明（proof of work）分享给整个网络上的其他矿工。这是分布式计算领域的一项重要的科技突破：使用工作量证明实现网络共识。这也被称为“拜占庭将军问题”。其他矿工通过专注于创建下一个区块的方法，将前面新创建的区块的哈希值包含到里面，从而表示他们已经承认前面新创建区块的合法性。唐·塔普斯科特的公钥和私钥对他来说都是唯一的，而每一个区块的哈希值也是唯一的：它就像一个密码学的指纹一样，使得区块中的所有交易都可以被校验。不会有两个区块拥有同样的指纹信息。胜出的矿工会得到新产出的一些比特币作为奖励，这是由比特币软件自己产生并分配的，而经过哈希算法处理的区块会被添加到区块链上。

因此，在唐·塔普斯科特广播了他那条信息的十分钟内，他和Artlery都接收到了一条确认信息，表明唐·塔普斯科特的比特币交易创造了被称为“未被花费的交易输出”（unspent transaction output）的项目，这意味着Artlery可以通过模仿唐·塔普斯科特所做的事情就可以花费这些比特币了，那就是广播一条指定了数量及接收方地址的信息，并用Artlery的私钥授权该交易。如果艺术家和老顾客同时知道唐·塔普斯科特和Artlery的公钥，那么他们就可以看到两者之间的交易被成功执行，并能看到交易所涉及的数额。这就是我们将它称为“公共账本”的原因，因为所有的交易都是透明的、匿名的，在里面我们可以看到各方的地址，但并不能看到这些地址对应的人名。每一个后续的区块都可以为之前所有交易的真实性提供确认。

下一代的艺术品老顾客档案：重新定义金钱

现在，唐·塔普斯科特在一份欧元的艺术风格绘制品的相关权利中拥有了一定份额的权益。当这份实物作品卖出后，艺术家、销售场所、唐·塔普斯科特及其老顾客都会根据他们的参与程度而接收到一定比例的销售所得。换言之，老顾客的参与是很重要的。若老顾客能够与艺术家及其作品互动，在社交网络上表达他们对该艺术家及其作品的热爱，激励其他人与艺术家及其作品互动，实质上为该艺术家品牌的推广做出贡献，就会得到比那些在线观看一次然后购买了权益的被动型老顾客获得更多的奖励。我们不知道在这本书中提到这份作品是否算能给唐·塔普斯科特在该作品中的参与度加分。Artlery 希望有一种对艺术家及其作品的积极引用的形式来表达欣赏度，从而与作品价值的增值相对应，这样未来的平台发布版本或许会将我们的这些例子考虑进去。Artlery 在刚开始时专注于作品其中一部分的销售所得的赠予。这个平台将来会让老顾客在直接购买艺术品的所有权权益，或许能分享该作品的订阅版税收入或著作权许可所得的一部分。

通过直接地将多方（包括老顾客）引入到这个模式中，将他们作为权益持有人对待，Aetlery 正在对会计投入更多的关注度。作为一个公开的、分布式的账本，区块链确保了交易的开放性、准确性和处理的及时性。这种模式的支付范围比首次销售、二次销售以及像印刷和销售这样的附带权利更广阔，这样个体艺术家都不会再独自行动了。这些艺术家将会有一个由持有权益的老顾客所组成的社区作为后盾，为他们商议和执行合同的权利。

Artlery 用几种方式使用比特币的区块链。首先，它通过与另一个比特币初创企业 ascribe. io 的合作关系及 API（应用程序接口）的整合将艺术作品的起源作为元数据在区块链上注册，并上传付款表，这样所有的权益持有者会立刻地根据他们的资产份额获得收入，这对所有的参与方来说都是公开透明的。它正探索使用多种将这条信息进行编码的技术，这包括了在交易中嵌入的比特币脚本。虽然它最初的目标市场是精细工艺品，但 Artlery 对其他如音乐、书籍和电影这样的著作权相关产业中都有着很明显的吸引力，它会通过发布自己的应用程序接口将这些市场设为目标。

将信息传递出去：教育所扮演的关键角色

比尔·盖茨、史蒂夫·乔布斯、比兹·斯通和马克·扎克伯格是广为人知的成功企业家，而他们曾经为了在数字经济时代发明一些新东西而从大学退学，伊藤穰一也是这群精英中的一员。[31]这是我们的企业家文化的一个象征，一个人若希望探索某个想法，就像伊藤穰一常说的那样“深入研究并了解其细微差别”，这就是让一个梦想家从课室走到商业里的原因。亨利·福特（福特公司创始人）和沃尔特·迪斯尼（迪斯尼公司创始人）在没有大学学位的情况下追逐了他们的梦想。麻省理工学院选择了伊藤穰一去管理其具有传奇色彩的媒体实验室，这是所有与数字化及文化发展相关的中心，这也是跟上面谈到的几个缺乏大学学位却走向成功的企业家相似的案例。

这个时机是非常完美的。“我加入媒体实验室之前就对数字货币很感兴趣，我在20世纪90年代的DigiCash那时候运行了早期的数字测试服务器，我所写的第一本书是用日语写的（与日本银行的某个人合著），题为《数字现金》。所以，这符合我长期的兴趣，而且很早就有关注了。”[32]

在他去了媒体实验室后，一些学者还在研究与他们的主学科相关的比特币所涉及的技术，如共识机制、密码学、计算机安全性、分布式系统和经济学，但没有人专注做这些事情。他并没有看到有教员做比特币底层的研究，即使麻省理工学院的学生已经发起了MIT比特币项目，将100美元价值的比特币发放给了本科生。

伊藤穰一产生了一种像伊摩琴·希普那样的紧迫感，他希望将信息传播出去并建立与法律、技术和创造性挑战相关的团队。区块链技术的发展速度比互联网技术当年的步伐快多了，但学术界的参与程度并不多。比特币协议的核心开发者正在从声誉的打击中恢复过来：比特币基金会破产了，其董事会成员马克·卡珀利斯在日本因通过他的Mt. Gox交易所挪用客户资金被逮捕了。伊藤穰一的行动非常迅速。他在媒体实验室发起了数字货币组织（Digital Currency Initiative，简称DCI），并雇用了前白宫顾问布赖恩·福德负责运营。他将比特币的三个核心开发者带到了 DCI 里，并为他们提供安稳的状态和资源，这样他们就可以专注于代码了。

他认为创建一个由对比特币感兴趣的大学所组成的学术网络是很重要的，这还在进行中。“我们正在设立课程、组织研究，不过目前还处于早期阶段”，他说道，“我们刚得到了支持该项目的核心资金，而且我们希望提高教员和学生对此项目的兴趣”。还有，他希望麻省理工学院媒体实验室重新设计更高的教育项目，这样像他这样的人就不需要退学并能意识到一个像媒体实验室这样多元化地方的价值。这是一个引领学术界的未来前进的机会。[33]

作为一个处于前沿的区块链理论家和学者，梅拉妮·斯旺在让学生了解区块链这个领域的工作做得更为具体，而这并不是在传统的大学里进行的，而是在区块链上进行。“这是我们行事方式的一场翻天覆地的变革。学术机构并非实现对区块链这样的新生事物的学术思考的最佳场所”，她说道。例如，在学术期刊上出版论文需要等待 18 个月才能得到拒绝或出版的回复，而学者们可以像中本聪那样，将论文直接发布给有限范围的同行，实时接收评论，并建立在更大范围的受众群体中出版所需的可信性。评论者们可以像用户在 Reddit 论坛那样对论文进行投票。论文的获取甚至可以是免费的，但其他科学家可以向作者订阅一份深入分析或经过整理的讨论。她可以公开原始数据或其放在智能合约上并与其他科学家一起分享。如果这份论文产生了商业机会，她可以预先保护相关的权益，并考虑到为研究提供资助的机构以及它们可能对成果所主张的权利。

梅拉妮·斯旺是区块链研究学院的创始人。“这是一个教育性机构发展的开端，它的目的是支持对这些技术的学校。显然，所有的见面聚会、用户组和黑客马拉松都是非常有用的”，她说道，“每一个战略和会计咨询公司都有一个区块链实践组，还有一些像区块链大学这样的教育机构”。[34]梅拉妮·斯旺自己在奇点大学（Singularity University）主持一个区块链工作坊的教学。

她描绘了一种教育体系，在里面一个大学生可以成为她口中的“教育调酒师”，将兴趣或所需的技能与认可的课程结合起来，甚至可以成为大型的在线课程（MOOCs）。“MOOC 是一个去中心化的教育体系，这是它的好处。这样，我可以通过 Coursear 在斯坦福大学参与来自 Andrew Ng 的顶级机器学习课程。我可以在麻省理工学院参与其他的顶级课程。”这样世界各地的学生都可以找到自己的个人发展所需的课程，并接受相应的认证。她解释道：“就如我参与 GRE、GMAR 或 LSAT 考试那样，我拿出身份证件，它在本地确认我是否本人，然后我就开始考试”，而这个本地确认“可以轻易地成为 MOOC 基础设施的一部分”。

梅拉妮·斯旺一直在思考如何能在区块链上实现 MOOC 的认证及解决学生债务的问题。区块链提供了解决这个目标的三个元素：（1）一个可信的真实性证明机制，一个用于确认申请 Coursear 课程的学生真的完成了该课程、进行了考试并掌握了材料的智能程序；（2）支付机制；（3）可以构建学习计划的智能合约。可以想象一个为素质教育而设的智能合约。“为什么我们不将经济救援指定给个人发展用途呢？就像 Kiva 小额贷款项目，不过这个是为素质教育而设的，”梅拉妮·斯旺说道。除了在这里，所有的事情都是很透明的，而参与者会承担责任。捐赠者可以赞助某个儿童，将钱拨划归到学习的用途，然后根据其学习成就付款。“假如我想在肯尼亚的素质教育项目中资助学校里的一个儿童，在每个星期这个儿童都需要提供一个完成了某个阅读内容的证明。它可以通过在线测试的方式自动进行，区块链可以确认儿童的身份并记录进度，当条件满足后才会将下星期的资金发送到儿童的‘学习专用智能钱包’，这样该儿童可以在无干扰的情况下继续收到为教育任务而设的资金。一笔拨给女孩的教育费用并不会转移到她的哥哥上学的费用中”，她说道。[35]

文化产业在区块链和大众的支持下成长

在一个单一的世代经历了两次世界大战，这使得全球的领导者认同政治和经济协议不能（也永远不可能）维持长久的世界和平。这些条件在改变，有时很频繁，有时还很剧烈。和平必须植根于一些更丰富、更普遍的事情中，植根于共享的道德观和社会的知识自由。在 1945 年，三十多个国家发起了一个教育机构，可以为和平塑造一种文化。这就是后来的联合国教科文组织。它今天在世界上的任务是“在文明、文化和人们间创造对话的条件”。[36]

通过区块链技术所提供的视野，它们看到了一个保护、珍惜和公平地给予奖励的世界的轮廓。我们所有人都应该关心这个事情。我们作为一个物种，得以生存是依靠创意而不是本能。当创意产业繁荣发展，创意家们能够谋生时，我们都会受益。还有，这些是我们经济的领导者——与其他产业相对比，他们展示出这个产业内的制作者和消费者快速采用并且适应新技术的能力。音乐家们为了大众利益的实现，一直率先探索创新的机会，而这样的成本通常是他们自己承担的。我们社会中的这些默默付出的成员给我们带来了启发，而每个商业高管、政府官员和其他机构的领袖也应该从他们之中学习数字年代的新纪元。

Blockchain Revolution

第三篇　机遇与隐忧

第十章　克服困难：实施过程中的 10 个挑战

列弗·谢尔盖耶维奇·泰尔曼是一个很有天赋的音乐家，不过他更倾向于物理学的研究。他出生于 19 世纪末 20 世纪初俄国的一个贵族家庭，后来加入了布尔什维克党推翻沙皇统治的运动中。他早期的任务之一是创造一个可以测量不同气体导电性及其电容量的装置。为了完成这项工作，他尝试过使用填充气体的灯泡、高频率的振荡器，甚至尝试使用催眠术去提高人们阅读仪表读数时的准确度。[1]

最后，振荡器的方案工作情况很理想，因此他的老板鼓励他寻找其他方面的应用。这就产生了两个具有传奇色彩的作品。这两个作品中，其中一个是更为异想天开的，它在一开始时只是两个中间没有任何东西的金属端子，就像没有气体的灯泡一样。他发现，如果他将这里的空间注入气体，他可以计量这些气体的电气性能。他的设计是非常绝妙的，他用耳机取代了仪表刻度盘，用于测量每一种气体所产生的信号的音高，这样他就可以得到听觉上的结果而不是视觉上的度数了。这种机制在当时来说是非常先进的，就像是电影《回到未来》里埃米特·布朗博士的车库里的设备一样。

Ted Talk 演讲节目的忠实听众和技术历史的学生们想必已经知道这个故事的结局了：列弗·谢尔盖耶维奇·泰尔曼发现了一种用空气制作音乐的方法。当他将手放到金属端子的附近时，信号的音高就会发生改变。他意识到自己可以通过手部的精确位置和运动来控制信号的音高。他将这个设备称为 etherphone，即今天的 Theremin（特雷门琴，一种不需要身体接触的电子乐器），这是他的名字的英语版本。另一个应用是这个装置的大范围应用版本，可以在几米的半径范围内检测到运动。这是第一个运动探测器——名为以太哨兵（sentry of the ether）。他将这两个设备在克里姆林宫进行展示，并在列宁面前尽情演示了他的 etherphone 设备。列宁对 etherphone 很感兴趣，然后就将这个运动探测器用于监视苏联的金库。如果任何人越过了金库附近的电磁边界，就会触发一个静音警报。这样，“老大哥”突然就装备了电子眼了。

这个故事的寓意很简单：列弗·谢尔盖耶维奇·泰尔曼的设备为世界同时带来了光明和黑暗。在一场题为“我们的电子同志”的深刻演讲中，马切伊·洛斯基指出了在列弗·谢尔盖耶维奇·泰尔曼的发明中所存在的这两个主题：当它们为世界带来了积极的因素后，很快又被滥用了。苏联政府甚至将电力作为他的宣传计划的一部分，将共产主义、苏联势力和国家的电气化联系在一起。[2]不过，斯大林后来将列弗·谢尔盖耶维奇·泰尔曼和他的同事抓起来并关到科雷马古拉格这个地方，强迫他们发明可以用于残酷用途的设备。

我们也听说过比特币被用于各种各样的场所，情况与上面的例子也有点相似。就如每一项革命性的技术那样，比特币区块链也有其优点和缺点。在前面的章节中，我们给你介绍了这项技术可能实现的潜力。在这一章中，我们将会关注其缺点，即可能存在的问题和风险。如果这些内容对你来说技术性太强了及太复杂了，敬请原谅。我们认为如果将这些问题简化看待的话将会是很鲁莽的行为：为了做到精确理解，我们必须处理好细节的问题。

在阅读完这个部分后，你或许会因为其所面临的显著障碍而希望将这项革命性的技术拒之门外。我们鼓励你去思考一个问题：这些障碍到底是“证明使用区块链是一个坏主意的原因”还是“技术实施过程中需要解决的障碍”。我们认为是后者，随着我们过渡到互联网的第二个时代，我们希望创新家们将这些障碍看成是需要使用创意去解决的重要问题。针对每一个挑战，我们将提出一些解决方案。在最后的一章里，我们将提出一些关于如何从整体上确保区块链潜力得以实现的想法。

该技术仍未能满足大规模使用

在书写这本书的时候，大多数人只有对比特币这种加密货币的模糊理解，很少人听说过区块链技术。你们这些读者是少数有远见之人。比特币给大众的印象各不相同，有人认为是金字塔骗局，有人认为是洗钱工具，有人认为是价值传输的经济高速公路上的金融通行证。不管怎么说，这个基础设施还没到能够大规模使用的程度，这也是其存在争论的原因。

这里的挑战是来自多方面的。第一个方面借鉴了科幻小说作家威廉·吉布森的看法，即未来就在此刻，而它的基础设施的分布并不均衡。即使希腊的公民在2015年希腊出现经济危机时知道比特币的存在，他们也很难在雅典城找到一个比特币交易所或比特币提款机。他们也无法将希腊的法币转换为比特币以用于对冲法币的贬值。计算机科学家尼克·绍博和信息安全专家安德烈亚斯·安东诺普洛斯都认为稳健的基础设施是非常重要的，而且它无法在危机中扎根成长。安德烈亚斯·安东诺普洛斯称希腊的区块链基础设施在那场危机中是非常缺乏的，另外由于比特币的流动性不足，即使当时希腊的法币遭遇了不少的打击，但比特币的体量也不足以让整个国家的人将法币换成比特币。

另一方面，比特币区块链自身也没成熟到让希腊使用的程度。这就是第二个方面了：如果使用率大幅度增加（假设像希腊危机需要使用比特币的情况）的时候，系统的安全性就可能会面临考验。“这个系统缺乏为1000万人口提供服务的交易性能。这个数字意味着其用户群一夜之间会增加10倍。”安德烈亚斯·安东诺普洛斯说道。“还记得当年AOL（美国在线）在互联网上发送了230万封电子邮件的时候吗？我们很快发现当时的互联网还没准备好，特别是在垃圾信息防护和网络礼仪方面，这不足以支撑230万没有这个文化的群体所带来的压力。这对一项未成熟的技术来说并不是一件好事。”[3]区块链可能会在以下的事项上面临挑战：性能问题、系统崩溃、不可预见的漏洞，而更严重的可能是来自对技术不熟悉的用户所产生的巨大失望——这对区块链技术的长远发展而言并不是一件好事。

上面的问题也跟比特币区块链所面对的第三个方面的困难有关，即让普通人难以使用。目前比特币区块链在钱包方面提供的支持并不多，而很多界面是对用户不友好的，使用的时候经常需要面对一些字母、数字代码和极客的技术术语。大多数比特币地址是一串从 1 或 3 数字开始、有 26 至 35 位长度的字符串，在电脑上输入非常麻烦。就像泰勒·文克莱沃斯说的那样，“你不需要输入一堆很长的字符串也能访问 Google. com，也不需要输入一个 IP 地址。你只需要输入一个你可以记住的名字或词语。比特币地址也应当实现这样的方式，普通的用户不应该接触到比特币那种一长串的地址。这样的细微之处会有很大的影响。”[4] 所以，在用户界面和用户体验方面，还有很多需要完成的工作。

批评家们也表示了对比特币长期的低流动性的担忧，因为比特币的总量是有限的，它在 2140 年会达到 2100 万的总量，而且铸币的速率是递减的。这个基于规则的货币政策目的是防止由人为或随意的货币政策所带来的通货膨胀，而这是很多国家的法币所具有的共同现象。中本聪写道，“这在贵金属上是很典型的。贵金属的供应量是业已决定的，它的价值会产生变动，而不是让供应量改变以维持价值的恒定。随着用户数量的增加，每个币的价值也会提升，这有希望成为一个正反馈循环；随着用户数量增加，价值相应地增加，这样会吸引更多的用户来利用不断增加的价值获利”。[5]

可以这么认为，存储在丢失的钱包或发送到已经丢失私钥的地址的比特币是无法被恢复的；它们一直都会在区块链上处于无人能使用的状态，因此比特币的最终流通量是要少于 2100 万的。比特币的早期采用者将比特币当成是黄金储存起来，并期望它的价值在长期会有所增加，因此它们是将比特币作为一种资产而不是一个用于交换的媒介。根据经济学理论家们说的，低通胀甚至是无通胀的机制实质上是鼓励持有者把比特币收藏起来而不是花出去。不过，如果有更多可靠的比特币交易所可以帮助顾客买卖比特币，这样交易的频率和交易量将会有所提升。如果有更多的商户接受比特币作为一种支付渠道，那么那些一直在把比特币藏起来的人或许就会开始用来购买东西，这样就能让更多的比特币流通到市面。如果商户开始发行以比特币计价的礼品卡，那么更多的人将会接触到加密货币，会更乐意用比特币进行交易。这样，理论上说，人们收藏比特币而不用来花费的理由就更少了。比特币协议的拥护者认为，由于比特币可以细分到小数点后的8位数字，如果对比特币的需求增加，那么最小的单位的购买力也能增强。另外，还有可能对协议进行进一步的修改以支持更高细分度的数字单位，这样就可以用于支持“万亿分之一个比特币”的支付，也有可能在一段休眠期后重新挖出一直被各种因素锁住的比特币。

第五个方面是高延时。对比特币区块链来说，交易的清算和结算需要10分钟时间，这比大多数的端对端支付机制都要快很多。不过，在销售时进行交易的即时清算并不是主要的问题，真正的问题是对物联网来说，10分钟的时间是太长了，因为物联网设备需要持续地进行互动。比特币核心开发者加文·安德烈森称为数万亿的联网设备解决问题“与比特币的设计场景并不一致，”在物联网的场景中，低延时是一个关键因素，而欺诈所带来的影响并不是很大，或参与方可以在没有比特币网络的情况下也能建立一个可以接受的信任关系。对金融交易来说，时机对“在某个价格获取某个资产”这样的操作来说是很重要的，因此10分钟的时间实在是太长了，这会给交易者带来基于时间的套利风险，如市场时机攻击。[6]对企业家们来说，目前可用的解决方案一直是将比特币的代码库进行分叉（复制一份），通过调整一些参数去修改源代码，并发布一个内建“替代货币”（用于代替比特币）的新区块链，作为参与网络的激励机制。莱特币是一个流行的“替代货币”，它的区块时间是2.5分钟，瑞波和以太坊都是重新设计的区块链平台，其延时是以秒计算的（而非分钟）。

第六个方面是比网络礼仪更深入的行为转变。今天，当人们出现账目错误、忘记密码、丢失钱包或支票簿的时候，很多人还是依赖于银行、信用卡公司甚至是一个人去解决这些问题。大多数有银行账户的人并不习惯将他们的钱保存到一个U盘或第二个设备中，也不会做好密码安全工作而避免依赖于服务提供商的密码重设功能，也不会将这些备份放在不同的位置以避免在一场家庭火灾中因电脑及其他物品的损失而丢失账号。如果没有这些操作纪律，他们还不如将现金塞在床垫里。区块链提供了更高程度的自由——更好的隐私保护、更强的安全性以及无须受到第三方成本结构及系统损坏的影响，但这就带来了更多的责任。对于那些无法信任自己去安全地保管私钥备份的顾客来说，第三方的存储服务提供商可以提供备份的服务。

第七个方面是社会的改变。金钱始终是一个社会概念，代表了社会所珍重的东西。它是在社会的内部成长的，它的出现是由于人际关系，而它会适应不断进化的人类需求。“你不能将金钱的社会元素剔除出去。”《金融时报》的伊莎贝拉·卡明斯卡如是说。“很多这类协议尝试通过创造一个绝对的、客观的系统而将金钱的社会元素剔除出去”，她以欧洲的体系做例子，指出一种规模和一个协议的设定并不适用于所有的国家。[7]安德烈亚斯·安东诺普洛斯认为人类需要社会原谅和忘记某些事情，社会才能继续发展下去，她也附和了这种观点。“清除系统中的记录是金融体系中一个久远的传统。社会整体认为一个人在10年或15年前做的事不应该让其在现在受到迫害或歧视。我们有这套免除债务的思维，因为我们认为任何人都应该有另一次机会。若要创建一个永远不会忘记事情的系统，那就有点反社会的成分了。”她说道。[8]

这就把我们带到了第八个方面，即在一个由不可更改的交易及不可撤销的智能合约所构成的世界中，是缺乏法律的追索权的。根据法学学者普里马韦里·德菲利皮和亚伦·赖特的说法，“人们确实可以选择自己希望接受的规则，但在决定做出后，就无法偏离这些规则，因为智能合约会通过技术的底层代码自动执行这些规则，不管各方的意愿如何”。[9]一个交易或智能合约的结果具有高度的确定性（数学上的确定性），这在社会上是从未有过的。它带来了更高的效率，并实质上消除了违约的风险，因为无法选择违约或带来损害。不过这也有不利的一面——它缺乏为人类预留的空间。根据华盛顿和李大学法学院的乔希·费尔菲尔德所说，这意味着“它会带来更多的混乱，而不是更少。我们将可以看到更多的争议。‘你实际上并没有对我的房子进行重新装修，我希望把钱拿回来。’我们将能看到更多人为因素造成的混乱，但这并不意味着这项技术本身是不好的”。[10]

不过，人们真的会将对手方送到法庭上吗？普里马韦里·德菲利皮预计，在传统的世界（非数字化）里，80%的合约违约事情没有得到解决，因为上法庭的成本实在是太高了，处理起来会有很多费用。这在区块链的世界上会有所改善吗？当代码表明这个合约已经完整地执行了，并没有违约情况，但其中一方对结果不满意，他会真的用法律途径解决吗？法庭会认可这种案件吗？小商家们如果没有像大公司那样由杜威·奇塔姆·豪所组成的法律团队，那么在资源有限的情况下，他有可能识别出其匿名的对手方并提出诉讼吗？

能源消耗不可持续

在比特币区块链的这些早期阶段，第二章里描述的工作量证明机制对建立人们的信任是非常重要的。在很多年后，我们回过头来看，应该会明白这种机制的精妙之处，它解决了铸币和分配新比特币的问题，还有分配身份和防止双重支付的问题。这真是很卓越的，但根据一些对使用了工作量证明去维护网络安全和匿名性的加密货币的批评意见，这样的能源消耗是不可持续的。

用 SHA－256 算法对等待中的交易进行哈希运算和校验的过程需要消耗很多的电力。区块链生态系统中的一些人对此的保守计算正成为社区里的流行话题。据估计，比特币的网络能源耗费足以跟美国700个普通家庭的电力消耗量或者整个塞浦路斯岛消耗的电量相提并论。[11]这超过了44.09亿千瓦时，[12]对应着很多的碳排放量，而这样的设计是刻意的。这是维护网络安全和保持节点可信性的手段。

在2015年早期，《新共和》杂志的报道表明比特币网络的总处理能力是世界上排名前500台的超级计算机累计处理能力的几百倍。“处理和保护超过30亿美元价值的流通中的比特币每年需要耗费超过1亿美元的电费，也会产生相应的碳排放量。”这篇文章的作者内森·施奈德写了一段让我们至今仍记忆犹新的话：“所有的这些计算能力，本来可以用于治疗癌症或探索宇宙，现在正被锁定在机器里面，除了处理比特币类型的交易外，什么都不做”。[13]

作为在乎我们所处的这个星球的公民，我们都应该重视这个问题。这里面有两个方面的细节，第一是关于运行机器所用的电费，第二是为这些机器提供的冷却装置（使得机器不因高温而损坏）所需的电费。这里是一个经验法则：计算机每消耗1美元的电费，它就需要50美分的电费让它冷却下来。[14]加利福尼亚州突发的旱灾引起了关于是否应该将宝贵的水用于数据中心和比特币挖矿工厂的冷却系统的认真讨论。

随着比特币的价值提升，挖出新的比特币的竞争也随之加剧；随着更多的计算能力投入到挖矿中，矿工需要解决的计算难题又会变得更困难。比特币网络的总计算能力是以哈希速率（hashrate）计量的。加文·安德烈森解释道：“假设在将来每个区块可以包含几百万笔交易，每一笔交易平均要付出 1 美元的交易费。这样，矿工们在每个区块总共能得到几百万美元的回报，而他们花费比这更少的电费去完成这项工作。这就是工作量证明的经济学的运作方式。比特币的价格及一个区块可以得到的奖励决定着全网的总算力。”[15]在过去两年间，比特币网络的总算力一直在显著增加，一年内翻了近 45 倍，而这个趋势也会带来更多的能源消耗。

“没有中心化权力机构的代价就是能源的耗费”，一个工业级无线传感器网络公司 Filament 的首席执行官埃里克·詹宁斯说道[16]。能源的耗费就是这样的了，它可以与维护法币体系的成本相对比。“任何形式的货币都与能源有着一定的关系”，Bitpay 的斯蒂芬·佩尔说道。他重新使用了黄金的比喻。“在地球上黄金是非常罕有的，因为形成黄金需要很多的能源。”黄金的高价值来源于其物理属性，而这些属性源自能源。斯蒂芬·佩尔认真地表示人造黄金需要使用核聚变所产生的能源。[17]

从一个角度来看，这些消耗的电力是有意义的。数字货币兑换服务商 Shape-Shift 的创始人埃里克·沃里斯认为那些将花费在比特币挖矿的能源称为一种浪费行为的批评是不公平的。“这些电力是为了一个原因而消耗的，它提供了一种真实的服务，那就是维护这些支付的安全性。”他呼吁批评家们将这些花费的能源与当前的金融体系所消耗的能源相对比。可以联想一下那些大型的金库，那些配置了宏伟的希腊式建筑元素的地堡式架构，中央空调系统将冷风吹到光明的大堂，每一个街角都有互相竞争的机构分支，以及途中的自动提款机等。“下次你看到一台 Brinks 的运钞车时，可以将其与比特币挖矿所消耗的电力对比。哪个模式消耗的能源更多还是未知之数”，埃里克·沃里斯说道。[18]

第二个与能源相关的问题是计算机的自身架构。为了实现与传统系统的反向兼容性，你的笔记本电脑或台式电脑应该是一种复杂指令计算机（CISC），它可以运行范围很广的数学应用程序，而这些程序是普通人永远不会用到的。当工程师们意识到了他们给市场提供了功能过于强大的产品时，他们就创建了精简指令集计算机（RISC）。你的移动设备应该是一个升级版的RISC机器。矿工们后来意识到他们也可以使用自己的图像处理单元去增加处理速度。由于现代的图像处理单元（GPU）在每一个芯片上有几千个计算内核，它们特别适用于那些可以并行处理的计算任务，如比特币挖矿中的哈希运算。这样的做法有得有失，而且对机器能源消耗量的估算就变得有点复杂了，不过在大部分情况下图像处理单元可以完成任务。[19]

"如果我可以设计一台速度超快的RISC计算机，让它可以大规模地用并行化的方式同时处理海量的代码，并只需要很少电量（或无须电量），这样我就可以凭空赚钱了"，[20]唐·塔普斯科特担任首席信息官的兄弟鲍勃·塔普斯科特（Bob Tapscott）说道。这就是比特币矿机公司BitFury所做的事：使用专门为比特币设计的节能及高效的专用集成电路（ASICs）去打造一个高度并行化的比特币相关计算专用机器。它的创始人和首席执行官瓦列里·瓦维洛夫认为机器和挖矿运作总体上会继续达到更节能的目标并对环境友好。若要实现这个目标，其中的一些任务依赖于将机器搬迁到有廉价能源（如果是水力和地热这样的可再生型能源就更好了）的气候寒冷区域，这样自然条件就能解决机器冷却的问题，或生产商可以寻找一个高效地利用热量的方法。例如，BitFury有两个数据中心，一个位于冰岛，另一个位于格鲁吉亚，还正计划在北美建立额外的数据中心。另外，它还收购了香港的一个专注于水冷技术的初创企业Allied Control。[21]通过这些途径，BitFury正致力于降低比特币基础设施对生态系统所带来的冲击。

不过，即使这些方面的尝试能够降低挖矿所带来的碳排放量，这些持续需要升级的设备的消耗量和废弃量也增长得很快。专业矿工们必须持续地升级系统并对系统进行专业化定制。大部分的挖矿设备的有效使用周期是3～6个月。[22]鲍勃·塔普斯科特将BirFury这类企业比作大淘金热时加拿大育空地区的一些商店主：他们通过向矿工们售卖更好的铲子而赚钱。[23]我们找到了一个矿工对其CointerraTerraMiner IV ASIC芯片的比特币矿机的描述，称这个设备的电力消耗量太大了，他家里的电气系统完全没法承担。"我现在想卖出三个矿机，因为我的房子很旧了，电线也不合规格。我不想出现火灾。"设备的起拍价是5000美元。[24]像澳大利亚 MRI 这样的供应商正尝试一些进行回收的新方法，首先它会将这些计算元件拆解而不是简单地将它们打碎，然后根据不同的元件进行废物处理。这样的创新方法让它们可以回收贵金属并对占产品重量 98% 以上的元件重新使用。[25]不幸的是，对大部分消费者来说这项硬件回收的服务并非到处都能享受到的。

对比特币的核心开发者而言，上面的担忧是合理的，而且值得去解决："如果比特币真的成了一个全球化团队组成的网络，我想我们将需要慢慢地改变将工作量证明作为维护网络安全的唯一手段的做法"，加文·安德烈森说道，"在长期，我们将会改变一味地依赖工作量证明去维护网络的做法，而且我们将会将它与其他方式结合起来"。[26]

这些其他的一些替代性区块链项目所做的事情：在保持去中心化的情况下，探索将权益证明（proof－of－stake）这类的替代性共识算法的用于维护网络安全的可行性。比特币协议的开源特性让这些工作更容易实现。要记住，共识算法的意义是将区块链状态的决定权分布在一个去中心化的用户群体中。对以太坊背后的有远见者维塔利克·布特因而言，区块链上只有三类用户的群体是可以安全地实现去中心化的，而每一类用户都对应一类共识算法：运算能力的所有者对应标准的工作量证明算法；股东对应着钱包软件里的各种权益证明算法；而社交网络中的成员对应着"联盟式"的共识算法。[27]需要注意的是，这些共识机制中只有一种是带有"运算能力"这个名词的。以太坊 2.0 将会建立在一个权益证明的模式之上，而瑞波是建立在联盟的模式之上——一个像 SWIFT（全球安全金融信息的服务商）那样的小规模受控组织，经过授权的各个小组就区块链的状态达成共识。[28]

这些系统不会像比特币区块链那样消耗大量的电力。Tor 的创始人布拉姆·科恩介绍了第四种解决能源浪费问题的方案，他称之为"磁盘证明"，在这种机制中，磁盘空间的所有者，即那些贡献了很多计算机存储空间去维护网络并执行网络功能的人，可以决定用户的经济参数。针对这些工作量证明的替代方案，Blockstream 的创始人对使用另类途径达成共识的方案提出了警示。"在工作量证明算法上做实验是很危险的，这是计算机科学的一个全新领域。"[29]这给创新的工作增加了一个额外的维度：开发者们不仅需要考虑区块链的新特性和功能，还要考察哪种共识算法能够让区块链保持安全性、分布性，以达到最佳的经济设定。

总的来说，“有志者事竟成”这句话是适用的。全球最聪明的技术专家们正在寻求解决能源耗费问题的创新方案，探索更高效的设备和可再生能源的使用。还有，随着计算机的智能程度越来越高，它们无疑能够提供自己的解决方案。罗杰·维尔认为，“假如最聪明的人智商IQ值能够到达200，想象一下人工智能的IQ可以达到250、500、5000甚至是500万。如果我们人类需要解决方案，总是会有的。”[30]

政府会扼杀或扭曲它

中本聪针对自由主义者和无政府主义者写了一段话，“你不能在密码学里找到一个政治问题的解决方案。”[31]这些人需要到别的地方寻找一个能够解决问题的万能药。中本聪将他的（比特币）实验看成是一个自由事业新领域的一个增长点，而非一个完全的剧变。政府可以成功地将类似Napster这样的中心化受控网络瓦解，而Tor这样的纯粹点对点网络将可以继续坚持下去。比特币区块链网络可以对抗中心化的权力机构并存活下来吗？

这或许是最大的未知之数。世界范围内的立法者、监管者和审判者将会如何对待区块链技术？“法院们已经想错了。他们已经开始想错了，将知识产权的规则应用到任何无形的东西上。他们认为物理性是虚拟财产和知识产权的分界线，但事实并非这样。”乔希·费尔菲尔德说道。“这里并不存在知识产权的因素，比特币没有一部分能归为知识产权，这里也没有版权里的创意要素，也没有可以申请专利的想法，不存在专利，也不会有商标。”[32]根据BitPay的斯蒂芬·佩尔所说，“比特币所面临的最大威胁是它越来越受到重重的监管，到了某个时候，一个更具备隐私性、匿名性的竞争者出现就可能将它的用户都抢走了”。[33]有一点是肯定的：“无论特定的政策的问题是什么，如果你不理解这项技术及其影响，你就注定要失败了”。比特币政策智库Coin Center的杰里·布里托说道，“如果你不理解它，你就可能会引入一些对这项技术的发展带来伤害的法律和政策。我只是想你去理解我们在做的事情”。[34]

这些挑战是非常巨大的。他们必须预见所有意外的情况；另一方面，他们必须避免对那些反面例子产生非理性的反应，否则就可能扼杀创新。这些反面的例子包括人口贩卖、非法药物交易、枪支贩卖、儿童色情、恐怖主义、逃税和造假等。还有，他们也不应该将尚未经过实践证明的应用程序（如与区块链的身份管理平台）的用途扭曲并用于限制公民权利。另外，必须有一些稳定的途径去处理监管、立法、国际协商条约等事项，以让监管不确定性问题最小化，这样投资者们将继续支持这项技术的全球发展。

在使用比特币的时候，处于哪个辖区已经是一个重要的问题。一些政府已经禁止比特币的使用，或禁止国有银行交换比特币。杰里·布里托说道，“这么做并不是非法的，但或许在任何时候就被称为非法了，每一个人都知道这个状态”。[35]政府容许了一些大型的专业挖矿社区的发展，这些矿池现在已经在是否对比特币协议进行升级的争议中具有非常大的影响力。如果政府突然禁止了比特币挖矿，那么比特币的安全性会面临什么问题？其他辖区对比特币的性质进行了更严谨的定义，就如美国国税局所做的那样。美国国税局将比特币作为一种资产看待，认为应当在增值时进行税务的计算。

法律框架也是很重要的。法律学者普里马韦里·德菲利皮和亚伦·赖特并不认为当前的法律框架可以解决智能资产在全球内部署的问题。智能合约会定义和管理所有权。它们的代码对权利的分配并不会做出假设，而代码也不能随意地冻结、剥夺或转让这些权利。例如，如果在土地登记的过程中，政府官员将一宗土地的所有权分配给一个并非该土地合法所有者的人，那个人将可以对该土地主张权利，而合法的所有者将无法逆转该分配。

乔希·费尔菲尔德对过程更为关注：“普通法并没有对技术法产生影响。普通法就是技术法。普通法正在适应人类系统的技术性改变的过程。真正的挑战来自我们如何将为旧技术而设的旧规则快速地、可靠地应用到新技术上”。这样的话，当我们使用它的时候就可以得到承认，其可迭代性让它可以保持最先进的状态，当技术真的得以应用的时候就能做好准备了。[36]

最后，身份是很重要的，这并不应该令人感到惊讶——最起码我们在区块链上构造身份的方式是很重要的。“人们对身份看得太简单了”，安德烈亚斯·安东诺普洛斯说道，“我实际上很害怕数字身份带来的影响，因为我认为人们会走捷径，如果我们将身份转移到一个不具备灵活观点的数字世界中，我们最后可能不会得到一个跟身份的社会架构相关的结果，而是一个可怕的法西斯版本”。[37]

如果将人格的精确代码版本与社会的精确代码版本结合起来，你就可能会得到科幻小说及施瓦辛格的电影里描述的东西。法律学者普里马韦里·德菲利皮和亚伦·赖特描述了如下的场景：“自我执行的合约，安全的系统或可信的系统，由去中心化机构组成的复杂网络持有和管理，这个网络决定了人们可以做、不可以做的事情，也没有任何形式的宪法保护和限制”。换言之，一个由机器驱动的极权主义体制。

人工智能专家史蒂夫·奥莫亨德罗将这个阶段看成是独裁者的学习曲线，或洞穴人是如何得到航天年代的科技的。想一下，世界上的人工智能实验室里有很多世界上最聪明的博士，配有世界上最强大的计算机。这些博士或许会分叉（复制）比特币的代码或写一个可以控制无人机运送包裹的智能合约，在这里面当包裹送达后存放在托管账号里的比特币才会支付出去。我们假设一下，若这些博士在互联网上用开源的形式发布了这个软件，因为这是他们验证并追求想法的一种做法，他们分享主意。这样，ISIS并不需要人工智能实验室，它只需要将这个包裹里的货物替换成手榴弹。这就是独裁者的学习曲线，而且难度并不大。但是，不要将这怪罪于代码或分享的文化。这并不必然是与我们使用代码的方式有关；而是我们并不知道在使用它所做的事情，这就是一个没有摩擦的世界所存在的不可预见的后果。

旧范式的强大既得利益者会介入

我们对第一代的互联网所产生过的很多担忧已经成为现实。大型公司已经获得了大部分的技术并将这些技术用于其私人帝国，从而获取了大部分的价值。他们已经将机会封闭起来，并将我们绝大部分的数字化体验私有化了。我们现在要依赖于专有的在线商店以在我们的手机、平板设备及手表上获取和使用新的应用程序。搜索引擎和市场营销部门通过广告干扰我们对内容的体验。众所周知，那些推行并从顾客信息的透明性中走向成功的大公司对它们的活动、计划、技术基础设施和信息资产一直保密。当然了，一些公司已经主动将这些公开了，但很多的其他公司仅仅对知情者和调查报道做出回应。这样的信息公开程度与隐藏运作流程和信息的活动相比相形见绌。

简而言之，它们一直没有成为公众信任的可靠服务员。

银行产业是一个恰当的例子。“银行传统上就是秘密保管者”，《金融时报》记者伊莎贝拉·卡明斯卡说道。她解释道，银行若能得到很详尽的私人信息，就能更好地决定向哪些人发放贷款以及如何处理付款，而银行之所以得到这些信息是因为它们做出了会保管好这些秘密的保证。银行掌管的秘密越多，信息不对称的程度越随之增加，这样银行就能占有优势。不过，这样的优势带来了不良的系统性影响。[38]所以，有什么事情能组织大公司或强大的国家将区块链技术用于他们狭隘利益的实现呢？“任何共识机制都可能受到市场营销的影响，因为强大的利益集团会尝试花钱去说服人们做某件事情。” BitPay 的佩尔说道。[39]

这里要澄清一下，我们并不是让公司和政府远离这个技术。毕竟，区块链技术已经呈现出了作为一种重要的全球资源并实现提供新能力的潜力。还有，社会需要政府为其公民服务，也需要公司去创造工作职位和财富，但这与限制其对社会更大益处的方式夺取这项颠覆性技术及其潜力是不一样的。

另外，也可以考虑核心开发者和比特币相关公司所做的与网络安全性有关的事情，对最坏的情况进行预测并做出反应。例如，在 2014 年，黑客从 Mintpal 交易所盗取了 800 万的 Vericoin（一种权益证明的加密货币）。在攻击发生后的几天内，Vericoin 的开发者发布了一个对攻击发生之前的 Vericoin 区块链进行分叉的新代码，这可以看成是回滚到过去的时间，并与交易所一起确保这个新的版本被采用。[40]类似的情况还有，“如果资本家和权力真的希望夺取这个网络，矿工们可以通过跑到比特币真实版本并开始一个分叉的方式阻止他们。”[41] Blockchain 公司的产品主导人员纪昂·罗德里格斯说道。

有什么措施能够防止有些国家将政府的计算机处理能力和所有的矿池对比特币区块链进行 51% 攻击或尽量不影响比特币运行的稳定性？假设有一个富有的

强权者认为比特币会像之前的互联网一样削弱他的权力。这个强权者将会冻结所有能够接触到的挖矿能力并从国内还能容忍他的不良行为的人群手里购买剩余的挖矿设备，从而让自己拥有超过51%的算力。到那时候，他就可以决定区块可以包含或拒绝哪些交易。在占有了控股权益后，他就可以决定是否对代码进行分叉并引入一些新的禁令，或者是将一些与赌博或其他相关的地址放到黑名单。那么，诚实的节点应该采用这个中心化控制的分叉版本，还是应该分叉到一个新的代码中？莱特币协会主席安德鲁·维基特比尔称在这种情况下并没有解决方案，因为强权者这时候已经控制了51%的网络算力。而且，他也不需要是来自一个政府的代表；他可以是世界上那群最富有的人之中的一员，或者是一个营利能力极强的公司的高管（拥有强大的购买力）。[42]

第三种情况是现有的参与者会捍卫它们的领土，并参与游说活动，以确保为大型公司制定的现有监管体系应用到小型的初创企业上，并起诉任何能够从监管干预中存活下来的初创企业。这个“起诉而不创新”的策略可能会为他们制定新战略争取一定的时间。或者，这个策略会让现有的参与者逐步走向衰亡。想象一下这对暴君双胞胎——陈旧的系统和刻意的惰性。学术界已经仔细记录了历史成本及切换系统的成本，并发现了一些与合并后系统整合工作相关的挑战。那些在它们现有的系统投入了很多技术投资的机构更可能在现有的老式系统上花钱，就像将它们的刀子磨利并用于一场枪支决斗那么滑稽，而不是在区块链上进行战略性的实验。

对分布式大型协作的激励并不充足

矿工们确实有维护比特币基础设施的动力，因为通过挖矿所赚到（或有可能赚到）的未售出的比特币将会丢失或一文不值，或至少会存在风险。在我们深入研究激励机制之前，我们先明确一下矿工提供的服务：它所提供的并不是交易确认服务。每一个完全节点可以进行交易的确认。不过，矿工们保持了权力的分布——决定哪些交易可以被包含到每一个区块链的权力、铸币的权力以及就事实进行投票的权力。

所以，你想成为一个比特币矿工吗？

作为我们研究的一部分，我们在2015年早期雇用了银行前首席信息官鲍勃·塔普斯科特（他现在是知名的管理顾问）以及唐·塔普斯科特的兄弟去下载整个比特币区块链的数据堆栈及账本。这个实验的运行时间、所需的工作、消耗的能源以及对比特币的业余矿工报酬（或没有报酬）的状况相当有启发性。

鲍勃将他闲置的双核四线程Windows台式电脑投入到这个任务中。下载的过程使用了整整三天时间，平均消耗了20%的可用处理能力。挖矿使用了比200MB多一点的内存，以及10%的CPU资源，以维持最新的状态。

虽然鲍勃的电脑并没有为比特币挖矿进行优化，不过他将这台电脑投入到一个矿池中。在一个137小时的时间段，它挖出了152.8uBTC，在当时大约价值3.5美分。不过，以10美分/千瓦时的费用计算的话，Bob的电脑使用了大约价值14美分的电力。Bob的结论是，"从你的个人电脑上进行比特币挖矿的日子已经结束了"。

因此，对原始的比特币协作做出的任何更改（不管是通过替代性货币还是一个升级过程），必须要考虑到为矿工提供合适的经济激励以维持矿工的去中心化，这样网络就可以通过大量的比特币去换取矿工们所提供的良好贡献。比特币核心开发者彼得·托德将这个任务与设计一个能在杂物店买牛奶的机器人联系起来。"如果这个机器人没有鼻子，商店主人很快就能意识到它不能分辨正常和变质牛奶的区别，那样你就可能会为一堆变质的牛奶付费了。"[43]对托德来说，这意味着在地理上分散的小型矿工应该可以与地理上集中的大型矿池（冰岛或中国的）相竞争。

问题是，这是否可能实现？由于比特币的新产出量每四年会减半，当奖励降到零的时候会发生什么事情？挖矿的流程依赖于比特币的市场价格。当价格下降，一些比特币矿工就会暂停他们的供应，但他们还是会继续碰运气并等待价格的回升。其他矿工无法承担暂停供应和赌运气的风险；他们会拆除挖矿设备或将算力投入到其他更有利可图的区块链项目上。这样，其他人还是会加入矿池，希望他们的算力加起来至少能增加赢得一部分奖励（而不是什么都没有）的概率。这就是比特币挖矿产业的现状。BitFury 的瓦列里·瓦维洛夫预计他的挖矿业务在2016年末将至少有2亿瓦特的容量。

另一个方法是收取费用。中本聪写道，“始终会有交易费用的，这样挖矿节点还是有动力去接收交易并包含到区块里。当产出的比特币总数达到了预先设定的限制时，节点最终依靠交易费用就能得到补偿了”。[44]所以，当比特币被全部挖出后，就可能会出现一种新的费用架构。想象一下数十亿笔的微型付款，由于每一个区块有固定的最大尺寸，就会有一个矿工可以包含进去的交易数量的限制。因此，矿工们会先将费用最高的交易添加进去，然后让那些低费用或零费用的交易竞争剩下的区块空间。如果你的交易费用足够高，你可以预期会有矿工包含到下一个区块里；但如果网络处于繁忙的状态而你的交易费设置得很低，那么就可能需要2个、3个或更多的区块才能最终被一个矿工添加到区块链里。

这对那些无法承担交易费的人来说意味着什么？区块链相对于传统支付方式的优势之一不是低廉的费用吗？根据风投家帕斯卡尔·布维尔所说的，“交易费反映了交易验证的边际成本”。如果缺乏用于激励矿工的交易费，随着区块奖励不断减半，网络算力更可能随之下降。如果网络算力下降了，网络的安全性也会降低。[45]

这又让我们回到了51%攻击的问题上，即当一个大型的矿池或矿池联盟控制了51%的全网算力的情况。有了这么多的力量，他们就可以占据大多数的矿工投票权，可以劫持区块的生成并将他们自己版本的事实强加到比特币区块链上。他们不一定会变得很富有，远非如此。他们可以做的事情只是逆转与自己有关的历史交易，就如信用卡的退款交易一样。假设攻击者从同一个商户里购买了一些大件商品，等货物运到后就对网络进行攻击并拿回他们所付出的钱。这并不意味着将自己的区块附加到区块链的末尾位置上，而是即使在网络持续产出新区块的时候，回到历史交易上并重新构造包含他们购买交易所在区块及所有相关区块的记录。当这个攻击者联盟的区块链分支的长度更长时，就会成为新的有效分支。中本聪认为这样的攻击比挖出新币的成本更高。

工作量证明模式的51%攻击来源于集中的挖矿算力，而权益证明模式的攻击来源于集中化的代币控制，而代币交易所通常是最大的权益持有者。在一些辖区，交易所必须取得牌照并接受监管。这些交易所需要维护其声誉，这样它们有多个层次的动力去保护它们的品牌价值以及在账户钱包里的代币的价值。不过，随着代币的流通量增加，价值的分散程度越高，还有更多战略性的资产登记在工作量证明和权益证明区块链上，攻击者或许不会在意这些成本。

区块链会对就业带来冲击

在2015年瑞士达沃斯世界经济论坛里，来自微软、Facebook和Vodaphone的技术高管所组成的小组讨论了技术对就业带来的影响。所有人都同意技术创新或许会对劳动力市场带来暂时的冲击，总体上说它们能创造新的职位和更多的职位。“这次为什么会有所不同呢？”Google执行主席埃里克·施密特说道。

自动化对工人的取代并不是什么新闻了。你可以考虑一下互联网对旅游中介和音乐零售商带来的影响。Uber和Airbnb为有着闲余时间的司机和有着空闲房间的房主创造了收入，但它们都没有提供医疗保险或其他雇员福利。它们还在旅游和招待产业不断取代收入更高的工作。

区块链是一个极佳的自动化平台，它由计算机代码而不是人类活动去执行工作、管理资产和人。当无人驾驶汽车代替Uber司机时会怎么样？或者当数字货币取代了西联汇款的50万个办公室时会怎样？[46]或者当一个共享的区块链金融服务平台取代了成千上万的会计和IT系统管理工资时会怎样？物联网当前正创造了很多新的商业和雇佣机会，但它将来会导致一些相对来说无须技能的市场（如一些相对例行的任务）的失业率增加吗？

在发展中国家，区块链和加密货币可以让企业家募集资金、保护资产和知识产权，甚至能在最穷的社区创造工作职位。数亿的人可以成为新公司的微小股东并参与到经济交换中。这些技术可以极大地改善救援资源的分发和部署，提高政府的透明性，减少腐败现象，并为良好运作的政府设定标准——在世界各地这是创造职位的先决条件。

即使在发达国家，这项技术的影响也未有定论。一个能够降低交易成本（特别是建立商业信任关系和财富的成本）的全球平台可以吸引更多的参与者。

即使这项技术让我们用更少的人力资源就能实现完成更多的工资，我们还是不需要担心、推迟或暂停它的到来。最终，关键的问题并不是这些新的潜力是否存在，而是社会应当如使将这些技术为社会带来价值。如果机器最终可以创造很多的财富，到那时候可能就需要一个新的社会契约，重新定义人类的任务及谋取生计所需花费的时间。

协议的治理就像是牧放一群猫

我们应当如何推动这项技术实现其潜力？与互联网不同的是，比特币社区仍未有建立类似 ICAAN、互联网工程任务组或万维网联盟这样的正式监督机构，以预期发展需求和引导议程，但比特币社区更倾向于没有引导力量的方式。这带来了不确定性。那些希望保持区块链的去中心化、开放性和安全性的人无法就前进的方向达成一致。如果我们不重视治理机制，这样区块链就会因令人担忧的派系斗争而自己瓦解。

这里面有数不清的问题。比特币核心开发者加文·安德烈森和迈克·赫恩一直推动将区块尺寸从 1MB 提升到 2MB 上限的提议。“比特币不是一个有钱人用于反复交易的代币，而是一个支付网络。”加文·安德烈森说道。[47]他们认为如果比特币希望作为一个全球化的支付体系参与竞争，那么就必须为主流的应用准备好。它不能在交易量突然超过区块链容量的时候慢慢瘫痪下来，否则对那些不希望等几个月或几年才能结算交易的人来说交易费用就会变得很昂贵。或者，某个中心化的力量会介入，以保护消费者的名义处理这些过多的交易量。在 2015 年 8 月，他们直接发起了 Bitcoin XT，这是一个允许比特币区块链处理 8MB 区块的分叉版本。不过，这还是一个具有争议性的妥协方案。

反对的声音认为人们不应该用比特币在星巴克买超大杯的拿铁咖啡。“一些开发者希望世界的每一个人可以运行一个完全的校验节点，可以看到每一笔交易，而且不会信任其他人”，加文·安德烈森说道，“那些在过去几年间一直在开发这个软件分叉版本的志愿者们担心自己在交易量突然提升时无法处理更大的区块。我对那种情况并不表示同情”。[48]换句话说，如果比特币区块链希望扩展容量及保持安全性，我们就无法二者兼得。一些节点将会运行完全的协议并将更多的交易处理成逐渐增大的区块，而其他节点将会运行简化的支付校验模式并信任51%以上的完全节点能够正确处理记录。

Bitcoin XT最大的阻力来自中国的矿池。那些专业的矿工（与专业在线游戏玩家有相似之处）不仅需要强大的计算机去找到一个正确的哈希值，也需要高速的网络带宽以将其在网络上快速广播出去。中国并不符合尼尔森的互联网带宽法则（Nielsen's Law）所描述的情况：网络带宽并不会以每年50%的速度增加。如果区块尺寸增加得太多，那就会让低带宽的中国矿工在与世界其他地方的矿工相比之下处于劣势——收到一个构造下一个区块所需的新区块将会花费更长的时间；当中国矿工真的找到了一个新区块时，他们需要花费更长的时间才能将它发送到网络中的其他部分。这样的延迟最终会导致网络拒绝他们所产出的一些区块。这样，他们就会输给拥有更多带宽的矿工，因为他们的区块可以传播得更快。

“尝试去引导或改变一个网络协议实在是一个巨大的任务”，奥斯汀·希尔说道。“你不希望在一个管理着10至100亿美元价值的财富和资产的生态系统里做出临时或频繁的改变。”[49]加文·安德烈森说道，最终“治理的模式主要是由人们实际想运行的代码版本而决定的，由那些人们在它们所出售设备上所整合的标准决定的”。他认为比特币就如互联网一样，“会有一种类似的混乱情况，无秩序的治理过程最终会取决于人们选择运行哪一份代码”。[50]

再次重申，我们并不是在讨论“监管”的问题，而是管理其生存和成功所需要的资源。治理（governance）包括了设定标准、提倡并采用明智的政策、发展与该技术潜力有关的知识、执行监督功能并真正地建立一个全球基础设施。我们将会在下一章讨论一种由多个权益所有者参与的治理模式。

自主运作的代理人会形成“天网机器人”

世界上存在一些具有高度分布性的企业，其中的参与者各有好坏。Anonymous 是一个分布式的、由志愿者组成的紧密团体，它的成员包括公司破坏者、检举者以及监督者。通过区块链，Anonymous 可以使用比特币进行众包并将这些资金放到一个钱包里。假设有个由法国股东组成的小组希望采取措施以追踪和消灭那些对巴黎大屠杀负有责任而尚未落网的恐怖分子，他们需要几千个（密码）签名才能达成共识并释放资金。在这种情况下，谁是这些资金的合法控制者？谁要为这个交易的结果负责？如果你贡献了一个投票中的万分之一份额，你在法律上有责任吗？[51]

如果自动售货机的程序是“订购利润最高的产品”，它们会找到一个非法商品或药物的供应商吗？（想一下，糖果售卖机在卖非法药物！）法律应该如何处理无人汽车意外地导致人类死亡的情况？据《连线》杂志报道，两个黑客展示了如何劫持一辆在高速公路上的吉普·切诺基（Jeep Cherokee）汽车的控制系统。克莱斯勒公司对此做出了响应并召回140万辆汽车并对司机、生产商和政策制定者发出了警示。[52]恐怖分子能找到入侵智能设备的方法从而让它们执行有着灾难性后果的任务吗？

企业的分布式模式面临着其他的挑战。社会应该如何实施对这些实体的管理？所有者如何保持终极的控制权？如何防止对无人运行业务的敌意控制？假设我们拥有一个去中心化的网页托管公司，每一个服务器对公司管理都有发言权。一个人类黑客或恶意软件可以假装是100万台服务器并超过网络中的合法服务器的票数。当传统公司发生这种并购的情况时，结果可能有很多种。而在分布式的自主运作企业里，这样的结果可能就是灾难性的。当这个恶意的实体控制了我们的分布式网页托管公司，它可以把里面的资金都转走。或者，它可以把其他服务器的隐私数据都公布出去，或者劫持这些数据直到我们这些人类所有者支付赎金为止。

当机器拥有了智能和学习的能力时，它们进化为自主运作的速度有多快？例如，军用无人机和机器人会决定对付平民吗？根据人工智能领域的研究人员的说法，我们离这种武器的实现只有几年了（而不是几十年）。在2015年7月，一个由科学家和研究人员组成的大型组织，其成员包括斯蒂芬·霍金、埃隆·马斯克和史蒂夫·沃兹尼亚克，发布了一份公开信，呼吁禁止发展任何超出人类控制范围的自主运作的进攻性武器。[53]

“对我来说，一个噩梦般的新闻标题是《10万台电冰箱攻击了美国银行》。”文斯·瑟夫说道，他被广泛地认为是互联网之父。“这不仅需要认真考虑基本的安全和隐私保护技术，还要考虑如何在大范围内配置和升级设备。”他补充道。他注意到没有人希望浪费整个周末的时间为每一个家庭设备设置IP地址。[54]

我们并不建议对分布式自主运作企业和物联网实施广泛的监管或监管审批的机制。我们会建议那些正在开发应用程序的企业家识别任何对公共利益带来显著影响的因素（无论是好的，坏的，还是中性的），并修改源代码及其设计方案。我们认为他们应当咨询那些可能会被这些发明所影响的人，以提前将风险最小化、寻找其他解决方案和构造支持体系。

老大哥还在监视着你

“将会有很多人希望控制这个网络”，Blockchain公司的纪昂·罗德里格斯说道，“大公司和政府将会致力于打破隐私保护”。美国国家安全局必然已经在积极地对区块链数据展开分析[55]。虽然区块链确保了一定程度的匿名性，但它也提供了一定程度的开放性。有史为鉴，我们应该预期那些有着间谍行为的公司及展开网络战的国家会将它们的行动升级，因为这涉及了价值——金钱、专利以及对矿产所有权、土地所有权及国家的财富的控制。这就像是在互联网上放了一个巨大的靶心一样。不过，有个好消息是，任何人都可以看到这些恶作剧。一些人可能会很有动力曝光那些间谍行为，因为他们会在一个预测市场上对某个特定机构攻击区块链的可能性下注。

当物理世界开始收集、通信和分析可用于持续追踪个人信息的无线数据时，对隐私保护意味着什么？在2014年的Webstock演讲中，马切伊·洛斯基指责了Google对Nest的并购案例。Nest是一个豪华型恒温控制器的制造商，这种控制器配置了可以用于收集房间数据的传感器。他的旧恒温控制器并不涉及隐私保护的问题。这个智能的恒温控制器可以向 Google 汇报信息，甚至可能像一个可疑的室友那样吃掉他剩下的比萨饼。[56]我们之中的很多人已经对社交媒体环境能够追踪我们动向及到处向我们展示个性化的市场营销信息的现状感到不安。在区块链的世界里，我们会对这些事情有着更好的控制，但我们能有足够的警惕性去管理我们的媒体大餐吗？

这些隐私的挑战都不是真正的障碍。马切伊·洛斯基继续说道："好消息是，这是一个设计问题！我们可以搭建一个分布式的互联网，它有着强大的生命力以抵御不同的干预，并让世界变得更好"，就如我们在 20 世纪 90 年代对它的期望一样。隐私和大数据学院的安·卡沃基安概括了 7 个"对商业、政府和公众"有利的原则。将隐私保护作为默认的设定是关键。拒绝那些将安全性与安全性相对抗的错误两分法；每一个 IT 系统、每一个商业实践及所有的基础设施都应该有全面的功能性；领导者们需要提前预防而不是在事后应对入侵行为，在所有的运作过程中保持透明性，并让自己的组织接受第三方的检验。通过尊重用户的隐私、将用户放在设计的中心点考虑问题、确保端对端的用户数据安全及销毁不再需要的数据，企业（及其品牌）将会得到人们的信任。她说道，"这真的是一个双赢的提议，拒绝零和游戏并拥抱正和的关系"。[57]

马切伊·洛斯基说道，"不过这需要投入很多的工作和决心。它意味着推翻那种将长期大规模监视当成是商业模式的做法，这会产生阵痛。这也意味着在一个僵化的法律系统里推行法律。争议也是会有的。不过如果我们不设计这样的互联网，如果我们继续在现有的模式上建造下去，那么新的模式最终会吸引到一些卓越的、有远见的人。到时候我们或许不会喜欢这些人的存在，但到时候我们的想法已经没有意义了"。[58]

罪犯们也会使用这个网络

在比特币发展的早期，批评者们经常将比特币看成是洗钱或购买非法商品的工具。批评者们认为因为该技术是去中心化、高速及点对点运作的，罪犯们会利用它。你很有可能听说过“丝绸之路网站”，这是一个为非法药物而设的地下网络市场。在 2013 年 10 月，丝绸之路最高曾经有 13756 个商品是以比特币定价的。上面的产品通常是以邮件运送，还附带了避免被当局检测到的指引。当美国联邦调查局查封了该网站后，比特币的价格出现暴跌，数字货币也成为犯罪的代名词。那是比特币最黑暗的日子。

不过，与其他技术相比，比特币或区块链技术对犯罪分子所提供的便利其实也没有什么独特之处。有关的权力机构整体上相信数字货币可以通过提供一份可以活动的记录而辅助执法机构，甚至解决一系列涉及金融服务和物联网的网络犯罪。《未来犯罪》（Future Crimes）的作者马克·古德曼最近称，“从未有一个计算机系统被证实为不可入侵的”。[59]技术的发展也伴随着犯罪机会的增加。“一个人能够影响很多人的能力正在呈指数式增长趋势，而这其中有着良性和恶性的案例。”[60]所以问题最终是关于人与人之间的互相伤害。犯罪分子会使用最新的技术去做这些事情。

不过，比特币和区块链可能会制约犯罪的用途。首先，犯罪分子也得将所有的比特币交易在区块链上公开，这样执法机构可以追踪比特币的付款，这比现金的追踪更简单。水门事件引出的“通过对钱的追踪找到坏人”的箴言实际上在区块链上更具备可行性（相比于其他的支付方式）。比特币的假名性质让监管者们有了可在将来用于起诉的信息，因为比特币比现金有更强的可追踪性。

在美国发生每一场大型的枪击事件后，美国国家步枪协会的持证会员代表很快就会说，“不要将美国的涉枪暴力怪罪到枪支头上！”如果是同样的一群人因其他人可能在区块链上实施的罪行而禁止区块链技术的话，那么确实会很有意思。技术并没有立场，它没有任何需求，也没有任何倾向。金钱也是某种形式的技术，当一个人抢劫了银行后，我们并不会怪罪“是金钱自己在保险箱里等着来抢”。罪犯对比特币的使用更多是与强力治理机制、监管、倡导及教育的缺失相关，而不是比特币的底层特性。

这是区块链将会失败的原因，还是实施过程的挑战？

这些障碍是令人畏惧的。眼前可以预见的障碍是量子计算机，它被认为是密码学家的“千年虫”问题。它将量子力学与理论计算结合用于解决问题，如用于密码学算法的破解上，可以比今天的计算机都快得多。史蒂夫·奥莫亨德罗称，“量子计算机理论上可以快速、高效地计算大型的数字，而大多数的公钥密码学系统都是建立在这样的任务基础上。因此，如果量子计算机真的有这样的能力，整个世界的密码学基础设施将会发生剧烈的转变。”[61]关于技术创新和进展的辩论由来已久：这个工具是善良的还是邪恶的？它对人类有益还是有害？就如讽刺作家詹姆斯·布兰奇·卡贝尔所观察到的那样，“乐观主义者认为我们生活在最好的世界中，而悲观主义者害怕这是真的”。[62]

列弗·谢尔盖耶维奇·泰尔曼的故事表明，个人和机构可以使用创新成功去行善或作恶，从电力到互联网的范围很广的技术都说明了这一点。创意作品《网络的财富》的作者尤查·本科勒告诉我们，“技术在系统的层面上并没有偏向于不公平的因素，也没有对就业架构影响的偏向；那是属于社会、政治和文化的斗争。”技术可以剧烈地、快速地改变商业和社会，但尤查·本科勒相信这“并不是以一个已经确定的方式进行的”。[63]

技术发展的历史总体上还是积极因素居多。考虑一下食物和药物产业（从研发、治疗和预防）里出现的进步：技术带来了更好的人类平等、生产力及社会进步。

不过，现在很难说区块链肯定不会重演互联网当初踏入的困局。它可能对中心化和控制是免疫的。但如果经济或政治上的回报足够多的话，强大的力量或许会尝试控制它。这个新型的分布式范式的领导者们需要证明他们的主张并开展经济及机构创新的步伐，以确保每一个人都有机会参与其中。这次，让我们履行其承诺。这就涉及了如何让这一切变为现实的问题了。

第十一章　下一代的领导者

21 岁的维塔利克·布特因是一个出生于俄国的加拿大人，他是以太坊的创始人。之前有不少的人尝试用一些头衔去描述他，但“多产”这个形容词应该是最恰当的。(他是个多产的创始人)。如果你要问他的那群以太坊的追随者，他们会告诉你以太坊是一个“基于区块链的、任意状态的及图灵完备脚本平台。”[1]它吸引了 IBM、三星、UBS、微软、中国汽车巨头万向以及世界上最聪明的软件开发者组成的团队。它们都认为以太坊可能是能够改变一切事情的“星际计算机”。[2]

当维塔利克·布特因向我们解释“任意状态，图灵完备”时，我们了解到了他的一些想法。听音乐、读书或计算一天的收入和支出，这些事情的差异非常大，但你都可以在你的智能手机上去做这些事情，因为你的智能手机的操作系统是图灵完备的。这意味着它可以适应任何图灵完备的语言。因此，创新家们在以太坊上建造几乎是所有可以想象到的数字化应用程序，这些程序所执行的任务差异较大，范围包括了智能合约、计算资源市场、复杂金融基础设施以及分布式治理模型。

维塔利克·布特因是一个精通多种语言的人。举例来说，他能使用英语、俄语、法语、中文（他在假期里学了两个月）、古拉丁语、古希腊语、Basic、C ++、Pascal、Java 等。[3]“我的专长就是一般性”，他说道。他也是一个博学而谦虚的人。“我有这些不同的兴趣，而比特币像是一个完美的组合。它有数学、计算机科学、密码学、经济学、政治及社会哲学。我立刻被这个社区吸引了”，他说道。“我发现它真的能赋予人力量”。他在网络论坛上到处寻找，希望找到持有比特币的一些方法，最后发现了一个刚开始设立比特币相关博客的人。“那个博客叫《比特币周报》，他当时正悬赏5个比特币让别人给他写文章。那时候大约是4美元的价值”，布特因说道。“我写了一些文章，赚了20个比特币。我将其中的一半花在一件T恤上了。走完了这整一个流程，感觉差不多就像是在搭建构造社会基础的积木。”[4]

同样是这一个人曾经在大约5年前忽视过比特币。“大约在2011年2月，我爸爸跟我说，‘你听过比特币吗？它是一种只在互联网上存在的货币，而且没有任何政府背书。’我当时立刻想，‘是的，这个东西没有内生价值，它根本不可能会成功。’”就跟很多青少年一样，维塔利克·布特因“在互联网上浪费了大量的时间”，阅读那些非正统的、非主流的理念。若你问他喜欢哪个经济学家，他很快地说泰勒·考恩、亚历克斯·斯塔巴洛克、罗宾·汉森以及布赖恩·卡普兰。他能说出博弈理论家托马斯·谢林及行为经济学家丹尼尔·卡尼曼和丹·艾瑞里的一些成果。“这是难以想象地有用，通过在论坛上与他人辩论政府等话题，你可以学习到很多。这就是一场很令人惊讶的学习历程”，他说道。比特币一直在发展。

在那年的年末，维塔利克·布特因每星期都花费10~12小时为另一个出版物《比特币杂志》写稿。“当我还有8个月就进入大学的时候，我意识到它已经占据了我整个生活，那我还不如让它占据我整个生活吧。滑铁卢大学是一所非常好的大学，我也很喜欢那个课程。我退学的原因绝对不是因为大学不够好，而更多的是因为‘那个有趣，不过这个更有趣。’那是一个人生中只有一次的机会，我只是无法放弃这个机会。”他那时只有17岁。

在意识到区块链可以不仅有货币的用途，以及程序员需要一个与比特币区块链相比更灵活的平台后，维塔利克·布特因创建了开源的以太坊项目。以太坊允许在网络上同时实现高度开放和隐私的特性。他不认为这两者是矛盾的，不过“有点像黑格尔学说”，两者之间的辩证结果是“主动的透明性”。

就如历史上的很多技术一样，以太坊可能会取代一些就业职位。维塔利克·布特因相信这对很多技术来说都是正常的现象，并给出了一个新奇的解决方案：“在半个世纪内，我们将会放弃那种每天必须投入8小时劳动才能生存和享有体面生活的模式”。[5]不过，在区块链的问题上，他不认为大量工作职位的流失是不可避免的。以太坊可以为价值创造和企业家精神创建新的机会。“大多数技术都倾向于对一些外围的任务进行自动化运作，而区块链总是在中心进行自动化运作的”，他说道，“与其让出租车司机失业，倒不如说区块链让 Uber 失业并让司机可以与顾客直接交易”。区块链并没有消灭工作机会，或许你可以认为它改变了工作的定义。谁会在这场重大的剧变中受伤？“与其他人相比，我估计（并希望）失业的是那些每年赚取 50 万美元的律师。”[6] 因此，维塔利克·布特因引用了莎士比亚的作品：“第一件事，让我们消灭所有的律师吧”。[7]

以太坊有另一个明显的矛盾。它是明显的利己主义并有着隐私的性质，但它依托于一个大型的、分布式的社区，这个社区以开放的方式为整体的个人利益的集合服务。确实，以太坊的设计精妙地捕捉了他对个体“会做正确的事情”这个恒久的信念，同时也配备了正确的工具以及他对社会中大型机构的动机的合理怀疑。虽然维塔利克·布特因对当代社会的问题所提出的批评非常深刻，但他表示仍存希望。“世界上有很多不公平的事情，但我逐渐地接受了世界的现状，并站在可能存在的机会的角度展开对未来的思考。”当他了解到 3500 美元可以让一个人在其余生战胜疟疾，他并没有对来自个人、政府和公司的捐助的缺失感到惋惜。他想，“天啊，你只需要用 3500 美元就能拯救一条生命？这是一个非常好的投资回报率！我现在就应该捐助一些”。[8]以太坊是他将积极的改变作用于世界的工具。“我更多的将自己视为是改善技术为社会造福的整体趋势中的一员。”

维塔利克·布特因是一个天生的领袖，他用他的思想和愿景将人们聚集起来。他是以太坊社区的主要的架构师及主要的共识达成者，也是一个由对任何与技术相关的事情都有着强烈看法的天才程序员所组成的更广泛社区的主要培育者。如果他成功了，将会对世界产生什么影响？

谁会领导一场变革？

1992 年，麻省理工学院计算机科学家戴维·克拉克说道，“我们拒绝国王、总统和投票。我们相信大致的共识和运行代码”。[9]这是第一代互联网的管理员的颂歌。这个声音是在当大多数人几乎无法想象互联网将会如何成为一种新型的人类沟通媒介，及超越在其之前出现的所有媒体对社会及日常生活所带来的影响时发出的。戴维·克拉的辞藻体现出了一种与常规方式截然不同的，全球资源的领导与治理机制 ，并引出了一个非常有效的治理机制的生态系统。

从第二次世界大战结束后，国家本位的机构一直在管理全球重要的资源。其中两个最强大的机构，即国际货币基金组织和世界贸易组织是在 1944 年布雷顿森林会议上诞生的。联合国及世界卫生组织这样的联合国下属机构一直在全球问题的解决上有着垄断性的影响力。这些机构自身的设计就是层级化的，因为层级化是在那个饱受战争摧残的世纪的上半叶最具影响力的范式。不过，这些产业规模的解决方案对数字时代面临的挑战来说明显是不合适的。互联网的兴起是传统治理文化开始不再适应时代发展的一个重要标志。

在 1992 年，互联网上的大多数流量都是以电子邮件的形式发生的。让 Tim Berners-Lee 的得以实现其非凡的万维网的图形浏览器还差两年才能面世。大多数人并没有被连接起来，也不理解这些技术。很多原本可以逐渐掌管这项重要的全球资源的机构要么就处于萌芽阶段，要么就尚未出现。互联网工程任务组自成立起到那时候才经历了 4 年，这是一个掌管很多方面的互联网治理任务的国际社区。能够提供如域名管理这样的关键服务的机构，即国际名称与数字地址分配机构（ICANN），在那时候还差 6 年才成立。文特·瑟夫和鲍勃·卡恩那时候才刚开始招募人员来建立日后的互联网协会。

第二代的互联网的发展历程也体现出了开放性的热情及对层级体制的厌恶，这体现在中本聪、沃里斯、安德烈亚斯·安东诺普洛斯、绍博和罗杰·维尔等人的思想中。开源是一种重要的组织原则，但并不是一个带来进展的做法。虽然开源的方式已经在社会中让很多机构实现转型了，但我们依然需要协调、组织和领导能力。像 Wikipedia 和 Linux 这样的开源项目，虽然有着贤能统治的原则，但依然有吉米·威尔士和林纳斯·托瓦兹这样的“良性独裁者”这样的角色存在。

值得赞赏的是，中本聪将分布式权力、网络化的正直性、没有争议的价值、利益相关者的权利（包括隐私、安全性和所有权）以及包容性通过代码融入技术的设计当中。因此，这项技术在早期得以茁壮成长，逐渐绽放出我们今天所认识的生态系统。不过，这个无神论式的不干涉政策开始展现出其局限性。就如所有的颠覆性技术一样，在区块链生态系统里也有一些互相竞争的观点。即使是区块链的核心代表团也分裂成不同的加密技术阵营，每一个组织都在提倡各自的议程。

前白宫雇员及区块链倡导者、现在是 MIT 数字货币计划主管的布赖恩・福德说道，“如果你关注一下区块大小的辩论，那真是关于区块大小的吗？在媒体上确实是这样的，但我看到的也是一个治理机制上的辩论”。[10]这个生态系统需要什么样的模式或什么样的领导体制？迈克・赫恩是一个比特币核心的一个重要开发者，他在 2015 年 1 月发出的那篇预言了“比特币即将死亡”的告别信在产业内引起了一场轰动。在信中，他列出了产业所面临的紧迫挑战；这主要是指重要的技术标准问题仍然没有答案，而社区的队伍中也有不调和及迷惑的情况。迈克・赫恩的结论是这些挑战最终会导致比特币走向失败。我们对此表示不同意。迈克・赫恩将这些问题认为是比特币的致命缺点，但这篇文章在我们看来是一篇关于基于透明性、贡献和协作的多方利益相关者之间的治理机制的论文，其内涵意味深长。代码只是一个工具。若这项技术需要走向下一阶段并实现其长远的前景，人类必须进行领导。我们现在需要网络中的所有利益相关者聚集起来并关注一些关键的问题。

我们已经列出了一些摆在面前的障碍，它们是非常显著的。不过，这是这场变革走向成功所要面临的挑战，而不是反对这场变革的理由。直到今天，很多的问题依然没有得到解决，也缺乏一些集体行动去解决这些问题。这项技术应该如何继续进行扩展，而且是不对现实环境带来损害的前提下进行的？那些强大的力量会扼杀创新还是把它收入囊中？在不倒退到层级机制的情况下，我们将如何解决一些充满争议的与标准相关的问题？

这就是我们在过去两年一直在研究的事情。我们发现，我们需要那些非国家控制的社会团体、私营企业、政府、个体的利益相关者的协作，而不能依赖国家本位的机构。我们将其称为“全球解决方案网络”（GSNs）。这些网络正在不断地成长，实现新式的公司、社会变革甚至是全球公共价值的生产。

其中重要的网络自然是互联网自己了。它的聚合、编排和治理是个人、社会团体组织及公司构成的协作关系所实现的，也会得到来自国家的隐性（有时是积极）的支持，而这样的协作曾经是不可想象的。不过，没有一个政府、国家、公司或国家本位的机构能够控制互联网。它是有效的。通过这样的做法，它证明了不同的利益相关者能够通过包容性、共识和透明性对一个全球资源进行管理。

这些经验和教训是很明显的。对这样复杂的全球创新成果进行良好的治理并不能只依靠政府去完成；我们也不能将这个任务交给私营部门，毕竟商业利益并不足以确保这项技术能够为社会服务。最终，我们需要全球的利益相关者一起协作并提供领导能力。

区块链生态系统：你无法在缺乏花名册的情况下分辨出参与者

虽然区块链技术最初是发端于开源社区，但它很快吸引了很多的利益相关者，每一类持有者都有不同的背景、兴趣和动机。开发者、产业参与者、风投家、企业家、政府和非政府机构有着各自的角度，也扮演着不同的角色。早期迹象表明，这些核心的利益相关者看到了对领导能力的需求并开始站出来了。我们重新看一下这些参与者是谁：

区块链产业先锋

从埃里克·沃里斯到罗杰·维尔这样的产业前锋都相信任何形式的治理、监管、管理或监督机制对比特币的原则来说不仅是愚蠢的，也是对立的。[11]埃里克·沃里斯说道，“比特币早就被数学的原理监管得很好了，而数学原理是不会受到政府的干扰的。”[12]不过，随着产业开始扩张，很多企业家正在意识到与政府保持良好的对话及在更广范围内关注治理问题是一件好事。像 Coinbase、Circle 和 Gemini 这样的公司已经加入了交易组织；像 MIT 的数字货币计划这样的一些机构甚至保持着与新生的治理机构的密切关系。

风投家

这项技术刚开始是一些密码学专家的小圈子里的作品，很快引起了硅谷最大的、最耀眼的风投机构的关注，深受尊敬的 Andreessen Horowitz 亦是这些风投资本中的一员。现在，金融服务产业的巨人正在扮演着风投资本的角色：高盛、纽约证券交易所、维萨、巴克莱银行、瑞银和德勤已经直接投资到初创企业或那些培育新企业的孵化器里。养老基金也正在参与到这个领域中了。

加拿大安大略省雇员退休金计划是加拿大最大的公共机构养老基金的投资部门，其规模达 10 亿美元，它于 2015 年做出了第一笔投资。主管该组织运营的吉姆·奥兰多正在寻找一种区块链的杀手级应用，它能够为区块链带来“像网页浏览器作用于互联网”那样的意义。[13]从 2012 年的 200 万美元增长到 2015 年前半年的 5 亿美元。[14]这样的热情程度是非常明显的。蒂姆·德雷伯告诉我们，“金融家还在低估区块链的潜力。”[15]活跃的风投家们可以提倡这项技术，并支持一些新生的治理机构，如由 Andreessen Horowitz 提供资金的 Coin Center 由巴里·西尔伯特创建的风投机构数字货币集团已经委任了一些学者和其他的一些非传统的顾问到其董事会，以通过投资和倡导这两个手段来加速一个更完善的金融系统的发展过程。

银行和金融服务业

在金融行业之外，我们还没看到过对一项技术的意见转变得如此快速的情况。长期以来，大多数金融机构将比特币视为赌徒和犯罪分子的投机工具并进行排斥，几乎没有将区块链放到眼中。今天它们都“全身投入”了。在 2015 年看着能够实时地看到这些事件的发生确实令人难以置信。在 2015 年之前，只有很少的主流金融机构表示过参与了在该领域的投资。如今，澳洲联邦银行、蒙特利尔银行、法国兴业银行、道富银行、加拿大帝国商业银行、加拿大皇家银行、道明银行、三菱 UFJ 金融集团、纽约梅隆银行、富国银行、瑞穗银行、北欧银行、荷兰商业银行、意大利联合信贷银行、德国商业银行、麦格里银行以及其他数十家银行正在对该技术进行投资并参与到领导者的讨论当中。世界上最大的银行中的大部分已经参加了 R3 联盟，而更多的还参与到了 Linux 基金会以发起超级账本（Hyperledger）计划。银行应该被纳入领导者的讨论当中，不过其他的利益相关者必须警惕强大的现有机构寻求控制这项技术的可能性，就如他们在互联网发展的早期也对此进行谨慎处理一样。

开发者

社区中的开发者在基本的技术问题上产生了分裂，而社区正在表达出一种对协调和领导者的需求。比特币核心开发者加文·安德烈森处于区块大小辩论的中心环节，他告诉我们，“我更倾向于待在引擎室里面，保持着比特币的引擎继续运行”[16]，而不是花费大量的时间传播他的观点。不过，鉴于社区里缺乏明晰的领导者的现状，加文·安德烈森无心地走上了公众关注的焦点位置上。在 2015 年的夏天，他告诉我们，“我接下来 6 个月的工作是要专注于比特币的技术生命，确保比特币在未来的 2～3 年能够继续为下面这些业务服务：微支付、股票交易或产权转让以及所有的其他东西。”这涉及了很多的倡导和游说工作。对他而言，互联网的治理网络是一个很好的起点。“我总是在寻找榜样，而最典型的榜样莫过于互联网工程任务组。”[17]他认为互联网治理模式“有点无秩序和混乱”，不过它确实有效，而且也是可靠的。

学术界

学术机构正在资助实验室和各个中心以对这个项目展开研究并与它们机构外的其他同行进行合作。布赖恩·福德告诉我们，“我们发起了数字货币计划，以促使我们在 MIT 的一些优质的资源去关注这项技术，因为我们认为这在接下来的 10 年间是最重要的技术变革之一”。[18]MIT 媒体实验室的主管伊藤穰一看到了这项技术对学术界的机会并站出来了：“MIT 和学术界可以作为一个评估、研究及讨论可扩展性这类问题的场所，而无须基于任何偏见或特殊的利益”。[19]这个领域中最重要的一个法律界知名人士杰里·布里托以前在乔治梅森大学工作过，现在是一个非营利性的倡议组织 Coin Center 的董事长，他说道，“治理模式会在需要就重要问题做出决定时发挥作用，而你需要有一个流程才能让其实现这点”。[20]他推荐从希波克拉底氏誓言（hippocratic oath）开始：首先，不能做出任何伤害。当前比特币核心开发者所采用的自下而上的方法“在区块大小的争议中展示出其不完善之处。这样将会很难获得任何共识”，杰里·布里托说道。“我们想帮助发展一个对话的场所，并在有需要的时候培养一个自我监管的组织。”[21]一些知名的大学，如斯坦福、普林斯顿、纽约大可和杜克大学也开设了针对区块链、比特币和加密货币的课程。[22]

政府、监管者和执法机构

全世界的政府在他们的行动上都是缺乏协调的，一些政府倾向于不干涉政策，另一些政府推行新的规则和监管规则，就像是纽约的 BitLicense（数字货币牌照）。一些政府的态度显然是很敌意的，不过逐渐地这样的反应也是被边缘化了。同样地，根据对新规则的支持程度，产业也在分裂成各种派系。那些对来自政府的干预有所抵触的声音也承认政府参与到治理问题的辩论当中是有其积极意义的。产业内硕果丰富的风投家亚当·德雷珀不情愿地承认，“政府的支持带来了机构的支持，这是有价值的。”[23]全球范围内的央行正采取不同的步骤试图了解这项技术。曾任纽约州金融服务局主任的本杰明·罗斯基称强而有力的监管是通往产业成长的第一步。[24]

非政府组织

2015 年被证明是对逐渐增加的、专注于这项技术的非政府组织和社会团体机构来说具有变革性意义的一年。虽然布赖恩·福德的数字货币计划是在 MIT 里面的，但我们也将它放这里了。其他类似的组织包括了杰里·布里托的 Coin Center 以及佩里安·博林的数字贸易商会。这些组织在社区中的影响力正不断壮大。

用户

用户是指你和我这类角色——那些关心身份、安全性、隐私及其他权利、长期可行性、公平裁决的人，还有关心纠正错误及与使用这项技术侵害我们利益的罪犯做斗争的人所组成的对话渠道。每个人似乎都在基本的分类问题上有不同的意见：区块链是指比特币区块链还是指区块链这个普遍的技术？区块链的英文名称应该是 Blockchain（大写字母开头的）还是 blockchain（小写字母开头的）？它是一个货币、商品还是技术？它到底属于以上所有的类别，还是根本不属于上述的范围？

区块链里的女性领导者

就如我们所观察到的那样，区块链运动中大部分参与者都是男性。在技术和工程领域，男性参与者的数量还是显著地超出女性。不过，那些知名度高的女性开始在这个领域参与公司的创建与管理：数字资产控股的首席执行官布莱思·马斯特斯、Xapo 主席辛迪·麦克亚当、Case Wallet 的首席执行官梅拉妮·夏皮罗、恒星币发展基金会执行董事乔伊丝·金、BitPesa 的首席执行官及创始人伊丽莎白·罗谢洛以及 Third Key Solutions 公司的首席执行官帕梅拉·摩根。她们中的很多人都表示这个产业对所有的参与者都非常欢迎，不管是男性还是女性。区块链领域的风投机构也开始以多样性的形式逐渐增加。前 BitGo 商业发展部门主管阿里安娜·辛普森现在是这个产业内的一个投资者。亚拉克·乔班普特拉是一个风投基金的投资者，它的基金现在专注于去中心化技术上。

在与这项全球资源的治理和管理有关的问题上，女性已经开始了主导作用。

普里马韦里·德菲利皮是哈佛大学 Berkman 中心的教职工及位于巴黎的国家科学研究中心的终生学者，她是一位孜孜不倦的区块链技术的倡导者，她的观点被认为是学术界在治理问题上最清晰、最有说服力的观点之一。她是一个在生态系统内相关对话的组织者、倡导者及推广者。康斯坦丝·蔡是产业内的另一位有颇有名望的女性，她是从律师转型为企业家的，普里马韦里·德菲利皮与她一起在哈佛大学、MIT、斯坦福大学、伦敦、香港、悉尼等地引导出一批区块链工作坊。他们将产业内外不同的利益相关者集中起来以就重要的问题展开辩论。在这里，没有什么事情是不能讨论的，而这些活动通常有很多具有不同背景、信念和信仰的人参与。

伊丽莎白·斯塔克是另一位在治理问题上的新星。这位耶鲁法学院的教授正扮演着产业内的最高召集人的角色。就如一位名望的女性——麦克阿瑟研究会会员、伯克利大学计算机科学教授以及网络安全专家唐·桑一样，伊丽莎白·斯塔克有着一个截然不同的学术背景，但她有其他的志向。她组织了比特币扩容（Scaling Bitcoin）活动，在蒙特利尔将开发者、产业参与者、意见领袖、政府官员和其他利益相关者集中起来。这就像是产业内的一个“立宪时刻”，人们认为这个活动打破了区块大小辩论的僵局。今天，她也以企业家的身份扮演着主导的角色，在比特币闪电网络（Bitcoin Lightning Network）的开发中进行协调，以解决区块链可扩展性问题。

佩里安·博林之前是一位新闻工作者及电视台记者，现在是数字贸易商会的创始人，这是一个位于华盛顿特区的贸易协会。在一年时间内，这个组织吸引了一个知名度极高的委员会，如布莱思·马斯特斯、詹姆斯·纽瑟姆和乔治·吉尔德。她说，“这场运动需要有人在华盛顿与政府展开对话”。得益于她的新闻学方面的背景，佩里安·博林专注于传播、定位和优化相关的信息。她的组织“对每一个致力于社区成长的人都是开放的。”现在，她已经成了在迅速发展的区块链治理生态系统里的政策、主张和知识的领导者。[25]

不断加入的领导者们纷纷就治理问题进行游说，是可以预见的，也是迫在眉睫的。当我们在讨论区块链技术的治理问题时，我们并不是单独地讨论监管的问题。其中一个原因是，使用监管的手段去管理这样的一项重要的全球资源有着其严重的局限性。就如伊藤穰一所言，“你可以对网络进行监管，你可以对运作项目进行监管，但你不能监管一个软件”。[26]因此，监管将会是几个重要的元素之一。区块链与互联网有着不同之处，因为金钱与信息差异很大。布莱思·马斯特斯演绎着华尔街玩家到区块链先锋的极致历程，表达出其担忧：“新进来的参与者可以简单地做那些受监管的机构无法做的事情，不过在将顾客暴露到缺乏监管的金融活动并得出‘这是对顾客有利的’结论之前，人们必须仔细地思考一下，这些监管措施之所以存在的原因及其意义”。[27]最终，这场辩论并不是关于我们需要一个什么样的社会的问题，而是关于领导者管理这个重要的全球资源的机会。

区块链监管的警世恒言

前任纽约州金融服务部主任本杰明·罗斯基曾经是美国权力最大的银行业监管者。华盛顿的内部人士都知道本杰明·罗斯基每天早上在城市内短跑并拍摄自拍照的习惯。不过对华尔街的巨头来说，他是一个大胆的、野心勃勃的（还有过度热情的）打手，经常对任何他认为行为不检点的银行展开斗争并让这些银行受到应有的惩罚。

本杰明·罗斯基是首个任职于对美国境内的特许银行实施监管的高级部门的人，当时是被他的朋友及长期政治同盟安德鲁·科莫委任的。英国渣打银行经手了来自伊朗的超过2.5亿美元交易，而这样的交易当时是属于美国及欧盟的所禁止的制裁范围内的。在2012年，他仅在这个职位上工作了一年，就因纽约州金融服务局与渣打银行所达成的价值3.4亿美元的和解协议而登上了新闻头条。在这个过程中，纽约州金融服务局的反应比寻求对该行为做出类似惩罚的司法部更快。[28]对那些曾经认为银行监管相关事项非常松散的人来说，他就是新来的警官，也是在一个充满混乱状况的产业里的无畏的领导者及改革者。对银行来说，他迅速地成了头号公敌。那时候本杰明·罗斯基才刚开始而已。

在2013年中期，本杰明·罗斯基在办公室里可能还在准备另一件针对大型银行的轰动案件时，他属下的一名经济学家来到了他的办公室并讨论了一些不寻常的问题。根据外面一些律师所提供的情报，他们的一些客户的公司正在交易一种奇怪的新型虚拟货币“比特币”。罗斯基的第一反应是“比特币是什么东西”?[29]这个经济学家继续解释了那些公司有一些使用这种“数字美元”去购买、销售、交易和支付商品和服务的顾客，而那些保持谨慎的律师想知道这样的活动是否构成了金钱转账的定义，如果是的话应该怎么处理。在纽约，金钱转账通常是在州的级别进行监管的；这样，作为纽约州的监管者，纽约州金融服务局有责任监管任何进行金钱转账的实体。不过这该如何监管？本杰明·罗斯基都没有听说过这项技术，而他当时也产生了一丝疑虑，料想这是一种截然不同的挑战。

很快，本杰明·罗斯基面对着一个老生常谈的问题：颠覆性的技术并不能归纳到任何现存的监管框架里，而这是数字时代的一个特点。在他的观念中，比特币根本就无法归纳进来。比特币的影响范围是全球性的；而联邦和州政府部门只能在其能及的范围进行监管。还有，这项技术是点对点的及去中心化的。监管者的工作是实施对大型中介机构的监控。它们的中心化的账本存储了大量的数据，这对立案工作是很有用的。而在数字时代，政府官员很少能够得到与公众利益相关决定的决策所需的全部信息。在通常情况下，它们缺乏对新技术进行有效监管的资源，对创新也是孤陋寡闻。本杰明·罗斯基逐渐接受了数字化时期的政府及监管者们在过去20年间所面临的一些挑战。加密货币是数字化技术如何与包括政府在内的传统决策制定者争夺治理权的另一个例子。

不过，本杰明·罗斯基还是要履行职责的。在查阅了现有的法规后，他发现这些法律有着严重的不足。这个部门刚开始希望用美国内战时期写下的规则对这项技术进行监管。那些金钱转账相关的法律不可能考虑到任何形式的数字化技术（如互联网），更不用说加密货币或网络安全了。“随着我了解得越深入，我对这项技术的潜力产生了越来越强烈的兴趣，我也想象到了随着时间的推移，这项技术可以建造的各种应用程序和平台”，他说道。如果他“可以做好正确的监管，确保趋利避害并减少监管因素所带来的过多负担，我们就有机会帮助一个可能会给我们的系统带来重大改进的技术成长”。[30]本杰明·罗斯基总结道，“或许我们需要一种新型的监管框架以处理这种截然不同的事情的监管工作”？[31]他的提议BitLicense就是对产业进行监管的首个重要尝试。这是一个充满争议性的法规，它展示出了良好用意的监管可以带来不可预见的后果。当BitLicense生效后，大批的公司（如Bitfinex、GoCoin和Kraken）离开了纽约。它们认为这个许可证的高成本是它们离开的主要原因。那些还留下来的企业更多是那类资金雄厚的及更成熟的企业。

监管及顾客保护状况的改善有着显著的益处。像Gemini这样得到许可的交易所获得了更多的认可度，或许是因为它们的机构客户知道它现在已经像银行那样受到监管了。不过，随着竞争者数量的减少，BitLicense会不会扼杀创新及抑制增长？杰里·布里托认为BitLicense将旧有的解决方案应用到新问题上的做法并不能达到目的。他引用了BitLicense的一条规则，内容是替客户托管资金的机构需要申请一个许可证。“像比特币和其他数字货币这样的东西，引入了多重签名的技术，由此也首先带来了分权控制的概念。这样，如果我们每一个人持有某个多重签名地址的‘2/3 方案’的其中一个钥匙，谁是在托管客户的资金？”[32]在这个案例中，在法律中曾经很明确的托管概念现在就变得模糊起来了。

“我认为接下来的 5 ~ 10 年将会是我们的金融系统最有动态、最有趣的时间段之一”，本杰明·罗斯基说道。[33]他从纽约州金融服务局辞职，在这个动态的环境的中心地带继续研究各种复杂的问题。“如果我可以将时间花在我相信将会有着巨大变革、动态及有趣的时代，我将会很享受我的职业生涯……你有一个由这个技术构成的世界，这通常是缺乏监管的，也与或许是世界上最受监管的金融产业互相产生碰撞。没有人知道这场碰撞的后果是什么，”他说道。“接下来的 5 ~ 10 年应该就有结果了，而我希望在这场碰撞的中心点。”[34]

那个可能会改变世界的参议员

这是加拿大参议院的一次惊人的举动——它的银行业、交易和商业委员会在 2015 年发布了一份题为《数字货币：你不能翻转这个币》[35]的积极、深刻的报告。这份报告包含了来自区块链生态系统的多个参与者的反馈意见，并详细地指出了政府为什么应该拥抱区块链技术。[36]

“这有可能成为下一个互联网”，来自亚伯达州的卡尔加里市的加拿大参议员道格·布莱克说道，“这可能会成为下一个电视机、电话机。我们想让加拿大内外都知道，我们支持创新和企业家精神”。[37]就如本杰明·罗斯基一样，道格·布莱克是一名资深的律师。他从该国的石油产业中塑造了其职业生涯，并作为加拿大最负盛名的律师事务所的合伙人之一为石油和燃气生产商服务。不过与本杰明·罗斯基不同的是，他不愿意过快地推出监管政策。“政府应该不要拦路！”道格·布莱克告诉我们。[38]作为加拿大参议院中的一员，他和他的同事并没有扮演正式的立法角色，不过可以通过向政府做出引导或建议的方式对重大的事项产生影响。加拿大参议院内的议员平均年龄是 66 岁，它不太可能倾向于拥抱这项前沿技术。但是，它们确实这么做了。

道格·布莱克回想了他在这个过程中的想法，“我们应该如何创建一个鼓励创新而不是扼杀创新的环境？……对政府来说从一开始就考虑到这个角度并不是一件寻常的事情。”根据布莱克所说，政府“倾向于考虑保持控制及将风险最小化。”[39]在意识到任何新技术对顾客和商业可能带来的风险时，道格·布莱克解释道，“做任何事情都是有风险的；法币系统中也有风险。我们可以在一定程度上管理风险，不过让我们也创建一个可以鼓励创新的环境吧。”[40]道格·布莱克认为这份报告表示出他们已经命中了目标。

这份报告给出了一系列的建议，不过其中两条特别引人注目。第一条是，是政府应该开始将区块链技术用于与加拿大人的互动中。道格·布莱克说道，“区块链是一个更具有机密性的数据保护载体”；因此，“政府应当开始寻求利用这项技术的方法，这会带来一个很有力的信息。”[41]这是一个很有利的声明：如果想成为某个领域的创新中心和先锋，你就应该将你的钱花在与你生计相关的问题上，并开始对自己进行创新。

第二条建议或许更令人惊讶：政府应当执行轻度监管的政策。一些关注区块链技术的人提出了这项论点，而他们在自己所在的法律专业中也是备受尊重的。美国叶史瓦大学卡多佐法学院的亚伦·赖特提倡一种“安全港”法律，以让创新家们在进行创新的同时减少政府的监管，直到该技术走向成熟为止。[42]华盛顿和李大学法学院说道，“我们需要像技术那样的法律，有着谦逊、实验及迭代的特性。”[43]

去中心化经济中的央行

金融或许是世界上第二个最古老的职业，不过央行是一个相对现代的概念。世界上最强大的央行——美国联邦储备委员会在2013年举行了成立100周年的庆祝活动。[44]在相对较短的历史里，央行已经经历了多次的转型，最近的一次是从金本位到法定货币的浮动比率的体制。数字货币给央行在一个经济体中所扮演的角色带来了挑战，因此我们能够预料到央行的行长们会反对区块链技术。不过，在过去的一些年间，这些行长展示出了进行创新的意愿。在所有的支票都是以手工的形式进行结算和清算的时候，美国联邦储备委员会通过对自动清算所系统的支持成了资金清算电子化的先锋。就如任何其他地方的央行一样，美国联邦储备委员会也乐意进行实验。它拥抱了不合常规的及未经测试的政策，其中最毁誉参半的莫过于2008年金融危机时推出的量化宽松政策，那时候它使用了新铸造的货币去购买像政府债券这样的金融资产，其规模是前所未有的。

这并不奇怪，央行的行长们一直在超前思考区块链技术对他们各自的经济体的重要性。这是有两方面的原因的。首先，这项技术代表着一个能够改善金融服务产业的强大的新工具，很可能对大量的金融机构带来颠覆并增强央行在全球经济中的表现。

其次，是区块链为央行带来了存在主义上的问题。它们应当如何在一个含有一种或多种它们无法控制的加密货币的全球市场中有效地行使其角色？毕竟，货币政策是央行的行长们管理经济的工具箱中的一个重要杠杆工具，特别是在发生危机的时候。如果货币不是由政府发行，而是作为一个分布式网络的一部分在全球范围内存在，那会发生什么事情？

世界各地的央行行长正在探索这些问题。加拿大央行副总裁、央行老兵卡罗琳·威尔金斯告诉我们，“我们对自己现在的范式非常有自信心，但我们明白很多范式都有其适用期：它们将会以良好的状态运行很多年，然后就会开始出现问题了。你可以先在边缘修复这些问题，但最终还是需要切换到另一个范式中”。她相信区块链技术就是那“另一个”范式。“若要对这项具有如此变革意义的事物不产生着迷的感觉，那是非常困难的事情。这项技术可以用于某些方面的用途，对央行业所有的职能都会产生影响。”她说道。[45]

美国联邦储备委员会前任主席本·伯南克在2013年称区块链技术可以“带来一个更快、更安全及更高效的支付系统”。[46]今天，美国联邦储备委员会和英格兰银行，还有一些可能尚未发出声音的其他央行行长，已经指派了团队专门负责对这项技术的研究。

若要理解央行行长对此技术如此感兴趣的原因，让我们先理解下央行的职能。一般来说，这样的权威机构扮演着三种角色。首先，它们通过设定利率、控制货币供应量以及在特殊情况下将资本直接注入系统的做法进行货币政策的管理。其次，它们尝试维护金融稳定性。这意味着它们扮演着为政府及金融系统中的各种银行提供服务的银行家角色；它们也是所谓的“最后贷款人”。最后，央行通常与其他政府实体分享监管及监督金融系统的责任，特别是那些与普通消费者打交道（涉及存款和贷款）的银行活动。[47]这些角色总是相互缠绕、相互共存的。

我们先从金融稳定性进行分析。“作为一个央行，我们的角色是最终的流动性提供者。我们对加拿大元是这样做的。因此，加拿大元对加拿大金融系统来说是一个重要的流动性来源”，卡罗琳·威尔金斯说道。如果交易是以另一种货币（如比特币）的形式发生，那会是怎样？“我们作为最终贷款人的能力将会受到限制”。[48]这会有哪方面的解决方案？央行可以简单地开始将比特币作为它们的储备，就如它们对待其他的货币和资产（如黄金）一样。它们也可以要求金融机构将这些非国家发行的货币托管到央行中作为储备。这些储备将会让央行可以同时在法币和加密货币体系中执行其货币政策。这听上去很谨慎，对吗？

当考虑到与货币政策有关的稳定性时，卡罗琳·威尔金斯声称“电子货币的货币政策的影响取决于它是如何计价”。她在最近的一场演说中建议了“电子货币可以由政府以国家货币或加密货币的形式计价”。[49]她说，一种以加拿大元计价的数字货币将很容易管理。它甚至可能帮助一个央行实现更快的反应速度。最有可能的情况是，我们将会看到两者的结合：央行将会持有及管理另类的基于区块链的货币，就如它们处理外汇储备一样，而且将会通过探索通过基于区块链的账本去将法币转换成所谓的电子货币的做法。这个新世界看起来将会是截然不同的。

还有，央行作为监管者和监督者的角色将如何处理？它们在各自的国家中有着相当的监管权力，但它们并不是独立行动的。它们与其他的央行、金融稳定委员会、国际结算银行、国际货币基金组织和世界银行等其他全球机构进行协调和协作。我们需要更强大的协作行动以处理区块链技术的相关问题。今天，央行行长们在提出重要的问题。卡罗琳·威尔金斯说道，“人们可以轻松说监管应当与问题相适应，但这个问题是什么？还有，我们想要哪方面的创新”？[50]只有在包容的环境中，才能够高效地处理好这些问题。

布雷顿森林会议是一个很好的模式。能不能设立一个类似的会议，将思考者们都召集起来，提供一个包括私营部门、技术社区、治理机构在内的不同利益相关者都可以参与的公开论坛，而非是在充满烟雾的密闭房间进行沟通？卡罗琳·威尔金斯说道，“加拿大央行在理解这项技术及其意义的问题上有与其他的央行合作。我们举行了一些会议，邀请了各国央行、学者及私营部门的人来参加”。[51]

确实，央行的故事展示出一个更大的问题：政府通常缺乏应对一个快速改变的世界所需的知识。央行行长们确实有着对这场讨论来说非常重要的观点，不过他们应当将目光投到网络中的其他利益相关者及全球的其他央行以分享想法、在实质性的领导机制问题上进行协作并推动议题的前进。

监管与治理的对比

价值和金钱与传统的信息并非一回事。我们讨论的是储蓄、养老金、一个人的生计、她的公司、她的股票投资组合以及她的经济，而这些对每个人都有影响。难道我们不需要尽快有监管方案吗？政府能够（应该）在这场即将来临的重大变革前表现出克制吗？

重要的变革正揭示出政府在一个创新加速的时代的局限性。例如，2008 年的金融危机展示出全球经济系统的速度和复杂性让传统的中心化决策制定和执行变得越来越没有效果了。不过更强的监管体制并不是解药。政府不能指望监察和监管金融市场、技术或经济的每一个角落，因为里面的参与者、创新成果和产品实在是太多了。这场经验倒是说明了政府至少可以推动透明性以关注市场行为及带来改变。政府可以要求银行的运作在网络上更透明，并让公民及其他参与方可以贡献各自的数据和观察结果。公民也可以帮助监管的执行，或许是通过改变他们的采购习惯，或通过以信息武装自己及组织公共活动来揭露出违规的行径。

当然了，政府必须是治理领域的重要利益相关者和领导者。它们必须意识到它们在区块链的治理中所扮演的角色与其传统的货币政策及金融监管中所扮演的角色是截然不同的。在千禧年，国家有着对货币的垄断力量。如果货币不再是单独有一个中心化的权力机构发行，而是由一个分布式的全球点对点网络创建的

（至少一部分是），那情况会是怎么样?

在保持总体的积极态度的同时，美国的回应有时是很矛盾的。“在美国，从国会到行政分支再到包含执法机构在内的不同机构都意识到这项技术有着重大的、正当的用途”，杰里·布里托说道。[52]确实，互联网已经给我们说明了，美国政府的性情及机构设置使得它不仅能够容忍甚至欢迎触及其边界的创新成果。它也会通过监管制度妨碍创新——有些是被误导的，有些几乎肯定是过早的。

在确定掌握其意义之前过早地进行监管会产生深远的影响。在维多利亚女王时代的英国，所谓的自动驾驶机车（如汽车）必须根据法律的规定由一个站在它前面并挥舞着一面红色旗子的人陪伴着，以让旁人及马匹注意到这个即将来临的奇怪机器。产业中的领先企业 GoCoin 的首席执行官史蒂夫·博勒加德描述了过早监管的误区：“当网页刚开始出现的时候，监管者们那时候在尝试决定网页应该归属哪个部门来监管。其中一个想法是让那些搭建和维护网站的人去申请一个无线电带宽许可证，因为你们是在进行广播。你能想象到申请一个无线电带宽许可证才能建设一个网站吗”?[53]幸好，这件事从来没有实现过。

我们要明确一点：监管与治理是不同的。监管是关于将法律设计用于行为的控制。治理是关于管理、协作及以共同利益的出发点行事的动机。不过经验告诉我们应该谨慎地进行技术的监管，应该作为与其他社会部门的平等协作对象，而不是作为强势的法律执行者。它们可以作为一个自下而上的治理生态系统的参与者，而不是作为一个自上而下的控制体系的执行者。

Coin Center 的杰里·布里托认为政府应该会有一定的角色，但它们应该保持警惕。它提倡多个利益相关方的解决方案，这是从教育开始的：“在国会、机构、媒体进行讲解，回答它们的受众所提出的任何问题，或让那些能够聪明地回答这些问题的人与他们进行沟通。”[54]

区块链治理的新框架

政府可以通过提高透明性和促成公民参与的方式改善产业的行为，而不是简单地进行监管。这并非一个更好的监管方案的取代措施，而是作为现有系统的一种补充。我们相信来自一种多个利益相关方的有效监管及治理，会更重视透明性和公众的参与度，并会将这些因素考虑到决策制定当中。在人类历史上，这是由多个（非国家性质的）利益相关方的网络去共同解决全球问题的首次尝试。

在最近几十年，来自两方面的重要进展为一种新模式提供了基础。首先，互联网的出现为所有大小的利益相关方（可以细化到个人）创造了互相沟通、贡献资源及协调行动的方法。我们不再需要政府官员将我们召集起来以让我们的目标和努力一致。其次，商界、学术机构、非政府机构以及其他的一些非国家的利益相关者已经得到了在全球协作行动中扮演重要角色的能力，而在当年的布雷顿森林体系中并没有商界、非政府机构或非国家的利益相关者的参与。今天，这些利益相关者定期与政府进行交流以解决社会各方面存在的问题——从互联网这样的全球资源的治理到像气候变化和人口贩卖这样的全球问题的解决。

这些发展成果的结合让新的模式成为可能。针对那些日益增长的全球性挑战，自我管理的协作组织可以实现全球的协作、治理和问题解决，以及获得比传统的国家主导的机构更快、更强大的进展。

在考虑区块链治理网络的基础时，我们指出了一系列的关键问题，并设计了一个解决这些问题的框架：

· 我们应该如何设计这样的治理网络？

· 我们应该从头开始建设一个新的网络，还是围绕着一个现有的机构（已经有处理国际金融问题的支持者）搭建网络？

· 这个网络会是谁来授权的，它有能力实施和执行政策吗？

· 区块链治理网络会为谁的利益服务，以及对谁负责？

· 关键的问题是，国家会真的放弃一个全球网络里的任何权力吗？

总体上说，互联网的治理生态系统充满了丰富的经验。它在短短的时间内成为一个全球资源的表现是令人震惊的，这得益于强大的领导能力和治理机制——虽然一些强大的力量对此表示反对。

那么，谁在治理着第一代的互联网，还有如何治理？这是一个由公司、社会团体机构、软件开发者、学者和政府（主要是美国政府）以一个开放的、分布式的及协作的方式所构成的广阔生态系统，这是传统的命令与控制式的层级体制及框架无法对比的。没有政府或政府组织可以控制互联网或其标准，不过一些美国政府部门曾经提供过资助。[55]

在互联网的早期，政府展示出了克制和预见性。通过在互联网革命中限制监管的程度，它们表现出克制；通过在引入新的规则和监管措施之前让生态系统茁壮成长，它们表现出预见性。这个多个利益相关方的网络对互联网是有效的，不过我们需要意识到区块链将会有一个更强大的监管角色。互联网带来了信息的民主化，区块链技术带来了价值的民主化并对传统产业（如银行业）的核心带来了冲击。很明显，将会有一些监管角色去确保顾客和公民是受到保护的。不过，我们的研究表明互联网治理模式是一个很好的模板。

到底有多少的领导者是来自过去的互联网治理社区？文特·瑟夫 与其他人共同发明了互联网，并引导了互联网协会及互联网工程任务组的创建过程，而这个任务组几乎创建了所有重要的互联网标准。文特·瑟夫称区块链技术的一个很好的起点是在互联网工程任务组里创建一个同好交流会兴趣小组。[56]在刚开始的时候，很多参与到互联网治理的组织将数字货币和区块链技术看成是在他们的权责范围外，不过这已经开始发生改变了。万维网联盟已经将网页支付安排为优先项目，而区块链在该项目的讨论是处于中心的位置。[57]还有，互联网治理论坛（IGF）已经主持了一些关于区块链和比特币的讨论，参与者探索了一些可以由此项技术实现的新型去中心化治理框架。[58]新旧事物之间的边界是不断变化的，而互联网治理网络里的很多领导者，如互联网的先锋、前任 ICANN 副主席、互联网协会受托人黄平达已经成了区块链治理领域最高效的领导者之一。[59]

这个新的治理网络将会是什么样子的？这里面有 10 个类型的全球解决方案网络。每一种都涉及公司、政府、非政府组织、学者、开发者和个人的组合。它们并不是由国家或国家本位的机构（如联合国、国际货币基金组织、世界银行或 G8）所控制的。它们都将会在区块链技术的领导及治理中扮演一个重要的角色。

1. 知识网络

知识网络的主要功能是开发可以帮助解决全球问题的新的思考、研究、想法及政策。那些见多识广及精通技术的用户可以更好地保护自己免受欺诈和盗窃的

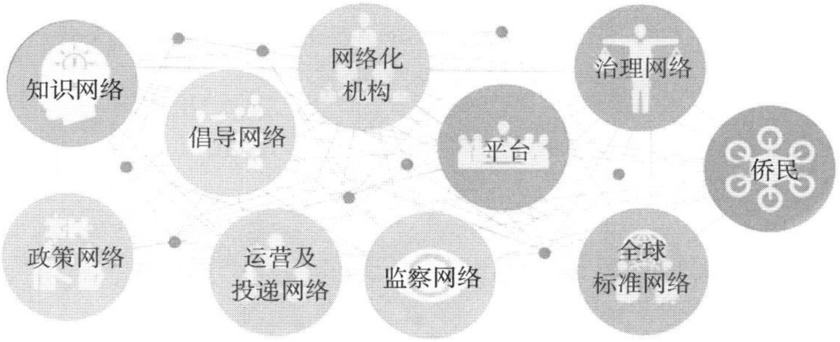

图 11 -1　全球解决方案网络

伤害，并保护自己的隐私。他们也可以实现这项颠覆性技术的完整价值，创造在全球繁荣及全球金融连通性中分享更多成果的机会。[60]知识网络必须培育一个开放及包容的文化，增加透明度，并让多个利益参与方加入其中。

对区块链的意义：知识网络是将新的理念扩散到其他全球解决方案网络及更广阔世界的起点。它们是避免陷阱和障碍的关键。知识将会让利益参与方准备好，以更高效地进行倡导、创造或共同创造政策以及向用户传播关键的信息。知识分享也能带来与政府之间的富有成果的对话。根据 Coin Center 的杰里·布里托所说，不管特定的政策问题是什么，如果政府"不理解这项技术及其影响，它们就注定走向失败"。[61]很多人提出了为各种理念和信息的分享创建更多空间的想法。"应该有一个论坛可以用于展示提议或理念"，泰勒·文克莱沃斯说道。[62]MIT 的数字货币计划是一个领先的知识网络，试图团结及激发世界范围内的学者及高校参与到这个技术中。此外，还有一些不太引人注目的非正式聚会也在发生，如旧金山及纽约的开发者聚会，也让知识的优先级提高了。Blockchainworkshops. org 是另一个将利益相关者召集起来以传播知识和关键课程的组织。在线论坛及社区 Reddit 也是一个在领域内传播新知识的起点。

2. 投递网络

这类的网络实际上会投递它寻求的改变，能够补充甚至绕过传统机构的功能。例如，ICANN 在互联网治理网络中扮演着重要的角色，以域名的方式投递解决方案。

对区块链的意义：我们如何确保有着足够的激励机制推动分布式大规模协作并确保该项技术做好被大规模使用的准备？我们可能会有区块链的“ICANN时刻”，即一些机构将会被设立以提供关键的功能。不过，鉴于ICANN和互联网治理网络中的很多全球解决方案网络组织都是美国的，领导者需要推动这些组织的国际化。伊藤穰一说道，“我认为现在已经存在将治理模式‘去美国化’和国际化的努力，这是在一开始就进行的，因为我们从ICANN的历史中学到了，如果你刚开始的时候有一些美国的成分，你就很难脱离美国了。”[63]

法律应用自动化联盟是一个扮演着几个关键角色的全球组织：它负责传播知识、影响政策、为区块链发出倡导及支持基于区块链应用程序的开发和部署，这些对主要潜在障碍的解决都是非常关键的。[64]

3. 政策网络

有时候网络能够创造政府政策，即使这个网络中的一些成员可能是由非政府的参与者构成的。政策网络可以支持政策的发展或为政策创建替代方案（不管政府是否支持）。政策网络的目标并非从政府手上夺取政策制定过程的控制权。相反，它们的目标是将决策制定从传统的层级化传播模式变成咨询和协作的模式。

对区块链的意义：今天，一个新生的政策网络正在呈现。Coin Center是华盛顿的一个非营利性政策组织，专注于五个方面：创新、消费者保护、隐私、许可证及反洗钱/了解你的客户。数字货币商会是一个贸易组织，它专注于倡导数字货币的接受及使用。[65]英国有属于自己的数字货币协会，澳大利亚及加拿大也有，它们会为该产业发言。在聘用了前美国政府高级顾问John Collins后，Coinbase成为首个引入固定的政策主张角色的公司。[66]在政策领域实施相应的推动将会确保区块链更有可能实现其潜力。例如，我们知道挖矿会消耗很多的能源，而气候变化是一个很大的问题。负责任的政策对建造一个可持续发展的未来是很有价值的，而政府并不能在这个事情上单打独斗。

4. 倡导网络

倡导网络寻求改变政府、公司或其他机构的议程或政策。互联网降低了协作的成本，而今天世界正见证着日渐强大的倡导网络的急剧兴起，这些网络是全球性的、大范围分布性的及具有非常复杂的技术。

对区块链的影响：倡导网络是随着人们对传统政治及社会机构的失望而兴起的，这使它们对区块链社区十分合适，同样是尝试颠覆传统机构解决问题的方法。不过，在这些早期的日子中，倡导网络必须作为政府的合作伙伴。倡导网络与政策网络有着紧密的联系，因此 Coin Center 和数字货币商会在这个领域冲在最前面就是意料之中的事情了，还有 COALA、MIT 的数字货币计划以及其他的一些组织。倡导对区块链技术的扩展是很重要的。如果没有强而有力的倡导行动去支持利益相关者及其权利，政府及其他强大的机构可能会尝试扼杀、扭曲或夺取这个强大的开放网络为自己的利益服务，这也是其中一个潜在的障碍。

5. 监察网络

这些网络会对机构实施细致的监察，以确保它们的表现良好，其主题包括人权、腐败、环境及金融服务相关的事项。在这个过程中，它们推动公共辩论，提高透明度并促进带来改变的运动。监察网络的角色自然是与倡导网络及政策网络互相缠绕在一起的。政策网络与政府进行协作以带来合适的政策。监察网络确保产业与政策相符合并实际上监督及执行合规工作。那些滥用公众信任的政府也可以被仔细监察并承担责任。

对区块链的意义：区块链联盟（Blockchain Alliance）是执法机构、非政府组织、贸易组织、私营部门等团队的合作伙伴关系，它是产业中第一个真正的倡导网络。Coin Center 及数字贸易商会在 Bit-Fury、Bitfinex、BitGo、Bitnet、Bitstamp、Blockchain、Circle 和 Coinbase 等机构的支持下，与美国司法部、美国联邦调查局、美国特勤局、美国国土安全局等执法部门建立了合作关系。就如我们在前面的章节指出的那样，区块链在大范围内被罪犯利用将会是一个前进的障碍。这些监察网络也扮演着重要的倡导角色。在巴黎恐怖袭击发生后，欧洲的一些立法者、监管者和执法机构将比特币当成是恐怖主义融资的源头。区块链联盟让大家保持耐心："不要因为恐惧而进行监管[67]。"就在本书行文之际，我们不知道区块链联盟的倡导发挥了多少作用，不过可以肯定的是如果没有它们的参与状况可能会更糟糕，因为那样就只有政府在单方面处理了。除了有一些社区成员扮演着自我管理的角色并在论坛及 Reddit 上召集讨论、进行协作和参与辩论，很少有其他监察网络参与进来。在刚开始，与执法部门建立合作关系是很有用的，不过区块链生态系统需要完全独立的机构，像一些传统的监察机构。否则，我们可能会成为另一个障碍的受害者：区块链可能会成为一个新型和强大的监视工具。

6. 平台

数字化时代让机构可以比封闭、孤立的模式做得更好：它们也可以成为价值创造、创新及全球问题解决的平台。像 change. org 这样的机构让个人可以发起从人权到气候变化等一系列议题的支持活动。“请愿平台”可以利用数百万人的协作力量并让他们的激情带来持久的冲击力。开放平台可以应用在很多问题上——从气候变化到区块链。[68]

对区块链的影响：随着区块链技术的系统重要性增加，利益相关者必须收集和监察数据。比特币区块链或许是极度开放、透明及可调和的，但在从金融服务到物联网这些领域使用的封闭式区块链就未必是了。想象一个能让普通的公民收集和监察数据的平台，它是一个解决可扩展性的障碍、政府侵犯或不可持续的能源使用等方面问题的有力解决方案。它将能让监察网络和倡导网络促使机构和公司更负责任并推动有建设性的讨论。

7. 标准网络

标准网络是非国家本位的组织，它的任务是为几乎所有的事物开发技术规格和标准，这包括互联网所用的标准。他们决定产品底层开发的标准，并允许有潜力的创新成果发扬光大。若全球标准网络需要实现其目标，它们必须利用个人、机构、民间团体组织及私营部门企业（这个是最重要的）的专长。互联网工程任务组是互联网治理网络的中最主要的标准机构，它在整合来自不同利益相关者观点的工作上做得比较出色。

对区块链的意义：最初，比特币基金会资助了比特币核心协议（由社区使用的共同标准）的开发。不过，这个基金会将近解体的状态（由管理不善及浪费导致）证明了网络化治理解决方案的必要性。在意识到这项技术的深远的重要性及其对细致管理和培育的需求后，MIT 创造了数字货币计划，它为比特币核心开发者提供了资助使得他们可以继续其工作。“我们立刻介入并在 MIT 媒体实验室为他们提供了职位，这样他们可以继续独自地继续支持比特币的核心开发。”布赖恩・福德说道。[69]对核心开发者而言，能够自主地工作对核心协议的设计是非常重要的。

加文·安德烈森是在MIT工作的核心开发者中的一员。他相信若要在共同标准（如饱受争议的区块大小问题）上推动议题前进，是需要有领导者的。“或许你能让一个委员会设计某种五金工具的标准，但你不能用这样的方法设计软件标准，”他说道。当谈及网络发展的早期时，安德烈森说道，“互联网模式展示出在共识达成的场合可以有技术的出现，即使那时候缺乏明确的领导者，但你最终还是需要有一个人或流程（最终还是由人结束）。你始终需要其中之一。”[70]共识机制自身并不足以支持标准的开发。

Scalingbitcoin. org是一个将工程师及学者召集起来以解决主要技术问题的组织，其中包含了标准的问题。黄平达是Scalingbitcoin. org计划委员会的主席（这只是他其他的重要的领导角色之一）一直是产业里的关键领导者，他持续地将关键的利益相关者召集起来并清除产业中的重要障碍。在金融服务业，R3和超级账本项目都在致力解决重要的标准问题。最终，将会有不同事情上的标准网络，涵盖构建未来金融服务产业基础的区块链协议到物联网里的构造隐私和支付技术的共同标准。

这些组织从不同的角度、不同的立场试图解决问题，每一个组织都分享着让这项技术走向大规模使用的共同目标——构建基础设施、开发标准及使其可扩展。

8. 网络化的机构

一些网络提供了广泛的职能，我们将其描述为“网络化的机构”。它们并不是国家本位的，但确实是真正的多个利益参与方的网络。它们创建的价值包括知识、倡导和政策，还有提供实际的解决方案。

对区块链的意义：世界经济论坛是一个领先的网络化机构，它一直是区块链技术的公开支持者。区块链技术是2016年1月达沃斯（世界经济论坛）的重头戏。世界经济论坛的金融创新领导人杰西·麦克沃特斯相信区块链技术是一项通用的技术，就如互联网一样，我们可以创建更高效的市场及改善对金融服务的获取。该组织预计在10年内我们将可以在区块链上存储10%的全球GDP（国内生产总值）。[71]作为一个组织，世界经济论坛带领了重大事项的改善和解决，如收入不公平、气候变化甚至是汇款等问题。其他网络化的机构，从最小的小组到世界上最大的基金会，如克林顿基金会及比尔·盖茨与梅琳达基金行会，若它们使用这项技术去改善金融包容性及医疗保健服务等方面的重大议题，那将会是很明智的。网络化的机构通常在影响政府政策制定的过程中扮演着一定的角色，让其成为在一系列主要障碍的解决过程中成为关键的环节及战略伙伴。

9. 侨民

侨民组织是由离开祖国及被文化和对祖国认知所团结起来的人们所组成的全球社区。得益于互联网所提供的帮助，这些人及相关机构可以在多个利益相关方的网络中进行协作。今天很多的侨民组织的功能之一是关注及帮助普遍的全球性问题的解决。

对区块链的意义：侨民组织对区块链的未来是很关键的。第一，区块链使得发送汇款的过程变得更简单及更可负担。区块链离所谓的“就业职位杀手”还差很远，区块链实际上为这些人创造了更多的时间和资源去追求其他赚取薪资的机会或创业机会。虽然在菲律宾和肯尼亚已经有一些公司在做这些事情了，但侨民组织必须做出更多的事以加速区块链支付方法的认知、采用及接受程度。今天，在针对这个机会的公司（如 Abra 及支付机构 Paycase）中，大部分是以美国、英国、加拿大或中国为基地的。

10. 治理网络

区块链治理网络应该包含其他 9 个全球解决方案网络类型的所有特性及属性。最终，一个区块链治理网络应该力求具备包容性，并欢迎来自所有的利益相关方组织的参与。这个网络应该是一个贤能治理的网络，即社区会在可行的提议中进行遴选，而不考虑提议者的职衔或身份。网络应该是透明的，将其所有数据、文档及会议记录公开并接受公众的监察。最后，决策尽量要根据共识达成，以为其结果增加更多的合法性。

下一个数字时代的新议程

区块链治理网络对这项全球资源的管理至关重要。不过我们如何能确保这个下一代的互联网实现其潜力？数字时代的下一个纪元将会带来无限的可能性、显著的危险性、未知的障碍、艰难的挑战及不确定的未来。技术（特别是分布式的）为每一个人创造了机会，不过其结果最终是由人类决定的。

咨询机构负责人康斯坦丝·蔡认为，“这项技术有着其前景及危险性。主要是我们如何利用它”。[72]就如这一章所讨论过的那样，每一个人都可以参与进来，实现数字时代的新愿景。在之前的划时代转变中，社会采取措施引入新的理解、法律及机构。这些文明的转型是需要时间的，通常是上百年，通常还会被冲突甚至是革命所中断。

今天的情况有所不同，因为改变发生得更快。更重要的是，摩尔定律表明改变的速率正在以指数级增长。我们正面对一个谚语中的“国际象棋棋盘上放谷子”的问题，即不断叠加的指数级增长有着不可思议的效应。[73]结果是，我们的监管及政策基础设施是有着严重不足的，对数字时代的要求适应得太慢或根本没有适应。今天的颠覆影响变得越来越快，正超出了个人和机构的理解能力，更不用说管理它们所带来的冲击了。我们的民主机构和工具是为工业时代而设的——实际上它们是起源于农业化封建社会到工业化资本主义国家的转变过程中。

我们如何让人类转型的节奏更快，以适应加速中的技术创新和颠覆性成果的步伐？为了不让别人将我们称为技术绝对论者或乌托邦空想者，我们是否可以指出现在已经是为数字时代设立新的社会契约的时候了。政府、私营部门、社会团体和个人需要一切协作以打造这个新的共同认知。

随着我们步入这个第二代的互联网，需要有一个为数字时代而设的宣言。可以将其取名为《互相依赖宣言》。数字时代的公民有访问数字化基础设施、文化、媒体识读、终生学习的权利，以及在网络上进行沟通而无须担心被监视的权利。

数字经济和社会应该根据原则来治理。确实，那些付出劳动的人应该分享到它们所创造的财富。如果计算机可以承担工作量，那么每周的工作就不再是生活的标准了，人类的工作时间应该减少了。实际上，中本聪为比特币提供的隐含设计原则也可以为我们很好地服务，我们需要能够根据正直性、安全性、隐私、包容、权利保护及权力分散等原则行事的机构。让我们一起将机会传播和繁荣从源头传播出去，而不是在财富被创造后根据传统的阶级架构简单地重新分配出去。

区块链技术或许能降低政府的耗费和规模，不过我们在很多领域依然需要新的法律。知识产权和权利所有权面临的挑战应该有技术和商业模式上的解决方案。因此，我们应该重写或废弃那些因对专利过度保护从而扼杀创新的旧法律。更完善的反垄断行动或许会阻止垄断化的趋势，这样没有人需要在如互联网或金融服务上付出过多的代价。80% 的美国人对互联网服务提供商并没有选择权，这或许可以解释美国的宽带条件是发达国家中最慢的、最昂贵的。那些操纵从外汇到柴油排放量等事项的犯罪操作分子应该被起诉和得到相应的惩罚。

我们将需要横跨不同领域的机构性转型。央行需要改变它们在货币管理和货币政策中的角色，并与经济和社会中更多的利益相关者进行多边协作。我们需要学校和大学为学生提供定制及协同制作的区块链相关课程，让学生和教师可以参与到小组讨论和项目当中。我们需要一个区块链上的统一医疗记录，以确保我们可以在系统外管理自身身体状况时实现医疗保健的协作。当我们进入医疗保健系统时，我们不应该因为对药物反应的无知或不对症的药物而受到伤害。政治家们需要适应一个透明的世界，这里面智能合约会确保他们对选区负责。在数字货币为 5000 亿美元的汇款市场带来冲击后，我们应该如何应对？

区块链技术可以实现新型的实体基础设施，这需要新的合作伙伴关系及利益相关方之间的理解。当 SUber 夺走了几百万 Uber 司机的职位后，会发生什么？城市如何确保在 2025 年市民会对其智能交通系统有着积极的态度？我们如何实现一个分布式的区块链电力网络，房产持有者不再仅仅是电力的消费者，还是电力的贡献者？我们将如何寻找实施区块链个人碳排放交易系统所需的领导力量？

可信的协议和你

范式转型的规律——旧范式的领导者是最难拥抱新范式的人群，在这次的转型中还会是这样吗？考虑一下那些曾经推崇过唐·塔普斯科特在 1994 年写的《数字经济》一书的领导者：Nortel Networks、MCI、Nynex、Ameritech 及 GE Information Services（GE 信息服务）公司的 CEO 们，这些人都已经销声匿迹了。

起码他没有将 Kodak（柯达）、Borders、Blockbuster 或 Circuit City 的 CEO 包含在其中。(这对《区块链革命》的善意支持者来说是一种警惕)。

为什么鲁伯特·默多克没有创建《赫芬顿邮报》？为什么 AT&T 没有创造 Skype？为什么 Visa 没有创造 Paypal？CNN 其实是有可能创建 Twitter 的，因为对它来说其实就是新闻摘要，不是吗？GM 或 Hertz 也可能发起 Uber、Marriott 和 Airbnb；Gannett 也可能创造出 Craigslist 或 Kijiji；eBay 也可能发起 Yellow Pages（黄页）；微软也拥有创造 Google 等其他的一些基于互联网（而非个人电脑）的商业模式的可能性；NBC（美国国家广播公司）也可能发明 YouTube；Instagram 和 Pinterest 发明的时候 Kodak 在哪里呢？如果《人物周刊》或《新闻周刊》发明了 BuzzFeed 和 Mashable，该会是什么样子？

就如我们在本书开头的时候所写的那样，“就如历史上反复出现过的场景那样，技术的小精灵似乎又一次从瓶子中被释放出来了……现在，这个小精灵或许能为我们所用，带来另一场变革，这将可能革新经济格局和人类社会各种事务的旧秩序。前提是如果我们能很好地利用它”。就如第一代的互联网，区块链革命有着颠覆商业模式及为产业带来转型的潜力。不过这仅仅是一个开始。区块链技术正不可避免地将我们带到一个新的时代，这个时代是以开放性、价值、去中心化和全球参与为基础的。

我们预计会有一段时间的不稳定性、投机性和滥用。我们也预期未来有着一个稳定的发展前景。现在还没有人意识到这个技术在金融服务产业会带来什么样的影响。本·罗斯基所说的“这个产业在未来的 5 ~ 10 年将会有翻天覆地的变化”是对的吗？蒂姆·德雷珀说道，“比特币与美元的对比就像是互联网跟纸张的对比”。[74]那些最热心的区块链技术支持者会不会低估了它的长远潜力？区块链技术会不会是自复式记账法或股份制公司诞生以来对产业效率和价值的提升作用最大的技术？赫尔南多·德·索托称区块链有望将 50 亿的人口带到全球经济当中，让国家和公民之间的关系变得更好，及成为一个为全球繁荣而设的新平台及个体权利的保护者。对他而言，“通过法律实现和平、全球人类同属一个家庭的理念，有赖于我们在共同的标准上达成协议。我们应该思考区块链能否为《世界人权宣言》的实施提供帮助。[75]我们应该如何实现这个更好的未来”？

领导这场变革的大部分人仍不为人所知，除了网景公司的创始人马克·安德森这样的老兵外。你应该没有听说过本书中引用的大部分人。不过，其实谁在1994年听说过伊朗移民皮埃尔·奥米戴尔或华尔街程序员杰夫·贝索斯呢？很多事情取决于产业的领袖们如何介入。区块链会替代Facebook或Twitter吗，或者现有的参与者会通过改善数据所有权和隐私问题来解决用户的担忧吗？这并不重要。无论怎样，消费者都是赢家。Visa会走向失败，还是会通过改变其商业模式去拥抱区块链技术的潜能？苹果会如何应对一个以艺术家为中心的音乐产业？政府官员们会如何面对一个去中心化互联网？区块链技术真的能为世界范围内20亿无法享受银行服务的人提供帮助吗？

初创企业的失败率是很高的，因此我们预计这本书中所研究的很多案例都会失败，这并非因为区块链技术的理念不好，而是对我们所举例的每一个企业来说，都面临着很多也是初创企业的竞争对手。这些初创企业并不可能全部生存下来。我们相信那些追随中本聪的理念的人将会比其他人有着更高的成功率。

这些是充满兴奋和危机的时代。作为一个商业领袖，你可以将《区块链革命》这本书看成是你的行动指南。不过也要意识到游戏规则也在发生变化。你要对你的业务、所做的产业及工作进行思考：我将会被如何影响，我可以做什么？不要重蹈历史上的很多范式转型所遭遇的覆辙。今天的领袖并不能承担成为明日的失败者的风险。这是利害攸关的事情，而我们需要你的帮助。请加入我们。

注　释

新版前言

1. 标准普尔500指数是美国股票市场的一个指数，它是在纽交所或纳斯达克中有普通股的500家大公司市值的基础上计算出来的。标准普尔500指数的构成元素及权重是由标准普尔道琼斯指数公司决定的。一般来说，该指数中市值最小的成分股有大约70亿~90亿美元市值。

2. 加密数字资产的价值总是在变化。我们截取了2018年4月24日的值。如果你将这些数字与现在的市值对比，就能明白这种资产的波动性有多大了。

3. Jim Epstein, "Bitcoin Sends Elite Economists into Glorious Fits of Confusion," *Reason. com*, Reason Foundation, November 30, 2017; reason. com/blog/2017/11/30/bitcoin-joseph-stiglitz-crypto-outlaw, accessed March 8, 2018. Both Joseph Stiglitz and Paul Krugman have expressed skepticism about bitcoin.

4. Noah Buhayar, "Munger Calls Bitcoin a 'Noxious Poison' Government Should Tackle," *Bloomberg Markets*, February 14, 2018; www. bloomberg. com/news/articles/2018 – 02 – 14/munger-calls-bitcoin-a-noxious-poison-government-should-tackle, accessed March 8, 2018.

5. Vitalik "Not giving away ETH" Buterin @ VitalikButerin, "So Total Cryptocoin Market Cap Just Hit $0.5T Today. But Have We *Earned* It?" Twitter, 4:46 PM, December 12, 2017; twitter. com/VitalikButerin/status/940744724431982594, accessed March 8, 2018.

6. Vitalik "Not giving away ETH" Buterin @ VitalikButerin, "How Many Unbanked People Have We Banked?" Twitter, 4:46 PM, December 12, 2017; twitter. com/VitalikButerin/status/940744820406013954, accessed March 8, 2018.

7. Vitalik "Not giving away ETH" Buterin @ VitalikButerin, "How Much Value Is Stored in Smart Contracts That Actually Do Anything Interesting?" Twitter, 4:50PM, December 12, 2017; twitter. com/VitalikButerin/status/940745607047548928, accessed March 8, 2018.

8. Vitalik "Not giving away ETH" Buterin @ VitalikButerin, "The Answer to All of These Ques-

tions Is Definitely Not Zero, and in Some Cases It's Quite Significant. But Not Enough to Say It's $0.5T Levels of Significant. Not Enough," Twitter, 4:53 PM, December 12, 2017; twitter.com/VitalikButerin/status/940746391256678400, accessed March 8, 2018.

9. Tommy Wilkes and Fanny Potkin, "Twitter to Ban Cryptocurrency Ads from Tuesday as Online Crackdown," Reuters, Thomson Reuters, March 26, 2018, www.reuters.com/article/us-crypto-currencies-twitter/twitter-to-ban-cryp to currency-ads-from-tuesday-as-online-crackdown-widens-idUSKBN1H222H.

10. Don Tapscott 在 2018 年 3 月 3 日对 Joseph Lubin 的电话采访。

11. JPMorgan Chase & Co., "FORM 10-K Annual Report Pursuant to Section 13 or 15(d) of the Securities Exchange Act of 1934, for the Fiscal Year Ended 31 Dec. 2017, Commission File Number 1-5805," Investor Relations, JPMorgan Chase & Co., February 28, 2018, 25; investor.shareholder.com/jpmorganchase/secfiling.cfm?filingID = 19617-18-57&CIK = 19617 # CORP10K2017 _ HTM _ S440D20F00AA0567AADC9B36846A275C5, accessed March 8, 2018.

12. 若要了解更多信息,参见 Chris Burniske 和 Jack Tatar 所著的《加密数字资产》(*Cryptoassets*)一书。

13. Michael del Castillo, "JPMorgan Integrates Zcash Privacy Tech into Quorum Blockchain," *CoinDesk*, October 18, 2017; www.coindesk.com/jpmorgan-integrates-zcash-privacy-tech-enterprise-blockchain, accessed March 8, 2018.

14. https://metronome.io, accessed March 14, 2018.

15. Nick Szabo, "Winning Strategies for Smart Contracts," Blockchain Research Institute, December 4, 2017.

16. Charles Bovaird, "The #Flippening: Will Ether 'Pass' Bitcoin and What Would It Mean?" *CoinDesk*, June 14, 2017; www.coindesk.com/flippening-will-ether-pass-bitcoin-will-mean, accessed March 13, 2018.

17. Don Tapscott 在 2018 年 3 月 3 日对 Joseph Lubin 进行的电话采访。

18. Scott Nelson 在 2018 年 3 月 12 日发给 Don Tapscott 的电子邮件。

19. Primavera De Filippi, et al., "Regulatory Framework for Token Sales: An Overview of Relevant Laws and Regulations in Different Jurisdictions," Blockchain Research Institute and COALA, April 2018.

20. Michael Casey, "The Token Economy: When Money Becomes Programmable," Blockchain Research Institute, September 28, 2017.

21. "The New Digital Gold Standard," *RMG* , Royal Mint Ltd. , n. d. ; rmg. royalmint. com, accessed March 8, 2018.

22. Casey,"The Token Economy."

23. Marcia Dunn,"Elon Musk Hails 'Silly but Fun' SpaceX Rocket Launch," *Independent. ie* , February 7, 2018; www. independent. ie/world-news/elon-musk-hails-silly-but-fun-spacex-rocket-launch-36576997. html, accessed March 8, 2018.

24. Scott Reyburn,"Will Cryptocurrencies Be the Art Market's Next Big Thing?" *The New York Times* , January 13, 2018; www. nytimes. com/2018/01/13/arts/cryptocurrency-art-market. html.

25. DADA overview, dada. nyc/presale, and DADA white paper, dada. nyc/presale, accessed March 8, 2018.

26. Rachel A. J. Pownall,"TEFAF 2017 Global Art Market Report," *TEFAF. com* ,March 6, 2017, p. 8; tinyurl. com/ycexbc6x, accessed March 14, 2018; http://1uyx qn3lzdsa2ytyzj1asxmmmpt. wpengine. netdna-cdn. com/wp-content/up loads/2017/03/TEFAF-Art-Market-Report-20173. pdf.

27. Charles"Chuck"Bair,"Some Good Things About the Petro," *Bair Dot Com* , March 8, 2018; bair. com/2018/03/08/good-things-about-the-petro, accessed March 14, 2018.

28. Jack Karsten and Darrell M. West,"Venezuela's 'Petro' Undermines Other Cryp-tocurrencies—and International Sanctions," Brookings Institution, March 9, 2018; www. brookings. edu/blog/techtank/2018/03/09/venezuelas-petro-undermines-other-cryptocurrencies-and-international-sanctions, accessed March 14, 2018.

29. Alex Tapscott 在 2018 年 3 月 13 日对 Gabriel Abed 进行的采访。

30. Timothy B. Lee,"Why Experts Are Worried About Tether, a Dollar-Pegged Cryptocurrency," *Ars Technica* , February 5, 2018; arstechnica. com/tech-policy/2018/02/tether-says-its-cryptocurrency-is-worth-2-billion-but-its-audit-failed, accessed March 13, 2018.

31. Alex Tapscott 在 2018 年 3 月 13 日对 Gabriel Abed 进行的采访。

32. www. linuxfoundation. org/press-release/linux-foundation-unites-industry-leaders-to-advance-blockchain-technology/#. WZ8FmCiG, accessed March 8, 2018.

33. www. hyperledger. org/about, accessed March 8, 2018.

34. Olga Kharif, "Next-Generation Crypto-Ledgers Take the Block Out of Blockchain," *Bloomberg Technology* , February 14, 2018; www. bloomberg. com/news/articles/2018-02-14/next-generation-crypto-ledgers-take-the-block-out-of-blockchain, accessed March 13, 2018.

35. www. hyperledger. org/projects, accessed March 8, 2018.

36. www. hyperledger. org/community/projects, accessed March 8, 2018.

37. Gary Wolf and Kevin Kelly, "About the Quanti? ed Self," *Quantified Self* , November 1, 2016; quantifi edself. com/about, accessed February 22, 2018.

38. Doc Searls, "Sovereign-Source vs. Administrative Identity," *ProjectVRM* , March 25, 2012; blogs. harvard. edu/vrm/2012/03/25/sovereign-source-vs-administrative-identity, accessed February 21, 2018.

39. Moxie Marlinspike, "What Is 'Sovereign Source Authority'?" The *Moxy Tongue* , February 15, 2012; www. moxytongue. com/2012/02/what-is-sovereign-source-authority. html, accessed February 21, 2018.

40. UNICEF, "The Births of Around One Fourth of the Global Population of Children Under Five Have Never Been Registered," *UNICEF Data*: *Monitoring the Situation of Children and Women*, January 2018; data. unicef. org/topic/child-protection/birth-registration, accessed February 21, 2018.

41. 同上。

42. Jean – Luc Lemahieu and Angela Me, directors, UN Office on Drugs and Crime, "Global Report on Trafficking in Persons 2016," 25; www. unodc. org/documents/data – and – analysis/glotip/2016_Global_Report_on_Trafficking_in_Persons. pdf, accessed February 21, 2018.

43. UNICEF, "The Births of Around One Fourth of the Global Population of Chil-dren Under Five Have Never Been Registered."

44. "Principles on Identi? cation for Sustainable Development: Toward the Digital Age," The World Bank Group, February 27, 2017; documents. worldbank. org/curated/en/213581486378184357/Principles-on-identi? cation-for-sustainable-development-toward-the-digital-age, accessed February 22, 2018.

45. Samer Aburass, "Syrian Refugees' Documentation Crisis," *NRC* (Norwegian Refugee Council), January 26, 2017; www. nrc. no/news/2017/january/syrian-refugees-documentation-crisis, accessed February 22, 2018.

46. Bronwen Manby, Jonathan Marskell, and Julia Clark, "'Papers Please?' The Importance of Refugees and Other Forcibly-Displaced Persons Being Able to ProveIdentity," *dev4peace Blog* , June 20, 2017; blogs. worldbank. org/dev4peace/papers-please-importance-refugees-and-other-forcibly-displaced-persons-being-able-prove-identity, accessed February 22, 2018.

47. "Identification for Development (ID4D)," The World Bank, 2018; www.worldbank.org/en/programs/id4d, accessed February 22, 2018.

48. Special Correspondent, "Aadhaar Covers 99% of Adults in India: Prasad," *The Hindu*, January 17, 2017; www.thehindu.com/business/Aadhaar-covers-99-of-adults-in-India-Prasad/article17104609.ece, accessed January 17, 2018.

49. Unique Identification Authority of India, "[Aadhaar Authentication] Operation Model," Government of India, n. d.; https://uidai.gov.in/authentication/authenti cation-overview/operation-model.html, accessed 13 Jan. 2018.

50. "Aadhaar Card Data Security Issues: UIDAI Says System Fully Safe, Never Breached or Leaked," *The Financial Express*, November 20, 2017; www.financial express.com/money/aadhaar-card-data-security-issues-uidai-says-system-fully-safe-never-breached-or-leaked/940459, accessed February 22, 2018.

51. Joseph Lubin, "This Is How the Blockchain Will Disrupt the Election System," ConsenSys Media, November 7, 2016; media.consensys.net/this-is-how-the-blockchain-will-disrupt-the -election-system-4e988d1d7d8f, accessed March 13, 2018.

52. Brendan Pierson, "Anthem to Pay Record $115 Million to Settle U.S. Lawsuits over Data Breach," *Reuters*, June 23, 2017; www.reuters.com/article/us-anthem-cyber-settlement/anthem-to-pay-record-115-million-to-settle-u-s-lawsuits-over-data-breach-idUSKBN19E2ML, accessed February 22, 2018.

53. Jessica Davis, "Anthem: Insider Theft Exposes Data of 18,000 Medicare Members," *Healthcare IT News*, October 26, 2017; www.healthcareitnews.com/news/anthem-insider-theft-exposes-data-18000-medicare-members, accessed February 22, 2018. The thief was an employee of Anthem's Medicare insurance coordinator, LaunchPoint Ventures.

54. Casey, "The Token Economy." See also "Bootstrapping Identity," *OpenStack Docs*, February 20, 2018; docs.openstack.org/keystone/pike/admin/identity-bootstrap.html.

55. Robert Hackett, "Can This Man Build a Better Bitcoin?" *Fortune*, December 18, 2017; fortune.com/2017/12/18/jp-morgan-bitcoin-zcash-wilcox, accessed February 23, 2018.

56. Christopher Allen, "The Path to Self-Sovereign Identity," *CoinDesk*, May 1, 2016; www.coindesk.com/path-self-sovereign-identity, accessed February 21, 2018.

57. "OpenPDS/SafeAnswers: The Privacy-Preserving Personal Data Store," MIT Human Dynam-

ics Group, Massachusetts Institute of Technology School of Architecture + Planning, n. d.; openpds. media. mit. edu. See also Yves-Alexandre de Montjoye, Erez Shmueli, Samuel S. Wang, and Alex "Sandy" Pentland, "OpenPDS: Protecting the Privacy of Metadata Through SafeAnswers," *PLOS ONE*, July 9, 2014; journals. plos. org/plosone/article? id = 10. 1371%2Fjournal. pone. 0098790, accessed February 22, 2018.

58. https://gomedici. com/22 – companies – leveraging – blockchain – for – identity – management – and – authentication.

59. Christian Lundkvist, Rouven Heck, Joel Torstensson, Zac Mitton, and Michael Sena, "uPort: A Platform for Self-Sovereign Identity," white paper, uPort. me, February 21, 2017; https://whitepaper. uport. me/uPort_whitepaper_DRAFT20170221. pdf, accessed March 2, 2018.

60. "Decentralized Identity Foundation," n. d.; identity. foundation, accessed February 21, 2018.

61. "Working Groups," n. d.; identity. foundation/working-groups, accessed February 21, 2018.

62. Alyssa Hertig, "The Father of the ICO Is All About Identity Now," *CoinDesk*, December 5, 2017; www. coindesk. com/forget-token-sales-the-father-of-the-ico-is-all-about-identity-now, accessed February 28, 2018.

63. Elizabeth M. Pierce, "Designing a Data Governance Framework to Enable and Infl uence IQ Strategy," presentation, Proceedings of the MIT 2007 Information Quality Industry Symposium, Cambridge, MA, July 19, 2007; http://mitiq. mit. edu/IQIS/Documents/CDOIQS_200777/Papers/01_08_1C. pdf, accessed December 7, 2017.

64. 同上。

65. 在 2018 年 3 月 13 日对 David A. Jaffray 进行的电话采访。

66. Tom McCarthy, "How Russia Used Social Media to Divide Americans," *The Guardian*, October 2017, www. theguardian. com/us-news/2017/oct/14/russia-us-politics-social-media-facebook.

67. Yuval Noah Harari, "On Big Data, Google and the End of Free Will," *Financial Times*, August 26, 2016, www. ft. com/content/50bb4830-6a4c-11e6-ae5b-a7cc5dd5a28c.

68. "Cambridge Analytica Receives Top Honor in the 2017 ARF David Ogilvy Awards," *PR Newswire*, March 21, 2017, www. prnewswire. com/news – releases/cambridge – analytica – receives – top – honor – in – the – 2017 – arf – david – ogilvy – awards – 300426997. html.

69. Harari, "On Big Data, Google and the End of Free Will."

70. Marcelo Gleiser, "Biometric Data and the Rise of Digital Dictatorship," National Public Ra-

dio, February 28, 2018, www. npr. org/sections/13. 7/2018/02/28/589477976/biometric-data-and-the-rise-of-digital-dictatorship.

71. Szabo, "Winning Strategies for Smart Contracts."

72. Eric Jaffe, "Old World, High Tech," *Smithsonian Magazine* , December 1, 2006; www. smithsonianmag. com/science-nature/old-world-high-tech-141284744/? no-ist = &page = 2, accessed February 21, 2018.

73. Maki Shiozawa, "16 Things You Didn't Know About Vending Machines," *CocaCola Journey*, February 20, 2015; www. coca-colacompany. com/stories/16-things-you-didnt-know-about-vending-machines-in-japan-and-around-the-world, accessed February 28, 2018.

74. Primavera De Filippi and Aaron Wright, *Blockchain and the Law: The Rule of Code* (Boston: Harvard University Press, 2018): 79.

75. For a good overview of jurisdictions, see "Can smart contracts be legally binding contracts? An R3 and Norton Rose Fulbright White Paper," http://www. nortonrosefulbright. com/files/r3-and-norton-rose-fulbright-white-paper-full-re port-144581. pdf.

76. Nick Szabo, "Money, Blockchains, and Social Scalability," *Unenumerated* , February 9, 2017; https://unenumerated. blogspot. com/2017/02/money-blockchains-and-social-scalability. html, accessed September 27, 2017.

77. Szabo, "Winning Strategies for Smart Contracts."

78. Lucinda Shen, "The 10 Biggest Business Scandals of 2017," *Fortune* , December 31, 2017; fortune. com/2017/12/31/biggest-corporate-scandals-misconduct-2017-pr, accessed February 28, 2018.

79. Szabo, "Winning Strategies for Smart Contracts."

80. De Filippi and Wright, *Blockchain and the Law: The Rule of Code* , 29.

81. Alan Majer, "Slock. it: Enabling IoT and the Universal Sharing Network," Blockchain Research Institute, December 21, 2017.

82. Stephan Tual, "Share&Charge Launches Its Mobile App, On-boards over 1,000 Charging Stations on the Blockchain," *Slock. it Blog* , May 1, 2017; https://blog. slock. it/share-charge-launches-its-app-on-boards-over-1-000-charging-stations-on-the-blockchain-ba8275390309, accessed November 22, 2017.

83. 同上。

84. Jon Buck, "UN Branch Using Ethereum-Based Smart Contracts for Public Confidence,"

Cointelegraph , August 7, 2017; cointelegraph. com/news/un-branch-using-ethereum-based-smart-contracts-for-public-con? dence, accessed February 28, 2018.

85. Majer, "Slock. it: Enabling IoT and the Universal Sharing Network." Indeed, some have blamed the Solidity language itself for the difficulty in identifying anti-patterns like the ones that caused the attack on the DAO.

86. 同上。

87. Tom Serres and Bettina Warburg, "Introducing Asset Chains: The Cognitive, Friction-free, and Blockchain-enabled Future of Supply Chains," Blockchain Research Institute, November 28, 2017.

88. 同上。

89. Scott Nelson 在 2018 年 3 月 12 日发给 Don Tapscott 的电子邮件。

90. Serres and Warburg, "Introducing Asset Chains."

91. Irving Wladawsky-Berger, "Building a Framework for Blockchain Adoption: What CEOs Should Know," Blockchain Research Institute, October 26, 2017.

92. 同上。

93. 同上。

94. 同上。

95. Klaus Schwab, *The Fourth Industrial Revolution* (Geneva: World Economic Forum, 2016).

96. Oliver T. Bussmann, "Blockchain and the Global CIO: How Distributed Ledger Technology Will Transform Enterprise Architecture and the CIO Role," Blockchain Research Institute, January 3, 2018.

97. Vlad Gheorghiu, Sergey Gorbunov, Michele Mosca, and Bill Munson, "Quantum – Proofing the Blockchain," Blockchain Research Institute, November 23, 2017.

98. Open MIC Project, *Breaking the Mold: Investing in Racial Diversity in Tech; A Report for Investors* , February 2017; http://breakingthemold. openmic. org, accessed February 28, 2018.

99. Alberto Felice De Toni and Giovanni De Zan, "The Complexity Dilemma: Three Tips for Dealing with Complexity in Organizations," *Emergence: Complexity and Organization* 3–4 (December 2016): H1. Pindar Wong, interviewed via telephone by Don Tapscott, April 7, 2017.

100. 在 2017 年 4 月 7 日对黄平达的电话采访。

101. Andy Spence, "Blockchain and the Chief Human Resources Officer: Transforming the HR

Function and the Market for Skills, Talent, and Training," Blockchain Research Institute, January 29, 2018.

102. 同上。

103. Jeremy Epstein, "Blockchain and the CMO: The Next Era of Marketing," Blockchain Research Institute, September 28, 2017.

104. 同上。

105. Paul H. Madore, "IOTA Update: The Tangled Web of Home – Rolled Cryptography," Hacked. com, September 10, 2017; hacked. com/iota – update – tangled – web – home – rolled – cryptography, accessed February 28, 2018.

106. Ethan Heilman, Neha Narula, Thaddeus Dryja, and Madars Virza, "IOTA Vulnerability Report: Cryptanalysis of the Curl Hash Function Enabling Practical Signature Forgery Attacks on the IOTA Cryptocurrency," *GitHub* , September 7, 2017; github. com/mit-dci/tangled-curl/blob/master/vuln-iota. md#iota-vulnera bility-report-cryptanalysis-of-the-curl-hash-function-enabling-practical-signa ture-forgery-attacks-on-the-iota-cryptocurrency, accessed March 13, 2018.

107. Joichi Ito, "Our Response to 'A Cryptocurrency Without a Blockchain Has Been Built to Outperform Bitcoin,'" MIT Media Lab, December 20, 2017; www. media. mit. edu/posts/iota-response, accessed February 28, 2018.

108. Thomas M. Isaacson, "Patents and Blockchain Innovation: Strategic Approaches to Intellectual Property," Blockchain Research Institute, January 29, 2018.

109. Choe Sang-hun, "Samsung' s Leader Is Indicted on Bribery Charges," *The New York Times* , February 28, 2017; www. nytimes. com/2017/02/28/world/asia/lee-jae-yong-samsung. html. Donna Borak, "Former Equifax Executive Charged with Insider Trading," *CNN Money* , March 14, 2018; money. cnn. com/2018/03/14/news/companies/equifax-insider-trading/index. html. Osamu Tsukimori and Aaron Sheldrick, "Mitsubishi Materials Finds More Products with Falsified Data," *Reuters*, December 19, 2017; www. reuters. com/article/us-mitsubishi-ma-scandal/mitsubishi-materials-finds-more-products-with-falsi? ed-data-idUSKBN1ED14A. Ken Sweet, "Wells Fargo Says 3. 5 Million Accounts Involved in Scandal," *AP News*, August 31, 2017; apnews. com/c3de75ac78004f04be8291b1b76c2cd0. All articles accessed March 14, 2018.

110. 全球解决方案网络项目，由 Tapscott 集团为罗特曼管理学院实施的项目，http://gsnetworks. org，访问于 2017 年 6 月 20 日。

111. The Muskoka Group,"Manifesto on Building a Healthy Blockchain Ecosystem," www. muskokagroup. org.

112."Realizing the Potential of Blockchain: A Multi – stakeholder Approach to the Stewardship of Blockchain and Cryptocurrencies,"www3. weforum. org/docs/WEF_Realizing_Potential_Blockchain. pdf.

113. 全球解决方案网络，http://gsnetworks. org。

114. Don Tapscott, Hilary Carter, and Jill Rundle,"The Networked Hotbeds of Blockchain: Creating Global Hubs for the Internet's Second Era,"Blockchain Research Institute, January 15, 2018.

115. 同上。

116. Shiwen Yap,"Singapore Emerges as Third Largest Global ICO Hub," *Deal Street Asia* , November 27, 2017; www. dealstreetasia. com/stories/singapore-emerges-asia-ico-hub-86574, accessed December 22, 2017.

117. Sonal Chokshi, Chris Dixon, Denis Nazarov, Jesse Walden, and Ali Yahya, "Crypto Canon: Blockchain and Cryptocurrencies," Andreessen Horowitz, March 7, 2018; a16z. com/2018/02/10/crypto – readings – resources, accessed March 13, 2018.

118. 从以下网址中可以看到接受比特币支付的公司列表,99bitcoins. com/who – accepts – bitcoins – payment – companies – stores – take – bitcoins。

第一章　可信的协议

1. https://www. technologyreview. com/s/419452/moores – outlaws/.

2. https://cryptome. org/jya/digicrash. htm.

3. 由 Ian Grigg 和他的同事从荷兰语翻译为英语,并在 1999 年 2 月 10 日发送到 Robert Hettinga 的邮件列表里;2015 年 7 月 19 日发表到 John Young Architects 组织所主办的 Cryptome. org 网站上;还可以参见 https://cryptome. org/jya/digicash. htm,及 *Next*! *Magazine* 网站上 2015 年 7 月 19 日的文章"How DigiCash Alles Verknalde",网址是 www. nextmagazine. nl/ecash. htm;还可以参见 https://web. archive. org/web/19990427/http://nextmagazine. nl/ecash. htm 的历史数据存档。

4. http://nakamotoinstitute. org/the – god – protocols/.

5. Brian Fung, "Marc Andreessen: In 20 Years, We'll Talk About Bitcoin Like WeTalk About the Internet Today," *The Washington Post*, 2014 年 5 月 21 日; www. washingtonpost. com/blogs/the – switch/wp/2014/05/21/marc – andreessen – in – 20 – years – well – talk – about – bitcoin – like – we – talk – about – the – internet – today/, 获取于 2015 年 1 月 21 日。

6. 对 Ben Lawsky 的采访, 2015 年 7 月 2 日。

7. www. economist. com/news/leaders/21677198 – technology – behind – bitcoin – could – transform – how – economy – works – trust – machine.

8. www. coindesk. com/bitcoin – venture – capital/.

9. Fung, "Marc Andreessen."

10. www. coindesk. com/bank – of – england – economist – digital – currency/.

11. Leigh Buchanan 的一篇题为"AmericanEntrepreneurship Is Actually Vanishing"的文章,就 Kauffman Foundation 的研究作出了报道,参见 www. businessinsider. com/927 – people – own – half – of – the – bitcoins – 2013 – 12.

12. 这个定义是在 Don Tapscott and David Ticoll 所著的 *The Naked Corporation* 一书中提出来的(New York: Free Press, 2003)。

13. www. edelman. com/news/trust – institutions – drops – level – great – recession/.

14. www. gallup. com/poll/1597/confidence – institutions. aspx.

15. 源自对 Carlos Moreira 的采访, 2015 年 9 月 3 日。

16. Don Tapscott 是 WISeKey 组织顾问委员会的成员。

17. 有不少作家曾经写过数字时代潜在的黑暗面,Don Tapscott 是其中的一员。例子可参见 *The Digital Economy: Promise and Peril in the Ageof Networked Intelligence* (New York: McGraw Hill, 1995).

18. 对 Carlos Moreira 的采访, 2015 年 9 月 3 日。

19. Tom Peters, "The Wow Project," *Fast Company*, Mansueto Ventures LLC, 1999 年 4 月 30 日;参见 http://www. fastcompany. com/36831/wow – project.

20. 对 Carlos Moreira 的采访, 2015 年 9 月 3 日。

21. "虚拟的你"是一个由 Ann Cavoukian 和 Don Tapscott 在这部作品中普及的概念, *Who Knows: Safeguarding Your Privacy in a Networked World* (New York: McGraw – Hill, 1997).

22. Scott McNealy, Sun Microsystems 的首席执行官, 他在 1999 年首次提出这种观点。

23. 对 Andreas Antonopoulos 的采访, 2015 年 7 月 20 日。

24. 对 Joe Lubin 的采访, 2015 年 7 月 30 日。

25. 最终,复杂的个人数据查询服务将无法读取这些数据,因为这些数据是以加密的形式提供的。不过,这些服务还是可以通过使用同态加密技术而直接将问题提交到加密数据中,从而回答与这些数据有关的问题。

26. 处于前沿的思想家们对除了 GDP 增长外的繁荣有着更广阔的看法。哈佛大学的 Michael Porter 已经创建了一个社会进步促进会(social progress imperative),参见 http://www.socialprogressimperative.org. 经济学家 Joseph Stiglitz 及其他人已经对 GDP 以外的测量方式进行了研究,参见 http://www.insee.fr/fr/publications - et - services/dossiers_web/stiglitz/doc - commission/RAPPORT_anglais.pdf;除此以外还有一些尝试通过改善国内因素而提高 GDP 的探讨,参见 http://www.forbes.com/sites/realspin/2013/11/29/beyond - gdp - get - ready - for - a - new - way - to - measure - the - economy/.

27. 对 Vitalik Buterin 的采访,2015 年 9 月 30 日。

28. Luigi Marco Bassani, "Life, Liberty and...: Jefferson on Property Rights," *Journal of Libertarian Studies* 18(1) (Winter 2004): 58.

29. 对 Hernando de Soto 的采访,2015 年 11 月 27 日。

30. 同上。

31. www.theguardian.com/music/2013/feb/24/napster - music - free - file - sharing, 获取于 2015 年 8 月 12 日。

32. www.inc.com/magazine/201505/leigh - buchanan/the - vanishing - startups - in - decline.html.

33. *Naked City* 是 *ABC* 电视网络于 1958 年—1963 年播出的一部警察题材连续剧。

34. 一篇发表于 2015 年 10 月的世界经济论坛报告称这在 2027 年都不会成为主流。

35. 对 David Ticoll 的采访,2015 年 12 月 12 日。

第二章 引导未来:区块链经济七大设计原则

1. 对 Ann Cavoukian 的采访, 2015 年 9 月 2 日。

2. Guy Zyskind, Oz Nathan 和 Alex "Sandy" Pentland, "Enigma: Decentralized Computation Platform with Guaranteed Privacy,"麻省理工学院 2015 年的白皮书, 2015 年 6 月 10 日;2015 年 10 月 3 日, arxiv.org/pdf/1506.03471.pdf.

3. 对 Ann Cavoukian 的采访,2015 年 9 月 2 日。

4. 同上。

5. 对 Austin Hill 的采访, 2015 年 7 月 22 日。

6. 对 Ann Cavoukian 的采访, 2015 年 9 月 2 日。

7. Vitalik Buterin, "Proof of Stake: How I Learned to Love Weak Subjectivity,"参见以太坊基金

会的以太坊博客文章,2014 年 11 月 24 日;2015 年 10 月 3 日的网址 blog. ethereum. org/2014/11/25/proof – stake – learned – love – weak – subjectivity.

8. Dino Mark Angaritis,电子邮件附件,2015 年 11 月 27 日。他是通过如下方式达成其计算的:假设哈希速率为 583,000,000 Gh/s(Gh/s = 10 亿哈希运算/秒)。在 10 分钟里有 600 秒。因此,在 10 分钟里有 600 × 583,000,000 = 349,800,000,000 × 10 亿次的哈希运算。这等于 350 乘以十的三十次幂,即 350,000,000,000,000,000,000 或 350 百万 × 百万 × 10 亿。

9. 燃烧量证明(proof of burn)要求矿工将自己的代币发送到一个无法赎回的地址中,而矿工则得到一些可能比自己燃烧掉的价值更高的代币(彩票)。这并不是一种共识机制,而是一种信任机制。

10. 对 Paul Brody 的采访,2015 年 7 月 7 日。

11. Franklin Delano Roosevelt, "Executive Order 6102—Requiring Gold Coin, Gold Bullion and Gold Certificates to Be Delivered to the Government," The American Presidency Project, 编辑版。Gerhard Peters 和 John T. Woolley,1933 年 4 月 5 日, www. presidency. ucsb. edu/ws/? pid = 14611, 获取于 2015 年 12 月 2 日。

12. 对 Josh Fairfield 的采访,2015 年 6 月 1 日。

13. 这提及到了 Bandai 的数码玩具,其设计目标是让用户照顾及保护好它。如果没有人关怀它,它就会死去。

14. Joseph E. Stiglitz, "Lessons from the Global Financial Crisis of 2008," Seoul Journal of Economics 23(3) (2010).

15. Ernst & Young LLP, "The Big Data Backlash," 2013 年 12 月, www. ey. com/UK/en/Services/Specialty – Services/Big – Data – Backlash; http://tinyurl. com/ptfm4ax.

16. 这类攻击是以"女巫"(Sybil)命名的,这名字来源于 1973 年的一本书上提及的一个被诊断出患有分离性身份识别障碍的妇女,当时所用的假名是 Sybil,爱好猫的计算机科学家 John "JD" Douceur 在一篇 2002 年的论文中普及了这个词。

17. Satoshi Nakamoto, "Bitcoin: A Peer – to – Peer Electronic Cash System," www. bitcoin. org, 2008 年 11 月 1 日; 参见 www. bitcoin. org/bitcoin. pdf 的第六章 "Incentive."

18. Nick Szabo. "Bit gold." Unenumerated. Nick Szabo,2008 年 12 月 27 日。2015 年 10 月 3 日, http://unenumerated. blogspot. com/2005/12/bit – gold. html.

19. 对 Austin Hill 的采访,2015 年 7 月 22 日。

20. Neal Stephenson, Snow Crash (1992). 提及了 Snow Crash 的虚拟世界,Hiro Protagonist 是

其中的主角和英雄,Hiro 是虚拟世界里的头号黑客。Kongbucks 就如比特币那样:franchulate(特许政府,即公司化的国家,源自特许经营 franchise 和领事馆 consulate 的结合)可以发行自己的货币。

21. Ernest Cline, Ready Player One (New York: Crown, 2011).

22. 对 Austin Hill 的采访, 2015 年 7 月 22 日。

23. John Lennon. "*Imagine.*" Imagine. 制作人包括 John Lennon、Yoko Ono 和 Phil Spector, 1971 年 10 月 11 日面世。参见 www. lyrics007. com/John% 20Lennon% 20Lyrics/Imagine% 20Lyrics. html.

24. Andy Greenberg. "Banking's Data Security Crisis." Forbes. 2008 年 11 月。2015 年 3 月, www. forbes. com/2008/11/21/data – breaches – cybertheft – identity08 – tech – cx _ ag _ 1121breaches. html.

25. Ponemon Institute LLC, "2015 Cost of Data Breach Study: Global Analysis,"由 IBM 赞助, 2015 年 5 月发布,参见 www – 03. ibm. com/security/data – breach.

26. Ponemon Institute LLC, "2014 Fifth Annual Study on Medical Identity Theft,"由 Medical Identity Fraud Alliance 赞助,2015 年 2 月 23 日发布,参见 Medidfraud. org/2014 – fifth – annual – study – on – medical – identity – theft.

27. 对 Andreas Antonopoulos 的采访,2015 年 7 月 20 日。

28. Michael Melone, "Basics and History of PKI," 微软公司 Mike Melone 的博客,发表于 2012 年 3 月 10 日;可参见 2015 年 10 月 3 日发布的 http://tinyurl. com/ngxuupl.

29. "Why Aren't More People Using Encrypted Email?"参见 Virtru 公司的博客,2015 年 1 月 24 日;www. virtru. com/blog/aren't – people – using – email – encryption, 2015 年 8 月 8 日。

30. 对 Andreas Antonopoulos 的采访,2015 年 7 月 20 日。

31. 对 Austin Hill 的采访,2015 年 7 月 22 日。

32. 同上。

33. 对 Ann Cavoukian 的采访,2015 年 9 月 2 日。

34. 同上。.

35. David McCandless, "Worlds Biggest Data Breaches," Information Is Beautiful, David McCandless, 2015 年 10 月 2 日;2015 年 10 月 3 日, www. informationisbeautiful. net/visualizations/worlds – biggest – data – breaches – hacks/.

36. 对 Haluk Kulin 的采访,2015 月 9 日。

37. 对 Austin Hill 的采访,2015 年 7 月 22 日。

38. Coinbase 隐私政策, www. coinbase. com/legal/privacy,2014 年 11 月 17 日,获取于 2015 年 7 月 15 日。

39. 参见 Don Tapscott 和 David Ticoll 的 The Naked Corporation: How the Age of Transparency Will Revolutionize Business (New York: Simon & Schuster, 2003).

40. 对 Haluk Kulin 的采访,2015 年 6 月 9 日。

41. 参见 ProofofExistence. com,2015 年 9 月 2 日;www. proofofexistence. com/about/.

42. 对 Steve Omohundro 的采访,2015 年 5 月 28 日。

43. 对 Andreas Antonopoulos 的采访,2015 年 7 月 20 日。

44. 同上。.

45. 对 Stephen Pair 的采访,2015 年 6 月 11 日。

46. Edella Schlarger 和 Elinor Ostrom, "Property – Rights Regimes and Natural Resources: A Conceptual Analysis," Land Economics 68 (3) (August 1992): 249 – 62; www. jstor. org/stable/3146375.

47. 对 Haluk Kulin 的采访,2015 年 6 月 9 日。

48. John Paul Titlow, "Fire Your Boss: Holacracy's Founder on the Flatter Future of Work," Fast Company, Mansueto Ventures LLC, 2015 年 7 月 9 日; www. fastcompany. com/3048338/the – future – of – work/fire – your – boss – holacracys – founder – on – the – flatter – future – of – work.

49. World Bank,2015 年 9 月 2 日;www. worldbank. org/en/news/press – release/2015/04/15/massive – drop – in – number – of – unbanked – says – new – report.

50. "Bitcoin Powers New Worldwide Cellphone Top – Up Service," CoinDesk, 2015 年 2 月 15 日; www. coindesk. com/bitcoin – powers – new – worldwide – cellphone – top – service/, 获取于 2015 年 8 月 26 日。BitMoby. com 问答栏目, mHITs Ltd. , n. d. ; www. bitmoby. com/faq. html, 获取于 2015 年 11 月 14 日。

51. 对 Gavin Andresen 的采访,2015 年 6 月 8 日。

52. 对 Austin Hill 的采访,2015 年 7 月 22 日。

53. Jakob Nielsen, "Nielsen's Law of Internet Bandwidth," Nielsen Norman Group,1998 年 4 月 5 日;www. nngroup. com/articles/law – of – bandwidth/, 获取于 2015 年 8 月 26 日。

54. Matthew Weaver, "World Leaders Pay Tribute at Auschwitz Anniversary Ceremony," The Guardian, Guardian News and Media Limited, 2015 年 1 月 27 日;2015 年 9 月 5 日, http://

www. theguardian. com/world/2015/jan/27/ – sp – watch – the – auschwitz – 70th – anniversary – ceremony – unfold.

第三章　重塑金融服务形象：从赚钱机器变成致富平台

1. 国际货币基金组织预计范围是 8750 万美元到 1. 12 亿美元。

2. https://ripple. com/blog/the – true – cost – of – moving – money/.

3. 对 Vikram Pandit 的采访，2015 年 8 月 24 日。

4. www. nytimes. com/2015/07/12/business/mutfund/putting – the – public – back – in – public – finance. html.

5. www. worldbank. org/en/topic/poverty/overview.

6. http://hbswk. hbs. edu/item/6729. html.

7. 对 Hernando de Soto 的采访，2015 年 11 月 27 日。

8. http://corporate. westernunion. com/About_Us. html.

9. 对 Erik Voorhees 的采访，2015 年 6 月 16 日。

10. Paul A. David，"The Dynamo and the Computer：An Historical Perspective on the Modern Productivity Paradox，" Economic History of Technology 80(2)（1990 年 5 月）：355 – 61.

11. Joseph Stiglitz，"Lessons from the Global Financial Crisis"，这是一个在 2009 年 10 月 27 日于首尔国立大学举办的一个讲座的修改版本。

12. www. finextra. com/finextra – downloads/newsdocs/The% 20Fintech% 202% 200% 20Paper. pdf.

13. www. bloomberg. com/news/articles/2015 – 07 – 22/the – blockchain – revolution – gets – endorsement – in – wall – street – survey.

14. www. swift. com/assets/swift_com/documents/about_swift/SIF_201501. pdf.

15. https://lightning. network/.

16. 对 Chris Larsen 的采访，2015 年 7 月 27 日。

17. 对 Austin Hill 的采访，2015 年 7 月 22 日。

18. 对 Blythe Masters 的采访，2015 年 7 月 27 日。

19. 同上。

20. 同上。

21. 同上。

22. https://bitcoinmagazine.com/21007/nasdaq - selects - bitcoin - startup - chain - run - pilot - private - market - arm/.

23. 对 Austin Hill 的采访,2015 年 7 月 22 日。

24. Greenwich Associates,2015 年 7 月;参见 www.bloomberg.com/news/articles/2015 - 07 - 22/the - blockchain - revolution - gets - endorsement - in - wall - street - survey.

25. Blythe Masters,在 Exponential Finance 的主旨演讲,参见 www.youtube.com/watch?v = PZ6WR2R1MnM.

26. https://bitcoinmagazine.com/21007/nasdaq - selects - bitcoin - startup - chain - run - pilot - private - market - arm/.

27. 对 Jesse McWaters 的采访,2015 年 8 月 13 日。

28. 对 Austin Hill 的采访,2015 年 7 月 22 日。

29. https://blog.ethereum.org/2015/08/07/on - public - and - private - blockchains/.

30. 对 Chris Larsen 的采访,2015 年 7 月 27 日。

31. 对 Adam Ludwin 的采访,2015 年 7 月 26 日。

32. 对 Blythe Masters 的采访,2015 年 7 月 27 日。

33. 对 Eric Piscini 的采访,2015 年 7 月 13 日。

34. 对 Derek White 的采访,2015 年 7 月 13 日。

35. 同上。

36. 此后,Bank of America, BNY Mellon, Citi, Commerzbank, Deutsche Bank,HSBC, Mitsubishi UFJ Financial Group, Morgan Stanley, National Australia Bank, Royal Bank of Canada, SEB, Société Générale 及 Toronto Dominion Bank;www.ft.com/intl/cms/s/0/f358ed6c - 5ae0 - 11e5 - 9846 - de406ccb37f2.html # axzz3mf3orbRX;www.coindesk.com/citi - hsbc - partner - with - r3cev - as - blockchain - project - adds - 13 - banks/.

37. http://bitcoinnewsy.com/bitcoin - news - mike - hearn - bitcoin - core - developer - joins - r3cev - with - 5 - global - banks - including - wells - fargo/.

38. http://www.linuxfoundation.org/news - media/announcements/2015/12/linux - foundation - unites - industry - leaders - advance - blockchain.

39. www.ifrasia.com/blockchain - will - make - dodd - frank - obsolete - bankers - say/21216014.article.

40. http://appft.uspto.gov/netacgi/nph - Parser? Sect1 = PTO2&Sect2 = HITOFF&p = 1&u = %

2Fnetahtml% 2FPTO% 2Fsearch – bool. html&r = 1&f = G&l = 50&co1 = AND&d = PG01&s1 = 20150332395&OS = 20150332395&RS = 20150332395？ p = cite_Brian_Cohen_or_Bitcoin_Magazine.

41. www. youtube. com/watch？ v = A6kJfvuNqtg.

42. 对 Jeremy Allaire 的采访,2015 年 6 月 30 日。

43. 同上。

44. 同上。

45. 同上。

46. 被认为这个产业正在“成长”的另一个标志,www. wsj. com/articles/goldman – a – lead – investor – in – funding – round – for – bitcoin – startup – circle – 1430363042.

47. 对 Jeremy Allaire 的采访,2015 年 6 月 30 日。

48. 对 Stephen Pair 的采访,2015 年 6 月 11 日。

49. Alex Tapscott 曾为 Vogogo Inc 提供咨询服务。

50. 对 Suresh Ramamurthi 的采访,2015 年 9 月 28 日。

51. 与 Blythe Masters 的邮件往来,2015 年 12 月 14 日。

52. 对 Tom Mornini 的采访,2015 年 7 月 20 日。

53. 这些构思最早是在 Don Tapscott 和 David Ticoll 所著的 The Naked Corporation 一书里提出来的。

54. 同上。

55. www. accountingweb. com/aa/auditing/human – errors – the – top – corporate – tax – and – accounting – mistakes.

56. 同上。

57. 对 Simon Taylor 的采访,2015 年 7 月 13 日。

58. 同上。

59. 对 Jeremy Allaire 的采访,2015 年 6 月 30 日。

60. 对 Christian Lundkvist 的采访,2015 年 7 月 6 日。

61. 对 Austin Hill 的采访,2015 年 7 月 22 日。

62. 对 Eric Piscini 的采访,2015 年 7 月 13 日。

63. www2. deloitte. com/us/en/pages/about – deloitte/articles/facts – and – figures. html.

64. 对 Eric Piscini 的采访,2015 年 7 月 13 日。

65. 同上。

66. 对 Tom Mornini 的采访,2015 年 7 月 20 日。

67. 同上。

68. www. calpers. ca. gov/docs/forms – publications/global – principles – corporate – governance. pdf.

69. 对 Izabella Kaminska 的采访,2015 年 8 月 5 日。

70. http://listedmag. com/2013/06/robert – monks – its – broke – lets – fix – it/.

71. “被遗忘的权利运动”(The Right to Be Forgotten Movement)正在得到关注,特别是在欧洲:参见 http://ec. europa. eu/justice/data – protection/files/factsheets/factsheet_data_protection_en. pdf.

72. www. bloomberg. com/news/articles/2014 – 10 – 07/andreessen – on – finance – we – can – reinvent – the – entire – thing.

73. http://www. nytimes. com/2015/12/24/business/dealbook/banks – reject – new – york – city-ids – leaving – unbanked – on – sidelines. html.

74. 对 Patrick Deegan 的采访,2015 年 6 月 6 日。

75. 同上。

76. https://btcjam. com/.

77. 对 Erik Voorhees 的采访,2015 年 7 月 16 日。

78. www. sec. gov/about/laws/sa33. pdf.

79. http://www. wired. com/2015/12/sec – approves – plan – to – issue – company – stock – via – the – bitcoin – blockchain/.

80. http://investors. overstock. com/mobile. view? c = 131091&v = 203&d = 1&id = 2073583.

81. https://bitcoinmagazine. com/21007/nasdaq – selects – bitcoin – startup – chain – run – pilot – private – market – arm/.

82. James Surowiecki, The Wisdom of Crowds: Why the Many Are Smarter Than the Fewand How Collective Wisdom Shapes Business, Economies, Societies and Nations (New York: Doubleday, 2014).

83. www. augur. net.

84. 来自于 Augur 团队的邮件交流记录:核心开发者 Jack Peterson 和 Joey Krug;特殊运作部门 Peronet Despeignes.

85. 对 Andreas Antonopoulos 的采访,2014 年 12 月 8 日。

86. 对 Barry Silbert 的采访,2015 年 9 月 22 日。

87. 对 Benjamin Lawsky 的采访,2015 年 7 月 2 日。

第四章　重新设计公司的架构：核心与边缘

1. 对 Joe Lubin 的采访,2015 年 7 月 13 日。

2. 像苹果和 Spotify 这样的公司也可以使用这个新平台,目标是它将会被音乐产业中的很多实体所拥有,特别是艺术家们。如果你创造内容的话,你会比简单地重新售卖别人的内容赚取更多的代币。

3. https://slack. com/is.

4. https://github. com.

5. Coase 写道:"企业可以在经济体系中扮演一定的角色,前提是在企业内组织交易的成本小于该交易在市场中执行的成本。当在企业内组织交易的成本超出在市场中执行同样交易的成本后,企业的规模就面临限制。" Oliver Williamson 和 Sydney G. Winter 引用并编辑过,参见 The Nature of the Firm (New York and Oxford: Oxford University Press, 1993), 90.

6. Oliver Williamson, "The Theory of the Firm as Governance Structure: From Choice to Contract," The Journal of Economic Perspectives 16(3) (Summer 2002) 171 – 95.

7. 同上。

8. Peter Thiel 与 Blake Masters, Zero to One: Notes on Startups, or How to Build the Future (New York: Crown Business, 2014).

9. Lord Wilberforce, The Law of Restrictive Trade Practices and Monopolies (Sweet & Maxwell, 1966), 22.

10. 对 Yochai Benkler 的采访,2015 年 8 月 26 日。

11. John Hagel 和 John Seely Brown, "Embrace the Edge or Perish," Bloomberg, 2007 年 11 月 28 日;www. bloomberg. com/bw/stories/2007 – 11 – 28/embrace – the – edge – or – perishbusinessweek – business – news – stock – market – and – financial – advice.

12. 对 Vitalik Buterin 的采访, 2015 年 9 月 30 日。

13. 对 Andreas Antonopoulos 的采访,2015 年 7 月 20 日。

14. Way Back Machine 是一个例外,它可以让你获得更深入的历史。

15. Oliver E. Williamson, "The Theory of the Firm as Governance Structure: From Choice to Contract," Journal of Economic Perspectives 16 (3), Summer 2002.

16. 同上。

17. Michael C. Jensen 和 William H. Meckling,"Theory of the Firm: Managerial Behavior, Agency Costs and Ownership Structure," Journal of Financial Economics 305 (1976): 310 - 11 (认为公司或企业是股东、债权人、管理者或其他人之间的一种自愿关系的集合);也可以参见, Frank H. Easterbrook 和 Daniel R. Fischel 的 The Economic Structure of Corporate Law (Cambridge, Mass.: Harvard University Press, 1991).

18. Vitalik Buterin, "Bootstrapping a Decentralized Autonomous Corporation: PartI," Bitcoin Magazine,2013 年 9 月 19 日;https://bitcoinmagazine. com/7050/boot strapping – a – decentralized – autonomous – corporation – part – i/.

19. Nick Szabo, "Formalizing and Securing Relationships on Public Networks," http://szabo. best. vwh. net/formalize. html.

20. http://szabo. best. vwh. net/smart. contracts. html.

21. 对 Aaron Wright 的采访,2015 年 8 月 10 日。

22. 密码学家们开始使用"Alice"和"Bob"而不是甲方、乙方这类词语,作为一种描述双方之间交换过程的便利方式,这样能为计算机加密技术的讨论带来一些明晰性和熟悉性。这样的做法据称源自 Ron Rivest 在 1978 年的作品"Security's Inseparable Couple", ACM 通讯。Network World, 2005 年 2 月 7 日; 参见 www. networkworld. com/news/2005/020705 widernetaliceandbob. html.

23. GitHub. com, 2012 年 1 月 3 日; https://github. com/bitcoin/bips/blob/master/bip – 0016. mediawiki, 获取于 2015 年 9 月 30 日。

24. www. coindesk. com/hedgy – hopes – tackle – bitcoin – volatility – using – multi – signature – technolog/.

25. https://books. google. ca/books? id = VXIDgGjLHVgC&pg = PA19&lpg = PA19&dq = a + workman + moves + from + department + Y + to + department + X&source = bl&ots = RHb0qrpLz_&sig = LaZFqatLYllr-BW8ikPn4PEZ9_7U&hl = en&sa = X&ved = 0ahUKEwjgyuO2gKfKAhUDpB4KHb0 JDcAQ6AEIITAB#v = onepage&q = a% 20workman% 20moves% 20from% 20department% 20Y% 20to% 20department% 20X&f = false.

26. Elliot Jaques, "In Praise of Hierarchy," Harvard Business Review, 1990 年 1 月 –2 月刊。

27. 对 Yochai Benkler 的采访, 2015 年 8 月 26 日。

28. Tapscott 和 Ticoll 所著的 The Naked Corporation 一书。

29. Werner Erhard 和 Michael C. Jensen，"Putting Integrity into Finance：A Purely Positive Approach，" 2015 年 11 月 27 日，Harvard Business School NOM Unit Working Paper No. 12 – 074；Barbados Group Working Paper No. 12 – 01；European Corporate Governance Institute（ECGI）—Finance Working Paper No. 417/2014.

30. 美国银行自 2009 年 12 月 31 日起平均资本回报率已经低于百分之二；参见 https://ycharts. com/companies/BAC/return_on_equity.

31. 对 Steve Omohundro 的采访，2015 年 5 月 28 日。

32. 对 David Ticoll 的邮件采访，2015 年 9 月 9 日。

33. 对 Melanie Swan 的采访，2015 年 9 月 14 日。

34. https://hbr. org/1990/05/the – core – competence – of – the – corporation.

35. Michael Porter，"What Is Strategy?" Harvard Business Review，1996 年 11 – 12 月刊。

36. 对 Susan Athey 的采访，2015 年 11 月 20 日。

第五章　新商业模式：在区块链上寻找新机会

1. 为防止垃圾信息，可以设计成信用度比较低的新的公钥（身份），需要付出一定的费用才能录入系统中。可以将费用转移到一个担保合约中，当该身份成功地出租了自己的房产，或经历一段时间后他们希望删除所录入的房源，就可以将费用取回来。像图片这样的大型数据文件将会存放在 IPFS 或 Swarm 去中心化存储平台上，不过其哈希值和鉴别拥有该数据的身份的信息将会通过区块链保存在 bAirbnb 的合约上。

2. 或许是使用 Whisper 协议。

3. 超文本标记语言 HTML 构建格式和注释。

4. David McCandless，"World's Biggest Data Breaches，" Information Is Beautiful，2015 年 10 月 2 日；www. informationisbeautiful. net/visualizations/worlds – biggest – data – breaches – hacks/，获取于 2015 年 11 月 27 日。

5. 就如 Vitalik Buterin 定义的那样，"加密货币经济学是一个技术概念，大概意思是，'它是去中心化的，它使用公钥密码学技术进行验证，并使用经济激励机制去确保它持续运行，其记录不会被回退，也不会出现其他的故障。'"参见"The Value of Blockchain Technology，Part I，" https://blog. ethereum. org/2015/04/13/visions – part – 1 – the – value – of – block chain – technology/.

6. www. youtube. com/watch? v = K2fhwMKk2Eg.

7. http://variety. com/2015/digital/news/netflix – bandwidth – usage – internet – traffic –

1201507187/.

8. 对 Bram Cohen 的采访,2015 年 8 月 17 日。

9. Stan Franklin 和 Art Graesser, "Is It an Agent, or Just a Program? A Taxonomy for Autonomous Agents," www. inf. ufrgs. br/ ~ alvares/CMP124SMA/IsItAnAgentOrJustAProgram. pdf.

10. 同上第 5 项。

11. Vitalik Buterin, https://blog. ethereum. org/2014/05/06/daos – dacs – das – and – more – an – incomplete – terminology – guide/. "自主运作的代理人是在自动化的另一个维度;在一个自主运作的代理人中,并不需要特定的人类活动参与;或许说,可能需要有一定的人类活动去建造这些代理人运行所需的硬件,但并不需要有意识到这些代理人存在的人类。"

12. 同上。

13. 技术细节:因为在区块链上直接存储数据代价是非常大的,因此更可能是将数据的哈希值保存到区块链上,而数据的内容则存储在其他去中心化的数据存储网络上,如 Swarm 或 IPFS。

14. 对 Vitalik Buterin 的采访,2015 年 9 月 30 日。

15. 对 Andreas Antonopoulos 的采访,2015 年 7 月 20 日。

16. 同上。

17. Don Tapscott 和 Anthony D. Williams, Wikinomics: How Mass Collaboration Changes Everything (New York: Portfolio/Penguin, 2007). Wikinomics 定义了 7 种这样的商业模式,在这里对列表进行了展开。

18. 共同对等生产(Commons – based Peer Production)是由哈佛法学院教授 Yochai Benkler 在一篇题为"Coase's Penguin"的研讨会文章中提出的,该文章参见 The Yale Law Journal,2002; www. yale. edu/yalelj/112/BenklerWEB. pdf.

19. http://fortune. com/2009/07/20/information – wants – to – be – free – and – expensive/.

20. 对 Yochai Benkler 的采访,2015 年 8 月 26 日。

21. 对 Dino Mark Angaritis,2015 年 8 月 7 日。

22. Andrew Lih, "Can Wikipedia Survive?" The New York Times, 2015 年 6 月 20 日; www. nytimes. com/2015/06/21/opinion/can – wikipedia – survive. html.

23. http://techcrunch. com/2014/05/09/monegraph/.

24. http://techcrunch. com/2015/06/24/ascribe – raises – 2 – million – to – ensure – you – get – credit – for – your – art/.

25. www. nytimes. com/2010/04/15/technology/15twitter. html? _r = 0.

26. http://techcrunch. com/2014/05/09/monegraph/.

27. www. verisart. com/.

28. http://techcrunch. com/2015/07/07/verisart - plans - to - use - the - blockchain - to - verify - the - authencity - of - artworks/.

29. 对 Yochai Benkler 的采访,2015 年 8 月 26 日。

30. 对 David Ticoll 的采访,2015 年 8 月 7 日。

31. 对 Yochai Benkler 的采访,2015 年 8 月 26 日。

32. www. nytimes. com/2013/07/21/opinion/sunday/friedman - welcome - to - the - sharing - economy. html? pagewanted = 1&_r = 2&partner = rss&emc = rss&.

33. Sarah Kessler, "The Sharing Economy Is Dead and We Killed It," Fast Company,2015 年 9 月 14 日;www. fastcompany. com/3050775/the - sharing - economy - is - dead - and - we - killed - it #1.

34. 产消者是 Alvin Toffler 在 *Future Shock* (1980) 里发明的概念;在 The Digital Economy (1994) 一书中,Don Tapscott 详述了产销合一的概念。

35. 对 Robin Chase 的采访,2015 年 9 月 2 日。

36. https://news. ycombinator. com/item? id = 9437095.

37. 这个情形最早是由 Don Tapscott 在下面这个文章里解释的,"The Transparent Burger," Wired, 2004 年 3 月; http://archive. wired. com/wired/archive/12. 03/start. html? pg = 2% 3ftw = wn_tophead_7.

38. 对 Yochai Benkler 的采访,2015 年 8 月 26 日。

39. 在 Wikinomics 中被称为维基工作空间。

40. CAPTCHA 验证码的全称是完全自动化的用于分辨电脑和人类的公共图灵测试,"Completely Automated Public Turing Test to Tell Computers and Humans Apart."

41. 对 Joe Lubin 的采访,2015 年 7 月 13 日。

42. 同上。

第六章　万物账本:物理世界的活化

1. 这并不是他们的真名。这个故事是建立在有着类似情况的人身上的。

2. Primavera De Filippi, "It's Time to Take Mesh Networks Seriously (and Not Just for the Reasons You Think)," Wired, 2014 年 1 月 2 日。

3. 对 Eric Jennings 的采访,2015 年 7 月 10 日。

4. 同上。

5. 对 Lawrence Orsini 的采访,2015 年 7 月 30 日。

6. Don 在 Don Tapscott 和 AnthonyWilliams 的作品中预测了这样的网络的发展, Macrowikinomics: New Solutions for a Connected Planet (New York: Portfolio/Penguin, 2010, 2012 年更新).

7. 对 Lawrence Orsini 的采访,2015 年 7 月 30 日。

8. Puja Mondal, "What Is Desertification? Desertification: Causes, Effects and Control of Desertification," UNEP: Desertifcation, United Nations Environment Programme, n. d. ; https://desertification. wordpress. com/category/ecology – envir onment/unep/, 获取于 2015 年 9 月 29 日。

9. www. internetlivestats. com/internet – users/, 截至 2015 年 12 月 1 日。

10. Cadie Thompson, "Electronic Pills May Be the Future of Medicine," CNBC, 2013 年 4 月 21 日; www. cnbc. com/id/100653909; 及 Natt Garun, "FDA Approves Edible Electronic Pills That Sense When You Take Your Medication," Digital Trends, 2012 年 4 月 1 日; www. digitaltrends. com/home/fda – approves – edible – electronic – pills/.

11. Mark Jaffe, "IOT Won't Work Without Artificial Intelligence," Wired, 2014 年 11 月; www. wired. com/insights/2014/11/iot – wont – work – without – artificial – intelligence/.

12. IBM, "Device Democracy," 2015, 4.

13. Allison Arieff, "The Internet of Way Too Many Things," The New York Times, 2015 年 9 月 5 日。

14. IBM, "Device Democracy," 10.

15. 对 Dino Mark Angaritis 的采访,2015 年 8 月 11 日。

16. 对 Carlos Moreira 的采访,2015 年 9 月 3 日。

17. 同上。

18. 对 Michelle Tinsley 的采访,2015 年 6 月 25 日。

19. 同上。

20. McKinsey Global Institute, "The Internet of Things: Mapping the Value Beyond the Hype," 2015 年 6 月。

21. 对 Eric Jennings 的采访,2015 年 7 月 10 日。

22. IBM Institute for Business Value, "The Economy of Things: Extracting New Value from the Internet of Things," 2015.

23. Cadie Thompson, “Apple Has a Smart Home Problem: People Don't Know They Want It Yet,” Business Insider, 2015 年 6 月 4 日; www. businessinsider. com/apple – homekit – adoption – 2015 – 6.

24. McKinsey Global Institute, “The Internet of Things.”

25. 对 Eric Jennings 的采访,2015 年 7 月 10 日。

26. IBM, “Device Democracy,” 9.

27. 同上,13.

28. McKinsey Global Institute, “The Internet of Things.” 定义了 9 种有价值的设定。

29. www. wikihow. com/Use – Uber.

30. http://consumerist. com/tag/uber/page/2/.

31. Mike Hearn, “Future of Money,” Turing Festival, Edinburgh, Scotland, 2013 年 8 月 23 日锁住,2013 年 9 月 28 日发表;参见 www. youtube. com/watch? v = Pu4PAMFPo5Y&feature = youtu. be.

32. McKinsey, “An Executive's Guide to the Internet of Things,” 2015 年 8 月; www. mckinsey. com/Insights/Business_Technology/An_executives_guide_to_the_Internet_of_Things? cid = digital – eml – alt – mip – mck – oth – 1508.

第七章　解决繁荣悖论:区块链的经济包容性

1. http://datatopics. worldbank. org/financialinclusion/country/nicaragua.

2. www. budde. com. au/Research/Nicaragua – Telecoms – Mobile – and – Broadband – Market – Insights – and – Statistics. html.

3. “Property Disputes in Nicaragua,” U. S. Embassy, http://nicaragua. usembassy. gov/property_disputes_in_nicaragua. html. 据估计有 30000 间房产存在争议。

4. 对 Joyce Kim 的采访,2015 年 6 月 12 日。

5. 同上。

6. 同上。

7. www. worldbank. org/en/news/press – release/2015/04/15/massive – drop – in – number – of – unbanked – says – new – report; 及 C. K. Prahalad, The Fortune at the Bottom of the Pyramid: Eradicating Poverty Through Profits (Philadelphia: Wharton School Publishing, 2009). 这个是预计的数字。

8. 对 Joyce Kim 的采访,2015 年 6 月 12 日。

9. www. ilo. org/global/topics/youth – employment/lang—en/index. htm.

10. Thomas Piketty, Capital in the Twenty – First Century (Cambridge, Mass. : Belknap Press, 2014).

11. www. brookings. edu/ ~/media/research/files/papers/2014/05/declining%20busi ness%20dynamism %20litan/declining_business_dynamism_hathaway_litan. pdf.

12. Ruth Simon and Caelainn Barr, "Endangered Species: Young U. S. Entrepreneurs," The Wall Street Journal, 2015 年 1 月 2 日; www. wsj. com/articles/endangered – species – young – u – s – entrepreneurs – 1420246116.

13. World Bank Group, Doing Business, www. doingbusiness. org/data/exploretopics/starting – a – business.

14. 对 Hernando de Soto 的采访,2015 年 11 月 27 日。

15. www. tamimi. com/en/magazine/law – update/section – 6/june – 4/dishonoured – cheques – in – the – uae – a – criminal – law – perspective. html.

16. www. worldbank. org/en/topic/poverty/overview. 精确点说,在 1990 年是 19. 1 亿。

17. http://digitalcommons. georgefox. edu/cgi/viewcontent. cgi? article = 1003&context = gfsb.

18. http://reports. weforum. org/outlook – global – agenda – 2015/top – 10 – trends – of – 2015/1 – deepening – income – inequality/.

19. 同上。

20. 对 Tyler Winklevoss 的采访,2015 年 6 月 9 日。

21. Congo, Chad, Central African Republic, South Sudan, Niger, Madagascar, Guinea, Cameroon, Burkina Faso, Tanzania; http://data. worldbank. org/indicator/FB. CBK. BRCH. P5? order = wbapi_data_value_2013 + wbapi_data_value + wbapi_data_value – last&sort = asc.

22. www. aba. com/Products/bankcompliance/Documents/SeptOct11CoverStory. pdf.

23. http://www. nytimes. com/2015/12/24/business/dealbook/banks – reject – new – york – city – ids – leaving – unbanked – on – sidelines. html.

24. 与 Joe Lubin 的邮件沟通记录,2015 年 8 月 6 日。

25. David Birch, Identity Is the New Money (London: London Publishing Partnership,2014), 1.

26. 与 Joe Lubin 的邮件沟通记录,2015 年 8 月 6 日。

27. 对 Joyce Kim 的采访,2015 年 6 月 12 日。

28. 对 Hernando de Soto 的采访,2015 年 11 月 27 日。

29. 对 Haluk Kulin 的采访,2015 年 6 月 9 日。

30. 与 Joe Lubin 的邮件沟通记录,2015 年 8 月 6 日。

31. 对 Balaji Srinivasan 的采访,2014 年 5 月 29 日。

32. www. doingbusiness. org/data/exploretopics/starting – a – business.

33. 对 Haluk Kulin 的采访,2015 年 6 月 9 日。

34. Analie Domingo 同意让我们跟着她,记录她平常向远在菲律宾的母亲汇款的过程。Analie 已经是 Don Tapscott 和 Ana Lopes 的 20 年时间的雇员了,也是很亲近的朋友。

35. www12. statcan. gc. ca/nhs – enm/2011/dp – pd/prof/details/page. cfm? Lang = E&Geo1 = PR&Code1 = 01&Data = Count&SearchText = canada&SearchType = Begins&SearchPR = 01&A1 = All&B1 = All&Custom = &TABID = 1.

36. https://remittanceprices. worldbank. org/sites/default/files/rpw_report_june_2015. pdf.

37. 汇款市场有着 5000 亿美元的规模;若按照平均 7. 7% 的手续费的话,则是 385 亿美元的手续费。

38. Dilip Ratha, "The Impact of Remittances on Economic Growth and Poverty Reduction," Migration Policy Institute 8 (2013 年 9 月).

39. Adolf Barajas, 等人, "Do Workers' Remittances Promote Economic Growth?," IMF Working Paper, www10. iadb. org/intal/intalcdi/pe/2009/03935. pdf.

40. "Aid and Remittances from Canada to Select Countries," Canadian International Development Platform, http://cidpnsi. ca/blog/portfolio/aid – and – remittances – from – canada/.

41. World Bank Remittance Price Index, https://remittanceprices. worldbank. org/en.

42. 2011 National Household Survey Highlights, Canadian Census Bureau, www. fin. gov. on. ca/en/economy/demographics/census/nhshi11 – 1. html.

43. https://support. skype. com/en/faq/FA1417/how – much – bandwidth – does – skype – need.

44. 对 Eric Piscini 的采访,2015 年 7 月 13 日。

45. http://corporate. westernunion. com/Corporate_Fact_Sheet. html.

46. 在行文之时,Abra 还没有在加拿大开业。不过,我们在 Abra 的帮助下成功地通过 Analie 和她的母亲测试了 Abra 的技术。

47. 对 Bill Barhydt 的采访,2015 年 8 月 25 日。

48. 同上。

49. 同上。

50. “Foreign Aid and Rent – Seeking”, The Journal of International Economics, 2000, 438; http://conferences. wcfia. harvard. edu/sites/projects. iq. harvard. edu/files/gov2126/files/1632. pdf.

51. 同上。

52. www. propublica. org/article/how – the – red – cross – raised – half – a – billion – dollars – for – haiti – and – built – 6 – homes.

53. “Mortality, Crime and Access to Basic Needs Before and After the Haiti Earthquake,” Medicine, Conflict and Survival 26(4) (2010).

54. http://unicoins. org/.

55. Jeffrey Ashe 与 Kyla Jagger Neilan 在 Their Own Hands: How Savings Groups Are Revolutionizing Development (San Francisco: Berrett – Koehler Publishers, 2014)中提及。

56. E. Kumar Sharma, “Founder Falls,” Business Today (India), 2011 年 12 月 25 日; www. businesstoday. in/magazine/features/vikram – akula – quits – sks – microfiance – loses – or – gains/story/20680. html.

57. Ning Wang, “Measuring Transaction Costs: An Incomplete Survey,” Ronald Coase Institute Working Papers 2 (2003 年 2 月); www. coase. org/workingpapers/wp – 2. pdf.

58. www. telesurtv. net/english/news/Honduran – Movements – Slam – Repression – of – Campesinos – in – Land – Fight – 20150625 – 0011. html.

59. USAID, the Millennium Challenge Corporation,及 UN Food and Agriculture Organization.

60. Paul B. Siegel, Malcolm D. Childress, 及 Bradford L. Barham, “Reflections on Twenty Years of Land – Related Development Projects in Central America: Ten Things You Might Not Expect, and Future Directions,” Knowledge for Change Series, International Land Coalition (ILC), Rome, 2013; http://tinyurl. com/oekhzos, 访问于 2015 年 8 月 26 日。

61. 同上。

62. Ambassador Michael B. G. Froman, US Office of the Trade Representative, “2015 National Trade Estimate Report on Foreign Trade Barriers,” USTR. gov, 2015 年 4 月 1 日; https://ustr. gov/sites/default/files/files/reports/2015/NTE/2015%20NTE%20Honduras. pdf.

63. 对 Hernando de Soto 的访问,2015 年 11 月 27 日。

64. http://in. reuters. com/article/2015/05/15/usa – honduras – technology – idINKBN0O01V720150515.

65. 对 Kausik Rajgopal 的访问,2015 年 8 月 10 日。

66. World Bank, "Doing Business 2015: Going Beyond Efficiencies," Washington, D. C.: World Bank, 2014; DOI: 10. 1596/978 – 1 – 4648 – 0351 – 2，版权协议为 License Creative Commons Attribution CC BY 3. 0 IGO.

67. "ITU Releases 2014 ICT Figures," www. itu. int/net/pressoffice/press _ releases/2014/23. aspx#. VEfalovF_Kg.

68. www. cdc. gov/healthliteracy/learn/understandingliteracy. html.

69. www. proliteracy. org/the – crisis/adult – literacy – facts.

70. CIA World Factbook，识字率统计，www. cia. gov/library/publications/the – world – factbook/fields/2103. html#136.

第八章　重建政府和民主

1. http://europa. eu/about – eu/countries/member – countries/estonia/index _ en. htm; http://www. citypopulation. de/Canada – MetroEst. html.

2. 在世界经济论坛于阿联酋 Abu Dhabi 举办的 Global Agenda Council 会议上（2015 年 10 月），在爱沙尼亚总统 Toomas Hendrik Ilves 与 Don Tapscott 之间进行的一场亲切谈话。

3. www. socialprogressimperat ive. org/dat a /spi#dat a_table/countries/com6/dim1, dim2, dim3, com9, idr35, com6, idr16, idr34.

4. https://e – estonia. com/the – story/the – story – about – estonia/. 爱沙尼亚对其 e – Estonia 计划非常自豪，并在网上发布了很多信息。在这一章中出现的信息和统计数据都是来自爱沙尼亚政府网站。

5. "Electronic Health Record," e – Estonia. com, n. d.; https://e – estonia. com/component/electronic – health – record/，获取于 2015 年 11 月 29 日。

6. "e – Cabinet," e – Estonia. com, n. d.; https://e – estonia. com/component/e – cabinet/，获取于 2015 年 11 月 29 日。

7. "Electronic Land Register," e – Estonia. com, n. d.; https://e – estonia. com/component/electronic – land – register/，获取于 2015 年 11 月 29 日。

8. Charles Brett, "My Life Under Estonia's Digital Government," The Register, www. theregister. co. uk/2015/06/02/estonia/.

9. 对 Mike Gault 的采访，2015 年 8 月 28 日。

10. "Keyless Signature Infrastructure," e – Estonia. com, n. d.; https://e – estonia. com/compo-

nent/keyless - signature - infrastructure/,获取于 2015 年 11 月 29 日。

11. Olga Kharif, "Bitcoin Not Just for Libertarians and Anarchists Anymore," Bloomberg Business, 2014 年 10 月 9 日; www. bloomberg. com/bw/articles/2014 - 10 - 09/bitcoin - not - just - for - libertarians - and - anarchists - anymore. 准确地说,在美国人口中有着很强的自由主义倾向。根据 Pew 研究中心的数据,有 11% 的美国人自称是自由主义者,并知道该概念。"In Search of Libertarians," www. pewresearch. org/fact - tank/2014/08/25/in - search - of - libertarians/.

12. "Bitcoin Proves the Libertarian Idea of Paradise Would Be Hell on Earth," Business Insider, www. businessinsider. com/bitcoin - libertarian - paradise - would - be - hell - on - earth - 2013 - 12#ixzz3kQqSap00.

13. Human Rights Watch, "World Report 2015: Events of 2014," www. hrw. org/sites/default/files/wr2015_web. pdf.

14. 对 Hernando de Soto 的采访,2015 年 11 月 27 日。

15. Seymour Martin Lipset, Political Man: The Social Bases of Politics, 2nd ed. (London: Heinemann, 1983), 64.

16. 对 Hernando de Soto 的采访,2015 年 11 月 27 日。

17. Hernando de Soto, "The Capitalist Cure for Terrorism," The Wall Street Journal,2014 年 10 月 10 日; www. wsj. com/articles/the - capitalist - cure - for - terrorism - 1412973796, 获取于 2015 年 11 月 27 日。

18. 对 Hernando de Soto 的采访,2015 年 11 月 27 日。

19. 对 Carlos Moreira 的采访,2015 年 9 月 3 日。

20. Melanie Swan, Blockchain: Blueprint for a New Economy (Sebastopol, Calif. : O'Reilly-Media, January 2015), 45.

21. Emily Spaven, "UK Government Exploring Use of Blockchain Recordkeeping," CoinDesk, 2015 年 9 月 1 日; www. coindesk. com/uk - government - exploring - use - of - blockchain - recordkeeping/.

22. J. P. Buntinx, "'Blockchain Technology' Is Bringing Bitcoin to the Mainstream," Bitcoinist. net, 2015 年 8 月 29 日;http://bitcoinist. net/blockchain - technology - bringing - bitcoin - mainstream/.

23. Melanie Swan,在 Adam Stone 中引用, "Unchaining Innovation: Could Bitcoin' sUnderlying Tech Be a Powerful Tool for Government?," Government Technology, 2015 年 7 月 10 日;

www. govtech. com/state/Unchaining – Innovation – Could – Bitcoins – Underlying – Tech – be – a – Powerful – Tool – for – Government. html.

24. 例子参见 www. partnerships. org. au/ and www. in – control. org. uk/what – we – do. aspx.

25. 对 Perianne Boring 的采访,2015 年 8 月 7 日;还可以参见 Joseph Young,"8 WaysGovernments Could Use the Blockchain to Achieve 'Radical Transparency,'"CoinTelegraph, 2015 年 7 月 13 日; http://cointelegraph. com/news/114833/8 – ways – governments – could – use – the – blockchain – to – achieve – radical – transparency.

26. www. data. gov.

27. www. data. gov. uk.

28. Ben Schiller, "A Revolution of Outcomes: How Pay – for – Success Contracts Are Changing Public Services," Co. Exist, www. fastcoexist. com/3047219/a – revolution – of – outcomes – how – pay – for – success – contracts – are – changing – public – services. Also see: www. whitehouse. gov/blog/2013/11/20/building – smarter – more – efficient – government – through – pay – success.

29. R. C. Porter, "Can You 'Snowden – Proof' the NSA?: How the Technology Behind the Digital Currency—Bitcoin—Could Stop the Next Edward Snowden," Fortuna's Corner, 2015 年 6 月 3 日; http://fortunascorner. com/2015/06/03/can – you – snowden – proof – the – nsa – how – the – technology – behind – the – digital – currency – bitcoin – could – stop – the – next – edward – snowden/.

30. Elliot Maras, "London Mayoral Candidate George Galloway Calls for City Government to Use Block Chain for Public Accountability," Bitcoin News, 2015 年 7 月 2 日; www. cryptocoinsnews. com/london – mayoral – candidate – george – galloway – calls – city – government – use – block – chain – public – accountability/.

31. Tapscott, The Digital Economy, 304.

32. Al Gore, 在 We Media 会议上的演讲, 2005 年 10 月 6 日; www. fpp. co. uk/online/05/10/Gore_speech. html.

33. 同上。

34. "The Persistence of Conspiracy Theories," The New York Times, 2011 年 4 月 30 日; www. nytimes. com/2011/05/01/weekinreview/01conspiracy. html? pagewanted = all&_r = 0.

35. www. nytimes. com/2014/07/06/upshot/when – beliefs – and – facts – collide. html? module = Search&mabReward = relbias:w;%201RI:6%20%3C{:}%3E.

36. "Plain Language: It's the Law," Plain Language Action and Information Network, n. d.:

www. plainlanguage. gov/plLaw/，获取于 2015 年 11 月 30 日。

37. https://globalclimateconvergence. org/news/nyt – north – carolinas – election – machine – blunder.

38. http://users. encs. concordia. ca/ ~ clark/papers/2012_fc. pdf.

39. http://link. springer. com/chapter/10. 1007%2F978 – 3 – 662 – 46803 – 6_16.

40. http://blogs. wsj. com/digits/2015/07/29/scientists – in – greece – design – cryptographic – e – voting – platform/.

41. http://nvbloc. org/.

42. http://cointelegraph. com/news/114404/true – democracy – worlds – first – political – app – blockchain – party – launches – in – australia.

43. www. techinasia. com/southeast – asia – blockchain – technology – bitcoin – insights/.

44. 同上。

45. www. washingtonpost. com/news/wonkblog/wp/2014/08/06/a – comprehensive – investigation – of – voter – impersonation – finds – 31 – credible – incidents – out – of – one – billion – ballots – cast/.

46. www. eac. gov/research/election_administration_and_voting_survey. aspx.

47. http://america. aljazeera. com/opinions/2015/7/most – americans – dont – vote – in – elections – heres – why. html.

48. 对 Eduardo Robles Elvira 的采访,2015 年 9 月 10 日。

49. www. chozabu. net/blog/? p = 78.

50. https://agoravoting. com/.

51. 对 Eduardo Robles Elvira 的采访,2015 年 9 月 10 日。

52. http://cointelegraph. com/news/111599/blockchain_technology_smart_contracts_and_p2p_law.

53. David Chaum 的专利申请书，"Random Sample Elections," 2014 年 6 月 19 日;http://patents. justia. com/patent/20140172517.

54. https://blog. ethereum. org/2014/08/21/introduction – futarchy/.

55. Federico Ast（@ federicoast）和 Alejandro Sewrjugin（@ asewrjugin），"The CrowdJury, a Crowdsourced Justice System for the Collaboration Era," https://medium. com/@ federicoast/the – crowdjury – a – crowdsourced – court – system – for – the – collaboration – era – 66da002750d8#. e8yynqipo.

56. http://crowdjury.org/en/.

57. 整个过程在 Ast 和 Sewrjugin 的“The CrowdJury”中描述出来了。

58. 在下面的网址中介绍了早期雅典的陪审团选择过程。www.agathe.gr/democracy/the_jury.html.

59. 在这里可以查看完整的报告和建议,其中包括了世界范围内的模式的描述。www.judiciary.gov.uk/reviews/online-dispute-resolution/.

60. http://blog.counter-strike.net/index.php/overwatch/.

61. Environmental Defense Fund, www.edf.org/climate/how-cap-and-trade-works.

62. Swan, Blockchain: Blueprint for a New Economy.

63. 对 Andreas Antonopoulos 的采访,2015 年 7 月 20 日。

第九章　在区块链上解放文化产业

1. “2015 Women in Music Honours Announced,” M Online, PRS for Music, 2015 年 10 月 22 日; www.m-magazine.co.uk/news/2015-women-in-music-honours-announced/, 获取于 2015 年 11 月 21 日。

2. 对 Imogen Heap 的采访,2015 年 9 月 16 日。

3. David Byrne, “The Internet Will Suck All Creative Content Out of the World,” The Guardian, 2014 年 6 月 20 日; www.theguardian.com/music/2013/oct/11/david-byrne-internet-content-world, 获取于 2015 年 9 月 20 日。

4. 对 Imogen Heap 的采访, 2015 年 9 月 16 日。

5. 在 Imogen Heap 家中,Paul Pacifico 和 Don Tapscott 的对话,2015 年 11 月 8 日。

6. “Hide and Seek,” 由 Ariana Grand 演绎, YouTube, Love Ariana Grande Channel, 2015 年 10 月 17 日;www.youtube.com/watch? v=2SDVDd2VpP0, 获取于 2015 年 11 月 21 日。

7. 对 Imogen Heap 的采访,2015 年 9 月 16 日。

8. David Byrne 等人, “Once in a Lifetime,” Remain in Light, Talking Heads, 1981 年 2 月 2 日。

9. 对 Imogen Heap 的采访,2015 年 9 月 16 日。

10. Johan Nylander, “Record Labels Part Owner of Spotify,” The Swedish Wire, 日期未知; www.swedishwire.com/jobs/680-record-labels-part-owner-of-spotify, 获取于 2015 年 9 月 23 日。根据 Nylander 的资料,Sony 有 5.8%,Universal 有 4.8%,Warner 有 3.8%。在出售之前,

EMI 有 1.9% 的股份。

11. 对 Imogen Heap 的采访,2015 年 9 月 16 日。

12. David Johnson, "See How Much Every Top Artist Makes on Spotify," Time,2014 年 11 月 18 日;http://time.com/3590670/spotify - calculator/, 获取于 2015 年 9 月 25 日。

13. Micah Singleton, "This Was Sony Music's Contract with Spotify," The Verge, 2015 年 5 月 19 日; www.theverge.com/2015/5/19/8621581/sony - music - spotify - contract, 获取于 2015 年 9 月 25 日。

14. Stuart Dredge, "Streaming Music: What Next for Apple, YouTube, Spotify ... and Musicians?" The Guardian, 2014 年 8 月 29 日;www.theguardian.com/technology/2014/aug/29/streaming - music - apple - youtube - spotify - musicians, 获取于 2015 年 8 月 14 日。

15. Ed Christman, "Universal Music Publishing's Royalty Portal Now Allows Writers to Request Advance," Billboard, 2015 年 7 月 20 日;www.billboard.com/articles/business/6634741/universal - music - publishing - royalty - window - updates, 获取于 2015 年 11 月 24 日。

16. Robert Levine, "Data Mining the Digital Gold Rush: Four Companies That GetIt," Billboard 127(10) (2015): 14 - 15.

17. 对 Imogen Heap 的采访,2015 年 9 月 16 日。

18. Imogen Heap, "Panel Session," Guardian Live, "Live Stream: Imogen Heap Releases Tiny Human Using Blockchain Technology, Sonos Studio London," 2015 年 10 月 2 日; www.theguardian.com/membership/2015/oct/02/live - stream - imogen - heap - releases - tiny - human - using - blockchain - technology. 由 ImogenHeap 编辑的文章,电子邮件,2015 年 11 月 27 日。

19. 同上。

20. 对 Andreas Antonopoulos 的采访,2015 年 7 月 20 日。

21. 对 Imogen Heap 的采访,2015 年 9 月 16 日。

22. 同上。

23. Stuart Dredge, "How Spotify and Its Digital Music Rivals Can Win Over Artists: 'Just Include Us,'" The Guardian,2013 年 10 月 29 日;www.theguardian.com/tech nology/2013/oct/29/spotify - amanda - palmer - songkick - vevo,获取于 2015 年 8 月 14 日。

24. George Howard, "Bitcoin and the Arts"对艺术家及作曲家 Zoe Keating 的采访,Forbes, 2015 年 6 月 5 日;www.forbes.com/sites/georgehoward/2015/06/05/bitcoin - and - the - arts - and - interview - with - artist - and - composer - zoe - keating/, 获取于 2015 年 8 月 14 日。

25. 同上。

26. Joseph Young, "Music Copyrights Stored on the Bitcoin BlockChain: Rock Band22HERTZ Leads the Way," CoinTelegraph, 2015 年 5 月 6 日; http://cointelegraph. com/news/114172/music – copyrights – stored – on – the – bitcoin – blockchain – rock – band – 22hertz – leads – the – way, 获取于 2015 年 8 月 14 日。

27. 媒体通告,"Colu Announces Beta Launch and Collaboration with Revelatorto Bring Blockchain Technology to the Music Industry," Business Wire, 2015 年 8 月 12 日。

28. Gideon Gottfried, "How 'the Blockchain' Could Actually Change the Music Industry, Billboard, August 5, 2015; www. billboard. com/articles/business/6655915/how – the – blockchain – could – actually – change – the – music – industry.

29. PeerTracks Inc. , 2015 年 9 月 24 日; http://peertracks. com/.

30. "About Us," Artlery: Modern Art Appreciation, 2015 年 9 月 3 日; https://artlery. com.

31. Mark Henricks, "The Billionaire Dropout Club," CBS MarketWatch, CBS InteractiveInc. , 2011 年 1 月 24 日, 于 2011 年 1 月 26 日更新; www. cbsnews. com/news/the – billionaire – dropout – club/, 获取于 2015 年 9 月 20 日。

32. 对 Joichi Ito 的采访, 2015 年 8 月 24 日。

33. 同上。

34. 对 Melanie Swan 的采访, 2015 年 9 月 14 日。

36. 同上。

37. "Introducing UNESCO: What We Are." 获取于 2015 年 11 月 28 日; http://www. unesco. org/new/en/unesco/about – us/who – we – are/introducing – unesco.

第十章　克服困难:实施过程中的 10 个挑战

1. Lev Sergeyevich Termen, "Erh hung der Sinneswahrnehmung durch Hypnose[Increase of Sense Perception Through Hypnosis]," Erinnerungen an A. F. Joffe, 1970. "Theremin, Léon," Encyclopedia of World Biography, 2005, Encyclopedia. com, www. encyclopedia. com, 获取于 2015 年 8 月 26 日。

2. Maciej Ceglowski, "Our Comrade the Electron," Webstock 2014 年的演讲; St. James Theatre, Wellington, New Zealand, 2014 年 2 月 14 日; www. webstock. org. nz/talks/our – comrade – the – electron/, 获取于 2015 年 8 月 26 日。Ceglowski 的讨论启发了这一章的开头部分。

3. 对 Andreas Antonopoulos 的采访, 2015 年 7 月 20 日。

4. 对 Tyler Winklevoss 的采访,2015 年 6 月 9 日。

5. Satoshi Nakamoto, P2pfoundation. ning. com, 2009 年 2 月 18 日。

6. Ken Griffith 和 Ian Grigg, "Bitcoin Verification Latency: The Achilles Heel for Time Sensitive Transactions," 白皮书,2014 年 2 月 3 日;http://iang. org/papers/BitcoinLatency. pdf, 获取于 2015 年 7 月 20 日。

7. 对 Izabella Kaminska 的采访,2015 年 8 月 5 日。

8. 同上。

9. Primavera De Filippi 和 Aaron Wright, "Decentralized Blockchain Technology and the Rise of Lex Cryptographia," Social Sciences Research Network, 43. 2015 年 3 月 10 日。

10. 对 Josh Fairfield 的采访,2015 年 6 月 1 日。

11. Izabella Kaminska, "Bitcoin's Wasted Power—and How It Could Be Used to Heat Homes," FT Alphaville, Financial Times, 2014 年 9 月 5 日。

12. CIA, "The World Factbook," www. cia. gov, 2012; http://tinyurl. com/noxwvle, 获取于 2015 年 8 月 28 日。注意塞浦路斯在同期的碳排放为 880. 1 万兆吨(2012 年)。

13. "After the Bitcoin Gold Rush," The New Republic, 2015 年 2 月 24 日; www. newrepublic. com/article/121089/how - small - bitcoin - miners - lose - crypto - currency - boombust - cycle, 获取于 2015 年 5 月 15 日。

14. 对 Bob Tapscott 的采访,2015 年 7 月 28 日。

15. 对 Gavin Andresen 的采访,2015 年 6 月 8 日。

16. 对 Eric Jennings 的采访,2015 年 7 月 10 日。

17. 对 Stephen Pair 的采访,2015 年 6 月 11 日。

18. 对 Erik Voorhees 的采访,2015 年 6 月 16 日。

19. Sangjin Han, "On Fair Comparison Between CPU and GPU," 博客,2013 年 2 月 12 日; www. eecs. berkeley. edu/ ~ sangjin/2013/02/12/CPU - GPU - comparison. html,获取于 2015 年 8 月 28 日。

20. 对 Bob Tapscott 的采访,2015 年 7 月 28 日。

21. 对 Valery Vavilov 的采访,2015 年 7 月 24 日。

22. Hass McCook, "Under the Microscope: Economic and Environmental Costs of Bitcoin Mining," CoinDesk Ltd. , 2014 年 6 月 12 日;www. coindesk. com/microscope - economic - environmental - costs - bitcoin - mining/,获取于 2015 年 8 月 28 日。

23. 对 Bob Tapscott 的采访,2015 年 7 月 28 日。

24. my – mr – wanky, eBay. com, 2014 年 5 月 8 日; www. ebay. com/itm/3 – Cointerra – Terra Miner – IV – Bitcoin – Miner – 1 – 6 – TH – s – ASIC – Working – Units – in – Hand –/331192098368,获取于 2015 年 7 月 25 日。

25. "PC Recycling," MRI of Australia, MRI (Aust) Pty Ltd. ,2015 年 8 月 28 日; http://www. mri. com. au/pc – recycling. shtml.

26. 对 Gavin Andresen 的采访,2015 年 6 月 8 日。

27. Vitalik Buterin, "Proof of Stake: How I Learned to Love Weak Subjectivity," 以太坊博客, 2014 年 11 月 25 日; https://blog. ethereum. org/2014/11/25/proof – stake – learned – love – weak – subjectivity/.

28. Stefan Thomas 和 Evan Schwartz, "Ripple Labs' W3C Web Payments," 意见书,2014 年 3 月 18 日; www. w3. org/2013/10/payments/papers/webpayments2014 – submission_25. pdf.

29. 对 Austin Hill 的采访,2015 年 7 月 22 日。

30. 对 Roger Ver 的采访,2015 年 4 月 30 日。

31. Satoshi Nakamoto, "Re: Bitcoin P2P E – cash Paper," The Mail Archive, 2008 年 11 月 7 日; www. mail – archive. com/, http://tinyurl. com/oofvok7, 获取于 2015 年 7 月 13 日。

32. 对 Josh Fairfield 的采访,2015 年 6 月 1 日。

33. 对 Stephen Pair 的采访,2015 年 6 月 11 日。

34. 对 Jerry Brito 的采访,2015 年 6 月 29 日。

35. 同上。

36. 对 Josh Fairfield 的采访,2015 年 6 月 1 日。

37. 对 Andreas Antonopoulos 的采访,2015 年 6 月 20 日。

38. 对 Izabella Kaminska 的采访,2015 年 8 月 5 日。

39. 对 Stephen Pair 的采访,2015 年 6 月 11 日。

40. Andrew Vegetabile, "An Objective Look into the Impacts of Forking Blockchains Due to Malicious Actors," The Digital Currency Council, 2015 年 7 月 9 日; www. digitalcurrencycouncil. com/professional/an – objective – look – into – the – impacts – of – forking – blockchains – due – to – malicious – actors/.

41. 对 Keonne Rodriguez 的采访,2015 年 5 月 11 日。

42. Vegetabile, "An Objective Look."

43. Peter Todd, "Re: [Bitcoin - development] Fwd: Block Size Increase Requirements," The Mail Archive, 2015 年 6 月 1 日; www. mail - archive. com/, http://tinyurl. com/pk4ordw, 获取于 2015 年 8 月 26 日。

44. Satoshi Nakamoto, "Re: Bitcoin P2P E - cash Paper," 邮件列表,密码学,Metzger, Dowdeswell & Co. LLC, 2008 年 11 月 11 日。2015 年 7 月 13 日, www. metzdowd. com/mailman/listinfo/cryptography.

45. Pascal Bouvier, "Distributed Ledgers Part I: Bitcoin Is Dead," FiniCulture 博客,2015 年 8 月 4 日;获取于 2015 年 8 月 28 日。

46. Western Union, "Company Facts," Western Union, Western Union Holdings, Inc. , 2014 年 12 月 31 日;2016 年 1 月 13 日; http://corporate. westernunion. com/Corporate_Fact_Sheet. html.

47. 对 Gavin Andresen 的采访,2015 年 6 月 8 日。

48. 同上。

49. 对 Austin Hill 的采访,2015 年 7 月 22 日。

50. 对 Gavin Andresen 的采访,2015 年 6 月 8 日。

51. Andreas Antonopoulos, "Bitcoin as a Distributed Consensus Platform and the Blockchain as a Ledger of Consensus States," 对 Andreas Antonopoulos 的采访,2014 年 12 月 9 日。

52. Andy Greenberg, "Hackers Remotely Kill a Jeep on the Highway—with Me in It," Wired, 2015 年 7 月 21 日。

53. International Joint Conference on Artificial Intelligence, 2015 年 7 月 28 日, Buenos Aires, Argentina; http://futureoflife. org/AI/open_letter_autonomous_weapons#signatories.

54. Lisa Singh, "Father of the Internet Vint Cerf's Forecast for 'Internet of Things,'" Washington Exec, 2015 年 8 月 17 日。

55. 对 Keonne Rodriguez 的采访,2015 年 5 月 11 日。

56. Ceglowski, "Our Comrade the Electron."

57. 对 Ann Cavoukian 的采访,2015 年 9 月 2 日。

58. Ceglowski, "Our Comrade the Electron."

59. http://www. lightspeedmagazine. com/nonfiction/interview - marc - goodman/.

60. Marc Goodman, Future Crimes: Everything Is Connected, Everyone Is Vulnerable, and What We Can Do About It (New York, Doubleday, 2015).

61. 对 Steve Omohundro 的采访,2015 年 5 月 28 日。

62. The Silver Stallion，第 26 章；www. cadaeic. net/cabell. htm，获取于 2015 年 10 月 2 日。

63. 对 Yochai Benkler 的采访,2015 年 8 月 26 日。

第十一章　下一代的领导者

1. Stephan Tual，“Announcing the New Foundation Board and Executive Director，”以太坊博客，以太坊基金会，2015 年 7 月 30 日；https://blog. ethereum. org/2015/07/30/announcing – new – foundation – board – executive – director/，获取于 2015 年 12 月 1 日。

2. Ethereum：The World Computer，produced by Ethereum，YouTube，2015 年 7 月 30 日；www. youtube. com/watch？ v = j23HnORQXvs，获取于 2015 年 12 月 1 日。

3. 对 Vitalik Buterin 的采访,2015 年 9 月 30 日。

4. 同上。

5. 同上。

6. 同上。

7. Henry VI，part 2，act 4，scene 2.

8. 与 Vitalik Buterin 的邮件交流,2015 年 10 月 1 日。

9. David D. Clark，“A Cloudy Crystal Ball，”展示，IETF，1992 年 7 月 16 日；http://groups. csail. mit. edu/ana/People/DDC/future_ietf_92. pdf.

10. 对 Brian Forde 的采访,2015 年 6 月 26 日。

11. 对 Erik Voorhees 的采访,2015 年 6 月 16 日。对 Andreas Antonopolous 的采访,2015 年 6 月 20 日。

12. 对 Erik Voorhees 的采访,2015 年 6 月 16 日。

13. 对 Jim Orlando 的采访,2015 年 9 月 28 日。

14. http://www. coindesk. com/bitcoin – venture – capital/.

15. 与 Tim Draper 的邮件往来记录,2015 年 8 月 3 日。

16. 对 Gavin Andresen 的采访,2015 年 6 月 8 日。

17. 同上。

18. 对 Brian Forde 的采访,2015 年 6 月 26 日。

19. 对 Joichi Ito 的采访,2015 年 8 月 24 日。

20. 对 Jerry Brito 的采访,2015 年 6 月 29 日。

21. 同上。

22. www. cryptocoinsnews. com/us – colleges – universities – offering – bitcoin – courses – fall/.

23. 对 Adam Draper 的采访,2015 年 5 月 31 日。

24. 对 Benjamin Lawsky 的采访,2015 年 7 月 2 日。

25. 在 Money 2020 会议上对 Perianne Boring 的采访,2015 年 10 月 26 日。

26. 对 Joichi Ito 的采访,2015 年 8 月 24 日。

27. 对 Blythe Masters 的采访,2015 年 7 月 29 日。

28. 若要查看 Lawsky 在担任 NYDFS 负责人时取得的主要成绩的完整列表,请访问 www. dfs. ny. gov/reportpub/2014_annualrep_summ_mea. htm.

29. 对 Benjamin Lawsky 的采访,2015 年 7 月 2 日。

30. 同上。

31. 同上。

32. 对 Jerry Brito 的采访,2015 年 6 月 29 日。

33. 对 Benjamin Lawsky 的采访,2015 年 7 月 2 日。

34. 同上。

35. 若有人要寻找一个传统的保守政府机构所提出的新看法,就要阅读下面这个网址的内容,www. parl. gc. ca/Content/SEN/Committee/412/banc/rep/rep12jun15 – e. pdf.

36. 同上。

37. 对加拿大参议员 Doug Black 的采访,2015 年 7 月 8 日。

38. 同上。

39. 同上。

40. 同上。

41. 同上。

42. 对 Aaron Wright 的采访,2015 年 8 月 10 日。

43. 对 Josh Fairfield 的采访,2015 年 6 月 1 日。

44. 美国联邦储备银行并非美国首个国家银行。第一国家银行是由国会于 1791 年创建的,并由美国首个财政部长 Alexander Hamilton 设计其架构,其规模受到很大的限制,Andrew Jackson 总统最终在 1836 年解散了第一国家银行的继任者第二国家银行。

45. 对 Carolyn Wilkins 的采访,2015 年 8 月 27 日。

46. http://qz. com/148399/ben – bernanke – bitcoin – may – hold – long – term – promise/.

47. 在加拿大: www. bankofcanada. ca/wpcontent/uploads/2010/11/regulation_canadian_finan-

cial. pdf；在美国：www. federalreserve. gov/pf/pdf/pf_5. pdf.

48. 对 Carolyn Wilkins 的采访,2015 年 8 月 27 日。

49. "Money in a Digital World," Carolyn Wilkins 的评论,加拿大央行高级副行长,Wilfred Laurier University, Waterloo, Ontario,2014 年 11 月 13 日。

50. 对 Carolyn Wilkins 的采访,2015 年 8 月 27 日。

51. 同上。

52. 对 Jerry Brito 的采访,2015 年 6 月 29 日。

53. 对 Steve Beauregard 的采访,2015 年 4 月 30 日。

54. 对 Jerry Brito 的采访,2015 年 6 月 29 日。

55. Don Tapscott 及 Lynne St. Amour, "The Remarkable Internet Governance Network—Part I," Global Solution Networks Program, Martin Prosperity Institute,University of Toronto, 2014.

56. 与 Vint Cerf 的邮件记录,2015 年 6 月 12 日。

57. www. w3. org/Payments/.

58. www. intgovforum. org/cms/wks2015/index. php/proposal/view_public/239.

59. www. internetsociety. org/inet – bangkok/speakers/mr – pindar – wong.

60. Adam Killick, "Knowledge Networks," Global Solution Networks Program, Martin Prosperity Institute, University of Toronto, 2014.

61. 对 Jerry Brito 的采访,2015 年 6 月 29 日。

62. 对 Tyler Winklevoss 的采访,2015 年 6 月 9 日。

63. 对 Joichi Ito 的采访,2015 年 8 月 24 日。

64. http://coala. global/? page_id = 13396.

65. www. digitalchamber. org/.

66. https://blog. coinbase. com/2014/10/13/welcome – john – collins – to – coinbase/.

67. http://www. digitalchamber. org/assets/press – release – g7 – for – website. pdf.

68. Anthony Williams, "Platforms for Global Problem Solving," Global Solution Networks Program, Martin Prosperity Institute, University of Toronto 2013.

69. 对 Brian Forde 的采访,2015 年 6 月 26 日。

70. 对 Gavin Andresen 的采访,2015 年 6 月 8 日。

71. www3. weforum. org/docs/WEF_GAC15_Technological_Tipping_Points_report_2015. pdf, 7.

72. 对 Constance Choi 的采访,2015 年 4 月 10 日。

73. 数字化革命已经进入了棋局的下半场,这是由美国发明家及作者 Ray Kurzweil 所创的一个精明词汇。他讲述了一个故事,有个国王对下棋相当感兴趣,他为这个游戏的发明者提供其想要的任何奖励。发明者要求用大米作为回报。“我想在棋盘的第一格获得 1 颗大米,在第二格获得 2 颗大米,第三格获得 4 颗大米,如此类推,直到最后一格”,他说道。国王想,这加起来最多就一袋大米而已,于是高兴地同意了。国王被误导了。虽然开始时需要的大米数量很少,但在数到棋盘中间的时候,所需的大米数量已经超过 20 亿颗了。最终需要的数量是 9 亿亿颗大米,这足以覆盖整个地球了。

74. 对 Timothy Draper 的电子邮件采访,2015 年 8 月 3 日。

75. 对 Hernando de Soto 的采访,2015 年 11 月 27 日。

新版后记

1. Klaus Schwab,第四次工业革命(日内瓦:世界经济论坛,2016)。

2. Henry Wallace(美国第 33 任副总统)在 1933 年担任农业部长时用这个说法来描述新政农场项目。参见 John C. Culver 和 John Hyde 的《美国梦想家:亨利 · A. 华莱士的生活和时代》,(纽约:W. W. Norton & Company, 2001),193。

新版后记

数字时代的新型社会契约

请允许我们在这里提及一个相关的话题——数字时代的文明走向。自从我们出版《区块链革命》这本书后，世界面临了两个较大的变化，分别是英国脱欧和特朗普当选美国总统。

本书中，我们讨论了“繁荣谬论”的危险性，即财富在增长，但对大多数人而言，繁荣的程度停滞不前甚至出现衰退。很快，世界各地的人决定不再忍受。民粹主义及仇外主义情绪开始激化，人们甚至开始将他们的处境和自己所作所为的后果，迁怒于特定种族、性别或宗教的少数群体。

从匈牙利、波兰到法国及德国，中间派的数量在快速减少，而极端主义者及右翼派系数量则持续上升。在其他国家（特别是在法西斯主义仍有残存的南部欧洲），左翼势力的数量也在上升当中。

与特朗普的当选一样不可想象的，还有伯尼·桑德斯（Bernie Sanders）这位社会主义者的影响力。当时，一些人还认为他可能在大选中击败特朗普。这其实是人们对持续恶化的经济危机及免受惩罚的官员表达不满的方式，而这种不满情绪还在持续发酵。

这一幕显然似曾相识（第二次世界大战前）。不过，这样的类比并不是很完美，毕竟，改变的速度已经不同了。随着数字革命的开展，它给全球经济、劳动力市场、旧有机构及社会整体都带来了深远的影响。它在为杰出的创新成果及史无前例的财富创造过程提供动力。同时，持续加重的社会不公平程度及中产阶级的减少，以及恶性的失业及就业不足形势，正为动荡局面火上浇油。网络技术可以促进劳动力市场外包、离岸转移及全球化。

与此同时，政府的结构及政策并没有进一步的优化，而四处发生的财政危机已威胁到工业时代的社会安全网。数据这样的新型资产被强大的力量掌控，少数公司攫取了数字时代的绝大部分利益，侵犯了个人隐私和繁荣。气候变化对我们的生物圈带来威胁，其所带来的严重后果正一一呈现。

就如我们在第七章到第九章讨论的那样，区块链可以帮助人们改善这个状况。不过，随着以区块链、机器学习、机器人技术、物联网甚至是生物科技为中心的第四次工业革命的到来，很多公司、机构、产业及知识工作都会受到严重冲击。[1]

至于工业时代建立在布雷顿森林体系模式下的全球机构，它们解决全球问题的能力正停滞不前。这样的后果就是各种社会契约，即协议、法律及个人、公司、社会团体及政府遵从的行为准则，很难再为我们提供帮助。

本书中，我们呼吁达成一个新型的社会契约，即“互动独立宣言”（Declaration of Interdependence），这是一个在大萧条期间构想的说法。因为我们需要实现一个多方利益协调的机制，政府、私营部门、社会团体及个人在其中可以构想并达成新的理解及新的行动计划。[2]

本书出版后，我们开始研究及撰写这个宣言，我们将其视为数字时代宣言。这些令人激动的创新成果为人类文明提供了新的机会，让其向前迈进，而非走向衰退甚至是崩塌。我们相信数字经济的新纪元将会带来难以想象的财富，而旨在解决全球问题的新型网络模式将会实现这个梦想。我们甚至可以为全球各地的个人及其子孙后代构想出一些可实现的新型权利。

- 人格安全：这是让我们掌控自己的身份、个人信息隐私及信誉的权利。区块链可以帮助人格安全的实现，但它需要有相关的领导者来指引，以及深远的社会及政治变革。

- 教育：获得可负担的数字基础设施、以学生为中心的教育、传媒素养及终身学习资源的权利。区块链是一个新平台，但旧有的机构很难做出改变。

- 职业：工作、转换职业、创业、从我们创造的资产及数据中获益、为社会做出有益贡献并获得经济价值的权利。

- 医疗保健：获取医疗保健服务（包括获取安全的、可负担的、具有营养的食物、药物、医疗手段，以及慢性病、疾病、残疾或年老所需的长期疗养手段）的权利。

• 经济安全网：获取能够维持自身及家庭生存所需的基本收入的权利。不过，让我们专注在工作的权利（不管是私营部门、国家、社会团体或慈善团队创造的工作）。第四次工业革命将会淘汰各种产业及工作类型，但也会创造新的产业和工作。

• 环境稳定性：持久获取清洁空气、安全饮用水及生态良好的国土的权利。区块链可以帮助我们回归科学，验证事实，规定及激励绿色环保行为，从而动员社会解决环境问题。可以思考一下用碳排放代币来动员每一个人去保护环境的方法。

• 有尊严的和平：不受政府、宗教、部落冲突、恐怖主义及其他类型的暴力及压迫影响生活的权利。区块链可以打造更透明的、分布式的、高效率的军用供应链来抗击恐怖分子，不过更重要的是打造更为繁荣、公平的世界从而消灭恐怖分子存在的条件。

• 政治及机构责任：使用透明的在线自动化过程，通过智能合约来让民选代表对选票负责，让公司高管对所处社区负责的权利，以及用强有力的道德指南来指导技术的发展，让它符合全人类的利益。

为了实现这些权利，我们需要对教育、医疗保健、工会、食品供应链、交通运输、能源体系及政府（最重要的一环）这些产业机构及基础设施引入深入的变革。各式的网络可以让公民积极参与其自身的治理，我们可以通往参与度更高、更能表达公民意见的民主新纪元。义务投票制将会鼓励积极参与的负责任公民。

在全球竞争力及短期股东价值的名义下，我们让各种公司逃脱了很多责任。现在，是时候让商界领袖作为负责任的积极参与者角色参与新型社会契约中，为他们的长期利益以及一个健康的社会及经济体系的整体利益服务。在这个信息爆炸的网络时代，我们更需要科学家、研究人员、新闻记者去寻找事实、研究选项、公布事实。

有些人可能认为，上面这些话题与区块链关系不大。不过，我们认为区块链这个互联网的新纪元将会在带来颠覆的同时，展现出新的机会。

这些期望是太有野心甚至有乌托邦色彩了吗？我们认为并非如此，因为我们已经考虑到人类面临的其他路径。我们现在有史无前例的机会去实现全球繁荣，或是面临着让当前的经济不平等问题变成阶级战争的恶果。

我们并不奢望这个新型社会契约项目可以为以上权利的实现提供策略及执行条件。相反,我们的希望是帮助催化出相关的调查研究、辩论和行动。

希望大家可以在 www.blockchainresearchinstitute.org/social contract 上参与讨论。

附　录

区块链专业术语表

51% attack 51% 攻击

alt - coin 替代性货币

arbitrary - state 任意状态

Autonomous Agent 自主运作的代理人

Autonomous Vehicle 无人驾驶汽车

Bitcoin 比特币

block 区块

block size 区块尺寸

blockchain 区块链

Consensus Algorithm 共识算法

crypto - currency 加密货币

Dapps 去中心化应用程序

decentralized 去中心化

distributed 分布式

Distributed Ledger Technology 分布式账本技术

Double Spending 双重支付

Ethereum 以太坊

fork 分叉

hash 哈希

hashing power 算力(哈希运算能力)

hierarchical 层级化的(阶层化的)

holacracy 全体共治

inclusion 包容性(普惠)

Internet ofThings 物联网

ledger 账本

Ledger of Everything 万物账本

miner 矿工

mining 挖矿

mining machine 矿机

mining pool 矿池

Peer to Peer 点对点

Personal Avatar 个人化身

Private Key 私钥

Proof - of - Stake 权益证明机制

Proof - of - Work 工作量证明

protocol 协议

Public Key 公钥

Satoshi Nakamoto 中本聪

Smart Contract 智能合约

sybil attack 女巫攻击(冒名攻击)

Turing complete 图灵完备

World Wide Web 万维网